2021年度·第29届

江西省新闻工作者协会⊙编

江西新闻奖作品选

江西人民出版社
Jiangxi People's Publishing House
全国百佳出版社

图书在版编目(CIP)数据

2021年度·第29届江西新闻奖作品选/江西省新闻工作者协会编.
— 南昌：江西人民出版社，2023.3
ISBN 978 - 7 - 210 - 14612 - 4

Ⅰ.①2… Ⅱ.①江… Ⅲ.①新闻 – 作品集 – 中国 –
当代 Ⅳ.①I253

中国国家版本馆 CIP 数据核字(2023)第 048263 号

2021 年度·第 29 届江西新闻奖作品选
2021NIANDU · DI 29 JIE JIANGXI XINWENJIANG ZUOPINXUAN

江西省新闻工作者协会　编

特 约 编 辑:林政农　余亦鹏
责 任 编 辑:吴艺文
装 帧 设 计:同异文化传媒

出版发行

地　　　　址:江西省南昌市三经路 47 号附 1 号(330006)
网　　　　址:www.jxpph.com
电 子 信 箱:wuyiwen008@126.com
编辑部电话:0791-86898470
发行部电话:0791-86898893
承 　印　 厂:南昌市红星印刷有限公司
经　　　 销:各地新华书店

开　　　　本:787 毫米×1092 毫米　1/16
印　　　　张:38.5
字　　　　数:530 千字
版　　　　次:2023 年 3 月第 1 版
印　　　　次:2023 年 3 月第 1 次印刷
书　　　　号:ISBN 978 - 7 - 210 - 14612 - 4
定　　　　价:68.00 元
赣版权登字 -01 -2023 -46

前　言

光阴荏苒。2021 年是中国共产党成立 100 周年,是全面建设社会主义现代化国家新征程开启之年。站在"两个一百年"奋斗目标的历史交汇点,省第十五次党代会胜利召开,吹响了全面建设社会主义现代化江西新号角。我们在新闻里看到赣深高铁开行、庐山机场复航、江西进入特高压时代;在新闻里读到"放管服"改革深入推进,江西在全国率先实现省市县乡村五级政务服务事项清单管理全覆盖,"赣政通"成为全国第 3 个实现省市县乡移动协同办公平台;在新闻里听到江西告别无央企总部历史,填补无本土国际货运航空公司空白,实施鞭策后进"蜗牛奖";在新闻里了解到江西启动制造业产业链提升"八大行动",江西出台首部由省人民代表大会审议通过的实体性法规《省乡村振兴促进条例》;在新闻里感受到江西革命老区传承红色基因,在新时代踔厉奋发、建功立业的昂扬精神风貌……通过这一篇篇新闻报道,我们接收到江西聚焦"作示范、勇争先",深挖释放内需潜力、推进创新发展、深化改革开放、强化区域城乡统筹、提升生态文明水平、加强先进文化建设、有效保障改善民生、深化"五型"政府建设等工作,实现"十四五"良好开局的有力信号。

2021 年也是媒体深度融合纳入国家"十四五"规划的开局之年,是"央省市县"四级媒体融合发展布局加快形成的关键一年。

江西各媒体着眼大局,勇立潮头,坚持团结稳定鼓劲、正面宣传为主的方针,坚持正确政治方向、舆论导向和价值取向,多视角解读党中央各项重大决策部署和省委工作要求,立体化聚焦新时代原创性思想、变革性实践、突破性进展、标志性成果,多方位分析改革发展过程中的堵点、痛点、难点,回应百姓关切,涌现出了一大批具有鲜明时代烙印的优秀新闻作品。

新闻评奖是展示新闻战线精品佳作的重要平台,具有强烈的导向和示范作用。新一届的省记协,对标中国新闻奖最新要求,大力改革地方新闻奖评选办法,完善奖项设置、评委结构、评选方式、评选机制等,坚持客观公正、公平竞争,突出质量第一、优中选优,高质量组织开展了第 29 届江西新闻奖评选,并在此基础上评选推荐一批优秀作品参评第 32 届中国新闻奖评选,取得突破性好成绩。

为充分发挥优秀新闻作品的示范作用,激励更多新闻工作者见贤思齐、奋发有为,省记协组织编辑出版《2021 年度·第 29 届江西新闻奖作品选》。本书收录第 29 届江西新闻奖一等奖和二等奖作品共 199 件,包括我省获得第 32 届中国新闻奖的 11 件作品,并邀请专家学者对作品进行简明扼要地点评分析,以期为一线新闻工作者创新创优提供启迪与借鉴。

奋进新征程,建功新时代。愿江西广大新闻工作者眼里有光,脚下有路,切实增强"四力",践行"四向四做",唱响主旋律,激发正能量,讲好江西故事,传递好中国声音。

目　录

第32届中国新闻奖江西获奖作品

一等奖（3件）

二等奖（3件）

三等奖（5件）

第 29 届江西新闻奖获奖作品

一等奖(77 件)

二等奖（122 件）

电视类(26 件)

央媒（17 件）

附录

第 32 届中国新闻奖江西获奖作品

一等奖（3 件）

新闻直播

突发！2 岁女孩碎玻璃入眼 交警媒体紧急护送

郑祎　熊芳荣　李雪锋　谢莉芳

陶国平　秦志成　翁文荣　黄恬恬

（编辑：熊亚芝　金石明　李彬）

作品二维码

（江西广播电视台都市频道 2021 年 10 月 28 日）

评析： 该新闻现场直播以行进式方式，通过各方为救小女孩而与时间赛跑的各种表现，体现了社会的大爱和媒体的责任。在紧急状态下高水平完成一次新闻事件的大时段直播，非常考验直播团队功力。整个直播一气呵成，展现了直播团队的综合实力，是一次呈现媒体传播力、引导力、影响力、公信力的成功直播。

［龚荣生　江西广播电视台（集团）党委副书记、总编辑，高级编辑］

报告文学

风卷红旗再出发

集体（李旭　龚莉芹　曹诚平　赵影）

（编辑：李滇敏　罗翠兰）

这是一片充满红色记忆的土地，多少英雄儿女在这里义无反顾、血洒江山！

这是中国革命的星火燎原之地，一代代中国共产党人前赴后继，从胜利走向胜利！

1927 年 10 月，毛泽东同志率领秋收起义部队到达井冈山；

1931 年 11 月，中华苏维埃共和国临时中央政府在瑞金宣告成立；

1934 年 10 月，中央红军夜渡于都河，踏上漫漫长征路。

……

血与火孕育出伟大的井冈山精神、苏区精神、长征精神，照亮中国革命的胜利之路，引领中华民族向着伟大复兴一步步迈进！

百年征程波澜壮阔，百年初心历久弥新。党的十八大以来，在抗洪救灾、抗击疫情的大考中，在脱贫攻坚、乡村振兴的战场上，红土地上的共产党人不畏艰险、冲锋在前，把红色基因融入血脉，让红色精神激发力量，不断描绘新时代红土地秀美画卷！

忠贞不渝的守望感天动地

晚霞映红于都河，渡口有一支难忘的歌，唱的是咱长征源，当年送走我的红军哥哥……

"金长哥哥，你一定要去当红军吗？"

"一定要去！"

"可我们结婚才半个月啊!"

"你放心,最多三五年,打败反动派我就回来,你一定要等我!"

"金长哥哥,你去吧,我等你!"

1932 年 11 月,秋风萧瑟,落叶飘零。于都县车溪乡坝脑村,一间破旧的土坯房里,贴着大红喜字。15 岁的段桂秀含着泪水,望着 21 岁的新婚丈夫王金长,依依不舍。

穿上红军服,王金长将换下来的衣服郑重地放到段桂秀手中:"妹子,我走了,你要把阿妈阿弟照顾好。"

"放心吧,金长哥哥,我会的!"段桂秀泪眼蒙眬。

每天,段桂秀都会来到村口,翘望远方。三年过去了,金长哥哥没有回来;五年过去了,金长哥哥没有回来……

她守在老屋,把小叔子拉扯大,给婆婆养了老送了终。

岁月如流,忠贞如铁。2019 年,段桂秀老人 102 岁。她用漫长的一生守护着对金长哥哥的承诺。

这年 5 月 14 日,红军后代郭湖北带着段桂秀来到于都烈士陵园,在纪念碑上一个名字一个名字地辨认。

"王金长!"终于,在纪念碑顶部,郭湖北发现了一个让段桂秀魂牵梦萦 87 年的名字。

"王金长?你是王金长吗?!你让我照顾好阿妈阿弟,我做到了。你说三五年就回来,可你让我等了一辈子啊!"老人扑倒在纪念碑前,老泪纵横,呜咽哽噎,"金长哥哥,你说话不算数啊!"

"送郎当红军,切莫想家庭,家中呐事务呀,妹妹会小心!"当年,多少苏区好女儿,毅然送郎上战场。丈夫这一走,留给妻子的是一辈子的分离和守望!

每当天气晴好时,97 岁的李观福就会在家人的搀扶下,来到于都河边,久久凝望。

李观福依稀记得,父亲李连兴腰上挎着驳壳枪。"威风凛凛的,很神气!"

李观福的母亲因难产去世后,父子俩相依为命。后来,18 岁的丁招娣走进了这个家。一年后,部队要转移,李连兴叮嘱妻子:"我要出发了,帮我照看好伢子。"

"放心吧,观福就是我的亲伢子!"

那一次离开,李连兴再没回过家。红军长征出发时,丁招娣牵着李观福到各个渡口寻找,没有发现丈夫的身影。她见红军架设浮桥需要木料,便回家把门板拆下,送到河边。"说不定你阿爸过河时,能认出我们家的门板,就知道我们来找过他!"

苦难岁月中,观福一天天长大。年复一年的守望,已两鬓染霜的丁招娣,等来的却是李连兴牺牲的消息。

1983 年,丁招娣去世后,李观福从老屋取下一片瓦,刻上父亲的名字,刺破自己手指,滴了三滴血在瓦片上,放进丁招娣的棺材,以这样的方式,让阿妈阿爸团聚。

在赣南苏区,当年又何止是妻送郎。父送子、儿送父、父子一同上战场、全家都去当红军的感人故事,俯拾皆是。

2019 年 5 月 20 日,习近平总书记在于都视察时,亲切会见了红军后代、革命烈士家属代表。段桂秀作为赣州唯一健在的红军烈士遗孀,在受接见之列。

总书记动情地说,现在国家发展了,人民生活变好了,一定要饮水思源,不要忘了革命先烈,不要忘了中央苏区的老百姓们。

党和政府没有忘记他们。如今,段桂秀老人每月能领到 3600 元烈士抚恤金、1000 元高龄补贴、105 元养老金,能全额报销医药费。政府还补助 6 万元,为她家建起了新房。

今年 4 月 30 日,段桂秀第一次来到北京。站在天安门前,老人百感交集、泪洒衣襟:"金长哥哥,我替你来看看北京,看看天安门! 过去我们受尽了苦啊,现在日子过好啦,到处亮堂堂的,共产党能耐大啊!"

红色基因的传承代代不息

"路迢迢,秋风凉。敌重重,军情忙。红军夜渡于都河,跨过五岭抢湘江。"

《长征组歌》回荡在于都河上,时而如泣如诉,时而慷慨激昂,把人们带到那段血与火交织的红色岁月。

长征源合唱团成立于 2010 年,以《长征组歌》为主打歌。合唱团所有演出不取分文,演员也没有任何报酬。

这是一个由红军后代组成的合唱团。他们在歌声中倾诉,在歌声中追寻。

"儿啊,我这辈子最大的遗憾,就是没有找到你继父的下落,你一定要找到他!"这是于都长征源合唱团成员林丽萍的爷爷去世时,对林丽萍的父亲留下的遗言。

林丽萍的小爷爷林罗发生长征后,北上无音讯。1955 年,家人收到烈士证明书才知道他已牺牲。按照客家风俗,林丽萍的父亲被过继给林罗发生。

让林罗发生魂归故里,是林家人的心愿。林丽萍的爷爷寻找了几十年,未能如愿。临终,他把这个任务交给了林丽萍的父亲。

林丽萍暗下决心,一定要找到小爷爷的下落。每到一个地方演出,她都要到烈士陵园仔细查找。2014 年 11 月,林丽萍到广西兴安演出时,冒着暴雨,在红军长征突破湘江烈士纪念碑密密麻麻的名字中仔细搜寻。忽然,一个名字跳入眼帘:林罗发生。

她跪伏在地,泣不成声地打电话给父亲:"爸,找到了,我找到小爷爷了!"她捧起一抔被暴雨浸润的泥土,深情呼唤:"爷爷,我带您回家,我们回家!"

"我是合唱团成员余玉兰。""我是合唱团成员钟建平,我们夫妻俩的爷爷都是红军,都牺牲在战场上。"

"我是合唱团成员梁建权,我的外公习佛恩参加红军后在一次战斗中英勇牺牲。1996 年,我怀着对外公的崇敬应征入伍,成为一名光荣的特种兵。脱下军装后,我参加了长征源合唱团,传承外公的精神!"

······

"我们是为这片红土地而生的,我们会永远为这片红土地歌唱!"作为红军后人,长征源合唱团名誉团长袁尚贵豪情满怀。到 5 月中旬,合唱团已义务演出《长征组歌》498 场。

4 月的井冈山，草木葱茏，山花烂漫。一名阳光帅气的年轻人穿梭在茨坪革命旧址群，从容自信、声情并茂地向游客讲述井冈山的故事。

"讲好红色故事，传承红色基因，是爷爷毕生的使命，而我接过爷爷的接力棒，是想让更多年轻的心灵与红色历史对话，让井冈山斗争史里的每一段故事、每一份初心能照亮年轻人的心灵！"

毛浩夫，"85 后"讲解员，井冈山革命博物馆原馆长毛秉华的孙子。50 多年来，毛秉华讲了 2 万多场井冈山的故事。

2014 年，毛浩夫从英国赫尔大学金融系毕业。在他最初的职业规划中，自己应该成为北上广深金融大厦里一名西装革履的高级白领。

2016 年 8 月的一天，在南昌一家金融机构工作的毛浩夫受邀回井冈山讲红色革命史。没想到，这次"客串"，让他的人生轨迹发生了改变——他回到家乡，成为井冈山革命旧址的一名讲解员。

现在，毛浩夫成为毛秉华工作室负责人。他有两个愿景：利用自己留过学的优势，研究红色故事的国际化表达；挖掘新史料、新故事，用年轻人喜欢的方式，在他们心中播下一颗颗红色的种子。

铁打的营盘流水的兵。武警井冈山中队每次新老交接时，老指导员都要带着新指导员到帮扶对象家走一趟，千叮咛万嘱咐："无论中队人员怎么变，帮扶工作不断线！"

中队驻地拿山镇长路村中学生刘雅婷患有皮肤病，很自卑，不想上学。中队发起了"大手拉小手"活动，派大学生士兵李兴文上门帮她补课，进行心理疏导。官兵们还捐钱捐物，帮她改善学习和生活条件。十年用心用情呵护，让刘雅婷走出阴霾，变得阳光开朗起来。

高考前，刘雅婷压力很大，中队指导员郑浩每天通过电话、视频给她加油鼓劲。去年，刘雅婷考上了心仪的大学。

脱贫攻坚、捐资助学、抗洪抢险、抗冰救灾，哪里有困难，哪里有危险，哪里就有武警官兵矫健的身影，哪里就会响起嘹亮的歌声。这支驻守在革命摇篮井冈山,2006 年被国务院、中央军委授予"井冈山爱民模范中队"荣誉称号,无论何时,都不忘他们是红军传人,都不忘用红军精神铸造官兵信念。

心系百姓的作风永不丢失

"红井水哟,甜又清哎,喝上呀一口哟红井水,一股暖流涌上心。"源远流长的红井水,见证了中国共产党人与老百姓血浓于水的深情。

"老况,我家水泵压不出水来了。"一天晚上,省林业局驻兴国县龙口镇睦埠村第一书记况小洪接到村民邓小聪的电话。

"别急,我马上到!"况小洪带上工具,骑上电瓶车,赶到邓小聪家,帮他修好了水泵。

况小洪不仅要谋划村里的产业发展,还要帮助村民解决一些"鸡毛蒜皮"的事。村民家没电了,打他电话;春耕时水管破了,打他电话;家里的牛走丢了,还是打他电话。

心里有本活地图,脑中装着百姓事。

"谢警官吗？我家菜地里有两只羊在吃菜,我们找不到羊主人。"

"我们马上过去处理!"

不到 10 分钟,瑞金市大柏地派出所教导员谢带金带着民警,赶到前村小组。20 分钟后,谢带金联系上了 5 公里外的放羊人。

这是去年 6 月,大柏地派出所接处的一起警事。

2018 年 12 月,谢带金接到调令,任大柏地派出所教导员。她提前结束产假,一头扎进新的岗位。

搜救失联的进山挖笋村民、寻找村民丢失的金首饰、上交通安全和防溺水课……大柏地共 11 个村,她一人就驻了 7 个村,家家户户都留有她的警民连心卡。"有事可报警,办事可预约"是她对村民说得最多的一句话。

进村入户察民情,排忧解难聚民心,是人民银行兴国县支行驻南坑乡郑枫村第一书记李南阳一直身体力行的工作方法。

从县城出发,爬过峰峦叠嶂的高山,小车在蜿蜒曲折的山沟里摇晃了近一个小时才到郑枫村。这是一个"十三五"省级深度贫困村,57 岁的李南阳自带干粮铺盖来这里驻村已经 6 个年头了。

"爷爷,能借点钱给我们家过年吗?"李南阳驻村不久,一天经过一间毛坯房时,一个孩子可怜巴巴地望着他。

看着孩子脏兮兮的小手,李南阳心里一酸。他走进没有装门窗的房子,与孩子父亲张瑞珍促膝谈心。原来,张瑞珍因家庭变故,对生活感到绝望,什么都不愿做,破罐子破摔。

"种点粮食吧?"李南阳对他说。

"不想种。"张瑞珍摇摇头。

但李南阳还是一次次上门,用贴心的关怀、入心的宽慰,重新燃起张瑞珍对生活的希望,说服张瑞珍把粮食种了起来。第一年,够吃了;第二年,有余粮了;第三年,有存款了。张瑞珍有了信心,主动提出把种养业扩大。

"你会什么手艺?"

"我会养蜂。"

李南阳帮他买了 26 箱蜂。去年,张瑞珍家仅养蜂一项,纯收入就达 2.6 万余元。

为民谋幸福的初心坚如磐石

"小孩子要求读书,小学办起了没有呢? 对面的木桥太小会跌倒行人,要不要修理一下呢? 许多人生疮害病,想个什么办法呢?"1934 年 1 月,在中华苏维埃共和国第二次全国代表大会上,毛泽东同志郑重提出要"关心群众生活,注意工作方法"。

如今,在瑞金沙洲坝红井革命旧址群的群众路线广场,毛泽东同志的这篇文章被铸刻在一面铜墙上,时刻提醒着我们:为人民谋幸福、为民族谋复兴是中国共产党人一脉相承、坚如磐石的初心。

入夏,井冈山下马源村,茂林修竹,流水潺潺。一栋栋粉墙红瓦的民宿,隐现在青山绿水间。

谢桃民家的民宿又迎来了一批客人,他乐呵呵地忙前忙后。在马源村,像谢桃民一样的民宿业主还有 40 户,可同时接待 800 人。

"过了黄洋界,险处不须看。"地处黄洋界脚下的马源村,近年来在"红色、绿色、古色"上做足文章,打造"引兵井冈"研学基地。2019 年,马源村共接待游客 3.2 万人次,参与农户户均增收 3 万元。

马源村以研学旅游产业为龙头,带动车厘子、太空莲、黄桃等种植,让每家每户在产业链中都有收益。去年,马源村人均纯收入达 1.2 万元,是 2018 年的 3 倍。

过去"养在深闺人未识"的马源村,正以"全域旅游、全村美丽、全民创业、全面小康"的自信姿态,展现在世人面前。

幸福是奋斗出来的。像马源村一样,今天的老区人民,用艰苦奋斗、自力更生、不屈不挠、奋勇向前的精神,谱写出一曲曲乡村振兴的动人赞歌。

2016 年农历小年,习近平总书记来到神山村,与全村老少共度佳节。总书记深情地说:"我对井冈山怀有很深的感情。这是我第三次来,来瞻仰革命圣地,看望苏区人民,祝老区人民生活越来越好。"

春至花如锦,夏近叶成帷。如今的神山村,资金变股金、旧房变新房、山区变景区。2020 年,神山村人均纯收入达到 2.8 万元。

一排排大棚鳞次栉比,一畦畦蔬菜长势喜人,一批批游客流连忘返。于都县潭头村,72 岁的红军烈士后代孙观发忙着接待游客。2013 年,孙观发家负债 13 万元。去年,他家靠开超市、民宿和合作社分红,收入超过 22 万元。

2019 年 5 月 20 日,习近平总书记来到孙观发家,和乡亲们拉家常,详细了解老区人民生产发展和生活改善等情况。总书记说:"只要跟着共产党走,中华民族伟大复兴就一定能实现,好日子还在后头呢!"

好日子就在眼前:"十三五"期间,江西主要经济指标增速连续六年稳居全国"第一方阵";居民人均可支配收入提前实现比 2010 年翻番目标;棚户区改造开工 23.92 万套,居全国第一;国家生态文明试验区建设 38 项重点改革任务全部完成,35 项改革举措及经验做法列入国家推广清单……

巍巍井冈,漫山杜鹃灼灼若霞,像燃烧的火。

这团火,光芒四射,展现了中国共产党的百年风华!

这团火,生生不息,续写着中华民族的复兴华章!

(《江西日报》2021 年 5 月 14 日)

评析:2021 年,党的百年华诞。江西日报社四名记者,深入瑞金、于都、兴国、井冈山等革命老区采访,用一篇气势恢宏、荡气回肠的壮丽佳作,给党的生日奉上了一份厚礼。

此稿选取了在原中央苏区极具代表性的人物和事件,以宏大的手法和极高的政治站位,契合中国共产党成立 100 周年这一重大事件,从历史和现实的角度,立体而生动地表现了中国共产党人百年不变的初心使命这一重大主题,展现了革命战争年代和党的十八大以来,江西这块红色热土上的共产党人不忘初心、牢记使命,冲锋在前、矢志不渝为人民谋幸福的动人画卷!

稿件采访深入细致,现场感强,故事生动,催人泪下,做到了感染性、可读性、思想性相统一,收到了良好的传播效果。

(刘传红　江西师范大学新闻与传播学院原院长、教授)

电视新闻专题

老表们的新生活——鸟哥"打鸟"

王子荣　何梁　王建国　张涛伟　巫宜凇　何威　黄文锋

（编辑：袁学林　陈美华　朱嘉丽）

作品二维码

（江西广播电视卫视频道 2021 年 3 月 4 日）

评析：节目记录了"新农民的新生活"，反映整个江西乡村的巨大变迁，充分展现江西践行生态产业化的脱贫智慧和创新特色。这也是节目组践行"四力"的生动案例，用反差视角挖掘到普通而又极具特色的选题人物，在长时间的采访中，原生态地记录了许多鲜活自然的言语和真实情感的流露，生动、有网感地呈现出"老表们的新生活"，通过串联起一个个接地气的新农民的故事，彰显乡村振兴的累累硕果。

（杨松　原江西省新闻出版广电局巡视员、高级编辑）

二等奖（3 件）

电视新闻纪录片

开往春天的高铁

袁进涛　周东　许文兵　余超　陈红光　谭悟　万显祥

（编辑：敖俊翔　刘志刚　金石明）

作品二维码

（江西广播电视台都市频道 2021 年 12 月 31 日）

评析：新闻纪录片《开往春天的高铁》拍摄制作前后历时三个多月，摄制组数次往返于都、深圳等地，多维度生动呈现了赣深高铁为赣南这片曾经为中国革命做出过重大贡献的山高路远之地，注入的无限活力和蓬勃生机。整个纪录片紧扣"苏区·湾区"同频共振、协同发展的主线，视角新颖、立意高远、主题突出、人物刻画细腻丰富，故事讲述生动感人。具有较强的思想性、新闻性和艺术性。

（杨松　原江西省新闻出版广电局巡视员、高级编辑）

广播新闻评论

从"蜗牛"获"奖"到"码"上"服务"

程俊　刘梦冉　曲洁　江波

（编辑：张敏　张玲　袁刚生）

作品二维码

（宜春广播电视台新闻综合频率 2021 年 12 月 26 日）

评析：该评论选题新颖、角度巧妙、信息来源丰富，对当地政府工作作风存在的问题毫不隐讳，直截了当，"获奖"单位也接受了采访，进行了反思和整改，说明反向评奖这一"举措"对营商环境的改善的确发挥了很好的监督促进作用，也从服务对象的角度反映了"获奖"单位在转变工作作风后发生的变化。作品主线突出，行文生动活泼，具有较强的传播性。

（周俊杰 省政府文史馆馆员、江西广播电视台原副台长、高级编辑）

重大主题报道(广播系列报道)
"建党百年"特别专题报道

找到家乡第一个党支部

何灵　万芳　吴小俊　陈月珍　康美权　何华英　刘兆春

(编辑:何灵　王霖　李维)

作品二维码

(江西广播电视台综合·新闻频率 2021 年 6 月 17 日至 12 月 30 日)

评析:《找到家乡第一个党支部》这组百集系列报道主题大、切口小,是一组在建党百年和党史学习教育中独树一帜、地方特色鲜明、令人称赞的优秀作品。记者深入江西百县市区,行程数万里,采访上千名党史专家和烈士后代,重温初心使命,见证时代发展,用生动的故事传承弘扬伟大建党精神。巧妙运用海报图片、文字音频视频等传播"组合拳",综合广播、网站、移动端、出版等多路径,实现了可听、可视、可读、可感的全媒体传播!

(周俊杰 省政府文史馆馆员、江西广播电视台原副台长、高级编辑)

三等奖（5 件）

广播消息

零的突破！中国双季早粳稻在江西诞生

李先　汤云柯

（编辑：何灵　黄茹　刘佳）

作品二维码

（江西广播电视台综合·新闻频率 2021 年 7 月 20 日）

评析：习近平总书记指出："中国人的饭碗任何时候都要牢牢端在自己手上。""中科发早粳 1 号"新品种在江西省宜春市上高县选育成功，实现了我国双季早粳稻"零的突破"，填补了双季早粳品种在我国水稻生产中的空白，且早粳米可做中国百姓的主粮，提早 3 个月搬上餐桌，对国家粮食安全意义重大。这篇短消息录音简洁、精准、脉络清晰，时效性强，新闻价值高，中科院专家的录音精辟地点出了主题，作品价值内涵更加凸显。

（周俊杰 省政府文史馆馆员、江西广播电视台原副台长、高级编辑）

报纸通讯

鳡重现　刀鲚增长　江豚频出
十年禁渔让九江再现江湖美景

程静

（编辑：刘维阳　巢宏伟　王红旗）

时隔近 10 年,中国最大淡水湖鄱阳湖都昌水域重现"神秘物种"鳡;以"长江三鲜"闻名的刀鲚,单网次平均捕获量呈几何倍数增长;被誉为"水中大熊猫"的江豚,20 多年后频现种群嬉戏场景……十年禁渔仅一年,长江、鄱阳湖再现多年未见美景:水域生境明显改善,渔业资源有效恢复,多样性水平逐步提升。一年来,九江围绕"人"和"船",紧盯"水"和"岸",四级齐抓,共同"禁""退",禁捕退捕工作取得了重要阶段性成效。

鄱阳湖再现濒危物种

日前,江西省水产科学研究所在鄱阳湖都昌松门山水域进行水生生物资源监测,发现一尾身长 23 厘米、重 47.4 克的鳡。时隔近 10 年,中国最大淡水湖鄱阳湖重现鳡,表明该物种种群数量有望逐渐恢复。

九江市水产高级工程师黄金球告诉记者,鳡原来在鄱阳湖很多,它喜欢到长江里面去,属于河湖洄游鱼类。但因工程、水质、过度捕捞等原因,种群大幅度下降,鄱阳湖已有将近 10 年没看到。因鳡资源量严重衰退,种群近乎濒危,难以获得样本,在 2016 年修订的《中国脊椎动物红色名录》中,鳡的保护等级已上升为极度濒危。鳡曾广泛分布于长江及其以南的江河湖泊中,它身体圆滚细长,头部比较尖,最大个体可达 10 千克以上。因肉质鲜美,曾经是长江流域重要的经济鱼类之一。黄金球激动地说:"鳡重现鄱阳湖,相当于这个物种回来了,这也意味着鄱阳湖水质改善,栖息环境逐渐变好。"

长江渔业资源有效恢复

刀鲚又名刀鱼,是"长江三鲜"之一。四五十年前,炖刀鱼、刀鱼烧白菜等是长江渔民的家常菜。刀鱼腴而不腻、鲜美称绝。"吃不到了。"九江市水产科学研究所副所长高小平告诉记者,"因为刀鱼数量的锐减,2019 年 2 月,国家明文规定,停发刀鱼专项捕捞许可证"。

就在日前,九江市水产科学研究所和中国水产科学研究院长江水产研究所共同完成了"鄱阳湖刀鲚资源、产卵场调查与保护研究"。"项目组通过抽样捕捞法、生物学测量、耳石微化学特征检测、水声学探测、早期资源采集等技术手段发现鄱阳湖洄游性刀鲚资源呈现较明显的恢复趋势,表明长江禁渔措施初现效果。"高小平兴奋地说,"我们识别出了鄱阳湖刀鲚产卵场和索饵场及其大致范围,初步摸清了繁殖群体的洄游路线,较全面分析了刀鲚繁殖群体的种群结构和生物学特征。还提出了鄱阳湖刀鲚栖息地保护措施,并成功应用于采砂和渔政管理,这对刀鲚资源保护及可持续利用具有重要意义。"

数量多达 30 头左右的江豚群在水面嬉戏是长江渔业资源有效恢复的又一力证。江豚被誉为长江生态的"活化石",是长江水生物保护的旗舰物种、长江淡水生态系统健康的指示物种。九江濂溪江豚协巡队队员王第友告诉记者,20 世纪五六十年代,坐江轮时,随处可见江豚,这些可爱的小家伙"衣食无忧",吃得胖乎乎,像小猪一样。沿岸居民对此习以为常,那时江豚还只是普通物种。20 世纪 80 年代,长江江豚种群量快速衰减。到 2017 年 12 月,长江江豚生态科学考察发现江豚种群数量约为 1012 头,数量仅相当于大熊猫的一半。九江市农业农村局渔政科科长方旺顺分析说:"实施禁捕退捕后,环境变好了,江豚受到的惊扰少了,所以逐水嬉戏的场景就多了。特别是今年以来,江豚种群数量稳定、家族频现,生存环境不断向好,禁捕退捕对水域生境改善效果初显。"

打好十年禁渔持久战

长江十年禁渔是党中央"为全局计、为子孙谋"的重要决策,是扭转长江生态环境恶化趋势的关键之策。十年禁渔仅一年,长江、鄱阳湖呈现了近几十年来前所未有的干净。

九江市农业农村局党委委员饶友平介绍说,今年是九江市重点水域实现全面禁捕、渔民"洗脚上岸"之后的巩固提升年,是打好十年禁渔持久战的转折年。今年以来,九江积极适应长江流域重点水域常年禁捕新形势新要求,围绕禁捕后长江流域水生生物保护和水域生态修复重点任务需要,不断巩固提高禁捕质量和退捕成色。按照党中央、国务院关于十年禁渔部署要求,九江组织各地各相关部门对照禁捕退捕相关工作情况,开展为期一个月"回头看"自查自纠、查漏补缺,补短板、强弱项,建立健全长效机制,坚决推动禁捕退捕重大战略决策在九江行稳致远。

九江市还加强渔政执法能力建设,制定《九江市重点水域高空视频监控系统建设方案》,推动全市"一张网、一张图、一平台"多维智能化监控系统建设,建立人防与技防并重、专管与群管结合的保护管理新机制,为坚决打赢长江水生生物保护攻坚战持久战提供坚实保障。同时,建立跨区域协同共管机制,与安徽宿松县、湖北黄梅县签订《长江禁捕跨界水域协同执法合作协议》,适时开展跨区联合执法,实现禁捕水域全覆盖、无死角监管,确保交界水域"四清四无"目标常态化、可持续。九江还出台《九江市重点水域垂钓管理暂行办法》,依法划定允许垂钓区域范围,将垂钓行为纳入渔政日常执法管理范畴,严格限定钓具、钓法、钓饵,有效维护禁捕管理秩序,保护水生生物资源。九江多部门联合制定《全市非法电捕鱼　湖泊水库投肥养殖　禁养区网箱养殖等生态破坏问题大排查整治行动方案》等文件,持续加大全环节、全链条打击力度,加快修复长江流域生物多样性,助推实施长江经济带战略。

为让退捕渔民退得出、稳得住、能致富,九江打好转产就业、社保兜底等政策组合拳。还制定了《九江市长江江西段及鄱阳湖九江水域水生生物资源监测方案》,进一步加强禁捕后水生生物资源监测,科学评估重点水域、重点区域水生生物重要栖息地及资源变化情况,为长江生态环境整体保护、系统修复提供科学依据,助力长江十年禁渔和水生生物保护工作取得扎实成效。

(《九江日报》2021 年 6 月 8 日)

评析:该作品以长江、鄱阳湖濒危物种的回归,反映了长江十年禁渔的巨大成就,展现了习近平生态文明思想的强大力量。"共抓大保护、不搞大开发"是扭转长江生态环境恶化的关键之策。作者以"小切口"反映国家政策的"大利好",站位高、立意新。

(刘传红 江西师范大学新闻与传播学院原院长、教授)

国际传播

从"天净沙"到"维多利亚"
——爱德华一家在婺源

朱彦　齐美煜

（编辑：朱力　杨学文　黄孝昱）

冬日暖阳下，婺源英式民宿维多利亚庄园沉浸在一片湛蓝的静谧中。房前，一条小河缓缓流过，或模糊或清晰地呈现出天空与树木的倒影；房后，大片的茶园，顺着山势铺展开来，深绿色叶片、片片挺秀。

12 月 8 日，记者在婺源见到了民宿主人爱德华夫妇。夫妇俩思路清晰，中英文切换自如，深情回顾了来婺源的初衷、创业的得失，畅谈了心中的诗意乡村生活。

寻一处山水安家

2015 年，爱德华和廖敏欣还是一对中英跨国情侣。他们辞去上海的工作，"打卡"中国名山大川。山清水秀的婺源深深地吸引了他们。一座座徽派古建筑，无不流淌着丰润的历史积淀。在为古建筑的美深深折服的同时，他们也痛心因年久失修当地不少古建筑毁损严重。没有任何犹豫，他们决定在婺源"认养"一栋古宅并定居于此，为古建筑保护贡献一己之力。为此，他们前前后后跑了三四个月，挨家挨户敲门询问。

功夫不负有心人，他们最终在思口镇思溪延村找到一栋心仪的古宅。这栋古宅占地 300 平方米，距今已有 300 多年历史。在风雨浸渍中，古宅不堪重负。"认养"、修缮古宅，耗时耗力又耗钱。说到这，廖敏欣动情讲起了双亲的大力支持，"爱德华父母卖掉了他们在英国的一个诊所，我父母卖掉了南昌的两套房子。"

为还原古宅历史风貌,他们聘请了当地雕刻名家俞友鸿,再现了徽派古宅粉墙黛瓦、淡雅精美的建筑特点,而点缀其间的天井,显得分外高深。

2017 年 5 月,在修复一新的古宅里,爱德华和廖敏欣举行了一场隆重的中式传统婚礼。自此,爱德华夫妇真正把家安在了婺源。

是家也是民宿

除了自住,古宅还余出不少房间。这些房间最初仅仅是作为在沪外国友人来婺源游玩的休憩地。没想到,竟成为让他们念念不忘的"家"。

古宅维护成本很高。爱德华夫妇考虑,多出来的房间用来做民宿,一定程度上可缓解资金压力。

古宅是传统的天井式建筑。爱德华夫妇紧扣天井元素,将民宿命名为"Skywells"。廖敏欣的大伯,文学造诣深厚,由"天井"的谐音联想到词牌名"天净沙",并以此作为民宿的中文名。每间客房的名字也蕴含着中国人对美好生活的种种期许,比如,"五谷丰登""四世同堂""生财有道"等。

是家也是民宿。在爱德华夫妇的精心打理下,冷清杂乱的庭院变成了"花海";原来的鸡舍猪圈被设计改造为英式乡村酒吧……

爱德华常把天净沙民宿的资讯发布到社交平台上。"很多国外朋友非常羡慕这种住在中国乡村,与山水相伴的感觉。很多人说要组团来中国玩。"爱德华介绍,天净沙民宿开业后,九成以上的游客都是外国人。良好的入住体验让他们对这里念念不忘。民宿里保存着很多海外游客寄来的礼物,有鼓鼓囊囊的信、盖着异国邮戳的明信片等物件。口口相传,天净沙民宿成为网红民宿。

面对日益增长的游客,天净沙民宿已难以满足接待需求。爱德华夫妇筹谋打造一个和天净沙民宿风格截然不同的英式庄园。

2019 年,他们将目光投向思口镇前坦村的一处山水环绕之地,前有大片茶园,后有清澈河流,一派欧式田园风光。这里,成了他们打造英式民宿维多利亚庄园的理想地。从选址到设计,他们充分顺应自然山水格局,巧妙地将中国乡村美景与异国度假风情有机结合。无论是整体建筑,还是装潢陈设,无一不散发着浓浓的英伦风情。

今年 4 月,英式民宿维多利亚庄园正式营业。漫步其中,仿佛置身于英剧里的唐顿庄园。

是外国人但不是外人

时光如水,日月如梭,转眼已是五个春秋。爱德华夫妇在婺源成家立业、生儿育女。他们深深地眷恋着这片山水,早已不把自己当外人。

2020 年,一场突如其来的新冠肺炎疫情席卷而来。爱德华夫妇坚守在婺源,热心捐赠民宿部分房间的住宿权益,供疫情结束后奋战在一线的医护人员免费休养使用。

今年秋季开学,爱德华在思口镇思口中学当起了英语支教老师,被孩子们亲切地称呼为"爱老师"。支教,是爱德华自己的主意,觉得自己有义务为当地做一些力所能及的事。支教时间本暂定一个学期,后因铅山突发疫情而中断。

不仅是爱德华,就连他的儿女也同样融入这里的生活。采访中,记者看到了有趣的一幕:小儿子皮特正在庄园里的空地上玩耍,几个工人推着手推车经过。年长的工友停下脚步,逗小皮特:"皮蛋儿,走,我们去玩!"小皮特立马伸出小手让抱,又萌又可爱。

婺源的点滴变化牵动着爱德华夫妇的心。婺源"中国最美乡村"的名号越来越响亮,慕名前来的游客越来越多,民宿行业蓬勃发展。他们欣喜的同时,也有隐忧。"现代人出游,选择民宿,看重的是一个舒适安静的环境。民宿要有特色,如果是一味地复制其他民宿模式,欠缺品质,那将会极大地造成资源浪费,甚至是破坏环境。"廖敏欣说。

经营民宿,爱德华夫妇有他们的心得和讲究。他们注重用户体验,呵护自然环境。他们自豪,很多外国人是通过旅居他们的民宿知道了婺源,关注到了江西,进而感叹中国乡村之美;他们希望,更多外国人知晓婺源的好山好水、文化民俗,见证中国乡村的颜值和内涵。

(《江西日报》2021 年 12 月 31 日)

评析：该篇作品立意高远、思想深邃、文笔隽永，不失为中国故事"国际表达"的精品佳作。文章从爱德华夫妇身份从恋人到夫妇、从旅人到居民、从白领到民宿经营者的三个转变着笔，通过他们在婺源安家创业，见证中国乡村振兴战略的经历，让世界真切看到中国乡村的颜值和内涵，真实感受中国乡村的巨大变化。作品富有较强的思辨色彩，对乡村振兴战略下自然与生态、产业与发展、文化传承与保护之间的平衡与协调等展开分析，对海外受众客观、全面、深入地理解乡村振兴战略起到重要作用，唤起了更多情感共鸣。华商报、每日新闻等的转载加持，进一步扩大了作品的传播效果。

（刘传红　江西师范大学新闻与传播学院原院长、教授）

舆论监督

上饶信州区沙溪镇白石村数百亩田撂荒
——高标准农田竟种不了田

余红举

（编辑：李新科　兰春玉）

　　高标准农田，顾名思义是指建设标准高的农田。早在 10 年前，《江西省高标准农田建设标准（试行）》就明确规定了高标准农田的标准——田块平整、土壤肥沃、排灌方便、道路畅通、生态良好的永久基本农田。然而，上饶市信州区沙溪镇白石村高标准农田，却因为田块不平整，灌溉不方便，导致数百亩耕地撂荒。

村民：高标准农田撂荒了一年，怪可惜

　　1 月 12 日，记者驱车来到白石村，只见村旁立了块"2017 年度江西省统筹整合资金推进高标准农田建设项目"的石碑，碑上载明白石村高标准农田 1400 亩，施工单位为百年建设集团有限公司，建设主体为信州区政府，管护主体为白石村委会。项目开工时间是 2017 年 12 月 15 日，竣工时间是 2018 年 4 月 29 日。

　　"坡上的几处高标准农田撂荒了一年，怪可惜的。"见记者拍照，有村民摇着头说："去年各地鼓励种植双季稻，这里的高标准农田却撂荒了。"

　　记者了解到，白石村高标准农田已流转给上饶市信州区家丰种养殖农民专业合作社。2019 年 11 月 7 日，家丰合作社与沙溪镇白石村签订《土地承包经营权流转合同书》，双方约定流转年限为 10 年，即 2020 年 1 月 1 日至 2030 年 12 月 31 日。记者算了算，按照合同约定流转注明的时间实际应为 11 年。白石村积极向上级申请项目资金和政府补贴，所有的补助全部用于合作社发展，而合作社也要积极为白石村提供用工支持。附件坐标显示，流转的 1162

亩土地全部为高标准农田。

高标准农田为何抛荒？合作社负责人童家丰大倒苦水,他为了流转高标准农田,与他人合伙成立了合作社。并非自己不愿种植双季稻或者故意撂荒,而是这些高标准农田的标准并不高,有的没有沟渠灌溉,无法耕种。"流转的高标准农田,根本无法种植双季稻,试种了几亩早稻,结果晚稻因干旱无法插秧。流转的高标准农田早晚稻、一季稻只种植了不足 700 亩,收成并不好,其余的基本撂荒。"童家丰引着记者来到田间察看,指着面前的大片农田对记者说,这些有稻兜的是去年耕种了的,这些没有稻兜的是撂荒的。

合作社负责人:没有水渠灌溉难耕种

针对高标准农田无法耕种的问题,去年 4 月,沙溪镇曾回复童家丰称,对部分田块存在水渠渗漏,土地不平整等问题进行了整改。不过,童家丰并不满意这样的整改,他认为整改只是象征性聘请民工清理了那些有沟渠农田的渠中淤泥,但是众多田块尤其是坡田根本问题是没有建水渠。这些问题没有解决好,怎么去耕种？童家丰提供的高标准农田坐标图显示,1162 亩高标准农田被分成数块。记者现场调查发现,部分田块要么没有沟渠,要么利用自然形成的沟渠灌溉,但沟渠长期无水,要么用红石垒起来的水渠出现断头,还有部分田块取土后形成了大坑也无法耕种。

因为不满石溪镇的回复和整改,童家丰通过网络渠道反映问题,结果得到的答复让他哭笑不得。去年 7 月,信州区"五型"办的回复称:通过当地种植大户帮助流转企业翻耕,1162 亩土地翻耕并播种到位,水稻长势良好。

这一回复表明,家丰种养殖农民专业合作社流转的高标准农田全部耕种,与村民及童家丰所反映的情况相矛盾。孰真孰假？记者采访时,沙溪镇、白石村干部均承认高标准农田撂荒数百亩的情况的确存在,具体面积有多少呢？他们则表示"具体数据没有统计"。同时,白石村高标准农田因无水源、无沟渠灌溉成了旱地,村民见无人耕种,便种起了蔬菜。

记者问道,为何白石村高标准农田中还有旱地,沙溪镇副镇长张文建没有正面回答,只说:"旱地可以种植旱作物。"虽然家丰合作社与沙溪镇、白石村签订了土地流转合同,但是白石村党支部书记陈金行认为,部分高标准农田不达标出现抛荒,不能把账记在白石村头上,而应该找业主单位信州区农业农村水利局。记者在与农业农村水利局相关负责人余剑锋交谈时,他则表示,高标准农田出现的种种问题,是白石村管护不到位所致。

相关人员:按规划施工,只是"降低了标准"

记者在沙溪镇宣传栏上看到,沙溪镇有高标准农田 5000 亩,每亩建设资金 3000 元,其中白石片区 1400 亩,其中 1162 亩流转给上饶市通富欣饶农业发展有限公司。

"这些高标准农田采取的是'两免三减半'的政策。"张文建解释道,"前两年免租金,后三年减半收,之后每年租金每亩 500 元,每 5 年递增 10%。2019年,白石村高标准农田由上饶市通富欣饶农业发展有限公司耕种管理,后来该公司去外地发展了,由家丰合作社接手耕种。此前,上饶市通富欣饶农业发展有限公司享受了一年免租金,因此家丰合作社享受'一免三减半'。"张文建进一步解释道,白石村流转的 1162 亩高标准农田,是按照 3000 元一亩的标准进行打造的,这只是平均数,其中有些田块每亩投入资金会超过 3000 元,有的田块投入比较少,每亩只有 1500 元,可能存在不达标情况。

不达标的说法,记者也从沙溪镇农办主任话语中得到印证。他说,因为童家丰反映白石村高标准农田没有达标,他们曾花费 10 多万元帮助童家丰翻耕土地。同时,希望童家丰在流转耕种的过程中慢慢改善,"这就是我们为什么推出'两免三减半'的政策。"

余剑锋答复记者称,"田成方、路相通、渠相连"是高标准农田的标准,但是白石村属于丘陵地带,只能打造成高标准梯田,这样的话只需要做到"路相通、渠相连"。对渠不相连的情况,他解释是施工时存在百姓阻工现象。"我们是通过招投标建设的高标准农田,建设完成通过了验收。"余剑锋否认白石村存在高标准农田不达标的情况,他说:"都是按照规划设计图纸施工的,只是后来因为资金不够,更改了施工图纸,降低了标准。"不过,当记者来到信州区农业农村水利局办公室,提出想看看更改后的设计图纸时,电话中,余剑锋以自己"没在局里"为由婉拒了记者的要求。而信州区农业农村水利局相关人士则称,分管领导也下乡了,白石村高标准农田一事只有余剑锋熟悉情况。

(《江西日报》2021 年 1 月 14 日)

评析:习近平总书记强调,耕地是粮食生产的命根子。该篇舆论监督报道抓住了时事热点,对上饶市信州区沙溪镇白石村高标准农田种不了田的问题进行曝光,通过务实理性的求证,推动问题得到有效解决。稿件采访扎实,标题铿锵有力,文字严谨逻辑性强。稿件刊发后,引起了中央、江西省委等领导的高度重视。江西省纪委监委以此为突破口,对江西省高标准农田建设存在的问题进行深挖和督办整改。该作品对于助力江西省粮食主产区建设,具有积极作用。

(刘传红 江西师范大学新闻与传播学院原院长、教授)

典型报道

阿卜杜拉文明志愿服务队英雄城里浇灌民族团结之花
守望相助紧紧相拥　构筑共有精神家园
6 名少数民族同胞昨同时递交入党申请书

宋思嘉

编辑：集体（殷勇　郭辉民　袁华　沈秋平　舒艳秋）

本报南昌讯　"我诚挚地向党组织提出加入中国共产党的申请，我愿意为共产主义事业奋斗终身……"1 月 4 日 9 时 30 分，麦麦提·阿卜杜拉等 6 名新疆籍维吾尔族同胞来到南昌市西湖区丁公路街道恒茂华城社区党群服务中心，郑重地向党组织递交入党申请书。

每一份滚烫的入党申请书都情真意切，表达了对党的感恩之情和强烈的入党愿望。

"在当地党委、政府和广大市民的关怀帮助下，我们顺利地融入英雄城大家庭，还加入了阿卜杜拉文明志愿服务队，生活得充实又幸福。"麦麦提·阿卜杜拉吐露心声，"各民族像石榴籽那样紧紧抱在一起，就能携手创造美好生活。我要以阿卜杜拉·吾拉西木为榜样，争取早日成为一名服务群众、奉献社会的党员。"

阿卜杜拉文明志愿服务队由 60 余名新疆籍维吾尔族同胞组成，队长阿卜杜拉·吾拉西木获得 2019 年江西省"民族团结进步模范个人"，去年 8 月成为一名中国共产党党员。

以春风化雨之势浇灌民族团结之花，构筑共有精神家园。丁公路街道党工委书记彭小惠告诉记者，阿卜杜拉文明志愿服务队自 2018 年成立后，每逢周末都在英雄城大街小巷开展扶贫、助学、济困、助老等活动，服务队每年至少拿出 18 万元资金用于公益事业。

去年新冠肺炎疫情来袭后,这支服务队第一时间向武汉捐款 2 万元,主动承担丁公路街道 4 个防控卡点的通宵值守任务,并向辖区居民捐赠近万元生鲜物资。

去年 7 月,在汛情面前,这支服务队带着亲手做的食品来到赣东大堤南昌大桥下中桥墩处段,慰问一线值守干部,参与排查隐患点位、清理堤防两岸的垃圾等工作。

今年 23 岁的艾力·阿卜杜喀迪尔是此次提交入党申请书的新疆籍维吾尔族同胞中最年轻的一位,在他心里,参与服务队活动已是他生活中不可或缺的一部分,其中与市民共同升国旗、唱红歌这两项每月一次的活动更是令他心潮澎湃。

"新时代党的治疆方略让家乡面貌焕然一新,我要知党恩、跟党走。虽然还未成为一名党员,但我要以党员的标准严格要求自己,扎根红土地,为民族团结贡献力量。"艾力·阿卜杜喀迪尔动情地说。

（《江西日报》2021 年 1 月 5 日）

评析:作品意义重大、选材典型,以"6 名少数民族同胞昨同时递交入党申请书"这个小切口、大情怀、正能量,用生动的场景巧妙融合爱党爱国和民族团结大主题,故事里有情节,情感里有情怀,通过阿卜杜拉文明志愿服务队的先进事迹,表达出少数民族同胞永远跟党走的拳拳赤子之心,反映出各民族像石榴籽一样紧紧拥抱在一起,具有时代性、典型性和代表性,有力地唱响了主旋律。同时,作品行文流畅、短小精悍,起到了直抵人心的传播效果。

（陈信凌　南昌大学人文学部主任、新闻与传播学院教授、博士导师）

第 29 届江西新闻奖获奖作品

一等奖(77 件)

报刊消息、评论类（5 件）

报纸评论

坚定不移沿着习近平总书记指引的道路奋勇前进

魏星　张武明

（编辑：余霞　张玉珍）

10 月 20 日，刚刚履新的省委书记易炼红主持召开第一次省委常委会（扩大）会议，重温习近平总书记视察江西重要讲话精神，鲜明宣示省委高举习近平新时代中国特色社会主义思想伟大旗帜，一以贯之、不折不扣地贯彻落实习近平总书记视察江西重要讲话精神的政治态度，进一步动员全省上下感恩奋进、接续奋斗，全力践行"作示范、勇争先"的殷殷嘱托，携手书写全面建设社会主义现代化国家精彩的江西篇章。

站在"两个一百年"这个重要而又特殊的交汇点，站在开启全面建设社会主义现代化国家新征程点，站在江西改革发展的历史新起点和省委、省政府主要领导同志刚刚调整之际，这次省委常委会（扩大）会议释放出重要的信号，给人以强烈的感受。

首先，充分体现了省委切实增强"四个意识"、坚定"四个自信"、做到"两个维护"的政治自觉、思想自觉和行动自觉。党的十八大以来，以习近平同志为核心的党中央高瞻远瞩、谋篇布局，团结带领全党全国各族人民砥砺前行、开拓创新，取得决定性成就，实现历史性跨越。感慨于历史性成就，充满对新征程美好憧憬，江西人民也愈加感恩习近平总书记对革命老区的深情大爱与特殊关怀。回顾这些年的发展历程，每到关键时候、重要节点，习近平总书记都为江西发展指点迷津、指明方向，让全省干部群众深切感受到了党中央的关怀和温暖。实践证明,江西走好每一步路、办好每一件事,就是要始终在思想上政治上行动上同以习近平同志为核心的党中央保持高度一致,保持政治信仰不变、政治立场不移、政治方向不偏,确保总书记有号令、党中央有部署,江西第一时间不折不扣抓落实、见成效。

其次,充分体现了省委对习近平新时代中国特色社会主义思想反复学、深入悟的政治自觉、思想自觉和行动自觉。思想就是力量,思想指引方向。习近平新时代中国特色社会主义思想是当代最鲜活的马克思主义。习近平总书记视察江西重要讲话,则是习近平新时代中国特色社会主义思想的"江西章节"。省委常委会(扩大)会议重温习近平总书记视察江西重要讲话精神,就是引领示范全省上下坚持把学懂弄通做实习近平新时代中国特色社会主义思想作为政治必修课、理论必须课,深刻把握贯穿其中的立场观点方法、道理学理哲理,不断增进思想认同、政治认同、情感认同,自觉用党的创新理论武装头脑、指导实践、推动工作。

再次,充分体现了省委坚定不移沿着习近平总书记指引的道路奋勇前进的政治自觉、思想自觉和行动自觉。从"新的希望、三个着力、四个坚持"重要要求,到"作示范、勇争先"目标定位和"五个推进"重要要求。远山近岑,切换的只是视角,一脉相承的是宏图。习近平总书记视察江西重要讲话精神,深刻阐明了事关江西改革发展的一系列根本性、方向性、全局性问题,体现了对江西改革发展的战略思考、全局谋划,既部署"过河"的任务,又指导解决"桥或船"的问题。如同一粒种子拥抱沃土,一座灯塔照亮前路,融入了红土圣地的血液,化为具体的发展思路、工作措施和制度机制,不断引领全省广大干部群众加快改革发展。迈步新征程、开拓新境界,更加需要坚定看齐、精准对标,持续深入贯彻习近平总书记视察江西重要讲话精神,讲政治、践忠诚、勇担当、抓落实,描绘好新时代江西改革发展新画卷。

第四,充分体现了省委坚持一张蓝图绘到底、一任接着一任干的政治自觉、思想自觉和行动自觉。江西各项事业发展取得的历史性成就,是全省上下牢记习近平总书记殷殷嘱托,沿着习近平总书记视察江西重要讲话精神这个航标,感恩奋进、担当实干,用勤劳和智慧浇灌出来的。省委常委会(扩大)

会议明确提出,要用习近平总书记视察江西重要讲话精神统一思想、统揽全局、统领工作,对标习近平总书记为江西改革发展量身定制的宏伟蓝图,保持战略定力,增强发展信心,锲而不舍、久久为功,坚持一张蓝图绘到底,一任接着一任干,以"功成不必在我,建功必定有我"的境界和胸怀,奋力开创新时代江西各项事业发展新局面。

第五,充分体现了省委全力践行"作示范、勇争先"目标要求的政治自觉、思想自觉和行动自觉。习近平总书记对江西工作提出的"在加快革命老区高质量发展上作示范、在推动中部地区崛起上勇争先",是对江西发展最明确、最全面、最精准的目标定位,充分体现了以习近平同志为核心的党中央对江西工作的殷切期望、更高要求。省委常委会(扩大)会议聚焦"作示范、勇争先",进行再动员再部署,目的就是号召全省上下牢记习近平总书记殷殷嘱托,把"作示范、勇争先"作为总目标、总方向、总要求,贯彻和体现到江西工作的各方面和全过程,勇担历史重任,切实以跨越赶超的雄心壮志、走在前列的一流标准、敢为人先的拼劲闯劲、真抓实干的务实作风,坚定不移加快推进高质量跨越式发展,努力铸就江西加快崛起的新辉煌。

征程万里风正劲,重任千钧再出发。全省上下要始终坚持以习近平新时代中国特色社会主义思想为指导,持续深入贯彻习近平总书记视察江西重要讲话精神,深刻领会省委常委会(扩大)会议部署要求,进一步强化使命担当、狠抓工作落实,坚定不移沿着习近平总书记指引的道路奋勇前进,一步一个脚印把总书记为江西擘画的蓝图变为美好现实。

（《江西日报》2021 年 10 月 22 日）

评析：本报评论员文章是新闻评论中分量较重的文体,因此该文章篇幅不短,全文超过了两千字。其主要特点可以从两个方面进行观察:

第一,反应敏锐,时效性强。一般而言,新闻评论与新闻报道相比,在时效性的体现上显得更加迟缓一些,但是这不意味着新闻评论可以不追求时效性。如果是这样的话,新闻评论就与议论文毫无二致了。文章评议的是刚履新的省委书记主持召开的第一次省委常委会(扩大)会议,该会议透露出的信息很有新闻价值。作品精准把握了时度效,展现了良好的新闻敏感与新闻素养。

第二,概括精当,阐释流畅。本次省委会(扩大)会议,一以贯之、不折不扣地贯彻落实习近平总书记视察江西重要讲话精神的政治态度,进一步动员全省上下感恩奋进、接续奋斗,全力践行"作示范、勇争先"的殷殷嘱托,携手书写全面建设社会主义现代化国家精彩的江西篇章。文章用"坚定不移沿着习近平总书记指引的道路奋勇前进"作标题,对会议的精神进行了精当的概括。此外,文中还用习近平同志多次使用的"一张蓝图绘到底,一茬接着一茬干"等词语表达的含义,对本次会议的意义进行阐释,显得生动流畅,很容易被理解与接受。

(陈信凌 南昌大学人文学部主任、新闻与传播学院教授、博士导师)

报纸消息

现存最早入党誓词守护者后人再续"守密"故事
贺页朵孙辈行善 24 载却"守口如瓶"

杨建智

（编辑：蒋少征　沈秋平）

本报吉安讯　1931 年 1 月 25 日,永新县北田村农民贺页朵,在一块红布上记下了自己的入党誓词。此后,他不惜冒着被杀头的危险,把这份入党誓词用油纸层层包裹,藏在自家榨油房的屋檐下,直到 1951 年才公之于众。这份特殊年代保留下来的入党誓词,成为国内现存最早的入党誓词,现藏于中国国家博物馆。而近日,记者在永新县偶然得知,贺页朵的孙辈投入家乡公益事业长达 24 年,却一直"守口如瓶",续写着爷爷的"守密"故事。

1966 年,贺页朵的小儿子因病去世,留下了 4 个未成年的孩子。80 岁的贺页朵将丧子之痛埋在心底,担起了培养教育孙子的担子。1970 年,84 岁的贺页朵去世。临终前,他念着当年入党誓词中的话"牺牲个人,严守秘密,阶级斗争,努力革命,服从党纪,永不叛党",叮嘱 4 个孙子要学好本领、报效国家。

在贺页朵的精神感召下,4 个孙子学有所成,并先后加入了中国共产党。老大贺佐才从江西医学院毕业后,在广东电力职工医院从事救死扶伤的工作。老二贺佐智考入武汉水利电力学院,毕业后留校任教,把祖父传承给他的红色基因,注入了一批又一批青年学子的血脉之中。老三贺佐文参军入伍,1979 年在对越自卫反击作战中壮烈殉国,荣获二等功。老四贺佐武随后报名参军,进入哥哥贺佐文生前所在部队服役,退伍后在吉安电力公司工作,一直是单位的业务骨干。

几十年来,贺家兄弟时刻牢记爷爷贺页朵的嘱托,在做好本职工作的同时,不忘投身家乡公益事业。1997 年,兄弟三人筹集资金 20 余万元,修通了才丰乡龙安桥至花园村的村道,解决了当地村民们的出行难题,这条路也被大家亲切地称为"贺页朵路"。此后,三人出资 20 万元,在北田村修建了老年活动中心;在才丰乡政府及下辖 4 个村设立了老年爱心基金,先后为近 200 位 60 岁以上的老人发放爱心基金 50 余万元;筹集资金 200 余万元,在永新中学、才丰中学、才丰乡小学,设立贺页朵奖学金、贺页朵教育基金,先后向师生发放奖金 10 余万元。此外,他们还引进上市公司在永新投资建设永新凯迪生物发电厂,既增加了地方财政收入,又解决了部分农民的就业问题。

据了解,24 年来,虽然兄弟三人的善举早已在当地成为美谈,但由于三人一再要求保密,当地村民很少向外界透露,大家一起将这个秘密"守"了 24 年。

(《江西日报》2021 年 7 月 14 日)

评析:革命年代,吉安市永新县农民贺页朵冒着生命危险,秘密收藏自己入党时制作的入党誓词近 20 年,这份国内现存最早的入党誓词如今被存放在中国国家博物馆。该作品紧扣建党百年这一主题主线,从小处切入,生动讲述了贺页朵孙辈谨记爷爷嘱托、行善 24 年却"守口如瓶"的感人故事。既展现了江西在百年建党史中的独特贡献,又彰显了百年来江西传承红色基因、赓续红色血脉的实际成效,在省内乃至国内建党百年主题类报道中独树一帜,让人眼前一亮、感触良多。

(陈信凌 南昌大学人文学部主任、新闻与传播学院教授、博士导师)

报纸消息

阿卜杜拉文明志愿服务队英雄城里浇灌民族团结之花
守望相助紧紧相拥　构筑共有精神家园
6 名少数民族同胞昨同时递交入党申请书

（作品入选第 32 届中国新闻奖三等奖，详见 P029）

报纸消息

1066 个名字，一场跨越 94 年的追寻

徐蕾

（编辑：符洁蓓 蔡洪武）

本报讯 南昌八一起义纪念馆陈列大楼二楼,有一面特殊的大理石墙——南昌起义参加者名录墙。墙面上镌刻着一个个名字,蕴含着一段段血与火的历史。每位观众走近这面特殊的墙,都静穆无声、驻足沉思。

94 年前,中国共产党在南昌打响了武装反抗国民党反动派的第一枪,也为这座城市带来了无限的荣光。英雄城如何纪念人民英雄? 唯有不断地追寻、传承与坚定地前行。

"南昌起义参加者共 2 万余人,至今留下姓名者仅千余人。为了更好地缅怀英雄,我们始终在追寻。"八一馆馆长王小玲说,"这是对革命先辈的告慰,作为后人我们从未忘记。"

自 1956 年八一馆筹建以来,寻找南昌起义参加者,便一直是"八一馆人"念兹在兹的事情。尽管史料征集工作难度较大,但他们没有放弃。"1997 年我们第一次公布参加者名录,名单仅有 104 人。"八一馆原陈列保管科科长肖燕燕表示,"网络的便捷,加快了追寻的步伐。"八一馆借助互联网,广泛进行征集。每年这份珍贵的名单都有新增的名字。"截至 2021 年 8 月 1 日,这份名单已扩充到了 1066 人。今年上半年,我们就寻找到了彭九南、田雨晴、卢畏三、汪正文四位参加者。"肖燕燕说。

起义参加者名录的追寻工作十分繁杂,无论是收录的标准,还是历史的考证,都要经过慎重的研究讨论。比如有的起义参加者在革命年代曾先后使用多个不同的名字,这也给追寻工作带来了难度。八一馆陈列保管科科长刘

小花告诉记者,他们曾通过资料查到一位名叫"李连城"的起义参加者。就在上周,来自山西霍县的起义参加者后代送来了名为"李联珍"的资料,工作人员进行对比,最终确认"李联珍"与"李连城"为同一人。刘小花说:"考证起义参加者名字就是对革命先辈的尊重。"

在这份名单中,还出现了一些"洋名字"。曾任第二十军军事顾问的苏联共产党党员莫·弗·库马宁就是其中一位。对于库马宁的事迹,肖燕燕通过查阅文献仔细研究,还设法托人从俄罗斯寻找有关原始档案,最终确定加入名录。

南昌起义参加者中,既有全国各地的有为志士,也有部分国际友人;既有军队士兵,也有年轻学生。寻找南昌起义参加者,这对于今天的人们来说,注定是没有句号的追寻、永不落幕的纪念。从事追寻工作数十年的肖燕燕说,"百年奋斗未有穷期,红色基因赓续继承,我们会把寻访工作一直做下去,希望找到更多的南昌起义参加者,这是我们的光荣使命。"

(《南昌日报》2021 年 8 月 1 日)

评析:可以从两个角度分析本文的写作特色:

第一,大题材与小切口。文章记叙的是南昌八一起义纪念馆红色资源的发掘与展陈。党的十八大以来,习近平同志多次到访革命历史纪念场所与红色遗址。每到一处,他都反复强调要运用好红色资源、传承好红色基因,一定要把红色江山世世代代传下去。2021 年 6 月 25 日,中央政治局举行了以"用好红色资源、赓续红色血脉"为内容的集体学习。习近平同志在讲话中对保护好、管理好、运用好红色资源,提出了指导性意见。本文在报道运用好红色资源这个大题材时,采用的是一个小切口,即八一起义纪念馆搜寻南昌起义参加者的信息。自 1956 年筹建以来,该馆数代人把寻找当年 2 万余名南昌起义参加者的信息视为自己的使命。为了完成这个使命,他们接续努力,代代传承。

　　第二,知识性与可读性。南昌起义是距离现在有些久远的历史事件,对起义参与者积年累月的寻找过程,现在也成了一段值得了解的历史。因而,文章中的一些内容很具有知识性。比如,1997 年,在 2 万余名南昌起义参加者中,我们只知道其中的 104 人。到了 2021 年 8 月 1 日,这份名单已扩充到了 1066 人。其中有些内容还具有可读性的特质。比如,参加南昌起义的人群中,既有军队士兵,也有年轻学生;大部分是国内的革命志士,也有国际的军事顾问。这些知识,不仅可以唤起读者对南昌起义的回想,而且可以丰富读者的相关知识。

　　　　　　(陈信凌 南昌大学人文学部主任、新闻与传播学院教授、博士导师)

报纸消息

红色基因传承有我　赓续血脉初心如你
井冈儿女十年"续写"近千红能量暖故事

张建华

（编辑：曾小妹　贺晓梅　陈莹）

本报讯　国庆期间,无数爱国故事在红色中国传唱。八旬翁为守根脉痴护四千红色证物半世纪、井冈山大学十余年田野调查收集数千红色传说、驻村干部重走长征路还原六子参军史实……在吉安,市民身边的红能量故事新篇连连。据不完全统计,近十年就涌现红能量故事 970 多件,桩桩件件震撼暖心。群众赞叹,这是源源不断给红色基因库注入新鲜生动好资源。

市委党史和地方志研究中心专家王荣盛说,吉安蕴藏的红色文化国内独树一帜,井冈山在党史中地位显赫,呈现重要人物、事件、遗址、贡献众多等鲜明地域特点。时光流逝,鲜红底色未变。新中国成立后,吉安以红色历史为背景滋生发展的好人好事接续延绵。

党的十八大以来,吉安始终注重红色力量塑造,成风化人。"跨越时空的井冈山精神"成了广大干部群众心中的烁烁明灯,传承有力、践行有方、担当有为,在经济社会发展、改革开放中发挥了重要作用,为脱贫、抗疫、救灾等急难险重任务提供强大动力。具有红色气质和品质的吉安,首次创建就一举夺得全国文明城市称号,荣获全国双拥模范城市、中国优秀旅游城市、全国社会治安综合治理优秀市等 20 多项"国字号"荣誉。

"传承井冈山精神不能做看客",坊间民众自发"续写"红色故事体现了融于井冈儿女骨子里的血性。内生动力激活,转化为广泛的行动自觉。有的红军后人,或几十年如一日,孜孜不倦宣讲红色精神;或不贪前辈功勋,艰苦岗位建功立业;或自己创业成功,反哺社会帮助群众……有的平凡百姓,耳濡目染红魂,或危急关头,不顾个人安危见义勇为;或几代接力,用生命护好红色遗存;或放弃安逸,扎根红军村带领百姓发展产业……有的外地人在吉安,受熏陶和感召,或一诺一生,主动长年照顾烈士亲属;或身患绝症,仍倾己所有供先烈后人完成学业;或甘守清贫,挖掘整理井冈山精神内涵……

暖故事能暖整座城,正能量可正人之心。群众耳闻目睹身边人身边事,也争相提供线索展示"身边的那一抹红"。政府用红能量为新时代立德树人,通过核实、挖掘、选树、褒奖,让红色新篇进入公众视野,让凡人佳话广为称颂。全市受各类表彰 676 人次,其中就有毛秉华、蒋新东、郭斯行、夏淑英等全国道德模范或中国好人。

星火仍燎原。"红色基因,传承有我"成了众多红能量故事主角的共同心声。全国道德模范毛秉华退休直至离世,义务宣传井冈山精神 30 年,报告作了 1.5 万余场听众 220 万人次。其孙毛浩夫接过接力棒,"英国海归"转变为"红色讲解员"。他说,"守望井冈山精神,让中国红红久远,年轻人不缺席"。

(《井冈山报》2021 年 10 月 8 日)

评析:作为井冈山精神发源地,吉安乃至江西牢记习近平总书记"弘扬跨越时空的井冈山精神"嘱托,践行如何"打造成最讲党性、最讲政治、最讲忠诚、最讲担当的地方,建设全国红色基因传承示范区",群众反响和成效怎样?这条消息做了完美回答。

消息没有洋洋洒洒铺陈"吉安做法""吉安经验""吉安成绩",而是巧寻角度,活用素材,用红色故事续篇数量这个极小切口,反映红色基因传承这一宏大主题。写作也很讲究,颇有"深山藏古寺"的韵致。寥寥数字的故事梗概、国字号荣誉、先进人物名字,笔墨不多,但以此背书,依然能感受到万千气象,依然有可触可见的场景、可信可学的事迹和可圈可点的成就。

消息短小生动,极具张力,政治性、思想性、新闻性强,重要性、显著性、独特性兼具。

(陈信凌 南昌大学人文学部主任、新闻与传播学院教授、博士导师)

报刊通讯、系列报道类

报纸通讯

上饶信州区沙溪镇白石村数百亩田撂荒
——高标准农田竟种不了田

（作品入选第 32 届中国新闻奖三等奖，详见 P025）

国际传播

从"天净沙"到"维多利亚"
——爱德华一家在婺源

（作品入选第 32 届中国新闻奖三等奖，详见 P021）

报纸通讯

洗砂场公然蚕食青山绿水！
多个相关部门只会"踢皮球"？

卢勇

（编辑：杨进　何柳斌　龙翔）

8 月 4 日，位于奉新县会埠镇的文欣矿业有限公司（下称"文欣矿业公司"）厂区内机器轰鸣，洗制好的砂石通过履带运送至厂区广场，由大货车装载运离。此前，有读者投诉称，该洗砂场的原材料采掘自附近一废弃矿山，不仅破坏生态环境，其原料运输车辆途经村庄尘土飞扬，严重影响居民日常生活。

记者调查发现，奉新县会埠镇南峰瓷矿厂（以下简称"南峰瓷矿厂"）于 2018 年被责令停产，奉新县自然资源局基于该县人民检察院的检察建议，责令南峰瓷矿厂进行生态修复。但如今，生态修复停滞不前，该瓷矿厂在没有取得采矿许可证的前提下，反而在挖山采石。

山体满目疮痍　机械正在作业

"衣服都不敢晾在外面。""洒水车？基本没来过。"7 月 20 日，会埠镇左山村马井组村民你一言我一语，诉说着"后八轮"从矿厂拉碎石途经村庄门口给他们生活带来的影响。记者目测，有几户村民房屋距马路不足 10 米，马路两旁树木积了一层厚厚的灰。记者摇晃了一下树干，灰尘如雾般撒落。

南峰瓷矿厂距村庄约 600 米，三面环山，一面与马路相接。一则建设项目基本情况信息显示，南峰瓷矿厂占地面积为 180.29 万平方米。走进矿区，就能见到一个深 30 余米的巨坑，巨坑周边山体被破坏，有发生水土流失和山体滑坡的可能，坑底还有一摊绿色的废水。

"哒哒哒……"一台带破碎锤的挖掘机（俗称"炮机"）正在半山腰处破碎岩石，另一台挖掘机待机中。记者上前与挖掘机师傅交谈得知，他是挖掘机机主聘请的司机,主要工作就是在矿区破碎岩石,采掘出来的碎石被拉到不远处的制砂厂用于制砂。

自称手续齐全　厂方拒绝受访

文欣矿业公司位于南峰瓷矿厂约 2 公里处。记者注意到,厂区入门左侧有露天堆放的碎石,不符合堆放原材料的相关要求。厂区内机器轰鸣,制好的砂石通过履带送至厂区广场,再由大货车装载运离。

记者准备走进洗砂场进一步了解,被工作人员以"未戴安全帽"为由拒绝。随后,现场一名工作人员自称该公司手续齐全,并转达公司老板的话,拒绝接受记者采访。

文欣矿业公司与南峰瓷矿厂之间存在何种关联?第三方企业信用查询平台企查查显示,南峰瓷矿厂成立于 2008 年,所属行业为非金属矿采选业,注册资本 100 万元人民币,其中张祖华占股 35%,系股东之一。2020 年 7 月,南峰瓷矿厂被列入经营异常。"巧合"的是,张祖华同样是文欣矿业公司的股东,占股 40%。据了解,文欣矿业公司所属行业为非金属矿物制品业。

回应

会埠镇:建议先去相关部门了解情况

记者在奉新县政府信息公示中,查询到一则由奉新县生态环境局下发的行政处罚书。处罚书显示:经查,文欣矿业公司于 2020 年 7 月开始安装机制砂设备,9 月因无手续被会埠镇政府叫停,并在电箱处贴上封条。11 月,文欣矿业公司试生产,违反了"建设项目的环境影响评价文件未依法经审批部门审查或者审查后未批准建设,建设单位不得开工建设"的内容规定,做出责令停止试生产和罚款 82540 元的行政处罚。

为此,记者来到了奉新县会埠镇了解南峰瓷矿厂和文欣矿业公司是否取得相应手续。会埠镇党委书记涂青云称,企业有相关部门在管理。记者问及会埠镇属地管理职能时,涂青云表示属地管理一直在管,但涂青云还是建议记者先到相关部门了解情况。随后,涂青云乘车驶离会埠镇政府。

检察院：

曾给自然资源局下过建议书

记者在一份奉新县人民检察院下达给奉新县自然资源局的检察建议书（日期为 2020 年 9 月）中了解到，南峰瓷土矿未按《矿山地质环境保护与恢复治理方案》要求进行综合治理，奉新县自然资源局怠于履行对矿山地质环境保护及恢复治理的监管职责，致使社会公共利益有受到重大侵害的隐患。

奉新县人民检察院在现场调查后向自然资源局提出检察建议：依法全面履行矿山地质环境保护监督管理职责，责令南峰瓷矿厂按照治理方案要求尽快履行矿山地质环境综合治理义务，并在收到检察建议书后 2 个月内依法办理，并将办理情况及时书面回复检察院。

上述检察建议书内容与记者在现场看到的情况却是"大相径庭"，南峰瓷矿厂并没有在修复生态环境，反而是在破坏山体。这到底是怎么一回事呢？

自然资源局：

没有掌握挖山采石情况

奉新县自然资源局国土空间生态修复股股长朱良柳表示，2018 年南峰瓷矿厂停产，2020 年企业仍没有恢复矿厂生态环境，奉新县自然资源局给南峰瓷矿厂下达过矿山修复的通知。

"我之前去南峰瓷矿厂的时候，他们刚好在种罗汉松树苗，约有 200 棵。"朱良柳说，检察建议书下达后他也曾多次到现场查看生态修复的情况。记者询问最近一次是什么时候前往矿区时，朱良柳表示就在不久前，但其提供的现场照片显示的时间却为 2020 年 10 月 29 日。对于南峰瓷矿厂没有在修复生态环境反而在挖山采石一事，朱良柳却表示没有掌握到这一情况。

不仅如此，记者还在奉新县自然资源局了解到，为方便南峰瓷矿厂进行生态修复工作，该局还为矿厂办理了临时土地使用证。此举被质疑"为矿厂挖山采石提供了便利"。

记者在该局法规股了解到，在山间采石需要办理采矿许可证。那么，南峰瓷矿厂挖山采石又是否有采矿许可证呢？该局地质矿产股股长费清平表示,南峰瓷矿厂 2018 年停发采矿许可证后,没有再发过采矿许可证。

随即,记者将南峰瓷矿厂无证开采、破坏生态环境一事反映至该局执法监察大队,大队长胡斌表示已收悉记者的反映,会尽快安排执法人员现场核查情况,届时将核查情况反馈至媒体。然而,8 月 4 日记者再到现场时发现,肉眼可见,矿区变了,变"瘦"了。

生态环境局:

应由自然资源部门叫停

2020 年 11 月,宜春市奉新生态环境局曾对文欣矿业公司下达过行政处罚书。该局负责人称确有此事,文欣矿业公司处罚到位及相关手续办理齐全后,企业进入正常生产。对于记者反映文欣矿业公司露天堆放原材料等问题,该负责人表示,综合执法大队将加强对企业的日常监管。

对于南峰瓷矿厂挖山采石、破坏生态环境一事,该负责人解释称,若南峰瓷矿厂无采矿许可证,即为非法采矿,应该由自然资源部门叫停。

(《江南都市报》2021 年 8 月 8 日)

评析:绿水青山就是金山银山,而奉新县南峰瓷土矿、文欣制砂厂却做着借生态修复之名,公然挖山采石蚕食青山绿水之事。记者两次深入矿区调查,揭开了制砂厂挖山采石破坏生态环境的内幕。报道引发社会广泛关注,当地政府高度重视,奉新县委书记带领相关部门负责人赶往现场办公,要求收回南峰瓷土矿临时用地许可证,并责令该矿于 2021 年 12 月 30 日前完成修复工作。另外,对洗砂场作停业整顿处理。奉新县以此为契机展开全县机制砂企业排查工作。这篇监督报道可谓功莫大焉。

(刘传红 江西师范大学新闻与传播学院原院长、教授)

报纸通讯

景德镇:向世界讲述陶瓷文化的中国故事

冯亮　程万海　张怡

（编辑:董军发　胡发根　邵婧）

自古以来,陶瓷就是世界认识中国、中国走向世界的重要文化符号。作为海上丝绸之路的重要货源地,景德镇为中西方文化交融与互鉴做出了不可磨灭的贡献。

时至今日,景德镇仍是全世界陶艺家心中的"圣地"。在中国文化"走出去"战略实施背景下,景德镇自觉担负起"一带一路"文化使者的使命,以开放的胸怀拥抱世界,每年吸引了全世界 40 多个国家和地区的 3 万多名陶瓷艺术家来此交流创作,"工匠八方来,器成天下走"的盛况悄然再现。

景德镇让我魂牵梦萦

"感谢'Z 世代瓷缘'国际青年瓷都行活动,让我梦想成真。"来自马达加斯加的留学生乔安安激动地说,她在江西师范大学读大三,从小就有来景德镇学习陶瓷文化的梦想。

12 月 13 日,乔安安和来自世界各地 14 个国家的 Z 世代国际青年相聚景德镇,近距离触摸千年瓷都的陶瓷文化根脉,体验博大精深的中华传统文化。

在皇窑陶瓷文化体验中心,Z 世代国际青年留学生们亲身体验了拉坯,上了一堂生动有趣的陶瓷文化实践课。来自印度尼西亚的留学生安托表示,他是第一次来景德镇,也是第一次体验做陶瓷,"我会好好珍藏我的第一件陶瓷作品"。

就在第二天,2021 中日韩陶瓷文化艺术与旅游周在景德镇盛大开幕。千年瓷都敞开怀抱,迎接四海宾朋,开启了对外文化交流新模式。

"景德镇是陶瓷的故乡，能来景德镇学习陶瓷文化，我非常激动。"韩国驻华大使馆文化参赞、韩国文化院院长金辰坤说，希望景德镇和韩国多开展这样的文化交流活动。以后只要有机会，他一定还会来景德镇。

"景德镇是做陶艺的'天堂'。"韩国陶艺家梁宽植认为，韩国乃至全世界所有的陶艺家都应该来到景德镇，感受千年瓷都文化魅力。

在"形色·器象"2021 中日韩文化艺术展特展上，20 多位艺术家的近百件艺术作品让人目不暇接。特展总策展人李见深说，举办这场特殊的展览，就是要把中日韩三国的热情和创造力聚集在一起，让大家领略东亚文化，认识中国陶瓷，感受瓷都热情。

李见深是三宝国际陶艺村的创始人。20 多年来，他一直致力于陶瓷文化的推广和交流。从正式开放到现在，三宝国际陶艺村已经接待了近万名境外陶瓷艺术家，成为传播中国陶瓷文化的一支重要民间力量。

如今，借助三宝国际陶艺村的影响力，三宝国际瓷谷早已变成一个艺术聚落，"冒"出了上百间陶瓷工作室，到处是不同肤色的艺术家和风格迥异的艺术品。

"如果你喜欢瓷器，这里就是你的'天堂'。"土耳其陶瓷艺术家埃克雷姆·亚泽哲说，当他第一次来到景德镇，仿佛就看到了梦寐以求的生活，一待就是 12 年。

在景德镇，亚泽哲努力向陶瓷匠人学习，将土耳其和中国文化完美融合，通过自己的艺术作品加以呈现。这样更加坚定了他"一辈子做陶瓷"的理想。

正是在亚泽哲等各界人士的努力下，今年 11 月 15 日，景德镇与土耳其伊兹尼克正式缔结友好城市。亚泽哲说，他希望成为中土两国文化和贸易的使者，全力推动两国文化交流。

这辈子我都不会离开

在漂洋过海而来的境外陶瓷艺术家眼中，景德镇早已成为他们体验中国发展、感知中国文化的新窗口，赋予他们深沉而持久的创造力。

落地即生根，在景德镇"留守"了 25 年的加拿大艺术家雷菲力，已经完全融入了这座遍布窑炉的东方小镇。

1996 年,雷菲力应邀到景德镇陶瓷学院做访问学者,与瓷板画结缘,从此爱上了景德镇。他将英国水彩画和中国水墨画与青花瓷板画相融合,创造出属于自己的艺术风格。

"世界上没有任何一个地方,能像景德镇这样,让陶瓷的生命迸发出新的色彩。"雷菲力说,来景德镇是他这辈子最棒的决定,"我会一直待在景德镇,直到老去。"

和雷菲力一样,日裔英籍陶艺家安田猛对景德镇的爱深沉而热烈。

来景德镇之前,安田猛已经研究陶瓷艺术 40 多年,钻研青白瓷十年之久,却一直缺乏进展。他深知,青白瓷的源头在中国,在景德镇。

2005 年,年过花甲的安田猛,不远万里从英国来到景德镇,寻访千年窑火的密码。从此,他爱上了这座东方古城,一待就是 14 年,潜心制作青白瓷。

在安田猛看来,世界上没有哪座城市,像景德镇这样有魅力:成千上万的陶瓷作坊,每天迸发出无与伦比的鲜活创造力。

"是景德镇改变了我。"安田猛说,在景德镇,他看到了中国文化的根,这辈子他都离不开这里。

对所有慕瓷而来、因瓷而留的人来说,景德镇就是唯一。

2004 年,澳大利亚陶艺家戴安娜来到景德镇。工匠高超的制瓷技艺,让戴安娜着迷。然而,更吸引她的是瓷器上体现的开放、包容的文化魅力。

"景德镇是属于全人类的陶瓷圣城,在全世界找不到第二个。"戴安娜说,这里有太多的陶艺大师和能工巧匠,很多艺术梦想都能在这里实现。

如今,戴安娜在景德镇创作的很多陶瓷作品,早已漂洋过海,在美国、澳大利亚、瑞士、黎巴嫩等地博物馆和画廊展出。这些中国文化符号,也随着她的作品走向了世界。

走进美国陶瓷艺术家瑞恩·拉巴尔位于景德镇陶溪川的工作室,各种造型迥异的作品扑面而来,一件名为《拥抱》的作品格外引人注目:带状的瓷条,以卷曲的姿态环抱青花瓷瓶,恰到好处地融合了西方美感与东方文化。

"瓷条就像我,瓷瓶就是景德镇。我和景德镇,拥抱在一起。"拉巴尔的很多作品,展现的虽然是西方现代艺术的抽象美,但使用的原材料和制作手法,却都是景德镇手工制瓷技艺,深深烙上了"景德镇符号"。

"景德镇充满'创意的能量'。"在拉巴尔看来,他来到景德镇就像"游子回家",这里的一切都吸引着他。最终,他选择在景德镇定居,将自己融入了这座城市的万家灯火之中。

我迫不及待想要回来

景德镇自古就是一座移民城市,来自四面八方的工匠是古代的"景漂"。如今,每年成千上万的境外陶瓷艺术家,为手工制瓷技艺来到景德镇。他们像候鸟一样,在每年圣诞节前夕回国,第二年的春天再返回景德镇,乐此不疲。

2019 年 12 月,安田猛和夫人弗莉斯蒂·艾丽芙回英国度假,原本计划圣诞节后就返回景德镇。可由于新冠肺炎疫情,他们滞留在英国已有两年多时间。

"我一辈子都在做陶瓷,所有的制瓷都在景德镇完成。"安田猛说,现在他不能亲手制作陶瓷,这对他这样的手艺人来说非常沮丧,"我迫不及待想回到景德镇制瓷"。

"对陶艺家来说,景德镇就是'天堂',我非常想念在那里的生活。"弗莉斯蒂·艾丽芙表示,她和丈夫深有同感。

还在学生时代,法国陶瓷艺术家开弥就来过几次景德镇。每次离开景德镇,她都觉得自己像"可怜兮兮的林黛玉,魂都丢了"。

2016 年,开弥下定决心来景德镇定居。"景德镇是一座给予我诸多情感共鸣的城市。"开弥表示,这里自由和蓬勃的艺术氛围,让她难以抗拒。

从此以后,开弥一直都留在景德镇,潜心创作。"对我来说,景德镇的艺术生活是很棒的体验。"现在,开弥最大的愿望,就是在法中两国举办个人陶瓷艺术展,让更多的人看到中法文化交流的艺术成果。

"很多朋友都羡慕我没有离开景德镇。"开弥说,她在景德镇认识了很多像她一样"漂"在景德镇的国际友人,"很多人回国后,因为新冠肺炎疫情,无论他们多么牵挂景德镇,现在都回不来了。"

"虽然我人在瑞典,可我的心却在景德镇。"因为新冠肺炎疫情,离开景德镇已有两年多时间的瑞典陶瓷艺术家涛斯顿·居尔表示,他一直在想方设法回景德镇,"我觉得只有在景德镇,才有我想要的创作环境。"

文明因交流而多彩,文明因互鉴而丰富。曾经的景德镇,创造了"工匠八方来,器成天下走"的辉煌;如今的景德镇,正在努力实现从丝绸之路货源地到"一带一路"文化使者的完美蜕变,以自信的姿态走向世界舞台中央,向世界讲述陶瓷文化的中国故事。

（《景德镇日报》2021 年 12 月 31 日）

评析: 文章主题鲜明、语言精练,内容鲜活、可读性强。既有新闻要素的提炼,又有文化视角的洞察;既有接地气的温度,又有透过现象看本质的深度。不仅讲好了中国故事,传播好了中国声音,还阐释好了中国特色,让很多人从中国文化"走出去"的"景德镇实践"中汲取了文化自信的力量,是一篇有思想、有温度、有品质的新闻佳作。

（刘传红 江西师范大学新闻与传播学院原院长、教授）

报纸通讯

踏着先烈血迹前进

——写在中央革命根据地创建暨中华苏维埃共和国成立 90 周年之际

钟义勇 胡怀军 张惠婷 胡中

（编辑：杨小安 曾晓强 李森）

金秋北京，杏黄枫红。11 月 2 日，纪念中央革命根据地创建暨中华苏维埃共和国成立 90 周年座谈会在庄严璀璨的人民大会堂东大厅隆重举行。

1800 公里之外，瑞金叶坪。"一苏大"旧址静穆伫立，青墙黛瓦，木门石阶，一如当年的模样。青翠的古樟根深叶茂，掩不住昔日荣光。红军广场地面上，"踏着先烈血迹前进"八个大字，历久弥新、遒劲醒目。

90 年岁月，千万里山河。从瑞金到北京，从苏维埃到新中国，时空交汇成一条恢宏的河流，奔涌着中国革命、建设和改革的世纪波澜，飞扬起撼人心魄、荡气回肠的奋进旋律，穿越历史，响彻当下，激荡未来。

历史回响激荡红土圣地

90 年前的今天，山河苍茫，风雨如晦。

历经数百年沧桑，瑞金叶坪的谢氏宗祠早已满布岁月印痕。彼时，没有人想到，从这座祠堂里透出的油灯光芒，竟会照亮中华民族走向光辉未来的前行之路。

时光回溯到 90 年前，一场中国革命的大事件震惊世界：硝烟弥漫中、白色恐怖下，中国共产党创建的第一个全国性红色政权在瑞金宣告成立，党领导人民在赣南这片红土圣地开始治国理政的探索实践和伟大预演。1931 年 11 月 7 日，瑞金更名为"瑞京"。11 月 7 日至 20 日，中华苏维埃第一次全国代表大会在叶坪谢氏宗祠召开。大会选举产生了以毛泽东同志为主席的中华苏维埃共和国中央执行委员会、中央执行委员会人民委员会，宣布成立中华苏维埃共和国临时中央政府。

如同一记惊雷划破黑夜长空，中华苏维埃共和国临时中央政府以国家政权形态诞生于世，谱写出中国共产党领导的革命根据地建设和红色政权建设的崭新篇章。

作为"一苏大"会址的谢氏宗祠，后来被隔成 15 个木板为墙的小房间，作为各个部门的办公室。从此，宗祠里的油灯彻夜长明，不眠不休。

有一种创建，前所未有、壮美如歌。

已故瑞金籍老红军刘家祁生前对在中央马克思主义学校学习的日子记忆深刻："教室是借用的民房和祠堂，长板凳和桌子也是从老百姓家里借来的，教材除了少数是铅印外，大部分是油印，很多字看不清楚，但大家都聚精会神地听讲。学习之余，学校还开展学术演讲、社会实践和调查研究等各种活动……"

那时苏区，风展红旗如画。第四次反"围剿"胜利后，中央革命根据地扩大到地跨江西、福建、广东三省的广大地区，建立了江西、福建、闽赣、粤赣等省级和 60 多个县级苏维埃政权，红军发展到 12 万多人，党员人数超过 13 万。

这是中国历史上第一个全国性的工农民主政权，这是党领导人民在局部地区探索执政的重要实践。中华苏维埃共和国的创建，扩大了党和红色政权的影响，推动了各革命根据地政权、经济、文化、教育和党的自身建设，开创了土地革命战争新局面，也为我们党在抗日战争时期和解放战争时期的根据地建设及新中国的成立，提供了宝贵历史经验。一大批领导骨干和组织、管理人才在这里淬炼成长，毛泽东、周恩来、刘少奇、朱德、邓小平、陈云等老一辈无产阶级革命家在这里留下闪光足迹，书写了中国革命历史上浓墨重彩的不朽篇章。

有一种斗争，艰苦卓绝、气吞山河。

1934 年 5 月 30 日，《红色中华》刊登了一则消息《勇敢坚决当红军》："下肖区七堡乡第三村有一家农民,他们共有弟兄八人……全体报名加入红军,日前他们已集中到补充师去了。"

消息很短,故事很长。瑞金农民杨荣显 8 个儿子主动请缨、参加红军,最后全部浴血前线,再也没能回来。多年以后,当年的报纸已经泛黄,这个故事被挖掘改编成电影《八子》、大型采茶歌舞剧《八子参军》,赓续流传。

伟大牺牲的背后,是苏区革命斗争的艰苦卓绝。中央苏区反"围剿"在这里打响,长征从这里出发,南方三年游击战争在这里浴血坚持……作为土地革命战争时期中央苏区的主体和核心区域,赣南大地承载了中国革命最艰苦卓绝、最血雨腥风的斗争和牺牲。90 年前的硝烟与呐喊、牺牲与悲壮,至今在这片土地上的人们心中萦绕回荡。

战火熏燎的数字不能忘却:苏区时期只有 240 万人口的赣南,参加红军的就有 33.1 万人,直接支前参战的有 60 万人,仅有名有姓的革命烈士就达 10.82 万名。苏维埃共和国临时中央政府所在地瑞金,当年仅 24 万人口,就有 11.3 万人参加革命,其中有 5 万余人为革命捐躯。是苏区军民的碧血丹心,铸就了苏维埃共和国的根和魂。

有一种信仰,忠贞不渝、坚如磐石。

英雄的土地,盛产不朽的传奇。

——为掩护战友转移,他只身将敌人引上悬崖,写下"死到阴间不反水,保护共产党万万年"的血书,纵身跳崖牺牲。他是烈士江善忠;

——她把未满月的女儿托付给婆婆,自己跨上战马奔赴疆场,历经枪林弹雨,最终牺牲在国民党监狱。她是烈士李美群;

——新婚不久即别离,数十年坚贞守望出征的丈夫践诺归来,但直等到青丝变白发、新娘变老妪,也未能实现这一生的凤愿,她们是兴国的池煜华、瑞金的陈发姑、于都的段桂秀……

信仰的种子在红色的土地一经播撒,便快速生根、苗壮发芽、遍地开花。这里有省吃俭用、捐钱捐物建设苏维埃共和国的赤诚儿女;这里有父送子、妻送郎、兄弟争相当红军的动人故事;这里有"日着草鞋干革命,夜打灯笼访贫农",创造了"第一等的工作"的苏区干部好作风……

苏区人民感党恩、跟党走、听党话的坚定信仰,从未更改;苏区儿女和革命先辈用鲜血乃至生命浇铸的苏区精神,承载着中国共产党人的初心和使命,成为中国共产党人精神谱系的重要组成部分,激荡着苦难辉煌的历史回响和砥砺奋进的时代强音。

烽烟散尽,这片土地留给后世的血色印记绵长而深远。连年的烽火催生了宝贵的精神遗存,也带来了巨大的战争创伤。多年以后,这片赤土依然贫瘠。"后发展、欠发达",成为赣南人民很长时间都挥之不去的隐痛。

历史不会忘记,人民不会忘记,共和国不会忘记。"如何进一步帮助和支持赣南苏区发展,使这里与全国同步进入全面小康,使苏区人民过上富裕、幸福的生活,应当高度重视和深入研究。"习近平总书记情牵赣南,并亲自谋划和推动赣南等原中央苏区振兴发展。2012 年 6 月 28 日,《国务院关于支持赣南等原中央苏区振兴发展的若干意见》出台实施,赣南老区走向振兴发展奔向全面小康的梦想之旅,扬帆起航。

2019 年 5 月 20 日,时隔 11 年,习近平总书记再次踏上赣南红土地。他深情地说:这里是中央苏区,是红军长征的出发地。我来这里也是想让全国人民都知道,中国共产党不忘初心,全中国人民也要不忘初心,不忘我们的革命宗旨、革命理想,不忘我们的革命前辈、革命先烈,不要忘了我们苏区的父老乡亲们。

2018 年 7 月,瑞金在赣南革命老区率先脱贫摘帽。2020 年 4 月,赣州 11 个贫困县全部摘帽,赣南革命老区历史性告别绝对贫困,实现区域性整体脱贫。

汗水浇灌的数字最动人:解放初期,赣州地区 GDP 不到 1 亿元;1978 年,赣州地区 GDP 只有 11.59 亿元;2010 年,赣州市 GDP 突破千亿元,成为江西省第二个 GDP 过千亿元的设区市;2020 年,全市 GDP 达 3645.20 亿元,增幅实现"十三五"时期全省五连冠;2021 年前三季度,全市 GDP 实现 3041.81 亿元,同比增长 10.4%……

还是这片山河,还是这片土地。因为党和国家的大爱关怀,因为引航领袖的深情眷顾,因为老区人民的不懈奋斗,红土赣南,换了人间。

苏区精神照耀前行之路

日前,由"共和国摇篮"瑞金打造的大型原创音乐剧《闪闪的红星》在京上演。剧中,伴随着少年英雄潘冬子成长故事的展开,一幅中央苏区波澜壮阔的革命历史画卷跃然眼前,令在场观众心潮澎湃。"红星闪闪,汇聚成跨越时空的精神之光,让我更加懂得中国的红色政权为什么能够存在,中国共产党为什么'能'。"一名在京赣南籍乡贤如是说。

《闪闪的红星》是对苏区历史的深情致敬,是苏区精神的生动写照。

作为原中央苏区的主体和核心区域,赣南是一片壮怀激烈的红土圣地。在革命根据地的创建和发展中,在建立红色政权、探索革命道路的实践中,无数革命先辈用鲜血和生命铸就了以"坚定信念、求真务实、一心为民、清正廉洁、艰苦奋斗、争创一流、无私奉献"等为主要内涵的伟大苏区精神。

今天,历史烛照前路,故地焕发新颜,人们不由心生感慨:当年那场轰轰烈烈的变革,带来的影响竟是如此的深远!红土圣地的每一处印记,都跳动穿越时空的红色脉搏;每一步前行,都透出苏区精神的磅礴力量。苏区精神犹如指路明灯,照彻红土大地,引领赣南儿女从红色基因中不断汲取强大的智慧和力量。

——前行路上,镌刻着革命先烈的奋斗信念。

瑞金市叶坪镇黄沙村华屋的后山,17 棵"信念树"苍翠挺拔,如同战士般守护着这片家园,守护着生生不息的信仰。

1934 年,华屋 17 名青壮年在苏区"扩红"时报名参加红军。出发前,他们每人在后山栽下一棵松树,相约革命成功省亲故里,活着回来的要为牺牲的弟兄孝亲敬老。当硝烟散尽,青松依旧在,不见儿郎归,华屋村民"见松如见人",他们擦干眼泪,秉承英烈遗志,努力改变家园面貌,将贫困的小村庄打造成文化旅游新村。如今,越来越多的人来到这里,聆听"信念树"的故事,感受"产业兴"的美好。

理想信念之火一经点燃,就永远不会熄灭。从创建中央革命根据地、成立中华苏维埃共和国的踌躇满志,到五次反"围剿"、南方三年游击战争的枪林弹雨……一部苏区史,饱含着中国共产党人坚定信念、奋斗不息的壮丽华章。

"长征的时候,您都干了些什么工作?"邓小平的女儿邓榕曾好奇地问父亲。邓小平用质朴的三个字回答:"跟着走!"

跟着党走,听党指挥,正是恪守这份赤诚的信念,苏区军民才踏平了一个又一个坎坷,将重重陷阱、围追堵截、钳制封锁通通抛在身后,中国革命才最终迎来胜利曙光。

时代洪流滚滚向前,全面建设社会主义现代化国家新征程已然开启,向着第二个百年奋斗目标进军的声声号角,正将一场新的时代大考推到赣南人民面前。

不忘昨天的苦难辉煌,无愧今天的使命担当,赣州大力传承红色基因,把牢理想信念这个"总开关",引导全市上下正本清源、培根铸魂。

坚决贯彻落实党中央决策部署和省委工作要求,深入开展党的群众路线教育实践活动、"三严三实"专题教育、"两学一做"学习教育、"不忘初心、牢记使命"主题教育、党史学习教育等主题教育。

充分发挥新时代文明实践中心、流动党校、"学习强国"等阵地作用,组织各类宣讲团走进机关、企业、农村、学校、社区,推动习近平新时代中国特色社会主义思想落地生根、开花结果。

持续开展读红色经典、讲红色故事、唱红色歌曲、看红色电影、参观红色教育基地"五红"活动,通过革命文物保护利用、培训专业讲解员、开展红色研学等方式,推动红色文化传承创新。

历史是最好的教科书。革命先辈的信仰信念、奋斗历程,成为赣南广大干部群众的精神坐标,绽放出更加璀璨的时代光芒。

今年 2 月,北京人民大会堂,中国向世界庄严宣告:在迎来中国共产党成立一百周年的重要时刻,我国脱贫攻坚战取得了全面胜利。颁奖现场,见证华屋蝶变的叶坪镇镇长朱胜江代表叶坪接过"全国脱贫攻坚楷模"奖牌。他说:"脱贫摘帽不是终点,而是新生活、新奋斗的起点。我将重整行装再出发,永葆攻坚克难的精气神,当好新时代答卷人。"

——前行路上,续写着求真务实的不懈探索。

毛泽东寻乌调查纪念馆内,一座古色古香的百年小楼静静伫立。楼内布置朴素,一张旧书桌,一盏煤油灯,却引得游客纷纷驻足参观。

1930 年 5 月,毛泽东在寻乌县进行了近一个月的社会调查,挥笔写下《寻乌调查》和《反对本本主义》两篇光辉著作,提出"没有调查,没有发言权"等著名论断,初步形成了毛泽东思想活的灵魂的三个基本点,即实事求是、群众路线和独立自主的思想。

彼时,中国革命道路"怎么走",正困扰着党内决策层。从寻乌调查中汲取精神营养,中国共产党人求真务实的实践探索从未停息。之后,中央苏区的一个个政策法令,在大量深入的调查研究基础上创造性推出。因为唯实求真,我们党团结带领人民最终找到了一条被实践证明正确的革命道路。

烽火岁月虽远去,光荣传统永传扬。

党的十八大以来,以习近平同志为核心的党中央高度重视调查研究工作。中央政治局出台的八项规定,把"改进调查研究"摆在第一位。2017 年 12 月,习近平总书记做出重要批示,号召全党大兴调查研究之风。2020 年 10 月,习近平总书记指出:"调查研究是做好工作的基本功。一定要学会调查研究,在调查研究中提高工作本领。"

一切工作都从实际出发、往实里做。赣州市委、市政府牢记习近平总书记殷殷嘱托,紧握求真务实"传家宝",坚持"调研开路",让改革发展稳定各项任务落下去,让惠及百姓的各项工作实起来。

真抓实干,在"接地气"中形成新举措。

5 年,9 部地方性法规,市人大常委会交上了一份丰厚的立法成绩单。每一部法规制定,立法工作者们均深入基层寻计问策。"为物业管理立法,就得到社区征集居民意见;为水土保持立法,就得到乡村察看水土流失状况。只有这样,制定的法规才立得住、行得通、真管用。"市人大常委会法工委副主任黄新荣说。

精准发力,在"通下情"中着力解难题。

在"大调研大走访"活动中,赣州县处级以上领导干部带头深入 3468 个村、176 个社区、191 家企业蹲点调研、解剖麻雀,牵头解决复杂重大问题。在"我为群众办实事"实践活动中,赣州梳理并公开 10 项 62 件重点民生实事,运用"乡间夜话""屋场会"等方式,利用"12345"政务服务便民热线、"问政赣州"网络平台等,摸准、找实、解决好群众反映强烈的"急难愁盼"问题。

既求真务实,又与时俱进,赣州一步一个脚印,在高质量跨越式发展的道路上行稳致远。

——前行路上,承载着为民奉献的初心使命。

"红井水、甜又清,手捧清泉想恩人。喝一口红井水,一股暖流涌上心……"在瑞金市沙洲坝镇沙洲坝村,红井的故事感动了一代又一代人。

红井,是 1933 年毛泽东带领红军战士开挖的一口水井。小小一口井,使沙洲坝群众告别了饮用脏塘水的日子,见证了共产党一心为民、无私奉献的初心使命。

"客家话中,'埃'与'我'谐音。苏区人民打心眼里认定,苏维埃政府就是'我的政府'。"瑞金中央革命根据地纪念馆红井旧址管理处主任梁霞说,从挖水井、修小桥、帮耕种等惠民实事做起,苏维埃政府得到了群众倾其所有的拥护支持。这份鱼水深情,是党和红军一次次绝境逢生、力挽狂澜的硬核力量。

90 年过去,从当年的苏区建设到如今开启全面建设社会主义现代化国家新征程,中国共产党"人民至上"的执政理念始终如一。走马赣南,无论是田间地头,还是项目一线,总能看到干部们奔波忙碌的身影。

深夜,沙洲坝村党总支书记杨航办公室的灯光依然亮着,村里红色旅游项目的进度、质量,他都得盯着。

35 岁的杨航开办过运输公司,年收入约 200 万元。镇村动员他返乡竞选村干部,带领群众共同致富。亲友奉劝他"三思而后行",提醒他"村干部不好当",他却说:"为了乡亲们,我必须回来。"今年成功竞选上任后,他便着手推进基层党建"三化"和红色名村建设。脚步不停,变化不断。该村集体经济经营性收入去年为 20 万元,今年截至目前,已超过 55 万元。

和杨航一样转换角色的,还有沙洲坝村党建宣传员杨群。

"没有农村基层工作经验,有些忐忑,但为了乡亲们,我必须出发。"这是她接受下派前的心声。第二天,她成了一名驻村扶贫干部。与群众同吃同住同劳动的两年里,她提升了本领,懂得了担当。今年 6 月,驻村期满的她放弃外地如意工作,毅然选择留下。"村民们的一声声感谢,一杯杯热茶,激励着我要撸起袖子加油干,为乡村振兴贡献力量。"

这就是新时代赣南的干部群体,在任何时候、任何地方、任何岗位,都牢记党的根本宗旨,把民生扛在肩上,将奉献进行到底。广大干部的付出,感召着群众,带动着群众。对党和人民事业的热忱,正在干部群众之间双向传递。

"我曾是妇女干部,理应带头,没有报酬,我也愿意干。"大余县新城镇水南村,古稀老人游兰英 17 年如一日义务清扫村庄。在她的影响下,村里"赣南新妇女"运动火热开展,村庄干净整洁,村民住得舒心。

"红军战士不仅帮乡亲们干农活,还教我父亲读书写字……"于都县罗江乡新屋村,村民赖如亮声情并茂地为游客讲解红色故事。鱼水情谊难忘,赖家五代人数十年接力守护红军标语。"我会一直讲下去,让苏区精神感染更多的人。"

——前行路上,锤炼着争创一流的清正作风。

兴国将军园内,三面巨大的红旗雕塑巍然矗立,红旗中央,毛泽东题写的"模范兴国"四个字在阳光下熠熠生辉,这是对兴国当年在扩大红军、支前参战等方面创造了"第一等的工作"的高度褒奖。

目睹干部的模范行动,苏区人民情不自禁地以歌相颂。"哎呀嘞,苏区干部好作风,自带干粮去办公……"这首广为流传的兴国山歌,唱出了苏区时期的那股清风。

背着金条乞讨数年,历尽千辛万苦寻找党组织继续干革命,不动用分毫党的经费,江西省苏维埃政府主席刘启耀的故事,展现了共产党人为政清廉、取信于民的高尚情操。

倡导"苏区干部十带头"的兴国县委书记谢名仁,甘居陋室的革命先烈胡灿,"模范区委书记"黄源堃……许许多多这样的共产党人,都以实际行动书写苏区佳话。

山河依旧,本色不改。今天的红土儿女,一如当年的苏区干部,正用清正廉洁、争创一流的生动实践,诠释着如何把好传统带进新征程、将好作风弘扬在新时代。

建立失实检举控告澄清正名、容错纠错机制,基层干部工作积极性显著提升;

圆满完成县乡换届,一批年轻有为、年富力强的干部走上重要工作岗位;

严格落实中央八项规定精神,破除形式主义、官僚主义顽疾,基层减负成效明显;

狠抓省委巡视反馈意见整改,市县两级监委挂牌成立,制度之笼进一步扎紧;

保持惩治腐败高压态势,反腐败斗争取得压倒性胜利并全面巩固。

熔炉淬火,百炼成钢。随着全面从严治党纵深推进,一系列的作风之弊、行为之垢无所遁形。赣州党风政风持续向上向好,各级干部改作风、提效率、敢担当,全市上下形成攻坚克难、你追我赶的良好局面。

"大湾区能做的,我们也要能做到。"在赣州,这句常被干部们挂在嘴边的话,从理念化为行动,从愿景逐步变为现实。

作为不沿边、不靠海的中部内陆地区,赣州如何推进高水平对外开放,在新一轮高质量发展中赢得主动?优化营商环境至为关键。市"十四五"规划纲要提出:"营造全国一流营商环境""构建亲清新型政商关系"。

发扬敢闯敢干优良传统,赣州"跳起来摘桃子",变"老区思维"为"湾区思维",奏响"干就赣好"最强音,实施优化营商环境"一号工程"。深化"放管服"改革,进一步减程序、减材料、减时限;当好企业"店小二",挂点帮扶、有呼必应、无事不扰;完善营商环境监督机制,坚决纠治"小鬼难缠""中梗阻"等突出问题……全方位、强有力的措施,彰显了赣州举全市之力发起一场自我革命优环境的决心和魄力。

如今,市本级 90% 以上事项办理"最多跑一次",80% 以上服务事项实现"掌上办",企业开办实现半天办结,43 个高频事项实现"跨省通办",并率先在全国试行"全产业链放权"改革。

日益优化的环境,不断成长的市场,让越来越多的企业家和人才将目光投向这里。今年前三季度,全市新签约项目 334 个、签约金额 2056.59 亿元,其中引进粤港澳大湾区项目 203 个、签约金额 1131.97 亿元。吉利科技、创维集团等名企接踵前来考察调研,洽谈合作。

感恩奋进续写时代荣光

1934 年 10 月的那几个秋夜,七八十艘小船在滔滔于都河上一字排开,搭起临时浮桥,8.6 万余名红军将士与当地百姓依依惜别,渡过于都河,踏上长征路。

今天,于都河两岸高楼林立、车水马龙。高擎苏区精神、长征精神火炬,于都人开启新的长征,在追梦路上砥砺前行。

两种"长征",内容不同、背景不同,却有着同样坚定的步履、同样不改的初心。

于都县梓山镇潭头村,一个有着 700 多年历史的村庄。村民在现代化农业基地劳作,在电子扶贫车间就业,在农家书屋汲取文化营养,日子过得挺充实。村口红色雕塑上写着醒目的几个大字——"幸福都是奋斗出来的"。

今年 72 岁的红军烈士后代孙观发,看着村口"笑脸墙"上自己的照片,向过往游客讲述着村里的幸福故事:"2019 年 5 月 20 日,习近平总书记来到我家,看厨房、进卧室、入客厅,与大伙亲切话脱贫、谋振兴。总书记说,只要跟着共产党走,中华民族伟大复兴就一定能实现,好日子还在后头呢!"

总书记的祝福和激励,燃起了潭头村人的新希望。村里深挖"红古绿"资源,精心打造乡村特色旅游示范点。孙观发把家里的 4 间屋子改成民宿,经营起餐馆和超市,自家种养的富硒蔬菜和土鸡土鸭成为热销货。截至目前,村里已接待游客 20 多万人次,带来附加经济效益 300 多万元。

放眼今日赣南,潭头村式的蝶变处处可见,毛泽东诗词中"唤起工农千百万,同心干"的气魄,再次以燎原之势呈现在这片土地的每一个角落。

赣南人民永远铭记并感恩:中南海深情的目光一直关注着赣南!习近平总书记先后 9 次对赣州工作作出重要指示批示。在党中央、国务院的亲切关怀下,赣南等原中央苏区振兴发展结下累累硕果。今年 1 月 24 日,在习近平总书记的亲自谋划、亲自推动下,《国务院关于新时代支持革命老区振兴发展的意见》又印发实施,明确提出研究支持赣州建设革命老区高质量发展示范区。

沐浴暖阳,赣南人民饮水思源,知党恩、铭党恩、立志报党恩的真挚情怀,内化于心、外化于行。

赣县区沙地镇蟠岩村,75 岁的陈贻福把家里的白墙写成一本"感恩账本",记载着党和政府所有的帮扶措施及幸福生活的重要节点。

瑞金市在赣南率先脱贫摘帽后,该市云石山乡顺应群众意愿,开展了"村村一台戏,感恩总书记"群众演出活动。村民们演身边事,说心里话,感恩之情发自肺腑。

"历史在赣南革命老区镌刻下一座座精神丰碑,要用好苏区精神宝贵财富,着力把赣州打造成为最讲党性、最讲政治、最讲忠诚的红土圣地。"省委副书记、市委书记吴忠琼说。

不忘"来时路",走好"赶考路"。在新时代"赶考路"上,赣州用担当实干、创新作为,不断书写高质量发展的奋进答卷。

——探索革命老区脱贫攻坚新路,实现有史以来最大规模脱贫。114.3 万农村贫困人口全部脱贫,11 个贫困县、1023 个贫困村全部摘帽退出,赣州与全国同步全面建成小康社会。

——过去五年,全市累计争取并获得中央和省支持政策 1062 项、重大项目 332 个,赣州主要经济指标增幅稳居全省"第一方阵",GDP 总量跃居全国百强城市第 66 位,居民收入提前三年比 2010 年翻一番。

——连续五年获评全省高质量发展考评先进。省质量强省领导小组通报的 2020 年度设区市人民政府质量工作考核结果显示,赣州市以 100.38 分位列全省第一,成为唯一突破考核总分 100 分的设区市。

……

从城市到乡村,从物质基础到精神风貌,从当下发展到长远后劲,红土地越来越红火,赣南人民的获得感幸福感安全感,一天比一天充实、一天比一天丰满。

11 月 5 日起,赣深高铁沿线五城党媒同步推出联动采访报道,聚焦即将开通的赣深高铁及沿线产业发展等,迅速在朋友圈刷屏。龙南市里仁镇正桂村的村民难掩兴奋之情:正桂村距离龙南东站不足 500 米,这种步行几分钟即可到达高铁站的便捷,以前想都不敢想呀!

赣州国际陆港,90 后货运值班员曾广禄感受着赣州对接融入"一带一路"的时代足音。他在央视《党课·开讲啦》节目中自豪地向全国观众介绍:通过中欧班列,每周都有产自赣州的上千包酸枣糕、脐橙糕、家具走出国门,运往俄罗斯、德国、波兰、哈萨克斯坦等国市场。

"过去五年,赣州进入经济社会发展最快、城乡面貌变化最大、老百姓受益最多和获得感幸福感最强的时期。干部群众精气神为之一新,愈发自信。"赣州市红土地文化研究会会长胡国链说,代代相传的红色基因,让这里的人们以逢山开路、遇水架桥的勇毅,以"把红旗插在山顶上"的决心,作答振兴发展的"每一个行程、每一次突围、每一场战斗"。

闯出来!干出来!辉煌的历史不仅给赣南大地留下了取之不尽、用之不竭的精神财富,也激发了赣南人民开拓进取,争创新时代"第一等的工作"的冲天干劲和无穷智慧。

在南康区,家具产业"无中生有",不断补链延链强链,产业集群年产值突破 2000 亿元,实现"木材买全球、家具卖全球"。赣州国际陆港开行中欧(亚)班列突破 1000 列,进入全国内陆港"第一方阵"。

在赣县区,中科院赣江创新研究院挂牌运行,填补了江西省无国家级大院大所的空白,对赣州建设区域性科研创新中心和国家创新型城市,具有十分重要的意义。

……

一百年交汇,章江贡水涛声激越;九十载启承,红土圣地蓄势扬帆。

刚刚召开的市第六次党代会,提出了奋力建设革命老区高质量发展示范区的总目标,确立了"解放思想、改革攻坚、开放创新、担当实干"的工作思路,明确了实施"三大战略、八大行动"的重点任务,描绘了把赣州建设成为工业强市、开放高地、创业之州、区域中心、文化名城的宏伟蓝图。长卷已然铺展,作答只争朝夕。让我们以纪念中央革命根据地创建暨中华苏维埃共和国成立 90 周年为契机,从伟大苏区精神中汲取奋进力量,踏着先烈血迹前进,以深入贯彻市党代会、市两会精神的火热实践和优异答卷,续写时代荣光,告慰革命先辈,造福老区人民。

(《赣南日报》2021 年 11 月 7 日)

评价:作品全景展现了 90 年来中国共产党领导人民在赣南这片红色土地上创建中央革命根据地、成立中华苏维埃共和国、推动原中央苏区振兴发展、打赢脱贫攻坚仗、奏响乡村振兴曲等一系列"大事件",深刻揭示了红土儿女始终以"赶考"姿态投身中国革命、建设、改革伟大实践的精神密码。全文采用散文式笔法,在时空穿插中回溯历史,在沉浸讲述中观照现实,作品的主题重大、表达精准、叙事宏大、传情入微,宛如一幅恢宏磅礴、生动壮阔的历史长卷跃然眼前。

(刘传红　江西师范大学新闻与传播学院原院长、教授)

网络作品类（3 件）

新闻编排

白鹤少年回家路

高宇程　程皓然　雷丹丹　周婷丽

（编辑：刘崇智　蒋建敏　胡筱娟）

作品二维码

（今视频 2021 年 12 月 10 日）

评析：该作品用拟人化手法将江西省鸟白鹤幻化为主人公"小贺"，生动讲述了鄱阳湖候鸟及护鸟人的故事。作品运用了连环画形式，以当代漫画风格，配以清新色调，以受年轻人欢迎的形式，通过连贯的情节、饱满生动的人物及细腻的画风笔触反映生态保护的大主题。作品注重用户的体验，在各端口的展现中均采用全屏自适应设计，以沉浸式视觉让表现生动鲜明，特别是艺术处理让候鸟的肢体动作成为"白鹤 style"的突出记忆点，颇具爆款气质。

[龚荣生　江西广播电视台(集团)党委副书记、总编辑，高级编辑]

网络消息

江西玉山大葛村水库移民"疑云"：
107 名移民只有一人是真？

沈冠楠　黄祥晟　李亚男

（编辑：何宝庆　王剑华　谢凌瑾）

作品二维码

（大江网 2021 年 12 月 10 日、12 月 17 日）

评析：作品通过舆论监督，将 15 年未决的举报彻底解决，不仅化解了乡村基层矛盾，也对当地营造风清气正的基层政治生态起到了积极促进作用。作品选题精准、采访扎实、报道充分，起到了很好的社会效果。此事件作为典型案例，得到省委省政府主要领导的重视和批示，在全省范围内进行了通报。作品体现了媒体的社会责任，彰显了舆论监督对匡扶社会公平正义的作用。

［龚荣生　江西广播电视台(集团)党委副书记、总编辑,高级编辑］

网络专题

人民江山

胡武龙　童孝飞　温小强　包鹊宏　胡紫恒　魏思思　张莎莎

（编辑：何宝庆　毛宁　许蓓）

作品二维码

https://www.jxcn.cn/zt/system/2021/10/01/019410953.shtml

（中国江西网 2021 年 10 月 1 日）

评析：作品主题重大、史料丰富、发布时机得当,受到中宣部新闻阅评表扬。该专题页面设计精美大气、重点突出、阅读体验流畅,以恢宏大气的家国情怀、丰富多元的人文视角、创新生动的视听语言,通过红色故事绘、历史瞬间、视频、VR 等外链拓展专题空间与内容,对百年党史红色江西的历史画卷进行全景式、立体化的整理与讲述。专题语言简练,以小见大,讲述了共产党人在红土圣地的奋斗故事,充分展示了中国共产党的初心和使命。

［龚荣生　江西广播电视台(集团)党委副书记、总编辑,高级编辑］

融媒体作品类（5 件）

融媒体专题

瓷器中特殊的"70 后"

袁进涛　周东　余超　许文兵　黄恬恬　郑立波　李彬

（编辑：敖俊翔　刘志刚　金石明）

作品二维码

（江西广播电视台都市频道 2021 年 12 月 29 日、30 日）

　　评析："以瓷为媒，以史为魂"，六集短视频专题报道《瓷器上的百年芳华》以瓷器历经烈火淬炼由土而"器"、永不褪色比喻中国共产党的品质。围绕这一核心创意，以新颖的视角生动展现了中国共产党的百年奋斗历程和取得的伟大成就，其中《瓷器中特殊的"70 后"》更是创意精巧，表达形式新颖，赋予了党史作品新闻的灵魂，以影视级制作标准精心雕琢，为建党百年献上了一部佳作。

[龚荣生　江西广播电视台（集团）党委副书记、总编辑，高级编辑]

短视频专题报道

党史 30 秒

胡麟兰 冯星星 郭哲君 赵一越 罗彩华 曾宪文 高达

（编辑：吴志刚 邵平 邱虎）

作品二维码

（江西新闻客户端 2021 年 3 月 18 日）

评析：《党史 30 秒》系列作品，主要以短视频形式表达，汇集海报、图文等，体现了融媒创新，富有感染力和表现力，在建党百年的大主题融媒体创作上具有很好的示范作用。作品也获得了很好的传播效果，总点击量超 1 亿人次。其中《"共和国第一军嫂"陈发姑》获得由国家广电总局网络视听节目管理司指导主办的第三届"三月三"网络短视频大赛优秀作品奖。

［龚荣生 江西广播电视台(集团)党委副书记、总编辑,高级编辑］

新闻直播

70 米高空走线　看空中飞人如何
"把脉"特高压电网

张敏　张玲　柳永军　张璠　简胜萍　黄程伟　陈鑫　张定辉

（编辑：钟晴　黄宙　王静妍）

作品二维码

（宜春广播电视台新闻综合频道 2021 年 11 月 24 日）

评析： 该作品最大的特色是通过捆绑在电力工人身上的微型摄像机和无人机、全景摄像机、鱼眼镜头等设备，立体化呈现了高空走线的全过程，展示了"大国工程"的艰巨与伟大，展现了电网人不畏困难的辛勤劳动和奉献精神，表达了对基层劳动者的礼赞。整场直播现场感强、震撼力强，并通过移动传输、一站分发，第一时间在社交平台广泛传播，实现"一次生成，多次使用"，取得了良好的传播效果。

［龚荣生　江西广播电视台（集团）党委副书记、总编辑，高级编辑］

融合创新

江西分宜:小"新平"们的心平

袁翠　万家喻　袁凑

（编辑:黄聪　严伟　王志昊）

作品二维码

（学习强国 2021 年 8 月 4 日）

评析:作品将目光聚焦因父母去世或者服刑成为事实孤儿,记录了小新平在德仁苑的生活,通过送小新平回家这一小事,展示了德仁苑作为孤儿之家的温馨。作品用镜头反映出在德仁苑其他小"新平"们的心声,体现了"以爱育爱,让爱传承"的精神。采访细致,情感真挚。作品取得了很好的传播效果和社会效果,是一件正能量充沛的融媒体作品。

［龚荣生　江西广播电视台(集团)党委副书记、总编辑,高级编辑］

融合创新

毛浩夫:讲好中国故事
Mao Haofu:Telling Chinese Stories Well

张洋　蔡联通　黄旭斌　肖青胜　吕慧慧　王子雄
（编辑:谢红　陈素芬　朱文婵）

作品二维码

（井冈山融媒客户端 2021 年 12 月 31 日）

　　评析:该作品通过毛浩夫在井冈山革命博物馆用沉浸式体验方式,向全世界讲述中国共产党百年奋斗光辉历程以及中国的发展故事,形式新颖、选材典型、主题鲜明、感染力强。作品在内容表达和报道形式上进行了创新,毛浩夫首次用全英文(配上中文字幕)向外国友人介绍真实、全面、立体的井冈山,还融合了他对新时代红色文化国际传播的探索与思考。这对提升革命老区井冈山的国际影响力发挥了积极作用。该作品推送后随即被学习强国、新华社等中央级媒体平台转发。

　　[龚荣生　江西广播电视台(集团)党委副书记、总编辑,高级编辑]

论文类（3 件）

新闻论文

用短视频讲好脱贫故事

——江西日报社视觉中心在"助力脱贫攻坚"中的融合探索

桂榕 张雪

（编辑:冷梅 王月）

【摘要】随着媒体融合向纵深发展,传播渠道正由传统媒体转向新媒体平台,在这次前所未有的媒体融合中,党媒如何依托自身优势转危为机,利用短视频的传播特点,扩大党媒的影响力和公信力,唱响主旋律,传递正能量,考验着媒体人的智慧。江西日报社视觉中心勇于创新机制,大力整合资源,在创新表达、强化互动、拓宽渠道上下功夫,短视频取得了覆盖率、点击率双提升的良好效果。本文以江西日报社视觉中心"助力脱贫攻坚"的系列报道分析党媒如何短视频讲好"脱贫"故事。

【关键词】党媒 媒体融合 短视频 脱贫攻坚

随着媒体融合向纵深发展,传统媒体正在对所处环境进行重新思考。近日,中共中央办公厅、国务院办公厅印发了《关于加快推进媒体深度融合发展的意见》,对主流媒体的深度融合提出了更高要求。当前,短视频已经成为极具增长潜力的媒介形式。根据相关部门发布的数据,2020 年 3 月,我国短视频行业月人均使用时长 34.1 小时,同比增长 54.3%。事实证明,传播渠道正由传统媒体转向新媒体平台,在这次前所未有的媒体融合中,党媒如何依托自身优势转危为机,利用短视频的传播特点,扩大党媒的影响力和公信力,唱响主旋律,传递正能量,考验着媒体人的智慧。

近几年,江西日报主动出击,顺势而为。2018 年年底,江西日报社出台《推进江西日报社媒体融合实施方案》,江西手机报升级为"江报新闻"客户端,并成立江西日报社视觉中心,后在省委领导的关心指导下,响应"立足全省视角,服务发展大局"的号召,全面升级为"江西新闻"客户端,报社媒体融合开启新篇章。2019 年是江西日报社媒体融合元年,1 月 1 日,江西日报社视觉中心正式运营,部门全体人员利用当时的有限条件,率先成为报社的"全媒体记者",前期策划、现场采访、实时拍摄、编辑制作,全部"一肩挑"完成,同时,部门人员齐心协力开阔视野,视频、直播等成为重要的报道和传播形式。

去年以来,江西日报社视觉中心勇于创新机制,大力整合资源,在创新表达、强化互动、拓宽渠道上下功夫,短视频取得了覆盖率、点击率双提升的良好效果。本文将以江西日报社视觉中心"助力脱贫攻坚"的系列报道分析党媒如何短视频讲好"脱贫"故事。

一、挖掘典型,注重榜样的带动效应。通过对代表性人物的挖掘,以点带面,营造出整个社会有信心打赢脱贫攻坚的良好氛围。

传统媒体拥抱短视频是应对去中心化、碎片化媒体环境的必然选择,也是开辟融合传播新路径,掌握话语权的机会。

去年以来,江西日报视觉中心通过典型报道,挖掘了身残志坚的刘桂军,第一书记朱琪、"乐观小老头",村播大晶、百香姐潘秋霞等一批脱贫攻坚的典型人物。

刘桂军瘫痪在床十多年,全身只有脖子能动,却乐观向上,硬是用嘴咬住筷子,点开手机写诗、开网店。作为残疾人,他自强不息;作为贫困户,他不等不靠。刘桂军身上乐观坚韧的精神在当下社会有很强的感染力。我们用短视频的方式展现他的生活情况、精神面貌,通过平凡人的故事弘扬和传递自强不息、积极向上的社会正能量。视频《一根筷子"点"出诗与希望》一经推出点击率迅速达到数百万。该视频得到江西省委书记刘奇和省委宣传部部长施小琳高度赞扬。该视频也作为创新典型,在省委宣传部的宣传例会上播放,刘桂军本人也获得了"全省脱贫攻坚奖"奋进奖。

2015 年,萍乡市安源区妇联副主席朱琪被派驻到乌石村挂点帮扶,2017 年任乌石村"第一书记"后长期驻村。乌石村有建档立卡的贫困户 23 户、67 人,以老弱病残者居多。从到任的第一天起,贫困户们的衣食住行、生老病死、求学生子……朱琪件件挂在心坎、落在实处。她说:"只有建立了亲戚关系,老百姓才会信任你,我们帮扶干部才能因户施策,帮他们走出困境。"我们通过采访,拍摄制作了视频《第一书记亲戚多》,因为这位第一书记真的亲戚很多(帮扶对象很多),所以这个视频我们拍摄花了大量的时间,采访了很多人,后期制作也是修改了十多遍,最后这个视频效果很好,点击率高,同时也获得了省委宣传部部长施小琳的多次表扬。

从这两个典型报道,我们可以看到,前者代表的是自强不息的贫困户,后者代表的是扶贫扶智的帮扶干部,一方面,贫困户有脱贫的意愿,有十足的干劲,另一方面,政府为贫困户提供了政策和平台,帮扶干部手把手帮扶。双方用力,营造出打赢脱贫攻坚的良好氛围。我们还在清明节期间,推出了向新时代扶贫英雄致敬的 H5,祭奠牺牲在扶贫一线的干部们。

二、关注新事物,挖掘新业态,通过对直播带货多维度的报道,展现新时代,特殊时期的各种事物变化,助力脱贫。

如果将涉及农业、农村、农民题材的短视频称作三农短视频的话,那三农短视频可谓占据了短视频内容和用户的半壁江山。当前,直播经济成为新业态、新模式的代表,也为传统行业带来新服务和新动能。尤其今年疫情以来,以抖音为代表的短视频直播平台积极履行社会责任,将直播业态与电商、扶贫、教育等深度融合,服务用户工作、学习和生活的迫切需要,凸显对经济转型、社会发展的创新作用和长远价值。"短视频 + 直播"成为贫困地区农产品变现的高效工具。

其实,从去年以来,江西日报视觉中心就已经关注到了这一点,首先,我们关注了这一新鲜事物。比如我们推出的《村播大晶》和《百香姐和她的"扶贫哥"》两个视频的点击率都高达数千万,就是把关注的焦点对准了村播这一新兴行业。

大晶是江西萍乡市一名返乡创业的大学生,毕业后的她做了会计,但这份爸妈眼中的铁饭碗工作并没有让大晶觉得开心。因为对家乡特产的热爱,她毅然决然的辞职成为一名村播,用直播的形式介绍家乡的饮食文化。潘秋霞本是在深圳工作的一名教师。2016 年与丈夫林瑞平一起返村种植百香果。江西寻乌交通闭塞,潘秋霞开始在淘宝直播上卖百香果,从不被理解,到贫困户开始将自家百香果交给她代卖,仅去年就帮助贫困户销售 5 万公斤百香果。我们还推出了许多有关这一行业的图片和视频融媒体报道。

进而,我们从新事物的发展关注新动态,江西日报视觉中心继而又推出了有关直播带货的深度报道《直播带货,如何将关注转化为商机》,关注政府如何授人以渔。一方面政府积极拓展平台,为农产品提供更多亮相机会,拓展销售渠道,领导干部为家乡农产品站台代言;另一方面,通过培训,让更多的农户掌握新媒体运用技巧,更好地适应发展要求,缓解因疫情带来的农产品滞销问题。

三、建立资料库,打造"扶贫印记",为江西脱贫攻坚留下珍贵影像资料,全方位,多维度记录江西决战脱贫攻坚这一年的发展变化。

短视频作为一种信息传播载体,成为常见的信息呈现和获取方式,同时也在报道形态、叙事方式、内容来源等方面影响着主流媒体的内容表达,但不论这种表达形态如何改变,党媒的权威性和专业性不可动摇。

从今年 1 月开始,江西日报推出了"扶贫印记"栏目,视觉中心兵分几路,深入 30 个省级媒体拍摄记录点,以图片、视频等形式,拍摄记录我省脱贫攻坚的生动实践,非凡成就和宝贵经验,以及脱贫攻坚一线涌现的典型事件和人物,完成脱贫攻坚重要影像资料拍摄记录工作。

该栏目从"产业扶贫、基础扶贫、信息扶贫、环境扶贫"多个角度出发,通过新旧图片,影像的对比,老百姓生活的变化,观念的变化展现脱贫攻坚带来的翻天覆地的改变。

莲花县坊楼镇沿背村,是将军农民甘祖昌、全国道德模范龚全珍老阿姨的家乡,是省"十三五"重点贫困村。2015 年以前,沿背村生活用水困难,穿村而过的南溪河两岸未做防护,易受洪灾,村内没有一条好路。后来,该村依托丰富的红色资源,紧紧围绕创建甘祖昌干部学院、打造全国党员教育基地的有利契机,积极发展村民发展红色培训产业,走出了一条以红色培训促进脱贫攻坚、乡村振兴的新路子。2017 年底,该村实现整村脱贫摘帽,2019 年底,全村建档立卡贫困户 91 户 337 人,均已脱贫。村庄环境由昔日的脏乱差转变成今天的日日如新,集体经济收入从 2014 年的不足 1 万元骤增至如今的 140 余万元,贫困户人均收入从 2014 年的不足 2000 元增至如今的 10200 元。

罗田村是安义千年古村群古村落之一,村内分布许多明清时代的古建筑。旅游开发前,古建筑年久失修破败腐朽。该村是"十三五"省级贫困村,有贫困户 16 户 33 人。近年来,当地政府加大对该村的开发力度,发展旅游产业,打造莲蓬产业园和花果园合作社扶贫产业基地。贫困户通过在村内就业、入股分红等方式获得收入。2018 年,该村贫困户实现户均增收 5000 元以上,脱贫 14 户 30 人,该村也于当年年底退出贫困村之列。如今罗田村旅游和脱贫攻坚都得到了长足的发展,环境干净整洁,风景更加秀美。

每一个扶贫点都有一个故事,我们通过多角度的呈现记录,整理集纳,建立江西扶贫印记的图片影像资料库,为江西扶贫攻坚这一年留下了宝贵资料。

结语

当前,新媒体技术日新月异,短视频的发展推动了传统媒体融合转型,无论如何变革,党媒始终坚持党报姓党,坚守导向,担当责任,引导主流舆论,引领主流价值。我们将会不断摸索,尝试多样化的内容生成,以实现内容传播的多样性和及时性;多渠道的信息传播,优化新闻覆盖及用户体验,多渠道的内容获取,以体现新闻的深度和广度。

[《新闻战线》2021 年 5 月(下)]

评析:在中国脱贫攻坚决胜决战之年,用短视频讲好脱贫攻坚故事,是各媒体深度融合发展面临的重要课题,传统媒体为此进行了生动实践,取得了良好成效。本文以"助力脱贫攻坚"的系列报道为案例,深度分析传统纸媒如何用短视频讲好"脱贫"故事,用画面呈现励志故事背后的温暖情怀,用一个个鲜活故事展现波澜壮阔的伟大成就,对业界进一步推进媒体深度融合具有重要的启示作用和借鉴价值。

当前,党媒正在探索转型过程中如何依托自身优势转危为机,利用短视频的传播特点,可以扩大党媒"四力",唱响主旋律,传递正能量。江西日报社整合资源,在创新表达、强化互动、拓宽渠道上下功夫,用短视频讲好脱贫攻坚故事,取得了覆盖率、点击率双提升的良好效果。

打赢脱贫攻坚战,关键在人;讲好脱贫攻坚故事,关键要生动鲜活。论文介绍了备受关注的典型事例的挖掘过程,以及数个千万级点击率的爆款作品的制作过程。

该文从三个角度介绍了用短视频讲好脱贫故事的做法。一是挖掘典型。通过对代表性人物的挖掘,以点带面,营造出打赢脱贫攻坚战的良好氛围;二是关注新事物,挖掘新业态,通过对直播带货多维度的报道,展现抗疫这一特殊时期的各种变化,助力脱贫攻坚。三是建立资料库,打造"扶贫印记",为江西脱贫攻坚留下珍贵影像资料,全方位记录江西决战脱贫攻坚的发展变化。

(刘传红　江西师范大学新闻与传播学院原院长、教授)

新闻论文

从注意力与受众接收方式看电视媒体的竞争优势

曾学远

（编辑：姜雨杉）

【摘要】从注意力原理考察，电视和网络新媒体这两种媒体各自适应不同的接收方式和接收环境，电视媒体对接收者的注意力要求低，适合伴随性收看和家庭共享。本文认为，人们的伴随性收看和家庭共享使电视接收获得增量。基于调查数据的分析可见，电视媒体凭其接收优势，在信息海量、注意力紧缺的当下仍可大有作为。

【关键词】电视大屏　新媒体　受众　注意力　接收方式　家庭共享

一、令人意外的调查数据

在满世界唱衰电视的喧闹中，2020 年电视大屏收视大增，全年观众每天人均收看电视达 4 小时 29 分钟，超过近 5 年同期约 20 分钟；电视大屏收视总时长两倍于网络视频总消费时长[1]。与此对照的是，即使算上网民全部上网时间，全国人均网络消费时长仍略低于看电视的时长。

这个结果令人意外，此前，多数观点认为电视因为受到网络新媒体分流而衰落，2020 年的逆势增长得益于疫情报道和人们更多的居家生活。这当然不无道理，但是另一方面，从数据上看，2020 年中国网民的数量和上网时间其实增长更快。换句话说，网络新媒体是和电视同步增长的；有趣的是 2021 年上半年网民人均上网时间和电视观众的收视时间再次同步减少，前者甚至不及 2017 年的时长，而电视观众的收视时间维持了高位。

再回过头看，中国网民规模在 2016 年至 2019 年为 7.3 亿至 7.8 亿，涨势大大放缓,人均上网时间也从 2015 年起增长不大[2],这和那几年电视观众收视停滞有点相似。

这表明网络新媒体和电视之间并不存在绝对的此消彼长,两者因信息传递方式和接收环境的不同,已呈现出不同的内容特征,各有不同的发展空间。在信息纷繁嘈杂、注意力资源紧缺的当下,电视仍可大有作为。

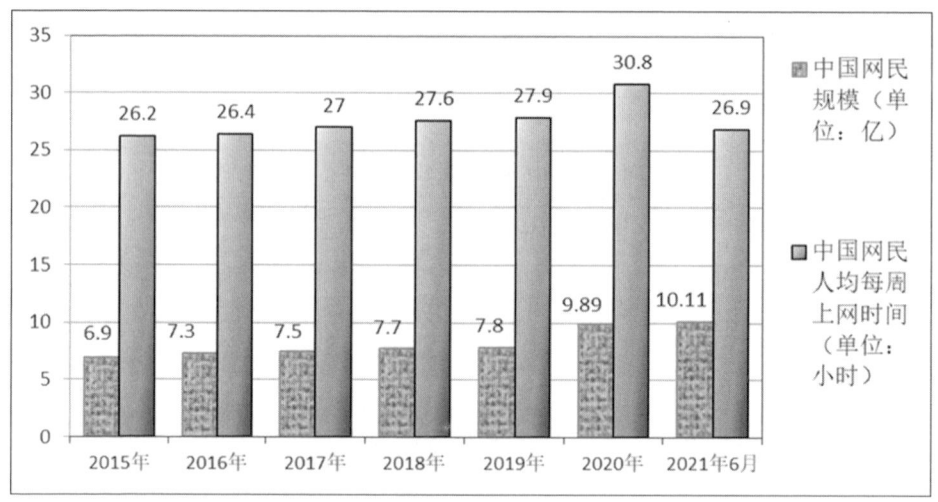

图 1:历年中国网民规模和上网时间

注:数据来源于中国互联网络信息中心(CNNIC)第 37 至第 48 次《中国互联网络发展状况统计报告》。

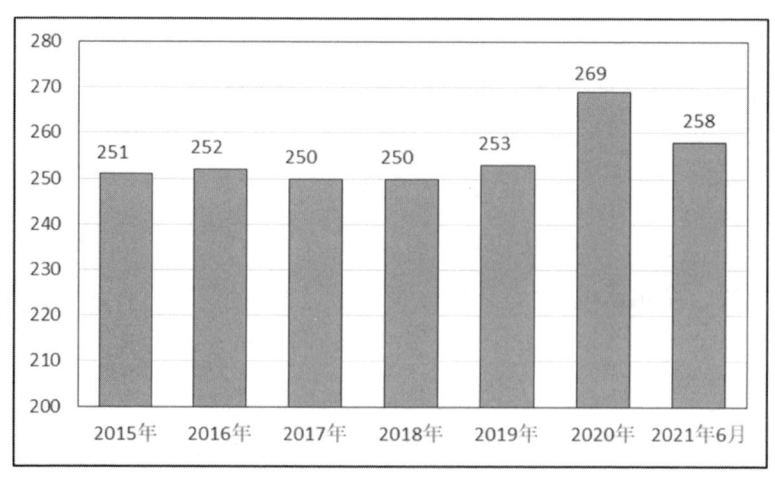

图 2:历年中国电视观众人均每天收视时长(单位:分钟)

注：数据来源于中广视索福瑞 CSM。为公平比照，网民上网和电视观众收视的人均时长各基于网民和电视观众到达总数算出。

二、注意力原理和受众调查凸显电视接收优势

首先，电视大屏能与互联网新媒体同步发展，与其接收方式上的优势分不开。

早在 20 年前互联网兴起之初，即有西方学者惊人地预言了互联网获取信息的便捷性和负面影响——"电信带宽不是问题，但人的注意力带宽却是个问题"[3]"信息在指尖，轻易可得，丰富如汪洋大海，造成注意力的贫乏不足，终以牺牲我们的私生活和家庭(交往交流)为代价"[4]。

今天，因耽于上网而引发的健康问题和家庭纠纷早已司空见惯，人们为信息过于便捷而支付的代价从前几年网民规模增长趋缓已可见一斑。而相比之下，电视大屏对接收者的注意力需求却要低很多，其简便的操作、更大的屏幕能够让受众不必那么聚精会神，而是可以伴随性接收、家庭共享。

在互联网刚刚兴起，电视还是信息传播最重要的渠道时，一项对 1100 户北京城市居民收视行为与收视模式的调查就表明，有多达 2/3 的被调查者看电视时三心二意，其中 39.9% 的人以看电视为主，顺手做别的事；16.6% 的人一心几用，边看边干别的事；9.2% 的人偶尔看电视，以干别的事为主；3.1% 的人仅仅把电视当作背景[5]；而看电视的场所 51.4% 在客厅；只有 22.5% 的人一个人收看，其余都是两人以上共看[6]。

无疑，三心二意的伴随性接收，大大节省了受众越来越紧张的注意力资源，家庭共享避免了"牺牲我们的私生活和家庭(交往交流)"的问题，这应当是电视大屏在网络新媒体崛起的十多年里，仍保持总体稳定的重要原因。可以说电视的这种低注意力要求、伴随性接收和家庭共享性是其与生俱来的天然属性，也是其难以取代的主要优势。

低注意力和伴随性接收意味着接收状态更多地倾向于被动注意、无意注意，这和网络新媒体操作的主动注意和有意注意有较大的差别。

注意力研究表明,人的注意力根据自身意愿,可分为有意注意和无意注意;又因客观需要,分为主动注意和被动注意。将这 4 种注意状态画成坐标,调查某企业员工,结果是人们对工作中的人际关系投入了主动和有意注意;对家庭是接近于被动注意的主动注意,并介于有意与无意注意之间;外部竞争环境是被动注意,也介于有意与无意注意之间;创新、领导、后勤、客户、合作是被动和有意注意[7]。

另一项大学生观影调查则显示,当吸引了大量主动和有意注意力的电影《诺丁山》和有更多被动、无意注意力的电影《奥斯汀·鲍尔斯》同时放映时,学生们最终的选择是后者[8]。

由此可见,在非功利和个人可以自主选择的情形下,人们更倾向于被动和无意注意,那似乎能放松自己节省精力,带来更多的愉悦和享受。这种效果恰恰是低注意力和伴随性接收的电视能够带来的。

进一步探究,注意力源于人的生存需求,是进化过程中人类面临外部压力而形成的适应性,这一点在动物身上也可以体现,比如当肉食动物面对一群鹿时,它要捕猎成功的话,就必须集中注意力,而这个集中注意力的过程其实是"忽略一切无关的事(大多数鹿),将注意力清楚地集中在某个事物(某一只鹿)上"[9]的过程,否则它可能被大量相似的鹿淹没了有限的注意空间,徒劳一场。

从这个角度说,注意力最主要的功能不是接收信息,而是排除信息,是"我们周围世界的'喧嚣混乱'与使世界更美好所必须的决定和行动之间"的纽带,或者说是一种过滤器,过滤掉"喧嚣混乱"的无用信息,获得让世界和自己变得美好的有用信息[10]。

人们对互联网新媒体的主动、有意注意源于这种目的,无论收看网络视频,还是信息检索、与好友互动、玩电子游戏等,都带较强的个人主动性、目的性,是一种集中注意力的信息"狩猎"。网络新媒体很大程度上带有工具性,直接为特定目的服务。

最新的互联网发展统计报告印证了这一点,到 2020 年 12 月,互联网最主要的应用是即时通讯,网民使用率高达 99.2%;其次是网络视频,使用率 93.7%(其中短视频占 88.3%);第三是网络支付,为 86.4%;第四至第六为网络购物 79.1%、搜索引擎 77.8%、网络新闻(和网络视频应该有部分重合)75.1%[11]。

通讯、支付、购物和搜索构成互联网最主要的功能,而以短视频为主的网络视频以及网络新闻也属于强注意力与强目的性的应用,因为这种"时长多在几秒到几分的新型信息承载形式""比电视新闻内容更精练集中","时长以秒计"[12],一般就靠前十秒抓人,不然难以成功。可见受众在这里快速过滤信息,犹如急不可待心无旁骛的狩猎者。

电视的低注意力和伴随性从另一个方面适应了受众的信息过滤需求,人们可以在不耽误其他事情的情况下,一心多用地对待它,如同狩猎者巡视一片可能出现目标的领域,而低廉的注意力代价、非功利或泛目的性的被动与无意注意状态、和家人共享的氛围让人松弛愉悦。这样的接收方式有时候甚至可以使电视在共享中成为一种类似家庭成员的存在,从而越过信息本身,直达"让世界和自己变得美好"的本意,就像一年一度的央视春晚,形式超越内容,变成家人团聚的召集者和氛围营造者。

三、高收视新闻、综艺和生活服务节目的启示

网络新媒体和电视不同的注意力要求,凸显出电视独有的接收优势,从中不难找到电视适合的发展方向。实际上,近年来在电视大屏表现优异的节目无不适应了这个方向,那就是低注意力的简便内容、和家庭环境较为切合的故事与氛围、以媒体权威背书的时事新闻和生活服务节目等。

2019 年国庆阅兵式群众游行直播和 2020 年全国抗疫报道是这方面的典型。这两者本身都具有重大性乃至显著性,令同时间其他信息让道。这使得受众不必支付太多注意力代价就能关注到,因而在这类事件的传播上,新媒体优势不明显。而阅兵式和群众游行过程漫长,场景重复,主题单一,内容简明,收看起来很轻松,不妨碍人们边看边做其他事情。当然,大场面通过大屏幕呈现,也更有气势和氛围。

央视的这个直播节目总收视率达到 27.8%[13]，即有多达 3.56 亿人通过电视大屏同时收看，网络新媒体无论哪个单个节目都不可能同时拥有这么巨大的受众量。

抗疫报道类似，如此重大突发的事件能像洪水一样涤荡其他信息杂音，让"喧嚣混乱"归于一律，观众无论主动还是被动、有意还是无意，都能很容易关注，加上主流媒体的权威背书，有关疫情和抗疫的电视节目自然成为人们代价既小、质量和可靠性又高的信息来源。

抗疫报道的主题和内容也是同样的集中、简明，虽然不无紧张场面，但总体上具有持续的一致性，并不复杂费解，无须花费太多注意力代价，因而适合伴随性接收。

全国主流电视媒体的抗疫报道都取得了不俗的效果，其中央视新闻频道的《战疫情》特别报道观众规模高达惊人的 8.15 亿，湖北卫视特别节目《众志成城抗疫情》观众规模 4.59 亿，广东卫视《防控疫情特别报道》和湖南卫视《抗击疫情特别时间》的观众规模也分别达到 2.4 亿和 1.95 亿[14]，都足以令新媒体相关报道黯然。

当然，新媒体在这样的重大事件面前，也大有作为，相对于单向传播的电视大屏，它凭借高度的互动性，成为人们查阅信息、居家购物、健康验证、远程办公、线上学习的重要媒介，成为人们克服疫情阻隔的利器，而这又恰恰印证了前文所说的，是直接为特定目的服务的工具。

电视大屏热播的综艺节目也体现出这种低注意力接收特点，并和家庭环境、氛围越来越切合。每年的央视春晚以长达 4 个多小时的篇幅，表达团圆、喜庆、幸福的主题，尽管节目各个不同，形式有异，但风格、趣味、诉求都高度相似，总体和谐划一，对注意力要求不高，其氛围尤其适合家庭共享，创办 38 年来一直屹立在全国电视收视最高峰，至今虽因节目质量退化和观众过节方式多样化等原因，影响力有所衰退，但仍不失新民俗的地位。

2020 年，浙江卫视的《奔跑吧第四季》和《王牌对王牌 5》收视都高开高走，豆瓣评分也达到开播以来的最高值[15]。这两档颇具代表性的热门综艺节目以明星嘉宾聚集注意力，其非功利的内容、慢节奏的轻松游戏十分适合伴随性接收与家庭共享。

如《奔跑吧第四季》第 101 期，8 位明星分成 4 批，以无厘头奔跑的方式在青岛的港口出场，时长近 5 分钟，搞怪连连，笑声飞扬；其后互相调侃各自的水手装，也花了半分多钟，节奏松弛而欢快，场景内容程序化，观众完全可以一心多用地收看。

《王牌对王牌 5》即使让明星团队演绎职场竞争，我们也感受不到丝毫紧张，整个销售和职位争夺战充满欢声笑语，各种插科打诨和职场戏拟把一场现实中本该残酷无情的生存竞争，变成了无须全力应对、没有功利目的的游戏，让无数疲惫的观众得到安抚甚至产生近似报复的快感。

尤其值得注意的是生活服务类节目，它的播出量和收视量是 2020 年三季度以来电视大屏上升最为迅速的。媒体机构的权威性成为这类节目的依托，也就是说当需要现实的指导和帮助时，观众更愿意相信以电视为代表的传统媒体，而不是充满争议的新媒体平台和自媒体。这对观众来说同样是一种节省注意力的办法——直奔权威说法和权威机构，省略"喧嚣嘈杂"、莫衷一是甚至相互矛盾的其他信息源。非功利性的低注意力接收和高度功利性的个人诉求就这么奇妙地归于电视大屏。

最典型的是北京卫视的《养生堂》，疫情期间不仅及时普及卫生防疫常识，还关注百姓心理健康，请中医专家介绍科学膳食，提高身体免疫力。全面体贴的服务和媒体、专家的权威性使这档原本没有多少观赏性的节目在短短十几天里收获了 7703 万观众规模[16]。

和传播生活知识的服务类节目相比，投诉帮忙类服务节目更具独特优势。地方台生活服务节目中，位居收视前列的多是这类节目，如徐州台新闻综合频道的《张慧帮你问》、辽宁台北方频道的《大海热线》、山东台齐鲁频道的《小溪办事》、河南台民生频道的《小莉帮忙》等。

这些节目的一个共同特点是人格化打造，相对固定的记者或主持人出面接待投诉求助者，为他们评判是非、协调矛盾、主张权益，节目带有强烈的个性色彩,乃至栏目也多以记者或主持人的名字命名。媒体机构的权威性或可信度,叠加本地贴近性和有血有肉的亲和力,使得这些节目具有了新媒体难以比拟的优势。

在家庭环境中观看帮忙记者或主持人热心奔波,人们很容易感觉他们如同家人、好友一样亲切,又如同路路通的达人一样值得依靠。

另外,这类节目还很容易从新媒体引流,《小莉帮忙》的很多投诉来源就出自该节目的新媒体客户端。在电视大屏上回应这些投诉,既弥补了电视互动性的不足,又实现了新媒体对电视大屏的反哺。

四、两个电视剧排行榜的差异

考察电视大屏高收视的电视剧,我们同样可以发现这些剧目切合了低注意力伴随性接收和家庭共享的特点。2020 年上星频道晚间黄金档收视率前 5 位的电视剧——《安家》《我在北京等你》《如果岁月可回头》《在一起》《冰糖炖雪梨》[17]——除了《在一起》因抗疫题材而显得有点特殊外,其余 4 部的集数竟和收视率同步增减,收视率最高的《安家》50 集,《我在北京等你》《如果岁月可回头》《冰糖炖雪梨》各为 46、44 和 40 集。

虽然不能单纯认为电视剧越长越合适,但不可否认较长篇幅的节目更能适应低注意力的伴随性收看,否则节奏太快篇幅过短,三心二意的观众很容易忽略某些节点,造成理解上的困难。这或许也是多年来电视剧越拍越长的一个原因。

而这 5 部高收视剧目,除了《在一起》为有重大时事支撑的抗疫题材,其他 4 部都是当代都市生活类型,内容或紧扣老百姓关心的"买房安家"大事,揭秘房产中介的手段与竞争;或讲述海外游子从异乡到故土一路创业追梦,最终在大都市完成逆袭的人生传奇;或展现失意中年男人彼此携扶,重振信心,找回幸福的温暖历程;或是当代青年一边风花雪月地相恋,一边克服重重阻力,实现爱情和冰上运动的双丰收。

这个榜单前 22 位的电视剧,有多达 10 部是这类展现当代都市生活、具有言情色彩的柔性剧目,其故事氛围与家庭收视环境高度契合,能够在家庭成员中产生共鸣,其中充满正能量的创业追梦、重拾信心、爱情事业双丰收,也和春晚喜庆祝福一样,能够成为亲友们彼此激励和分享的话题。

而情节较为复杂、内容偏硬冷的涉案、谍战、反特剧,要在电视大屏取得高收视,就没有当代都市言情剧那么普遍和容易,即便情节离奇曲折、演员阵容强大、结局正义美满。2020 年上星频道晚间黄金档收视率前 22 位的剧目中,这个类型占了 7 部,表现最好的是第 6 名涉案剧《决胜法庭》,其余都在第 10 名之后。

2020 年网剧收视排行却截然不同,前 8 名没有一部是当代都市言情类型,第 1 名《重启之极海听雷》改编自网络小说《盗墓笔记重启》,是充满悬疑色彩的盗墓剧;第 2 名《庆余年》也改编自网络小说,是带穿越色彩的古装权谋剧;第 3 名是反特谍战剧《瞄准》,其在电视大屏仅列第 14 名;第 4 名至第 8 名《三生三世枕上书》《战火熔炉》《海棠经雨胭脂透》《锦衣之下》《月上重火》分别是古装仙侠剧、抗美援朝战争剧、民国年代剧、古装爱情悬疑剧、古装武侠爱情剧,只有第 9 和第 10 的《越过山丘》《向阳而生》是当代都市题材的剧目[18]。

这个巨大的反差说明受众在注意力要求更高和能够个人独享的新媒体端,更倾向于故事背景与现实有距离、情节悬疑奇幻、内容偏冷硬的剧目,体现出更多的猎奇、求异诉求。

很难想象在客厅大屏上与家人共看《盗墓笔记》《鬼吹灯》《锦衣之下》会是什么氛围,至少不会像看《安家》《我在北京等你》那样祥和与欢乐,如果身边有小孩跟着看,说不定会发出尖叫。而一个人独享要好得多,也更能体会那种悬疑诡异奇幻带来的刺激性满足。

五、网络电视的应用和电视大屏的未来

早有业内人士指出广播电台的伴随性优势,认为它"可以私人化地贴身收听,可以想听就听",因而成为"互联网时代伟大的幸存者"[19]。显然,和这种便携贴身的伴随性相比,电视大屏的伴随性具有更多的多人共享特色,电台里那种司空见惯的充斥闲言碎语的聊天直播、颇有私密感的主持人夜话,是不适合电视大屏的,除非观众是独居者。

还值得一提的是,伴随网络交互电视(IPTV)和智能电视互联网平台(OTT)等的普及,越来越多的电视大屏正在升级为传统电视和互联网新媒体相融合的接收端口,对于这种既可看电视又可上网的接收端口的应用情况,中国互联网络信息中心的历次《中国互联网络发展状况统计报告》和中广视索福瑞的基础研究数据之间形成了有意思的对照,网民使用电视上网的比例在 2019 年达到高峰后持续下降,远不及手机上网的比例,也不及台式电脑和笔记本电脑的上网比例。

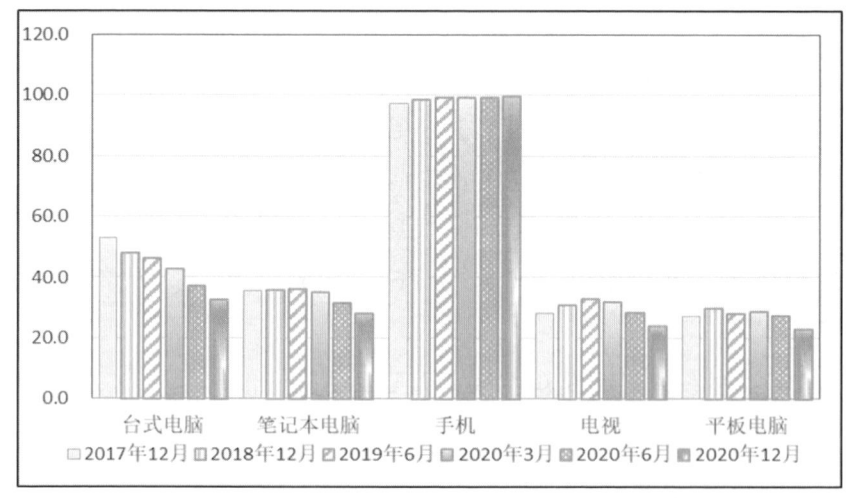

图 3:中国网民上网设备使用率历年变动(单位:百分比%)

注:数据来源于中国互联网络信息中心(CNNIC)第 42 至第 47 次《中国互联网络发展状况统计报告》。

而与此形成反照的是近年来 IPTV 和 OTT 的覆盖率连续增长,目前已有超过一半的电视用户家庭通过这两种能上网的设备收看电视;2020 年全国 59 城市 IPTV 互动平台的电视市场份额较 2019 年同期增幅 5% ,达全部电视市场份额的 8.00%[20]。可见人们使用这种能上网的电视大屏时,仍然主要用来看电视,设备的更新迭代不但没有分流电视的收视,反而促进了电视的增长。

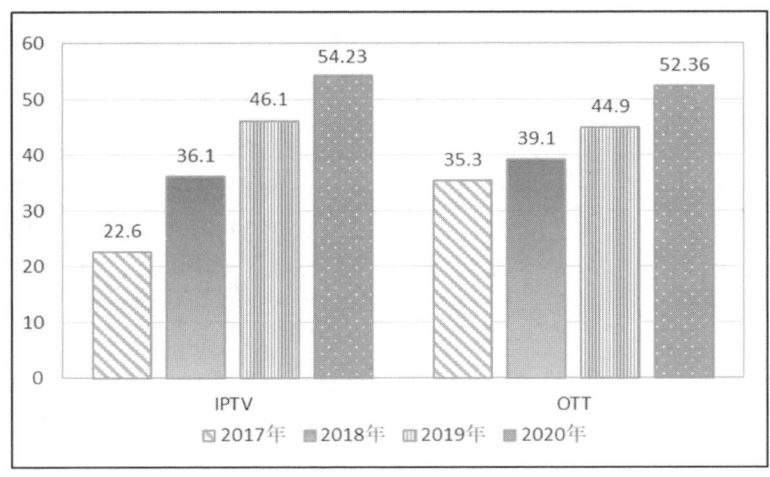

图 4:中国家庭网络电视 IPTV 和 OTT 覆盖率变动(单位:百分比%)

注:IPTV 和 OTT2017 年至 2019 年的覆盖率取自刘洁婷《2019 年电视大屏数字化收视设备观察——IPTV、OTT 收视及观众分析》(丁迈主编《中国电视收视年鉴 2020》,中国传媒大学出版社 2020 年版,第 217 页);IPTV2020 年覆盖率根据当年 8 月工信部数据,IPTV 数量达到 3.07 亿,得出覆盖率 54.23%;OTT2020 年覆盖率根据前瞻产业研究院《中国智能电视行业市场前景预测与投资战略规划分析报告》(https://baijiahao.baidu.com/s? id =1676250697151856579&wfr = spider&for = pc),2020 年 OTT 数量可达 3.03 亿,得出覆盖率 52.36%。

由此可以判断,网络电视因为能够让人们在观众和网民之间更方便地转换,反而使得电视从网络中获得增量,而不是相反,从而对电视大屏形成支持,而其更深层次的原因是屏幕一旦放大,并处于家庭环境中,人们的伴随性收看和家庭分享意愿随之产生,这使得电视节目成为首选。

总之,受众的接收方式和接收环境决定了大屏和小屏的差异,那么归根到底,传统电视和网络新媒体的区别是两种不同接收状态、功能作用的区别,互相无法取代,在很多情况下可以兼容、跨越或互补(如投诉帮忙类节目),恰如家宴和快餐,可以并行不悖地发展。

而电视大屏发挥自己低注意力、伴随性、家庭共享性的接收优势,致力于打造重大新闻事件的长直播和权威报道,节奏松弛、气氛欢快、场景内容程序化的综艺娱乐节目,人格化的投诉帮忙节目,以及选择贴近生活、带有情感色彩、基调温暖向上的电视剧等,就能够在充斥喧嚣嘈杂、注意力普遍不足的世界,成为人们纾解压力、回归祥和宁静的引导者和陪伴者。

这恰如《注意力管理》的作者所描述的,"为了较少的注意力而进行的信息竞争的趋势是不能永远继续下去的。最终,人们将开始在充满贪婪注意力的世界的压力下撤退""对于那些不需要为了谋生而注意的人而言,世界将变得更加安静……这个环境中,他们的注意力只被奉献于所爱的人"[21]。

而能够与"所爱的人"共同分享的信息,就是犹如家庭成员一般的电视大屏,如果那里的节目能够符合这种爱的分享氛围,那么电视无论在什么年代都具有难以替代的传播地位。

(《电视研究》2021 年第 8 期;作者系江西广播电视台高级编辑)

注释:

[1]CSM 市场部:《CSM 新闻》,《收视中国》2021 第 1 期,第 3 页。

[2]中国互联网络信息中心(CNNIC):第 37 至第 45 次《中国互联网络发展状况统计报告》,中共中央网络安全和信息化委员会办公室 http://search. cac. gov. cn/cms/cmsadmin/infopub/gjjs. jsp? huopro = % E4% B8% AD% E5% 9B% BD% E4% BA% 92% E8% 81% 94% E7% BD% 91% E7% BB% 9C% E5% 8F% 91% E5% B1% 95% E7% 8A% B6% E5% 86% B5% E7% BB% 9F% E8% AE% A1% E6% 8A% A5% E5% 91% 8A&pubtype = S&pubpath = portal&templetid = 1563339473064626&startDate = &endDate = &searchfield = &sort = 1&webappcode = A09&searchdir = A09。

[3]【美】托马斯·达文波特、约翰·贝克:《注意力管理》,谢波峰、王传宏、陈彬、康家伟译,第 3 页,中信出版社 2002 年版。

[4]【美】托马斯·达文波特、约翰·贝克:《注意力管理》,谢波峰、王传宏、陈彬、康家伟译,第 5 页,中信出版社 2002 年版。

[5]张同道:《电视看客——调查中国电视受众》,第 8 页,安徽教育出版社 2003 年版。

[6]张同道:《电视看客——调查中国电视受众》,第 322 页,安徽教育出版社 2003

年版。

[7]【美】托马斯·达文波特、约翰·贝克:《注意力管理》,谢波峰、王传宏、陈彬、康家伟译,第 58 页,中信出版社 2002 年版。

[8]【美】托马斯·达文波特、约翰·贝克:《注意力管理》,谢波峰、王传宏、陈彬、康家伟译,第 70 至第 71 页,中信出版社 2002 年版。

[9]【美】托马斯·达文波特、约翰·贝克:《注意力管理》,谢波峰、王传宏、陈彬、康家伟译,第 86 页,中信出版社 2002 年版。

[10]【美】托马斯·达文波特、约翰·贝克:《注意力管理》,谢波峰、王传宏、陈彬、康家伟译,第 3 页,中信出版社 2002 年版。

[11]中国互联网络信息中心(CNNIC):第 47 次《中国互联网络发展状况统计报告》,中共中央网络安全和信息化委员会办公室 https://zndsssp.dangbei.net/2021/20210203.pdf。

[12]封传美:《5G 时代短视频新闻传播的发展路径》,《传媒论坛》2021 年第 4 期,第 152 至 154 页。

[13]张广彦:《2019 年全国新闻节目收视回顾》,《中国电视收视年鉴 2020》第 120 页,中国传媒大学出版社 2020 年版。

[14]孙林林:《电视媒体扛起时代重任——抗疫节目收视观察》,《收视中国》2020 第 12 期,第 6 页。

[15]张晶晶:《"综 N 代"节目大屏收视全洞察》,《收视中国》2020 第 11 期,第 15 页。

[16]孙林林:《电视媒体扛起时代重任——抗疫节目收视观察》,《收视中国》2020 第 12 期,第 7 页。

[17]李红玲:《2020 年中国内地电视剧市场收播特征盘点》,《收视中国》2021 年第 1 期,第 18 页。

[18]《2020 最近比较火的网剧——2020 网剧收视率排行榜》,中国排行网 https://www.phbang.cn/pics/12961.html。

[19]符进叶:《广播的伴随性对节目制作与受众心理的影响》,《中国广播电视学刊》2018 年第 9 期,第 66 页。

[20]《IPTV 互动平台 2020 年度收视回顾》,《收视中国》2021 年第 1 期,第 12 页。

[21]【美】托马斯·达文波特、约翰·贝克:《注意力管理》,谢波峰、王传宏、陈彬、康

家伟译,第 342 页,中信出版社 2002 年版。

评析: 本文依据权威的调查数据,深入分析困扰业界的重大问题,并以注意力原理和实验结果,揭示受众使用电视和新媒体的不同状态,以大量的节目案例论述两种媒体的区别实质和电视的竞争优势,具有开创性和前瞻性。论据丰富充实,论证严密周全,运用于作者所在媒体的实践,起到了明显作用,体现出对媒体实践的重要指导作用。

(刘传红 江西师范大学新闻与传播学院原院长、教授)

新闻论文

深耕红色文化 践行职责使命

钟义勇 谢瑞洪

（编辑：包萨仁娜）

【摘要】传承好红色基因，要采取动态报道与专栏专版报道相结合、新闻报道与专副刊报道相结合、常态报道与节点报道相结合、传统媒体报道与新媒体报道相结合、独家报道与联动报道相结合等方式，把握重要节点，做强主题报道，深耕短视频阵地，打造网络问政平台，讲好红色故事，深耕红色资源。

【关键词】红色资源 红色文化 融合发展

今年 7 月 1 日，赣南日报策划推出的《百年芳华丹心向党——庆祝中国共产党成立 100 周年》百版特刊华彩亮相并进行全媒体多元化推送，把百年党庆主题报道推向高潮。百版特刊创下赣南日报单日版数最多的历史纪录，由"红土地的足音""党史中的赣州""红色记忆""时代先锋""长卷铺展"5 个章节组成，内容丰富、逻辑清晰、版式清新，被读者誉为"一册党史学习教育的本土鲜活教材"。这是赣南日报社多年来致力传承红色基因、推进融合发展的探索实践之一。

赣南是全国著名的革命老区，这里的红色资源异常丰富，这里的红土儿女丹心向党。作为与共和国同龄的老区党报，一直以来特别是党的十八大以来，赣南日报始终坚持正确的政治方向、舆论导向和价值取向，积极发挥主阵地主力军作用，立足资源禀赋，深耕红色文化，传承红色基因，把红色精神力量转化为践行职责使命和推进媒体融合发展的强劲动能，不断巩固壮大主流思想舆论阵地。

挖掘红色资源，深耕红色文化，让红色故事更动人

有着光荣历史的赣南，为中国革命、建设、改革事业做出了巨大牺牲和重要贡献，红色文化灿烂而厚重。20 世纪 30 年代，中国共产党在这里建立了中央革命根据地，成立了第一个全国性红色政权——中华苏维埃共和国临时中央政府，领导人民进行了治国理政的伟大预演，也进行了红色报刊、红色电台服务革命战争和苏区建设的伟大实践，无数革命先辈用鲜血和生命在这里孕育了伟大的苏区精神、长征精神和苏区干部好作风。这些红色精神和优良作风，成为中国共产党精神谱系的重要组成部分。

让信仰之火熊熊不熄，将红色基因融入血脉，用红色精神激发力量。一代又一代赣南日报人视此为己任。特别是党的十八大以来，赣南日报社深入贯彻习近平总书记关于传承红色基因、赓续红色血脉的重要指示精神，采取动态报道与专栏专版报道相结合、新闻报道与专副刊报道相结合、常态报道与节点报道相结合、传统媒体报道与新媒体报道相结合、独家报道与联动报道相结合等方式，不断深挖红色资源、讲好红色故事，提升红色文化的感召力，汇聚起推进革命老区高质量发展的磅礴力量，让红色精神绽放出新的时代光芒。

围绕苏区建设、革命斗争和伟大长征等红色主题，近年来，赣南日报社陆续推出"红色记忆""寻访苏区亲历者""寻访苏区战地""致敬长征"和"最后的红军"口述史抢救性记录等大型主题采访报道，通过实地寻访革命亲历者、见证者和革命后代，深情回望革命先辈浴血奋战的红色足迹，生动讲述共产党人一心为民的初心故事，鲜活呈现红土儿女永不褪色的赤诚丹心。其间，还数次派出骨干记者重走长征路，前往北京、邢台、沈阳、广州、大连等地，对健在的赣南籍开国将军及其家属、后代进行抢救性采访，图文并茂地记录、报道这些革命先辈的感人经历。这些稿件，丰富了红色记忆打动人心的叙事角度，彰显了红色江山世代永固的历史逻辑，在赣南日报社旗下各媒体同步刊发后，引发较大较好反响，全国众多媒体对其予以关注和转载。

2019 年 5 月 20 日，习近平总书记深入赣州市考察调研，在中央红军长征

出发纪念馆亲切接见了于都县的 9 位红军后代和革命烈士家属代表。习近平总书记动情地说,现在国家发展了,人民生活改善了,我们要饮水思源,不能忘记革命先辈、革命先烈,不能忘记革命老区的父老乡亲。赣南日报社随即以此为切入点,迅速策划推出《总书记深情牵挂引出的红色家事》专栏,派出记者采访受到习近平总书记亲切接见的段桂秀、袁尚贵等 9 位代表,挖掘出一批过去从未报道过的红色故事,经全媒体推送后,得到广泛关注和点赞。

近年来,赣南日报社还挖掘了一批"为烈士守墓""帮烈士寻亲""助烈士'寻根'"的动人故事,推出《用一生来致敬英灵——江西省诚实守信道德模范郭初辉 67 载为烈士守墓纪实》等报道。自 2015 年起,报社主动与各地烈士纪念馆和党史部门联系,派出记者追踪那些"北上无音讯"的烈士下落。2020 年 10 月,于都烈士考察工作组来到四川省雅安市石棉县安顺场中国工农红军强渡大渡河纪念馆,了解到"十八勇士"中一直不知是哪里人的"肖汗尧",其经历与于都县银坑乡当年参加红军的"萧汉尧"相当接近。后经数月查找史料和咨询党史专家,确认"肖汗尧"和"萧汉尧"是同一个人。赣南日报记者采访了解到这些情况后,于今年 1 月 23 日刊发全媒体报道《勇士肖汗尧原是于都人》,让英雄忠魂回归故里,使英雄事迹再次昭彰。

深耕红色文化,既要丰富内容,也要创新表达。为让更多人参与到"红色讲述"中来,在"两学一做"学习教育和"不忘初心、牢记使命"主题教育中,赣南日报微信公众号面向全体党员干部开设《主题诵读》栏目,以诵读习近平总书记系列重要讲话、党章党规、红色故事、红色家书等为主要内容,实现经典诵读由传统书本向掌上读本、由无声阅读到深情诵读、由固定时间地点学向随时随地学的转变,迅速成为广受喜爱的新型学习载体,参与者逾 5200 万人次,被评为 2019 年度江西媒体融合"新媒体品牌栏目"。今年,结合党史学习教育,报社又对《主题诵读》进行拓展升级,推出"党史教育·主题诵""党史故事·大家讲""党史百年·全民学""党史知识·全民赛"四个系列活动,党员干部和群众参与热情进一步高涨,到目前主办方已收到参赛音频和短视频作品近千件,择优发布 250 余件。

把握重要节点,做强主题报道,让主旋律更昂扬

深耕红色文化,讲好红色故事,也深深影响和启迪着这片红土地上的新闻从业人员。受到红色精神洗礼的赣南日报人大力弘扬苏区精神、长征精神和苏区干部好作风,着力将革命战争时期红色报刊、红色电台坚持党性原则,坚持实事求是,坚持围绕中心、服务大局,坚持深入群众、宣传群众、发动群众、服务群众等优良传统发扬光大,积极践行党的新闻舆论工作职责使命,不断提高新闻舆论传播力、引导力、影响力、公信力。

把握重要节点,做强主题报道,讲述好红土儿女丹心向党的故事,传播好老区人民感恩奋进的声音,展示好赣南城乡日异月殊的变化,让主旋律更加昂扬,是赣南日报社壮大主流思想舆论、倾力服务中心大局的重要抓手。

2012 年 6 月 28 日,承载着党中央大爱关怀的《国务院关于支持赣南等原中央苏区振兴发展的若干意见》(以下简称《若干意见》)出台实施,赣南等原中央苏区振兴发展上升为国家战略。从《若干意见》出台实施到圆满收官的 8 年间,赣南日报每年 6 月 28 日前后都推出该主题的系列策划报道。2020 年 6 月,在《若干意见》任务实施告一段落、中央新一轮扶持政策呼之欲出之际,赣南日报策划推出系列报道、系列评论、长篇特稿和专题展示,从 6 月 23 日起,在一版开设《振兴发展福泽赣南》专栏,围绕《若干意见》赋予赣南苏区振兴发展的"五个战略定位",连续刊发 5 篇系列综述。同时,着眼承前启后、继往开来,推出一组 5 篇"感恩奋进续写振兴发展新华章"系列评论员文章。同年 6 月 28 日当天,又以《八年振兴路一曲奋进歌》为主题,刊发长篇主打特稿和 68 版专题报道,报社新媒体当日还同步推出全息报纸和相关专题,共同把这次主题宣传报道推向高潮。这轮组合报道,主题鲜明、选材典型、表达生动,全方位、多视角呈现了 8 年来党中央关怀支持带来的红土蝶变以及赣南老区人民饮水思源、感恩奋进的生动实践,得到广大受众和业内同仁的肯定与好评。

在习近平总书记考察江西和赣州以及考察一周年、两周年的主题报道中,赣南日报社一如既往坚持精心策划、创新实施。例如,在一周年报道中,紧扣赣南人民"牢记嘱托感恩奋进"的火热实践和真挚情怀,推出长篇通讯

《牢记殷殷嘱托书写奋进答卷》和系列报道《稀土王国崛起稀金产业》《办实"三事"诠释为民情怀》《环境整治助建美丽乡村》《红色文化兴旺红色旅游》《富民产业唱响富硒品牌》《脱贫攻坚铺就小康之路》《科技创新激活发展动能》等,这组系列报道以"主标题同结构"的方式凸显策划特征,以原话重现习近平总书记殷殷嘱托的方式强化主题表达,全面深入地展示了赣州市委、市政府团结带领全市人民"以实际行动向总书记汇报"的生动答卷和奋进豪情。

重视跨地域联动、一体化推进,是赣南日报社做好全国性重大主题报道的又一实践。以今年党史学习教育报道和建党百年新闻宣传为例,在对接做好"学党史悟思想·红土地上践初心"中央媒体采访团来赣州调研采访等重大主题报道的同时,赣南日报社还积极参与中国报业协会等组织的"寻访百年红色精神重走红色革命地标",中国地市报研究会等发起的"百年奋斗路·百城访初心",江西赣州、湖南郴州、广东韶关三地党媒携手开展的"行走'红三角'奋进小康路"等主题采访活动。通过这些跨地联合采访报道,不仅丰富了赣南日报建党百年报道的内容与形式,也让参与记者在异地采访交流中拓展了视野、锤炼了"四力"。

坚持移动优先,打造融媒品牌,让主力军挺进主战场

苏区时期的红色报刊和红色电台既坚持自力更生、艰苦奋斗,又注重与时俱进用好一切先进技术手段,不拘一格力求生动表达、有效传播。这对我们今天推进媒体深度融合仍有积极借鉴意义。

全媒体时代,媒体深度融合是发展大势。近年来,赣南日报社坚持"新闻立报""内容为王""移动优先",加快媒体融合步伐,重构采编播报流程,整合优化资源配置,把更多优质内容、先进技术、专业人才、项目资金等向网上阵地汇集、向移动平台倾斜,推动主力军全面挺进主战场。截至目前,赣南日报社已构建起包括报纸、网站、客户端、微信、微博、头条号、抖音号、快手号、视频号、微视等多种传播平台的全媒体矩阵,赣南日报日发行量超过 9 万份,矩阵粉丝突破 1000 万。

深耕短视频阵地,打造网络问政平台,是赣南日报社近年来快速壮大和有效活跃融媒矩阵的两大发力点。

创新传播载体,深耕短视频阵地

赣南日报社巧借平台扩大声量,开设"赣南日报"抖音号、快手号、视频号、微视,"客家新闻网"抖音号、视频号以及"红色记忆"抖音号等。这些短视频阵地的开辟,抢占了网络信息传播制高点,大大增强了新闻的时效性、互动性及现场感,拉近了与受众的距离,因此,在主题宣传、典型宣传中扮演着日益重要的角色。2020 年疫情防控期间,赣南日报利用短视频有效传播科普信息、疏解公众情绪的做法,获得中央网信办的点赞和推介。

用短视频讲述好人好事,重在敏锐挖掘和捕捉具有暖点和能够击中痛点、泪点的细节。2019 年 12 月 22 日,在抢修国防通信线路时牺牲的赣州籍英雄战士朱小华魂归故里。为将朱小华烈士的事迹报道好,赣南日报记者几赴英雄家乡,通过采访其家人、乡亲、队友等人,深入挖掘这位平民英雄生命中的闪光点。采编团队充分利用短视频在信息表现力和视觉冲击力方面的优势,制作编发了短视频《赣州英雄朱小华回家了!》,该作品一经发布,迅速成为热点,播放量达 2.2 亿人次,点赞量近 800 万。

润物无声中,主旋律昂扬舆论阵地,正能量充盈网络空间。随着传播声量的扩大,赣南日报社的融合传播力呈几何级扩张。初步统计,目前报社各短视频平台播放总量已超过 15 亿人次。在人民网研究院发布的《2020 全国党报融合传播指数报告》中,在平均阅读量超 5 万的党报头条号中,赣南日报位列第四名。

推进"媒体 + 互联网 + 政务服务",打造网络问政平台

客家新闻网用心用情走好群众路线,积极巩固拓展网上舆论新阵地,2019 年 7 月,采取"媒体 + 互联网 + 政务服务"模式,创设网络问政服务平台"问政赣州",实现群众诉求一键直达、转派督办及时跟进,切实帮助老百姓解决"急难愁盼"问题,持续深入推动全市干部作风转变和政府提质增效,为打通服务民生"最后一米"做出有益探索和不懈努力。

今年,在党史学习教育中,"问政赣州"平台不断完善机制,把发现和解决问题贯穿服务全过程,对涉及多个部门单位的投诉、咨询等,交由相关部门联合办理和解答,推进"我为群众办实事"不断走深走实。数据显示,党史学习教育开展以来,"问政赣州"平台共转办帖文 1.48 万余条,收到办理回复 1.43 万余条,回复率超过 96%。一大批涉及城建、交通、房产、权益保障、政策咨询等方面的民生诉求和问题,经平台受理,得到快速有效解决和反馈,赢得人民群众的赞许。

[《新闻战线》2021 年 7 月(下)]

评析:在媒体深度融合背景下,如何在贯彻习近平总书记关于传承红色基因、赓续红色血脉的重要指示精神上坚持守正创新,是主流媒体肩负的职责使命和面临的重要课题。本文从赣南日报社的探索实践切入,进行梳理思考,提炼经验启示,为业内同仁提供了一份接地气、易推行的"赣州答卷"。

本文主题突出、立意高远,观点正确、论证有力,结构严谨、论据翔实,思想理论性强,实践借鉴意义大。

(刘传红 江西师范大学新闻与传播学院原院长、教授)

报纸副刊类

报纸报告文学

风卷红旗再出发

（作品入选第 32 届中国新闻奖一等奖，详见 P002）

报告文学

爱的呼唤

祝芸生 张衍

（编辑：罗翠兰）

33 载护理经历，抗艾一线 21 度春秋。你待患者如亲人，患者视你为托付。在一个个黑夜里你把灯火点亮，南丁格尔永远在你心中。

——题记

当英雄城第一缕阳光洒进窗户，南昌市第九医院(以下简称"九院")主任护师胡敏华开始了一天的忙碌。戴上燕尾帽，别好碎头发，扣紧护士服纽扣，不忘将一捋衣襟上细微的褶皱，"走吧，别让病人等着急了"。

胡敏华要去的地方是艾滋病房。

从 1981 年世界第一例艾滋病病毒感染者发现至今，短短 40 年间，艾滋病在全球肆虐流行，目前尚未研制出根治艾滋病的特效药物，也没有可用于预防的有效疫苗。艾滋病已成为重大的公共卫生问题和社会问题，引起世界卫生组织及各国政府的高度重视。

而艾滋病房，就是胡敏华每天工作的地方，是她演绎"速度与激情"的战场。寒来暑往，岁月如歌。弹指一挥间，胡敏华已在艾滋病护理这个特殊岗位默默奉献了 21 年。

这 21 年里，她每天身处职业暴露的最前沿；累计救护艾滋病患者 2000 多名，陪护抚慰"艾友"及家属 2 万余人次，关爱拯救了无数个濒临破碎的家庭。

她的关怀不是居高临下的同情，也不是隔靴搔痒的安慰，而是把自己置身其中，体味生命的沧桑和人生的苦乐。她与"艾"为邻，用爱温暖了许多"艾友"的心,也感动了无数网友,被大家称为艾滋病患者的"守护天使"。

2021 年 5 月 12 日,国际护士节,红十字国际委员会公布全球护理界最受瞩目的奖项——第 48 届南丁格尔奖章,胡敏华榜上有名,这是已过天命之年的她继获得第 18 届"贝利・马丁奖",中国南丁格尔志愿服务总队"优秀志愿者",全国"五一巾帼标兵"等荣誉后获得的又一大奖,她也是我省第三位获此殊荣者。

人道、博爱、奉献,胡敏华用自己的爱心、耐心、细心和责任心对待照顾每一位"艾友"。山河变换,荣誉等身,素心依旧;繁华褪去,两鬓飞霜,甘之如饴。在艾滋病房,一抹暖阳透过窗棂,映在脸上,落在指尖。提笔,我们的故事还是从 33 年前开始。

"护士必须要有同情心和一双愿意工作的手"
——南丁格尔

九院前身系南昌市传染病医院。1988 年,医院正准备开设妇产科。那一年,从卫校刚毕业,学助产专业、正值双十年华的胡敏华被分配到了这里。

对于当年的毕业去向,胡敏华的老师、今年 75 岁的陈淑英老人至今"耿耿于怀"。

"敏华的学习成绩一直很优秀,毕业时完全可以分配到更好的综合医院,这样对她的发展可能会更好。"陈淑英坦言,让一个 20 岁风华正茂、本应该跟产妇打交道的小姑娘,去照顾传染病人,在很多人眼里是"亏"了。

彼时,对于肝病、流行性乙型脑炎等传染病的治疗手段有限,疫苗也没有,护理任务重、风险大。

尽管如此,胡敏华表现出超乎年龄的冷静,"这些事总是要人做的,平常工作的时候多注意些,脏点、苦点不怕什么。"

凭着精湛的技术素养和良好的职业道德,胡敏华赢得了领导、同事和患者的信任与认可。数年间,她服务了多个科室,因为表现出色,1996 年被任命为九院妇产科护士长,成为医院有史以来最年轻的护士长。

2000 年 12 月,九院成立江西省艾滋病治疗中心,设立艾滋病门诊。面对潜在的职业暴露风险,加之对艾滋病的恐惧心理,在那个谈艾色变的年代,许多人纷纷找各种理由,说一千道一万,就是不愿意去艾滋病门诊。

"我愿意!"

一个小女子像大丈夫般站了出来。

这个人就是胡敏华。

有一首流行歌曲,歌名就叫《我愿意》。歌中唱道:"我愿意为你,忘记我姓名……我愿意为你,被放逐天际……"这是一首爱情歌曲,意思是为了心爱的人可以忘掉自己,愿意被放逐到遥远的天际,是有情人之间一种忘我的爱。

胡敏华说出"我愿意"这三个字时,心中也有爱,是对医疗护理事业的爱,对患者的爱,是大爱,是博爱。因为这种爱,她愿意舍弃很多东西,愿意被"放逐"到艾滋病门诊这样的"天际"。

"我愿意"这三个字,有着温暖的色彩,代表着无私无畏和奉献精神。在不少人眼里,艾滋病房犹如一片沼泽地,充斥着恐怖与阴冷。但是胡敏华的一句"我愿意",顿时如同三月阳光洒在这片绝地,暖意融融;如同阳光照在广袤的牧场,带给人绿色的希望。

胡敏华站出来,人们并不感到意外。

护士站里她的经验最丰富,而且专业素质出众。"艾滋病人不也是病人,不也需要护士的照顾吗?"她肩负起艾滋病门诊首任护士长的重任,从此与艾滋病结下不解之缘。

2010 年 9 月,一名因吸毒感染艾滋病的患者乔,被家人强行送到医院,却坚决不肯配合治疗,他经常举着带血的针头恐吓医生和护士。

面对这样的"问题"病人,大家一筹莫展。偶尔有一次,胡敏华去病房看望他的时候,发现他正背着身子打电话,语气却异乎寻常的温柔,仔细一听,电话那头竟是他的孩子。

"其实,每个人的内心都是善良的,每个人的内心都藏着一处最柔软的地方,而乔蛮横的外表下最牵挂的就是儿子。"胡敏华看他打完电话,笑呵呵地站在他身后,告诉他:"我也有一个正在上学的儿子,我懂得爸妈的爱对孩子有多重要。可是,我因为工作忙没有太多的时间照顾孩子,而你因为要治病也同样没有时间照顾孩子。儿子不会怪我们,因为儿子知道我们都是在做必须做的事。尤其是你,只要你好好活着,儿子就不会缺失父爱,他就是一个幸福的孩子。"

胡敏华的一番话着实打动了乔,那个平日里很难接近的汉子居然哭了,之后与胡敏华成了知心朋友。

认识胡敏华的人都知道,她身形有些瘦弱,说起话来声音也不高,可很多时候大家发现,她那瘦弱的身躯里散发出一种渗透力极强的光芒,打在你身上,照进你的心底。

一次活动中,一位"艾友"向她抱怨:"胡姐,我不吃肉。"胡敏华听了,随手就把他饭盒里的肉夹过来吃了。"艾友"惊呆了:"胡姐,我们家里人都不敢这样。"

一点一滴,一言一行,是胡敏华用行动向生命致敬。

"很多难题,总要有人去解决,既然选择了,就要坚持下去。"这种"为患者兜底"的信念,支撑着胡敏华度过抗艾一线的无数日夜,也让我们触摸到医者那颗柔软而坚定的仁心。

"你只需要订好计划,准备好地图,鼓起向目标前进的勇气"

——南丁格尔

"在方舱里有一群来自江西的援汉医护人员,还有可爱的护士长胡敏华,感恩你们的付出和勇敢,等春暖花开疫情结束,我请你们吃热干面看樱花。"2020 年 2 月 25 日,来自武汉江汉开发区方舱医院的患者小吴,抑制不住自己的感激之情,用手机发出了这条微博。小吴虽然只在方舱医院住了 4 天,但她早已与胡敏华熟络得像一家人。

"来方舱医院的第一天就是胡敏华接待我入住的,她的态度特别好,隔三岔五就会来问我的状况和需求,让我心里暖暖的。"小吴说,第 4 天,因为心电图结果不好,她要转院治疗。胡敏华听说后安慰她不用担心,"她不断地跟我说要放松心态,为我做心理辅导,前前后后询问病情,真的让我特别感动。"

2020 年初,一场突如其来的新冠肺炎疫情在全国肆虐。疫情牵动着胡敏华的心,得知湖北疫情形势日益严峻,她在大年初二主动递交请战书;2 月 15 日获批参加江西第七批援鄂医疗队,逆风前行,驰援武汉。

"作为一名传染病医院的护理人员,敢为人先、甘于奉献永远是我的职业精神所在,我志愿加入疫情防控队伍。病毒汹涌,疫区就是战场,我时刻准备好了奔赴前线。"

她是传染病防治战线久经沙场的"老战士"。无论是 2003 年的 SARS,还是 2009 年的甲型 H1N1 流感,在每一次重大突发公共卫生事件的考验面前,她总是主动请缨到防控一线参与救治。

在方舱医院,隔离病房有两位资深护士长带队,她完全可以在外面指挥。但疫情之初,形势尚不明朗,发热门诊和隔离病房的很多工作流程都在试运行阶段,许多问题还有待在临战状态下检验解决。一贯事必躬亲的她在病房外哪里坐得住,毅然穿起层层防护服冲进了隔离病房。

心急如焚加上连续熬夜,她的嗓子沙哑了,人也消瘦下来,鼻梁和脸颊也被口罩压出深深的痕迹,防护手套中的双手也起了皱。她笑着说:"这是抗疫中的最美印记。"

在所有援鄂医疗队中,七成为护士,这是"三分治疗七分护理"的生动写照。新冠肺炎治疗棘手,护理更难,平时的"七分护理"到了抗疫期间,更多了几分操劳与沉重。

为确保医护人员"零感染"和患者"零交叉感染",胡敏华一直充当着"安全员"的角色。每次进入病区前,她都要提醒医护人员必须双人检查、对镜自查、护士长核查,确保安全才能进入病房。出病房时,胡敏华还要仔细检查每名医护人员脱防护用品的每一个动作,确保万无一失。

胡敏华在隔离病房一待就是两周时间。她建立并完善了发热门诊和隔离病房的护士职责流程,将护士取药、取标本,患者转运、体检、餐饮等流程也一一予以规范,还再次完善了应急梯队中护士人力资源调配方案。

在隔离病房,除了做好护理管理与指导,她还多次顶替身体不适的护士倒班,直接护理患者。在她的带领下,全院 120 多名护士参与抗疫一线战斗,无一人退缩,也无一人感染。

方舱医院里的患者来来去去,不断有新面孔出现,但是他们没住多久,都认识胡敏华。因为只要胡敏华当班,她会巡视责任区里的每一个患者,对即将出院的人,她会送上一张自己书写的卡片。

在其中一张卡片上,胡敏华写道:"感谢缘分让我们相识! 疾病改变了我们的生活,我们还将继续进行这场与无知、恐惧、困难之间的战争。但我们已经比当初学会了不少。强大的心理素质,有时候比药物更有用。"

这熟悉的卡片,胡敏华曾用它鼓励 2000 多名"艾友",帮助他们点燃生命的希望。如今,胡敏华用它表达着医护人员对新冠肺炎患者的关心、鼓励和祝福,传递着江西人民对湖北人民的深厚情谊。"既治病又疗心",是方舱医院里的患者对胡敏华共同的评价。

在胡敏华的感召下,许多痊愈后的病友自愿捐献血浆,奉献爱心,做爱和希望的传播者。

"我们心里想什么,就成为什么样的人"

——南丁格尔

"这两天浏览回复微博私信,已经积压了很多未回复的信息,真的非常抱歉内疚。2020 开年以来,新冠肺炎疫情肆虐,从医院成立隔离病房到驰援武汉将近 50 多天的时间里,我没有更多的时间和精力花费在 A 友身上,A 友们因为爱护我,也尽量不发私信叨扰我。感谢大家对我的包容和谅解!

许久未联系的 A 友突然微信发来三张我的漂亮画像。这让我很惊喜、感动,终于我也有了穿着防护服的画像了,感恩 A 友! 谢谢你们一直在挂念担心我!"——3 月 21 日,驰援后记

翻看胡敏华的援鄂日记,一字一句,情真意切地记录着她的援鄂经历,也见证着她与"艾友"们的深厚感情。

"大姨和家人交流的时间很少,和病人交流的时间却更多。有时候好几个月没见她面,通过她的微博、微信才知道,哦,今天,她的病房又来了一位新

病人,昨天,她又去参加了'艾友'组织的聚餐,还为一位患者排解了心结……"通过胡敏华外甥的介绍,一位有情、有义、有爱,"舍小家为大家"的护士形象,变得愈加清晰和高大。

2003 年,胡敏华爱人发生车祸,左手肘关节开放性骨折,内置钢板后缝了近 50 针,疼得龇牙咧嘴。

可是,医院一声召唤,陪在爱人身边的胡敏华立马又回到自己的工作岗位。当时病房里正住着一位难缠的艾滋病人,这个病人情绪极不稳定,常常拔掉针头攻击护士,胡敏华几乎寸步不离地守在病房,随时处理突发情况。

而躺在另一家医院的爱人,她却没空多照看一眼。直到今天,爱人受伤的左臂还不能正常地伸直,部分功能丧失。胡敏华偶尔在家人面前谈起这事时,眼里分明闪着泪光,她内心其实有着不少酸楚和愧疚。

虽然胡敏华家世代行医,但做艾滋病护理工作的,她还是头一个。起初,胡敏华的母亲也曾强烈反对。她责怪胡敏华不回家吃团圆饭却和"艾友"一起聚餐;从不接送上下学的儿子,却去火车站接外地来的"艾友"……可胡敏华却说:"病人面对太多异样的目光,自尊心比一般人更强。你缺席普通人的饭局,可能别人会认为你忙,你缺席艾滋病人的饭局,他们就会觉得你看不起他们。"

直到一件事情的发生,才让胡敏华母亲的思想彻底转变。

2014 年,一位 70 多岁的老人因染上艾滋病被家人遗弃,大年三十的晚上,一个人孤零零坐在病床上抹眼泪。

为了让当班的护士与家人团圆,胡敏华主动顶班。母亲给她送来年夜饭,看到病房里那位老人孤独的身影,觉得分外凄凉。

胡敏华端过母亲送来的饭菜,走到老人身边,一个劲地往老人的碗里夹菜,老人的眼泪止不住地滚落下来。这一幕感染了母亲,她看到女儿在拯救一个老人孤独的心。老人反复地说:"你是护士长的妈妈呀,谢谢你哦,生了这么好的女儿。她救了多少人的命啊,我本来也不想活下去的,得了这个病没什么活头了,都是护士长一次次劝我。那时候我问护士长自己能不能活过一年,结果到现在活了七八年。"

从那以后,母亲不再阻拦胡敏华,而且受她的影响,还加入到志愿服务队伍中来。

随着互联网和移动终端的兴起,胡敏华敏锐地尝试利用网络平台进行线上线下互动,她先后开通"与艾滋病为邻"微博和"与艾滋为邻"微信公众号,创建了几十个"艾友"交流群,每天同"艾友"交流、沟通,累计发布抗艾信息 3 万多条,微博关注量已超 7 万人,阅读量超过 4 亿次,受众遍及全国乃至海外。

由博文汇编的《在一起——防艾护士长微博日志》I、II 册,一度引起社会强烈反响,成为 10 多万"艾友"及家属的必读枕边书。其中,一篇名为《致秋梅》的微博日志更是温暖了许多艾滋病患者的心,也感动了无数网民,胡敏华由此成为有口皆碑的"最美护士长"。

"一流的护理人员是拥有可被信任的气质,精确的观察力,服务别人的心,主动学习还有我愿意的使命"

——南丁格尔

胡敏华为患者操碎了心,而操心是肉眼看不见的。

一颗心不大,却被分割成千万块,每一块上面都系着牵挂、责任和怜悯,重重地坠在那里,实在承受不住的时候,便掉在地上,发出细微的响声,只有自己听得到。也许,一些细心的患者也可以感受到。

在九院艾滋病门诊一间十多平方米的办公室里,胡敏华每天都要接待一个又一个老病友、新病患,同他们聊病情,话家常。每个人背后都有一段不想为人知的故事,对于他们的信任和疑问,胡敏华既要履行医者的职责,还要用真心去轻抚每一个紧张的神经。用胡敏华的话说,"这个小小的房间,承载了太多艾滋病群体的人间冷暖"。

"我的手机中有很多艾滋病患者的电话号码,从最初的几个、几十个、到现在的上千个……"她每天 24 小时为艾滋病患者开机,就怕患者有急事,因为她知道,每一次安抚、每一个咨询就有可能挽救一位患者的生命。

在胡敏华办公室的隔壁,还有一个艾滋病友心仪的"神秘地方",没有门牌,也没有具体的诊室标识,却被艾滋病友们所熟知,它有一个暖暖的名字——温馨家园。胡敏华是当之无愧的"家长"。

房间布置得简朴而阳光。靠近门口的一面墙壁上,贴满了一张张五颜六色的心愿签。"加油!一切都会过去的""艾不可怕,没有爱才可怕。开开心心一辈子""阳光总在风雨后"……

在这里,她让所有的患者住院时非但不被歧视,生活在异样目光和重重精神威压之下,相反,她让绝地的阳光穿越浓雾射进他们灰暗的心灵,使他们的内心顿时灿烂高远,使他们仿佛倾听到旷野里真诚的呼唤和高原惠风的欢畅,一种从未有过的求生欲望和生而为人的尊严油然而生,如草原烈火在胸中熊熊燃烧。

蓦地,他们分明地觉得胡敏华就是这个世界上最可信赖的亲人,九院就是他们的家,就是他们柔化烦恼避风的港湾。

正如患者蓝宇在一封感谢信中所写的那样:"在大姐面前,一切都很自然。她的眼睛,能看到你心里去。她不会介意我的性取向,聊天中,我得到的是理解和尊重。在她的关爱下,我乐意配合治疗。是她,让我重生了。"

也正如患者 ROMA 所言:"艾滋不可怕,艾滋也怕爱。正是因为有了大姐的大爱,我才能走出阴霾,重塑人生。"

绝地逢生,爱是阳光。

为更好地服务艾滋病患者和感染者,凝聚更多人携手抗艾,在省、市红十字会的指导下,胡敏华发起成立了抗艾志愿服务队。随着志愿服务的深入开展,新的力量不断加入,如今成员已逾千人,其中有医护人员、社会爱心人士,还有许多的"艾友"。

生命的意义是什么?是希望。

胡敏华和她的团队不辞辛劳,为抗艾公益事业东奔西走,走街串巷,广泛开展抗艾健康宣教。她们的足迹已遍布全省 80 多个县、100 多所学校、400 多个社区,累计开展群众健康沙龙 300 多场,受众 10 万多人次……她用爱点燃更多人对生命的希望。

不仅如此,胡敏华还将志愿服务与护理工作不断向外拓展延伸。通过"走出去,请进来",志愿服务的足迹遍及三明、绵阳、长春、西安、青岛等城市,联合国艾滋病规划署、英国贝利·马丁基金会等机构来院交流指导,志愿者之间相互学习,相互促进,使志愿服务模式得到更好推广。

一个志愿者是一粒微尘,无数微尘汇聚成座座山峰。"艾滋公益,不单是一个人一个组织的事情,还需要整个社会给予关爱,目前仍然需要加强正面教育并解决歧视问题。"随着社会进步,人们获取知识的途径也多了,胡敏华呼唤更多人在艾滋公益上"结伴而行"。

在她的呼唤下,英国的马丁·哥顿先生来了,带着第十八届贝利·马丁奖,带着世界人民对她护理事业的认可,"用热情驱散冰冷,用微笑温暖人心,平凡工作,非凡成就,你是中国乃至世界的光辉榜样。"

在她的呼唤下,第十五届贝利·马丁奖获得者——北京地坛医院艾滋病专家赵红心,第 44 届南丁格尔奖章获得者——北京地坛医院"红丝带之家"护士长王克荣来了,带着对她工作的积极肯定和高度赞赏也来到九院,"你的内心有着真善美,希望我们有机会开展合作,共同致力于艾滋病防治事业。"

在她的呼唤下,江西首位南丁格尔奖章获得者、章金媛爱心奉献团负责人、93 岁高龄的章金媛来了,她专程来为胡敏华鼓劲加油,"你就是南丁格尔,一定要把抗艾之棒薪火相传下去!"

大爱无疆,真情无涯。

33 年护理路,21 年抗艾征程,7000 多个日日夜夜恍若白驹过隙。平凡的岗位,因倾注了大爱变得不平凡;高风险的工作,因有了大爱变得不再恐惧;一个普通的护士,因有了大爱变得如此美丽。

她在"生命禁区"挥舞"红丝带",为无数病患重新点燃了生命的希望,为每一个生命的尊严站岗,传递人间温情。这种全身心的奉献,完美诠释了南丁格尔精神。

当问及获得第 48 届南丁格尔奖章后的感受时,胡敏华只说了 5 个字:"做得还不够。"

一颗仁心,一腔热血,一生博爱。

胡敏华信奉这样一段话:"帮助他人,为他人带来改变,再透过他们去帮助更多的人,是最充实的人生。正所谓助人为乐,乐在其中。"

大爱无言,撑起"生命禁区"的一片蓝天。前路漫漫,她和她的团队还将一如既往,义无反顾,执着前行……

(《江西日报》2021 年 5 月 28 日)

评析:2021 年 5 月 12 日,国际护士节,红十字国际委员会公布全球护理界最受瞩目的奖项——第 48 届南丁格尔奖章,胡敏华榜上有名。江西日报社记者前后历经 20 多天,深入细致地采访了南昌市第九医院的领导、胡敏华的同事及志愿者,了解她护理艾滋病人的点滴。记者身穿防护服,深入艾滋病防治一线,与数十名艾滋病病人交谈,挖掘胡敏华护理艾滋病人的事迹。全文以翔实的细节、流畅的文笔、真诚的情感把坚守抗艾一线 21 度春秋,撑起"生命禁区"蓝天的南丁格尔形象充分展现在读者面前。作品如诗的语言,如画的场景,如剧的冲突,带给人审美愉悦的阅读享受,甫一发表,立即被人民网、新华网、光明网等权威网站转载。

(刘传红 江西师范大学新闻与传播学院原院长、教授)

报纸版面

《江西日报》2021 年 2 月 26 日 1－4 版

集体(袁华　刘美春　兰春玉　刘济海)

作品二维码

评析: 版面政治性、新闻性、思想性与艺术性统一,文图兼顾,编排整体协调,版式设计讲究新颖有特色,便于阅读。内容上逐条梳理、突出呈现我国大力实施精准扶贫、精准脱贫 8 年来取得的重大历史性成就。通过成就、中国特色反贫困理论、数字成绩单三块亮点提炼,8 年一路走来,巨变一目了然。整版图文相融,色彩和谐。左下角以一个巨大的数字"8"修饰,意象表达 8 年征程,充满仪式感。

(刘传红　江西师范大学新闻与传播学院原院长、教授)

报纸版面

《江西日报》2021 年 7 月 2 日 1-4 版

集体(杨学文　刘美春　傅晓波　龙绪高　罗云羽　刘济海　钱鹰飚)

作品二维码

评析:为庆祝伟大的中国共产党成立 100 周年这一重大历史性事件,联版在提炼主题、格局架构、内容呈现、版面元素等方面,进行了大胆尝试和创新突破;联版整体套红,精心渲染版面叙事的隆重热烈氛围,充分展现党报重大主题宣传的厚重底蕴。

（刘传红　江西师范大学新闻与传播学院原院长、教授）

漫画类（1 件）

数据多跑路，群众少跑腿

作者：朱慧卿

（编辑：邹沛）

（《江西日报》2021 年 11 月 15 日）

评析：该作品围绕"减证便民"改革这一热点进行艺术创作，构图新颖、画面诙谐，生动反映了让信息数据"动起来"的崭新风貌，主题鲜明、紧贴实际，起到了引导舆论、传播正能量的作用。

（刘传红 江西师范大学新闻与传播学院原院长、教授）

新闻摄影类(2 件)

新闻摄影

深入一线宣讲党的十九届六中全会精神

丁海波

（编辑：张雪 周霖）

（江西新闻客户端 2021 年 11 月 16 日）

评析:江西省委书记易炼红第一时间带头宣讲。在革命老区赣州市,他深入基层社区,走进车间,动心动情地阐述了党的十九届六中全会的重大意义、主要精神、丰富内涵。易炼红还瞻仰了革命纪念地。他结合基层实际和群众身边变化,与现场干部群众一起谈感受、说体会、话愿景。强调要将思想、行动与习近平总书记的重要讲话精神和党中央决策部署相统一,切实把学习贯彻党的十九届六中全会精神与学习贯彻习近平总书记"七一"重要讲话精神结合起来,与学习贯彻习近平总书记视察江西重要讲话精神结合起来,推动全会精神在赣鄱大地落地生根。《江西日报》江西新闻客户端及时予以发布,全省各市、县(区)等政府网站及官方公众号迅速跟进报道,累计阅读量达数百万次。真正做到把党的声音传递到各个角落。

(刘传红 江西师范大学新闻与传播学院原院长、教授)

新闻摄影

十年禁渔成效显　长江江豚赣江游

集体(梁振堂　洪子波　梁乔玥)

(编辑:罗德斌　涂序理　杨林)

(《江西日报》2021 年 9 月 29 日第 9－12 版)

评析:被百姓亲切唤作"江猪子",且素有长江生态的"活化石"和"水中大熊猫"之美誉的长江江豚,是我国国家一级重点保护水生野生动物,属于长江中特有的淡水鲸豚类动物,是评估长江生态系统状况的指示物种。今年入夏以来,长江江豚频频"组团"出现在南昌市东湖区扬子洲镇渔业村赣江段。"江豚吹浪立"的美景俨然成为一张靓丽的生态名片,意味着我省持续推进"十年禁渔"计划落实落地,为恢复鱼类资源、扩大长江江豚栖息水域带来了积极效应。《江西日报》第 9 – 12 版连版推出《"十年禁渔"成效显　长江江豚赣江游》报道,用小切口展现大主题,生动反映了我省积极践行习近平生态文明思想,在保护生物多样性方面所做的贡献。

（刘传红　江西师范大学新闻与传播学院原院长、教授）

新闻专栏类（1 件）

报纸专栏

党报帮你办

李新科　李颖　尹晓军　单丹　赵影

（编辑：李新科　李颖　尹晓军　单丹　赵影）

"党报帮你办"创办 9 年多共刊发 468 期,其中 2021 年度刊发了 49 期,是《江西日报》重点打造的品牌栏目,其始终坚持"人民至上"和"以百姓心为心"的思想,深耕民生领域,用心用情用力为百姓解决急难愁盼事,成为密切党群干群关系的桥梁和纽带。尤其近两年来,"党报帮你办"勇于创新,大力推进报端深度融合,形成线上线下、平台传播多形式多样化的传媒矩阵,为数以百万计的群众排忧解难,举办的各类活动获得数以百千万级的网络点赞。全省先后有 36 个省直单位和政府部门入驻平台,与省直各单位和全省 11 个设区市的市委办、政府办建立起了良好的沟通渠道,打通了服务民生的"最后一公里",有力地回应了广大群众的呼声诉求和关切。

（《江西日报》2012 年 6 月 21 日起办）

评析: "党报帮你办"创办 9 年多来,共刊发 468 期,其中 2021 年度刊发了 49 期,是《江西日报》重点打造的品牌栏目。近两年,"党报帮你办"大力推进报端深度融合,深耕民生领域,为百姓解急难愁盼事,真正办成了密切党群干群关系的桥梁和纽带;担当笃行,用好党报舆论监督报道,为民生立言,把公平正义深植百姓心中；创新求变，不断适应新时代人民群众新需求，构建全方位、立体化的全媒体融平台。栏目举办的各类活动获得数以百千万级的网络点赞，我们也要为栏目点赞。

（刘传红　江西师范大学新闻与传播学院原院长、教授）

广播类（13 件）

广播消息

零的突破！中国双季早粳稻在江西诞生

（作品入选第 32 届中国新闻奖三等奖,详见 P016）

广播消息

苏区"牵手"湾区,江西有了"金腰带"

杨燕　邓翔　董晗

(编辑:杨燕　蓝蔚)

作品二维码

(江西广播电视台信息交通频率 12 月 10 日)

评析:京港高铁赣州至深圳段开通运营,江西交通格局大变。作者敏锐地选取具有典型重大意义的视角进行报道。作品言简意赅地指出了"苏区""湾区"双区合璧,苏区"牵手"湾区,江西有了"金腰带",赣闽粤原中央苏区迎来发展新机遇。这篇消息题材重大,主题深刻,新闻价值高,与时代同频共振,权威发声、鼓舞士气、凝心聚力,是一篇守正创新的新闻佳作。

(周俊杰　省政府文史馆馆员、江西广播电视台原副台长、高级编辑)

广播消息

奋斗百年路 启航新征程·同心奔小康

陈老汉的"致富账本"

集体(谢元森 邓海明 傅心明 何华英 李兴满)

编辑:集体(李先 张群 沈汉华 陈石红)

作品二维码

(赣州广播电视台广播《赣州新闻联播》2021 年 4 月 16 日)

评析:"小小记账本、浓浓民生情。"该作品通过讲述"于都县罗坳镇大桥村村民易地搬迁户陈佛生,家有一本记录发电收益账本"的故事,展示了小小的账本见证了易地搬迁贫困户从"搬得出"向"稳得住""能致富"的转变。作品以小切口、小人物、小故事,展示了脱贫攻坚给群众带来的大变化,以小见大升华主题,接地气。

(周俊杰 省政府文史馆馆员、江西广播电视台原副台长、高级编辑)

广播消息

江西为"两山"转化加入催化剂

龚小娟　刘剑　丁健　谢慧星

（编辑：程敏　钟定娴　欧阳敏）

作品二维码

（江西广播电视台综合·新闻频率 2021 年 12 月 30 日）

评析：江西是唯一兼具国家生态文明试验区、国家生态产品价值实现机制试点和国家级绿色金融改革创新试验区的省份。为打通"两山"转化通道，已探索推出 55 项绿色金融创新成果，17 项被中国人民银行总行采纳并在全国复制推广。

作品选题典型性强，采访到位，详细阐述了江西绿色金融创新之举，用生动的语言，典型的事例，全面的数据，客观展现江西在绿色金融方面的成功经验。

（周俊杰　省政府文史馆馆员、江西广播电视台原副台长、高级编辑）

广播消息

见证初心与民心的两副对联

李先 黄茹

（编辑：罗春瑜）

作品二维码

（江西广播电视台综合·新闻频率 2021 年 7 月 1 日）

评析：为中国人民谋幸福、为中华民族谋复兴是中国共产党人永恒的初心与使命。在建党百年的报道中,作者通过深入采访井冈山一家四代的人物故事,发掘出"见证初心与民心的两副对联",反映了在党的领导下,不同年代中国农民物质和精神生活的巨大变迁。作品紧扣初心与民心主题,构思巧妙,两副对联一样的横批,90 年时空转换,表达对中国共产党同样的感恩。作品是重大主题报道中典型的"小切口、大主题"之作,鲜活生动,可听性强。

（周俊杰 省政府文史馆馆员、江西广播电视台原副台长、高级编辑）

广播消息

家门口的"幸福圆桌"

张吉昌　熊楚婵　刘捷　康玉锋

编辑:集体(梁伟　万义华　郭林海　谌燕)

作品二维码

(江西广播电视台综合·新闻频率 2021 年 7 月 12 日)

评析: 2021 年,南昌市西湖区结合党史学习教育"我为群众办实事"实践活动,创新开展"幸福圆桌会"协商议事活动,把"幸福圆桌"摆到百姓家门口,解决群众关切事。作品紧扣"幸福圆桌会"现场,生动鲜活地展示了"幸福圆桌会"全过程民主议事场面,对群众关心问题及时回应,展现了"从群众中来,到群众中去,为群众服务"的生动实践。

作品主题鲜明,层次清晰,现场感强,广播特色鲜明,是"我为群众办实事"报道中的一篇力作。

(周俊杰　省政府文史馆馆员、江西广播电视台原副台长、高级编辑)

广播消息

多国驻华记者走进井冈山
探寻百年政党的成功密码

郭龙　陈仁文　胡煜坤　王重锴

（编辑：郭婷　刘小国　肖伊）

作品二维码

（吉安广播电视台 2021 年 4 月 14 日）

评析：这条新闻主题鲜明，视角独特。建党百年之际，通过 25 家境外媒体记者特殊视角，展示了中国共产党在井冈山的奋斗历程，高度凝练了中国共产党人政治品格、价值追求、精神风范，是一篇具有国际传播力的好作品，彰显了新闻品格与新闻力量。记者用声音捕捉记录下博物馆中感初心、一杯清茶论脱贫、田间地头看变化这三个场景，做到了新闻故事化、故事人物化、人物情节化、情节细节化。

（周俊杰　省政府文史馆馆员、江西广播电视台原副台长、高级编辑）

广播系列报道

"建党百年"特别专题报道

找到家乡第一个党支部

（作品入选第 32 届中国新闻奖二等奖，详见 P015）

广播新闻专题

守护一江碧水,江西绣出长江最美岸线

彭世翔 李俊 程玉香

(编辑:张吉昌 刘剑)

作品二维码

(江西广播电视台综合·新闻频率 2021 年 12 月 24 日)

评析:习近平总书记指出:"要严守生态红线,持续开展生态修复和环境污染治理工程,保持长江生态原真性和完整性。"为此,江西省以最大的力度、最严的措施推进长江生态保护和修复工作。记者获取省政府"全省形成百里长江'美丽岸线'"权威发布信息后,多次赴长江沿岸地区深入采访,生动讲述了我省长江沿岸县市绿色高质量发展的故事,描绘了江西绣出"水美、岸美、产业美、环境美"的长江"美丽岸线"景象。

(周俊杰 省政府文史馆馆员、江西广播电视台原副台长、高级编辑)

广播新闻专题

一根木材如何撬动千亿产业集群

何华英   沈汉华   傅心明   李   勤

（编辑：陈济才   钟声   彭良清）

作品二维码

（赣州广播电视台 FM99.2 赣州农村科教广播 2021 年 12 月 31 日）

评析：作为年终的成就报道，该作品立意新颖，透过"南康家具"这个小切口反映革命老区江西赣州产业创新、创特、创优这个大主题，也折射出新时代革命老区江西赣州高质量发展的精气神和加速度。

整篇作品主题鲜明、行文鲜活，以"故事化"的讲述方式，把"枯燥"经济数字、产业发展新闻，表达得有意思、有意义，并以宽广的视野，从革命老区江西赣州的产业发展写起，联通到国家"一带一路"发展大战略、国内国际双循环。

（周俊杰 省政府文史馆馆员、江西广播电视台原副台长、高级编辑）

现场直播

跟着白鹤去迁徙——与鹤舞

戴晨柏　张艳　尹晓伟　黄君　黄娅婷　王凯　熊婕霓

（编辑：胡皓铨　刘佳）

作品二维码

（江西广播电视台科教·农村频率 2021 年 12 月 11 日）

评析：在第二届鄱阳湖国际观鸟周活动开幕之际，江西农村广播、江西网络广播电视台联合策划推出的《跟着白鹤去迁徙——与鹤舞》大型融媒体直播节目，邀请江西省林业局和永修县的领导等嘉宾做客节目，聚焦白鹤万里归家路，深度挖掘江西候鸟保护的生动故事，传递候鸟保护声音。直播中采取多种手法，将"鹤舞鄱湖"的绝美场景与秀美江西的大力推介融为一体。

（周俊杰　省政府文史馆馆员、江西广播电视台原副台长、高级编辑）

新闻访谈

新闻 1 + 2——用汗水书写扶贫担当

杨玥　张吉昌　高哲斌

（编辑:张吉昌　史筱娅）

作品二维码

（江西广播电视台综合·新闻频率 2021 年 2 月 26 日）

评析:2021 年 2 月 25 日,全国脱贫攻坚总结表彰大会在北京隆重举行,会议表彰一批在打赢脱贫攻坚战中做出突出贡献的个人和集体。为弘扬脱贫攻坚精神,2021 年 2 月 26 日《新闻 1 + 2》节目及时邀请到全国脱贫攻坚先进个人应文伟和全国脱贫攻坚先进集体代表曹龙辉,聆听他们的扶贫故事。本期访谈策划巧妙,内容精彩,生动展示了全国脱贫攻坚先进的内心情怀和扶贫担当,充分彰显了脱贫攻坚的伟大精神。整期节目有高度、有深度、有温度,可听性强,是一篇优秀的广播访谈作品。

（周俊杰 省政府文史馆馆员、江西广播电视台原副台长、高级编辑）

新闻专栏

新闻听天下

罗文华　欧阳敏　黄肇

（编辑：卢洁华　刘乐明）

作品二维码

（江西广播电视台综合·新闻频率）

评析：《新闻听天下》是江西广播电视台综合·新闻频率一档立足本土新闻、面向全国和全球视野的直播新闻资讯节目。节目设计合理，分为本土新闻、国内新闻、国际新闻以及今日话题四个板块，以新闻集纳、录音报道、现场连线、话题讨论等多种形式，及时向受众传递新闻资讯和新闻背景。该栏目各板块资讯时效强、价值高、信息量大、贴近性强、主持风格稳。

（周俊杰　省政府文史馆馆员、江西广播电视台原副台长、高级编辑）

电视类（12 件）

电视消息

金溪:传统村落的活化利用

高笑　熊辉　张云霄　吴萍

（编辑:肖麟　黄燕　万颖）

作品二维码

（江西广播电视台《江西新闻联播》2021 年 1 月 6 日）

评析: 抚州市在全国率先推出"古村落确权抵押利用机制",通过创新"古村落古建筑托管方式"等机制,分离古建筑的所有权、使用权,打通"资源—资产—资本—资金"转化新路径,使金溪县数万栋明清时期老屋实现"生态产品"价值。报道对探索"两山"转化、协同推进生态文明建设、促进乡村振兴,答好"保护"与"发展"时代课题以及开发旅游资源都具有启迪借鉴作用。报道用生动的事实突出"以保为用,以用促保",从而化解"幸福的包袱"这一矛盾,使古村落真正活了起来,给人留下深刻印象。

（杨松　原江西省新闻出版广电局巡视员、高级编辑）

电视系列报道

新春海采：每个人都了不起

集体（熊辉、胡刚、忻蔚、赵洪潭、石霜、杨茜、吴萍、钟智瑶、万萍、
吕智晶、赵耀、张晓琪、徐子玄、李兆蕊、贾贞、张云霄、彭侃、涂亮、
高磊、饶阳、黄海、付忆静、钟文峰、揭凯凯、谢祥震、万光逸、杨艺超）
编辑：集体（朱林 尹毅剑 黄燕 樊辉璐 谭佳 郭敏 黄倩砾）

2021 年 2 月 10 日　　2021 年 2 月 12 日　　2021 年 2 月 17 日

作品二维码

（江西广播电视台《江西新闻联播》2021 年 2 月 10 日、12 日、17 日）

评析：2021 年春节，《江西新闻联播》以习近平总书记二〇二一年新年贺词为主题，连续播出 8 期《新春海采：每个人都了不起》。记者在南昌地标地，采访各界人士近 600 人，以鲜明的主题、鲜活的语言，传递普通中国人、江西老表的家国情怀。报道随机采访，被采访者真实自然，真情流露，很有感染力。中宣部《新闻阅评》评议：报道"以大众化视角为出发点，从百姓情感最深层寻找共鸣点……是一次视频版的民意调查"。《国家广播电视总局监管日报》评价"以小切口呈现大主题，小故事诠释大情怀"。

（杨松 原江西省新闻出版广电局巡视员、高级编辑）

电视专题

山村小学里的"二人世界"

郭一淳　王小龙　杜曦晨　颜蔚然　卓阳
（编辑:卓阳　胡明　李刚）

作品二维码

（中央广播电视总台新闻频道《24 小时》栏目 2021 年 1 月 31 日）

评析:教育是"拔穷根"决胜脱贫攻坚的根本,该新闻报道了江国南老师 42 年如一日坚守大山当教师的事迹。从改变一个孩子,到一个家庭,进而到一个区域,江国南老师在 42 年的教学生涯里,不仅带领 1800 多名学子走出大山,更传递了教育扶贫对决胜全面小康的重要意义。

报道从一所学校一个学生和一个老师入手,在选材方面既有特殊性又具有普遍意义,强烈地体现了一种无私奉献和"一个都不能少"的人文关怀精神。报道夹叙夹议,采取导语、叙事和主播点评的方式层层递进,平实自然,人物塑造可亲可敬可信,产生了很好的社会传播效益。在节目播出后,《人民日报》《中国日报》《中国教育报》等 100 余个自媒体及公众号对节目进行了转载,其中新浪微博热点话题就突破了一千万的点击率。江国南老师荣获了 2021 年中央文明办"中国好人榜"敬业奉献代表。

（杨松　原江西省新闻出版广电局巡视员、高级编辑）

电视评论

上饶玉山:花 200 多万拿下加油站用地投资商为何称"有点寒心"?

田凌凌 丁望兴 黎鹏 黄恬恬 万显祥

(编辑:熊亚芝 朱洪宁 李丹)

作品二维码

(江西广播电视台都市频道 2021 年 4 月 13 日)

评析:2021 年,江西省提出,"十四五"期间,营商环境要进入全国一流水平行列。评论以浙江省商人在上饶市玉山县投资利益受损、遭多家单位推诿扯皮、当地营商环境被质疑为例,深入调查,旗帜鲜明地提出:不断优化营商环境,服务意识要跟上。评论调查扎实,现场感强,抓住了问题的症结。评论引起有关部门高度重视,纪委监委立案调查,问题得到妥善解决。该案例被选为破坏营商环境的典型,警示教育作用强。

(杨松 原江西省新闻出版广电局巡视员、高级编辑)

电视纪录片

闪耀东方——人民军队的光荣历史

万沪金　王笑鹏　张翔宇　王文春　马骏　周博　平思

（编辑：徐芃妮　王子荣　朱嘉丽）

作品二维码

（江西广播电视台卫视频道 2021 年 5 月 3 日）

评析：本期节目国防大学教授金一南精彩解读了中国共产党领导的人民军队完全区别于一切旧军队的政治特质和根本优势，深刻诠释了抗美援朝给中华民族带来了集体自尊，反映了中国人民解放军正是在经历了苦难和胜利后，更好地走向成功和辉煌的光辉历程。节目逻辑清晰、说理透彻、理直气壮、激情飞扬，以理服人、生动感人，是理论宣传通俗化、大众化、电视化的积极探索和成功实践，给观众带来了全新的视听感受。

（杨松　原江西省新闻出版广电局巡视员、高级编辑）

电视纪录片

89 年的等待:红军哥哥　你在哪里?

肖菲　熊亚芝　刘志刚　刘健　李彬　袁进涛　金石明
(编辑:陈红光　欧阳俊　王定胜)

作品二维码

(江西广播电视台都市频道 2021 年 9 月 30 日)

评析: 该作品是主流媒体在全媒体环境下将主题立意和表现形态高度融合的成功范例。以老人 89 年等待红军丈夫归来的爱情作为切口,从点到面,通过现实的人和物生动地带出中国共产党建党百年的辉煌历史。作品通过情节化的表达,讲述感天动地的真实故事,使受众重温中国共产党的初心和使命,升华家国情感。作品不仅电视收视率高,还在抖音上单条视频的播放量超 1 亿。

(杨松　原江西省新闻出版广电局巡视员、高级编辑)

电视纪录片

走出贫困

集体(邓丽青　王清平　刘敏　唐可　袁权　吉潇　张帆　徐俊雄)

(编辑:韦静　吴科健　饶力)

作品二维码

（江西广播电视台《社会传真》2021 年 2 月 23 日）

评析: 在脱贫攻坚取得全面胜利的历史性时刻,该系列专题从江西视角展现了中国脱贫攻坚伟大实践的非凡壮举和人间奇迹。主题鲜明、脉络清晰、故事感人,是一部全景式反映革命老区脱贫攻坚的精品力作。节目制作历时 8 个多月,摄制组深入全省 11 个地市、25 个贫困县、100 多个贫困村,拍摄几百个小时的素材,精选 30 多个感人故事。播出后引起强烈反响,省委主要领导高度评价。当天网络传播点击量就突破 100 万,学习强国平台专题推介。

（杨松　原江西省新闻出版广电局巡视员、高级编辑）

电视纪录片

开往春天的高铁

（作品入选第 32 届中国新闻奖二等奖,详见 P013）

电视纪录片

三宝的故事——我不是"景漂"

万沪金　王笑鹏　周博　王昊　李豪　朱彤彤
（编辑：徐芃妮　王英洁　林鑫）

作品二维码

（江西广播电视台卫视频道 2021 年 12 月 31 日）

评析：该片以"正话反说"的手法，讲述"洋景漂"爱上景德镇、扎根景德镇、融入景德镇的故事。采用第一视角，完全以同期声串起全片，主人公日本陶艺家高柳绫绪的讲述真挚而精彩，极富亲和力、感染力。以小切口反映大主题，从主人公在景德镇的日常生活反映整个景德镇的艺术生态，让观众感受到中国传统文化的影响力和景德镇建设国家陶瓷文化传承创新试验区的勃勃生机，该片本身也极具艺术张力。

（杨松　原江西省新闻出版广电局巡视员、高级编辑）

电视专题

百岁校友许渊冲

魏翔 范弘 闵江 赵文佳 孙路路 陈弦

（编辑：傅岭 胡君 王欢）

作品二维码

（南昌广播电视台资讯频道 2021 年 6 月 12 日）

评析：报道以"唠家常"的方式对许老进行随访，在他向"家乡人"讲述故乡南昌的"老故事"以及同窗往事和成长经历的过程中，真实而形象地呈现了许老乐观向上、积极进取的精神气质。同时，镜头更着重展现许老丰富的肢体语言和洪亮的嗓音表达，让观众感受到一个百岁老人率真、豁达的性格特点。特别是片中许老那一句关于学校"那是我在南昌唯一的纪念品"的阐述，展现了这位百岁校友对母校、对故乡无比眷恋的情感。报道给人亲切随和之感，让人沉浸其中。

（杨松 原江西省新闻出版广电局巡视员、高级编辑）

电视现场直播

今日中国（江西篇）

　　集体（张小辉、易义华、熊辉、段祖庆、胡瑾琼、李航、蔡梦思、杨茜、钟智瑶、胡刚、刘守洪、赵耀、高笑、郑文娟、石敏灵、喻雅琪、王杰、唐可、张丹、刘敏、吴萍、王洋、周密、赵振东、辛旺、邹辰馨、桂仁、秦晓莹、付忆静、李嘉杰、彭侃、陈吟影、张云霄、钟文峰、徐子玄、揭凯凯、张帆、杨艺超、高磊、肖瀚、陈在扬、周伟、徐俊雄、万光逸、谢凡、郭恺、张楚苗、书华、黄倩、刘熙、范存宝、舒畅）

编辑：集体（陈岩　董觐　聂力　饶力　万颖　周利民　邹新月）

作品二维码

（央视新闻频道和江西广播电视台新闻频道并机直播 2021 年 5 月 27 日）

评析：紧扣主题抒写江西红色底蕴。作品突出习近平总书记视察江西重要讲话精神落地见效，特别以"红色江西"为引领，介绍江西丰厚红色资源中的"活教材"。聚焦发展描绘江西蓬勃态势。记者进企业、校园、城乡，多层次、多类型突出展示江西在对外开放、创新升级、生态保护、民生福祉等方面的发展成就。创新表达展现江西澎湃活力。短片采用跑酷、RAP、手绘等形式，在风格、包装手段、拍摄手法有很多创新，大气、豪迈、提神。

（杨松　原江西省新闻出版广电局巡视员、高级编辑）

新闻专栏

聚焦"放管服"改革 曝光"怕慢假庸散"

田凌凌 张骁博 卢宇 袁进涛 张宗盛 丁望兴 张亚丽

（编辑：金石明）

作品二维码

评析：2018 年 7 月 23 日，江西省政府办公厅、江西广播电视台联合推出了《聚焦"放管服"改革 曝光"怕慢假庸散"》专栏。多年来，该栏目一直坚持从干部作风"破题"，直击"放管服"改革、营商环境、民生等领域典型问题，拓展监督范围，一大批长期困扰企业、群众的难点堵点痛点问题得到了反映和解决，很好地发挥了舆论监督，维护群众利益，促进政府工作的作用。是一档收视率高、深受观众欢迎的栏目。

（杨松 原江西省新闻出版广电局巡视员、高级编辑）

央媒（23 件）

文字消息

跨越 90 余载：两副对联，一样的横批

郭强 余贤红

（编辑：王乃水）

新华社南昌 2 月 5 日电 小年来临，年味渐浓。江西井冈山茨坪林场白银湖村，邱冬华父子把屋里屋外打扫干净，喜庆地贴上新对联。

上联："脱贫全靠惠民策"；

下联："致富迎来幸福春"；

横批："共产党万岁"。

习以为常的一副对联，对老邱家却有着特别的意义。

邱冬华的曾祖父邱启山是井冈山革命斗争时期的一位农民。当年的井冈山，六成土地集中在地主手上，农民一半以上粮食用来交租，吃不饱、穿不暖。

1928 年，中国共产党人在井冈山打土豪分田地，制定了《井冈山土地法》，穷苦农民获得了梦寐以求的土地。

这一年，粮食喜获丰收，白银湖村农民发自内心地喊出了"共产党万岁"。当过教书先生的邱启山写下了一副对联：

上联："分田不忘共产党"；

下联："幸福牢记毛委员"；

横批："共产党万岁"。

邱冬华说，从小爷爷就给他讲曾祖父的故事，念共产党的好。

在老邱的记忆里,小时候家里兄弟姐妹多,日子过得紧巴,改革开放后,日子就走了"上坡路"。"1982 年分田到户,1985 年划了责任山,平时种田、砍毛竹,没过几年家里就盖起了两层的土坯房。"

成家、立业、生子……此后,老邱的日子就像山上的毛竹,节节高。

2012 年,老邱买了一辆农用车,在家门口跑起运输。"刚开始,很多村路不行,车子进不去。这几年,村村都通了水泥路,活越来越多,先后换了两次车,载重翻了一番,年收入六七万元。"老邱说。

2016 年,在政府补助下,老邱家拆了土坯房、盖起新楼房,一楼租给别人开农家乐。2020 年,家里添了一辆小轿车。

老邱的弟弟患有精神疾病,是村里的贫困户。前几年,在政府补助下,弟弟也住上了新房子,老邱心里的这块石头放下了。

白银湖村党支部书记叶超华说,经过脱贫攻坚,现在村民都住上了安全房,走上了平坦路,喝上了安全水,用上了卫生厕,118 户村民中有 52 户办起了农家乐、民宿,还成立了花卉苗木合作社。到 2020 年底,白银湖村 15 户贫困户全部脱贫。

"多亏了党的好政策,如今的日子就像这对联一样红。"老邱说。

一户人家,两副对联,跨越时空,见证初心与民心。

（新华社南昌 2 月 5 日）

评析:该消息稿切口小,主题大。通过井冈山一户农家祖孙两代的两副对联,映射党的如磐初心和民心所向。在建党百年之际,记者眼光独到,在历史与现实的激荡中挖掘独家新闻。今天的对联与历史的对联互相呼应,浓缩了中国共产党全心全意为人民谋幸福的百年征程,这是对"中国共产党为什么能"最好的阐释。短短八百余字,现实勾连历史,彰显了历史厚度、现实温度和主题的深度。

（王玉琦　江西财经大学新闻与传播系教授）

文字消息

10 年，他给种粮农民发了 3100 万元"年终奖"

范帆

（编辑：储兴华）

新华社南昌 1 月 10 日电　一摞摞百元大钞整齐摆放在桌上，被叫到名字的种粮农民披上"种粮能手"绶带，手里捧着现金，脸上挂满笑容……这是江西省绿能农业发展有限公司董事长凌继河连续第 10 年给种粮农民们发"年终奖"了，累计金额达 3100 多万元。

年近花甲的凌继河站在台上，给每一位上台领奖的种粮农民发奖，勉励他们在新的一年再接再厉，争取更高产量。在他身后的大屏幕上，一条上扬的曲线显示着 10 年来公司不断攀升的"年终奖"。

凌继河说，"年终奖"越发越多的背后，是农村生机和活力的体现，农民同样可以成为体面的职业。

10 多年前，不忍心看到村庄衰败、良田撂荒的凌继河，放下在外打拼多年的事业，返乡规模化种田。经过这些年艰苦的"二次创业"，他的稻米版图已经从最初的 4000 多亩，发展到如今的 4.9 万亩。

"农民知道跟着我种田能赚钱，过去不少撂荒的田块都重新种满了庄稼。2021 年，我还准备在周边几个县流转土地，种植面积将达 6 万亩。"凌继河说，流转规模不断扩大，更利于机械化耕作，现在公司已经拥有插秧机、收割机、植保无人机等各式农机 460 套，实现了全程机械化作业。

让凌继河感到更欣慰的是，领奖的人群中多了许多年轻的面孔，他们是公司社会化服务队的农机手，平均年龄不到 25 岁。

1998 年出生的熊谟远是其中之一。此前，他在南昌市一家房地产中介公司上班。从灯火辉煌的城市回到农村,他并不后悔当初的选择。"这次发奖我领到了 4 万多元,加上平时的基本工资,全年有 10 万多元收入,不比在城市里上班差!"熊谟远说。

"有了年轻人,农村才更有活力。"凌继河说,过去农村年轻人觉得只有外出才有出路,现在越来越多年轻人正在回流。"2021 年,公司社会化服务面积将扩大到 30 万亩,我准备再招一批年轻的农机手,发更多的'年终奖'。"

(《新华每日电讯》2021 年 1 月 11 日)

评析:这是一条带泥土、沾露珠的稿件,语言简洁,故事生动,讲述江西安义的种粮大户凌继河连续十年给农民发放年终奖的故事。从发放"年终奖"的小切口反映"粮食安全"的时代大主题,生动展现江西为端稳"中国饭碗"贡献力量。稿件还反映了我国农业生产模式的进步,让读者从中看到了农村的变化和希望。另外,在写法上,本文也有独特魅力,"一摞摞百元大钞整齐摆放在桌上,被叫到名字的种粮农民披上'种粮能手'绶带,手里捧着现金,脸上挂满笑容",丰收、喜庆的画面感十分强烈。

(王玉琦 江西财经大学新闻与传播系教授)

报纸消息

13 个重点行业营业收入快速增长

——江西持续推进产业链现代化

赖永峰　　刘兴

（编辑：张虎）

本报讯　上半年,规模以上工业增加值同比增长 18.5%,营业收入同比增长 37.9%,利润总额同比增长 52.6%;战略性新兴产业、高新技术产业、装备制造业增加值分别增长 31.9%、25.7%、30.4%……今年以来,江西省坚定不移深入实施工业强省战略,以数字化为引领,以科技创新为驱动,以提升产业链水平为重点,工业高质量跨越式发展取得显著成效。记者在采访中发现,不仅整体数字亮眼,细分之下主要行业和重点企业也显现出良好的发展势头。

产业链整体竞争力增强

统计数据显示,今年上半年,江西全省 13 个重点行业营业收入全部实现两位数增长。其中,有色行业增长 70% 以上,产业规模稳居全国第一;钢铁、电子信息、锂电、电工电器等 4 个行业增长 30% 以上;航空产业实现总收入 568.46 亿元,同比增长 16.0%。

"链长制的深入实施,驱动全省产业链配套能力和整体竞争力的稳步提升"。江西省工信厅经济运行处处长付筠介绍,今年以来,江西从顶层对产业链链长制工作进行谋篇布局,围绕 14 条产业链制定出台《江西省制造业产业链提升行动计划(2021—2023 年)》等政策文件 38 个,其中省级层面 5 个、部门层面 33 个。各地也注重强化政策供给,市级层面制定出台产业链政策文件 233 个,通过"一链一策",帮扶产业发展。截至 6 月底,全省共收集产业链链长制问题 605 个,已经办结 401 个,办结率 66.3%。

以实施产业链链长制为抓手,江西分产业链编制《重点产业链招商指引》,大力推进"铸链强链引链补链"工程。今年上半年,全省共开展产业链专题活动 2539 场(次),产业链招商签约项目 901 个、资金 7051.4 亿元。

江西省提出,将进一步聚焦航空、电子信息、装备制造、中医药、新能源、新材料等优势产业,延伸产业链、提升价值链、融通供应链,重点依托南昌、吉安、赣州等地打造万亿元级京九(江西)电子信息产业带,做实做强鹰潭"世界铜都"、赣州"中国稀金谷"、南昌"航空城"、宜春"亚洲锂都"、中国(南昌)中医药科创城等产业名片。

发展新动能不断释放

"今年,江铃集团新能源汽车新工厂正式投入使用。工厂设有五大车间,采用上百台智能机器人分布在焊接、涂装等各条工艺流水线,通过智慧化、科技化的汽车制造过程,生产效率提升了 20%。"江铃集团新能源汽车有限公司制造技术部部长王付才说。

疫情冲击,加快了全球产业链供应链调整,加速了数字化转型。今年以来,江西省立足传统产业基础现状和特色优势,以石化、钢铁、有色、建材、纺织、食品、家具、船舶等产业为重点,着力推进实施优化升级行动,用信息化、数字化为产业的转型升级、提速增效赋能。

"我们通过大力发展工业互联网,持续推进企业'上云用数赋智',产业数字化转型不断提速。"江西省工信厅副厅长何琦介绍,截至目前,全省通过国家两化融合管理体系评定企业达 218 家,企业上云数量 3.3 万余家;累计应用智能装备 18726 台(套),打造数字车间 1332 个;全省开展服务型制造企业比例为 26.3%,开展个性化定制企业比例为 8.9%,网络化协同企业比例为 34.9%。

"工业投资质量明显提高,也为工业高质量发展提供了新动能。"江西省统计局固定资产投资统计处副处长胡国平介绍,今年上半年,全省工业技改投资增长 44.3%,占全部工业投资的 39.8%,占比同比提高 6.1 个百分点。高技术投资增长 37.9%,占全部工业投资的 31.5%,占比同比提高 3.5 个百分点。

"我们今年主要增长点为小米、华为、荣耀等客户更多品类智能终端产品项目落地到南昌生产,并正在努力推进三星手机项目落地南昌,预计今年完成营收 100 亿元以上。"南昌龙旗信息技术有限公司副总经理施向华说。

质量效益实现双提升

今年上半年,江西省制造业用电量同比增长 31.6%;公路货运量同比增长 47.5%。"先行指标支撑有力,说明江西工业发展的效益得到显著提升。"付筱说。

向市场要空间,向创新要活力,向管理要效益,成为江西企业发展的选择。

碳纳米产品亮相 APFE 展会,5G 领域用高性能热管批量供货,新能源汽车用新品开发成效初显……在江西最大的省属国有企业江西铜业,高端产品孵化成果显著。"今年上半年,江铜新研发大楼竣工,行业领先的全套科研设备也正陆续到位,将在稀散金属应用、高端铜加工产品开发、稀土和铜基新材料自主创新研发上发挥重要的推动作用。"江西铜业党委书记、董事长、总经理郑高清说。

大力实施创新平台攻坚行动,中科院赣江创新研究院、鄱阳湖国家自主创新示范区等重大创新平台相继落地;实施全社会研发投入攻坚行动,完善财政科技投入机制;支持企业共建技术创新战略联盟,促进产学研用融合……一系列措施成为江西科技创新突破的催化剂和加速器,驱动着工业经济效益稳步提升。

据统计,今年上半年,全省规模以上工业实现营业收入 19644.7 亿元,同比增长 37.9%,两年平均增长 18.2%。实现利润总额 1244.4 亿元,同比增长 52.6%,两年平均增长 20.4%。

"下一步,江西将深入贯彻《中共中央国务院关于新时代推动中部地区高质量发展的意见》,坚持打好产业基础高级化、产业链现代化攻坚战,打造全国传统产业转型升级高地和新兴产业培育发展高地,重塑'江西制造'辉煌。"江西省省长易炼红说。

(《经济日报》2021 年 8 月 6 日)

评析：产业链链长制是江西近两年主抓的工作,关注度高,选题体现了大局意识。围绕江西工业战线产业链整体竞争力增强、发展新动能释放、质量效益实现双提升进行剖析,主题鲜明。导语用数据导入,小标题高度概括,整篇文章语言简洁、案例精准、数据有力、分析到位,生动反映了江西省坚定不移深入实施工业强省战略,以数字化为引领,以科技创新为驱动,以提升产业链水平为重点,工业高质量跨越式发展取得的显著成效。

（王玉琦 江西财经大学新闻与传播系教授）

报纸消息

全国首起古村落保护民事公益诉讼案开审
江西金溪县检察院诉请两被告
承担修复费等共计四十一万余元

黄辉   元春华   艾小川

（编辑：温远灏）

本报讯   11 月 19 日，江西省金溪县人民法院对金溪县人民检察院诉被告徐某文、方某平盗窃古建筑构件造成损毁民事公益诉讼案，组成七人合议庭进行公开开庭审理，敲响了保护古村落民事公益诉讼全国"第一槌"。

据了解，作为"江西十大文化古县之首"的金溪县拥有传统村落 128 个、明清古建筑 11633 栋，其中中国历史文化名镇（名村）7 个、明代牌坊 8 座、清代牌坊 30 余座，是当今中国传统村落和古建筑保存最多最完好的地方之一，被誉为"一座没有围墙的古村落博物馆"。

公益诉讼起诉人金溪县检察院诉称，金溪县琉璃乡波源村系"江西省传统村落"，拥有丰富的物质和非物质文化遗产。2020 年 4 月 11 日晚上 9 时许，徐某文、方某平驾驶三轮摩托车到波源村西岸组一门楼偷盗一块"甲第里"石匾，在盗窃过程中造成石匾掉落摔断。

金溪县合市镇湖坊村下洋组与"中国传统村落"珊珂村、仲岭村距离相近，具备地域文化特色及传统村落风貌。4 月 27 日晚上，两被告驾驶三轮摩托车到下洋组一门楼偷盗一块"三公旧第"石匾，在盗窃过程中造成石匾摔断以及门楼整体性垮塌。其间，两被告将摔断的两块石匾装车运到抚州市临川区云山镇，以 2200 元出售给他人。

经专业机构评估，"甲第里"门楼修复工程费用为 9812 元、"三公旧第"门楼修复工程费用为 9.37 万元。经专家评估,两被告盗窃古建筑构件的行为,造成人文生态环境服务功能损失共计 31.06 万元。

金溪县检察院认为,"甲第里"门楼属于不可再生的古建筑资源,该门楼牌匾被盗及损坏,改变了原有古建筑风貌,斩断了原有历史文化传承。"三公旧第"门楼承载着一定的历史、文化、艺术、社会、经济价值,对研究当地明清古建筑群以及江西农耕文化具有一定的史料参考价值。上述门楼牌匾被盗及损坏,不仅严重损毁被盗门楼的历史、艺术、文化价值,同时也损害了社会公共利益。因此,要求两被告承担"甲第里""三公旧第"门楼的修复费用总计 10.35 万元,以及人文生态环境服务功能损失 31.06 万元。

附带民事公益诉讼被告徐某文在看守所通过视频连线、被告方某平及两被告诉讼代理人到庭参加诉讼。当地人大代表、政协委员、住建部门、文物管理部门相关人员旁听了庭审。

该案刑事部分已于今年 5 月宣判,徐某文、方某平因犯盗窃罪,分别被判处有期徒刑 1 年 4 个月、1 年 3 个月,并各处罚金 1 万元。

(《法治日报》2021 年 11 月 24 日)

评析:金溪系"江西十大文化古县",被誉为"一座没有围墙的古村落博物馆"。案涉"甲第里""三公旧第"牌匾及其依存建筑具有浓厚的地域文化特征,属于不可再生的文化遗产。继本案刑事部分宣判后,金溪法院又对民事部分公开审理。标题中用"首起",导语中用"敲响了保护古村落民事公益诉讼全国'第一槌'"等表述,突出报道的新闻性和案件的典型性。文中关于金溪不可再生的古建筑资源的背景资料,具有浓厚的人文历史科普色彩。报道能极大地震慑盗窃、破坏古建筑构件的违法行为,又能唤起公众人文生态资源保护意识。

(王玉琦 江西财经大学新闻与传播系教授)

通讯

点绿成金　江西先行

沈锡权　李兴文　余贤红

（编辑：张程程）

◆妩媚的青山，浩渺的鄱阳，不仅属于江西人民也属于全国人民。一定要保护好，做好治山理水、显山露水的文章，走出一条经济发展和生态文明水平提高相辅相成、相得益彰的路子

◆近年来，江西省推进山水林田湖草沙生命共同体建设，统筹推进"五河两岸一湖一江"全流域治理，完成造林 362.8 万亩，修复湿地 7.5 万亩；全省自然保护地数量达 547 处，治理水土流失面积 615 万亩，率先实现国家森林城市、国家园林城市设区市全覆盖，生态优势不断巩固

◆作为全国生态产品价值实现机制试点省，江西一方面在全省编制自然资源资产负债表，将土地、林木、水等生态资源"入账"；另一方面积极对生态资源开展价值评估，为绿水青山"定价"

◆在乐安县绿园生态林场，1 吨好空气通过碳汇交易卖出了 11.5 吨自来水的价钱……

◆截至目前，江西全面完成试验区阶段性任务，35 项改革成果列入国家推广清单，山水林田湖草沙保护修复、全流域生态补偿、国土空间规划、河湖林长制等改革走在全国前列

◆按照传统工业思维，江西一些地方相对发展不足，但丰富的森林、草地、湿地等自然生态资源及其强大的"固碳"能力，恰恰是这些地方的发展后劲和优势所在

◆"畜禽洁养贷""森林赎买项目贷""古村落金融贷""景区收费权抵押

贷"等一个个绿色金融产品陆续推出,2020 年江西省绿色信贷余额达 2586.6 亿元,同比增长 20%,绿色金融发展指数位居全国前列

◆2020 年江西省 GDP 总量在全国排位前移至第 15 位,万元 GDP 能耗下降 19.4%,三次产业结构优化调整为 8.7∶43.2∶48.1,绿色发展的成色越来越鲜明

鄱湖浩渺,井冈巍巍

"江西是个好地方"。这里有物华天宝的美誉,这里有人杰地灵的传奇,这里是一道绿色的生态屏障——我国最大淡水湖鄱阳湖坐落于此,全球 98% 的白鹤、80% 以上的东方白鹳、70% 以上的白枕鹤在此越冬,被誉为"世界湿地、候鸟王国";全省森林覆盖率高达 63.1%,位居全国第二;生态保护红线划定面积约 4.69 万平方公里,占国土面积的 1/4 以上。

"落霞与孤鹜齐飞,秋水共长天一色""日照香炉生紫烟,遥看瀑布挂前川""不识庐山真面目,只缘身在此山中"……2015 年全国两会期间,关于生态文明,习近平总书记在江西代表团一口气诵读了多首古诗文。他说,这些千古绝唱都是对江西自然美景的真实写照。

习近平总书记对生态环境工作历来看得很重。2016 年 2 月,他在江西考察时明确提出,江西生态秀美、名胜甚多,绿色生态是最大财富、最大优势、最大品牌,一定要保护好,做好治山理水、显山露水的文章,走出一条经济发展和生态文明水平提高相辅相成、相得益彰的路子。同年 6 月,江西被纳入全国首批国家生态文明试验区(以下简称"试验区"),肩负起探索形成可在全国复制推广的成功经验的重任。

沿着习近平总书记指明的方向,在新发展理念指引下,江西坚定不移走生态优先、绿色发展道路,大胆改、深入试,着力强化生态环境保护、着力推进生态体制改革、着力探索生态发展新路、着力培育全民生态自觉,生态环境持续向好,绿色优势不断彰显,生态文明制度"四梁八柱"全面构建。

江西省委书记刘奇表示,江西始终把生态文明建设摆在突出位置,深入践行绿水青山就是金山银山理念,大力推进生态环境保护修复,持续探索在

发展中保护、在保护中发展的新模式。坚持以改革创新为动力,积极探索多元化生态产品价值实现途径,持续完善生态产品价值实现支撑体系,多管齐下拓展"绿水青山"和"金山银山"双向转化的渠道,努力把自然生态优势转化为经济发展优势,使绿水青山"底色"更亮,金山银山"成色"更足。

江西,不负青山。试验区建设以来,江西生态环境质量在高水平基础上持续改善,率先实现"国家森林城市""国家园林城市"设区市全覆盖,35 项生态文明试点改革成果列入国家推广清单。今年上半年,江西省优良天数比率达 95.7%,地表水监测断面水质优良比例为 92.2%,长江干流江西段水质断面全部达 Ⅱ 类标准,生态环境状况指数位列全国第四。

"一水护田将绿绕,两山排闼送青来。"一个天蓝、地绿、水清、空气新的大美江西呈现在世人面前……

珍稀物种"抢镜"赣鄱大地

赣江南昌段扬子洲水域,地处南昌城区河段,被称为"微笑天使"的长江江豚近来连续多日"组团光顾"。它们时而浮出水面,时而潜入水下,姿态呆萌,引来众多市民驻足围观。

摄影爱好者余会功说,这是自己时隔多年再次在赣江看到成群的江豚,更令人惊喜的是很多都是母子豚,大江豚带着小江豚,说明生态环境越来越好。

不光是江豚,在有着"千河归鄱湖,鄱湖入长江"之称的江西,近年越来越多"老居民"正在回归:大规模刀鱼群,珍稀鱼类鳡鱼,绝迹 20 余年的颌针鱼……生物多样性持续恢复。

与此同时,一个个充满诗情画意的生态"新地标"不断涌现,九江长江"最美岸线"、吉安百里赣江风光带、景德镇昌江百里风光带……百姓休闲"打卡"多了很多新去处。

江流万里总有"源",生态之变源于人的观念之变。

镜头回到 2015 年全国两会。习近平总书记在参加江西代表团审议时强调,环境就是民生,青山就是美丽,蓝天也是幸福。要像保护眼睛一样保护生态环境,像对待生命一样对待生态环境,把不损害生态环境作为发展的底线。

妩媚的青山,浩渺的鄱阳,不仅属于江西人民也属于全国人民。近年来,江西牢记习近平总书记打造美丽中国"江西样板"的殷殷嘱托,不断深化绿色生态是江西最大财富、最大优势、最大品牌的省情共识,把生态环境保护摆在更加突出的位置。

坚守生态红线,生态修复是基础——

江西建立以"三线一单"(生态保护红线、环境质量底线、资源利用上线,生态环境准入清单)为核心的生态环境分区管控体系,按照优先保护、重点管控、一般管控等 3 个类别,划定 1030 个环境管控单元,坚守生态红线。其中,优先保护单元和重点管控单元约占全省国土面积的 60% 。

一场场力度空前的生态修复行动在江西开展:在九江,临江 1 公里范围之内的小化工企业全部关停退出,5 公里范围内一律不许新建任何重化工园区,全市治理废弃矿山 8626 亩;在吉安,强化系统修复,综合治理水土流失区域 129 平方公里,修复废弃露天矿山 7300 余亩……

中央第四生态环境保护督察组近日公布的数据显示,江西全省累计拆除非法码头 104 个,撤销化工集中区 6 个,关闭退出化工企业 89 家,2020 年长江干流江西段所有断面水质全部达到 Ⅱ 类标准,鄱阳湖水质明显改善。

流域跨界治理,生态补偿是保障——

江西河网密布,赣江、抚河、信江、饶河、修水五大河流如凤凰展翅铺展在赣鄱大地,从东、南、西三面汇入鄱阳湖,进长江、入大海。一段时间以来,流域生态跨界治理令各方头疼,如何有效破题?

炎炎夏日,驻足渌水河畔,只见两岸绿草茵茵,一脉清水自萍乡湘东流入湖南。过去,因为源头地区一些企业排放生产污水,下游河水不达标。两年前,赣湘相邻两县区签订横向生态保护补偿协议,以省界处断面水质为依据,达到或优于 Ⅲ 类,湖南方县区每月给江西方县区补偿 100 万元,反之江西方县区补偿湖南方县区 100 万元。

协议签订后,湘东区全面实施流域综合治理,先后实施项目 13 个,总投资约 7 亿元,沿江 500 栋直排水房屋易地搬迁,河道采砂全部退出。签订协议至今,江西方县区持续 20 多个月获得补偿。这是一场生态的双赢。

让保护者受益、使用者付费、破坏者赔偿,生态补偿让生态保护日益走上市场化与法治化轨道。目前,江西 80% 以上县(市、区)建立流域上下游横向生态保护补偿机制,截至 2020 年底,全省累计下达流域生态补偿资金约 175 亿元。

从治标到治本,生态治理是关键——

赣州市崇义县阳明湖国家湿地公园内,树影婆娑,蓝天白云倒映水中,水鸭在湖面自在悠游。原先这里曾是一片荒草滩涂,泥泞不堪,鲜有人来。近年来,当地统筹部署水环境保护与整治、土地整治与土壤改良等工程,由"单一治理"转向"全局治理",实现了从山岭到水体的综合治理。

宜林则林、宜草则草、宜果则果,统筹山水林田湖草沙系统治理,赣州已有 34 平方公里废弃矿山重披绿装,近 300 万亩低质低效林完成改造,4346 座崩岗劣地长出了绿树,2060 平方公里水土流失得到有效遏制。

赣南一域之变,是江西践行"山水林田湖草沙是生命共同体"理念的缩影。近年来,江西省推进山水林田湖草沙生命共同体建设,统筹推进"五河两岸一湖一江"全流域治理,完成造林 362.8 万亩,修复湿地 7.5 万亩;全省自然保护地数量达 547 处,治理水土流失面积 615 万亩,率先实现国家森林城市、国家园林城市设区市全覆盖,生态优势不断巩固。

有一种惊喜叫"推窗见鹿",有一种房叫"鹿景房"。近日,彭泽县居民高峰开窗通风时,惊喜地发现离他不到 50 米的后山腰有一只梅花鹿。随着野生动物保护力度加强,位于长江岸边的江西彭泽桃红岭梅花鹿自然保护区内野生梅花鹿种群不断扩大,居民时常能偶遇这些"小精灵"。

生态日益改善,赣鄱大地上"抢镜"的珍稀野生动物越来越多:被誉为"中国最美的小鸟"的蓝喉蜂虎现身龙虎山;时隔 12 年,国家二级重点保护动物鬣羚再次被监测出现在桃红岭国家级自然保护区……

标价"绿水青山"摸清"生态家底"

清风拂过南潦河,碧波荡漾的水面上,不时有鸟儿掠过。

作为河段长,奉新县赤岸镇党委书记易德明要定期巡视自己的责任段。漫步河边,易德明感叹,5 年前,潦河不少河段还是 V 类水质,鱼虾难生,如今这里已达到 III 类水质。

治水是个系统工程,过去九龙治水,权责不清,河长制的建立打破了这一局面。易德明介绍,河长制实施后,河道范围内的养殖基地、采砂场、化工厂等逐步退出,仅河道采砂场就拆掉了 50 多家。

不仅有河长制,在生态文明体制改革中,江西还建立了覆盖省、市、县、乡、村的五级"林长制""湖长制",设立了赣江流域生态环境监管机构,省级环保督察实现设区市全覆盖,形成同心共护生态的强大合力。

聚焦堵点突出重点精准发力,生态文明体制改革才能有的放矢。

2019 年 5 月,习近平总书记在江西考察时明确指出,要结合自身实际,突出改革重点,在生态文明体制改革、科技体制改革、农业农村改革、社会民生领域改革上抓创新、抓落实。

长期以来,生态产品价值"说不清""算不明""用不上"。为解决这一问题,作为全国生态产品价值实现机制试点省,江西一方面在全省编制自然资源资产负债表,将土地、林木、水等生态资源"入账";另一方面积极对生态资源开展价值评估,为绿水青山"定价"。

在抚州市、崇义县等地试点基础上,江西逐步形成生态产品价值评估与核算地方标准。在这套体系下,对农林牧渔等可直接利用的物质产品,采取"市场价值法"按市场价计算价值;而对土壤保持、水体净化等生态功能的价值,则采取"替代成本法",通过计算这些功能被破坏后重新修复的成本评估。

"比如,治理好一条河要 1 亿元,那这条河至少就值 1 亿元。"抚州市发改委副主任李建光说,经核算,2019 年全市生态产品价值为 3907.35 亿元,是当年 GDP 的 2.59 倍,摸清了"生态家底"。在他看来,"绿水青山"明码标价,人们更能意识到破坏环境的代价,真正让改革成果落实到每一座青山、每一处绿水、每一片蓝天上。

绿水青山有了"定价",可以加快变现。

在乐安县绿园生态林场,1 吨好空气通过碳汇交易卖出了 11.5 吨自来水的价钱;在芦溪县山口岩水库,当地开展水权交易试点,以 255 万元的价格分 25 年每年向周边地区卖出 6205 万立方米水;在大余县丫山景区,当地探索自然资源折价入股等形式筹集股金 3000 余万元……

更大的价值在于扭转以 GDP 为导向的考核体系,推动建立生态文明建设目标评价考核体系。

近年来资溪有 18 名干部因生态审计不达标被免职降级处罚,30 多名干部因生态保护出色得到提拔重用,在干部中产生震动。这一经验已在全省逐步推开。2019 年 3 月,江西出台审计规程,以任期内自然资源资产实物量变化等为指标,对被审计领导干部按等次评价,把制度刚性真正立起来。

截至目前,江西全面完成试验区阶段性任务,35 项改革成果列入国家推广清单,山水林田湖草沙保护修复、全流域生态补偿、国土空间规划、河湖林长制等改革走在全国前列;抚州生态价值转化、萍乡海绵城市建设、靖安绿色发展做法、寻乌废弃矿山修复经验成为全国典范……

"绿水青山""金山银山"双向转化

今年 5 月 31 日,江西洁美电子信息材料有限公司将 50.4 万吨年节水量以 6 万多元的价格有偿转让给江西宜生科技有限责任公司,这是江西首例工业用水户间的水权交易。

今年 8 月 7 日,九江银行以赣州华劲纸业有限公司的碳排放权配额为质押担保,开立银行承兑汇票 500 万元,实现全省首单碳排放权配额质押融资业务落地。

一滴水、一吨空气映照出一个时代的变迁,折射出江西绿色发展的空间与潜力。

从事生态经济研究的江西省社科院副研究员何雄伟认为,按照传统工业思维,江西一些地方相对发展不足,但丰富的森林、草地、湿地等自然生态资源及其强大的"固碳"能力,恰恰是这些地方的发展后劲和优势所在。

在新发展理念指引下,江西各地开辟绿色发展新路径,推动"绿水青山""金山银山"双向转化,将生态优势转化为产业优势、经济优势、发展优势。

创新路径,创造条件,变"绿水青山"为"金山银山"——

"两山银行""生态产品储蓄银行""湿地银行"……资溪、武宁等地出现越来越多的新型市场主体,借鉴银行贷存理念打造"资源－资产－资本－资金"转化的综合性工作平台,把各类生态资源通过租赁、托管等方式收储整合,再引进金融资本,开展生态资源所有权、经营权的抵押融资创新,实现价值变现。

为什么要打造这样的平台?"全县森林覆盖率虽然高达 87.7%,但过去林业收入却只占百姓收入的 1% 不到,约 90% 农民没有从中受益。"资溪县金融办主任金建华说,林业分散经营成本高,一些偏远山区毛竹开采收益甚至不及人工成本,出路只能是走规模化经营。

通过"两山银行",资溪县林农金竹富顺利把 500 多亩杉木林的 15 年经营权和林木所有权变现 85 万元,不仅还了贷款,还有富余的钱更新设备;在武宁县罗坪镇长水村,8 名村民从"生态产品储蓄银行"中获得贷款共 242 万元,用于生态旅游相关投入……

"畜禽洁养贷""森林赎买项目贷""古村落金融贷""景区收费权抵押贷"等一个个绿色金融产品陆续推出,2020 年全省绿色信贷余额达 2586.6 亿元,同比增长 20%,绿色金融发展指数位居全国前列。

一亩地产出 2 万元、一座山市值 20 亿元、一个蜜橘品牌估值 200 多亿元……类似山水"溢价"的故事正在赣鄱大地不断上演。江西省生态文明办专职副主任刘兵说,随着人们对良好生态需求的增强和生态文明建设的深入推进,好山好水的价值将越来越凸显,"溢价"增值的空间将越来越大。

创新引领,主动求变,传统产业绿色转型蹄疾步稳——

走进全国首批国家级绿色工厂——江西于都南方万年青水泥有限公司,厂区干净整洁,充满绿色,生产线附近还有一方鱼塘和一片小树林。

"鱼塘水是经过加工处理的废水。"公司生产部品质处处长钟红霖指着池塘进水管道介绍说,过去由于污染大,在水泥厂上班的职工找对象都很难,现在有的职工主动到厂区来拍婚纱照。

厂区环境只是表象,绿色制造更体现在一个个生产细节中:水泥输送采用全封闭式输送设备,原、辅材料输送带加装防雨、防尘罩,窑头和窑尾采用袋式除尘器……公司利用熟料余热发电,年发电量超过 6800 万千瓦时,相当于节约标准煤约 3 万吨,节约电费 3500 万元,每年使用有色金属灰渣、粉煤灰等工业废渣替代天然矿产原材料 100 万吨以上。

近年来,江西着力引导在工业中占比超七成的传统企业进行绿色转型。2020 年,全省 GDP 总量在全国排位前移至第 15 位,万元 GDP 能耗下降 19.4%,三次产业结构优化调整为 8.7∶43.2∶48.1,绿色发展的成色越来越足。

为进一步加快企业绿色转型,努力推进碳达峰、碳中和工作,近日江西出台《关于加快建立健全绿色低碳循环发展经济体系的若干措施》,预计到 2025 年底,全省将建成省级绿色园区 50 家以上、绿色工厂 200 家以上,80% 以上的园区实施循环化改造。

江西省省长易炼红表示,实现碳达峰、碳中和,不仅是生态环保问题,更是政治问题、经济问题、社会问题。要从全局和战略高度,深刻认识到这是一项艰巨的政治任务、一场深刻的经济社会变革、一个重大的战略机遇,准确把握中央要求,坚决扛起政治责任,把推进碳达峰、碳中和作为立足新发展阶段、贯彻新发展理念、构建新发展格局、推动江西高质量跨越式发展的重要内容,努力把江西打造成为全面绿色转型发展的引领之地、标杆之地、示范之地。

绿色风尚让"一时美"变"持久美"

石门陈是九江市德安县磨溪乡一个宁静秀美的小山村。小村背靠大山,进出村庄只有一条路,村里村外随处可见参天大树,甘甜的山泉水流进家家户户,长年不涸。

石门陈古树以香樟、枫树和栎树为主,共有 40 棵,其中百年以上 20 棵、千年以上 5 棵,最粗的至少需要四个成年人合围。前几年,一外省客商开出 15 万元一棵的高价,想购买两棵已有千余年树龄的"益心樟",被村民们婉言谢绝。

烧火做饭从不上山砍柴,阔叶林和针叶林只种不伐……30 多年来,石门陈森林覆盖率一直保持在 80% 以上,山上活立木蓄积量达 5 万多立方米。

石门陈是江西百姓爱绿护绿的典型代表。

江西各地积极利用互联网新手段,创新方式广泛发动群众参与环境管护,弘扬绿色新风尚,推动"一时美"向"持久美"转变。

步行 2000 步、骑共享单车 10 分钟、早晚各一次垃圾分类均可获取 1 个"碳币"……抚州市人大社会建设委主任委员杨瑞春介绍,在抚州,市民生活的每一次低碳行为都能在碳普惠公共服务平台"绿宝"上折成碳币积分。

截至 2021 年 7 月底,碳普惠制平台共注册会员 39.3 万人,覆盖抚州城区三分之一以上人口,共减少二氧化碳排放量 12187 吨。国家电网有限公司高级工程师雷文锋做了一个形象的换算:一辆汽车每少开一公里,可大约减少碳排放 0.27 千克,按一辆家用汽车每年至少行驶 1 万公里计算,抚州现有的减碳量相当于一年时间内少开了 4514 辆汽车。

生活方式变了,生产方式才会真正改变,城乡环境才能得到根本好转。

一条小船,一个渔夫,一群鸬鹚,俯冲下水,衔起鱼儿……鸬鹚捕鱼,这是传承千年的古老捕鱼技艺,也曾是鄱阳湖上的一道靓丽风景。

从 2020 年 1 月 1 日起,长江流域的重点水域分类分阶段实行渔业禁捕。余干县康山乡共饲养鸬鹚 153 只,何去何从,渔民有些发愁,报告一直从村里打到乡里,再打到县里。

最终县里答复:渔业资源要保护,渔业文化也要传承。依托余干县田园鄱阳湖旅游综合体,引导鸬鹚捕鱼人在景区表演,既解决他们的生计问题,也传承这项古老技艺。

"为 153 只鸬鹚打报告",成为当地一段佳话,更见证着大湖之变。

随着生态环境改善,老百姓保护生态的自觉日益提高。在武宁,罗坪镇长水村卢氏、张氏、余氏、肖氏等家族纷纷将生态环保写入家训:"尊重自然,保护环境""热爱自然、保护生态""树木资源、不许滥砍"……

"明月别枝惊鹊,清风半夜鸣蝉。稻花香里说丰年,听取蛙声一片。七八个星天外,两三点雨山前。旧时茅店社林边,路转溪桥忽见。"南宋词人辛弃疾闲居江西时创作《西江月·夜行黄沙道中》,正是当下江西农村恬静田园风光的写照。

绿动江西,不负青山,风景这边独好!新征程上,一幅青山常在、绿水长流的秀美画卷正在赣鄱大地徐徐展开……

(《瞭望》2021 年 9 月 6 日)

评析:该通讯系统挖掘梳理习近平总书记与江西生态文明建设有关的细节故事,有力展示了习近平生态文明思想在基层焕发出的巨大生机活力。稿件虽写一省,但从标题到正文,却无不紧扣治国理政大主题。通过大量来自一线的鲜活素材、典型案例,结合中央精神,系统分析了"两山"双向转化的新路径、新成效,总结了生态文明建设的江西成就、江西经验和江西模式,有历史纵深和现实呼应。标题"点绿成金"概括精准,是点睛之笔。

(王玉琦 江西财经大学新闻与传播系教授)

组合报道

代表作一：

赣州示范

——践行习近平经济思想调研记

郑波 赖永峰 刘志奇 沈慧 祝伟 刘兴 朱双健

（编辑：刘志奇）

赣州"厚重"，在于多彩。

这里有红色的基因传承。中华苏维埃政权在此开启中国共产党治国理政伟大预演；中央红军在此集结踏上万里长征；苏区精神传承至今，"为人民谋幸福"的初心使命在此孕育成型。

这里有绿色的生态底蕴。森林覆盖率高达 76.3%，是我国南方地区重要生态屏障，为赣江、北江、东江"三江"之源。

这里有金黄色的致富产业和黑灿灿的矿石禀赋。150 万亩脐橙，种植面积世界第一；全世界 60% 的黑钨、70% 的中重稀土蕴藏于此……

赣州更为"厚重"的时代色彩，来自于发展的"成色"。习近平总书记"在加快革命老区高质量发展作示范"的殷切期望，正化作感恩奋进的不竭动力。《国务院关于支持赣南等原中央苏区振兴发展的若干意见》出台后，特别是党的十八大以来，赣州蹚出了追赶超越之路。2020 年，地区生产总值 3645 亿元，跻身全国城市百强第 66 位，较 10 年前上升 43 位。

长征渡口，静水流深；赣州大地，沧笙踏歌。

江西省委常委、赣州市委书记吴忠琼说，983 万赣州人民正努力在创新发展、内陆开放、生态文明、乡村振兴、红色传承、增进人民福祉方面取得新进展，为革命老区高质量发展做示范。

示范之义:抓"特殊"机遇,破共性难题。振兴发展,根植历史,引领未来

"原中央苏区振兴发展工作要抓好,这具有政治意义""抓好革命老区振兴发展,让老区人民过上富裕幸福的生活,具有特殊的政治意义"。2008 年和2019 年,习近平同志两次到赣南考察,先后 9 次对赣州工作作出重要指示批示。

习近平总书记对赣南苏区振兴发展的嘱托,饱含深情,也道出革命老区后发展、欠发达的现实。

直至"十一五"末,赣州人均 GDP 等主要经济指标,只有全国平均水平的三到四成;有 1419 个贫困村、215.46 万贫困人口,贫困发生率高达 26.71% ,更有 69.5 万户近 300 万人居住在危矮破旧的土坯房中。

摘掉贫困帽子,翻越贫困大山,成为老区人民的执念。

最根本性的改变来自 2012 年。在党中央、国务院亲切关怀下,时任中共中央政治局常委、国家副主席的习近平同志亲自谋划和推动,当年 6 月 28 日,《国务院关于支持赣南等原中央苏区振兴发展的若干意见》出台,赣南老区走向振兴发展、奔向全面小康的奋进之旅,由此开启。

执行西部大开发税收优惠、中央国家机关对口支援……在国家特殊政策的全面扶持下,赣南老区用了不到 8 年时间,彻底告别半个世纪的沧桑,不仅实现了有史以来最大规模的脱贫,一系列突出的民生问题和制约发展的薄弱环节,也取得突破性进展。

"共和国摇篮"瑞金的华屋是个"红军村"。20 世纪 20 年代末,革命火种点燃赣南大地,仅有 43 户家庭的华屋,家家都有人参加革命。如今村民 500多人,都是烈士后代。

华屋村内,66 栋白墙灰瓦的 3 层小楼错落有致。新居的一侧,是村民们刻意保留的 7 栋土坯房。"留着几栋,是为了让子孙懂得感党恩。"在村前的蔬果大棚外,村民华东林告诉记者:"10 年前,这里家家户户住土坯房,睡木板床,找不到一台电视机、冰箱。这些年,我们创办种养合作社,做旺红色旅游,年人均纯收入超过 1.5 万元,日子越来越有盼头。"

华屋的变迁,浓缩着一部赣南苏区振兴史,凝聚了老区人民的感恩奋进。

赣州进入经济社会发展最快、城乡面貌变化最大、老百姓受益最多和获得感幸福感最强的时期。2012 年至 2020 年,累计减贫 194.88 万人,11 个贫困县全部摘帽,与全国人民同步迈入全面小康;2012 年至今,地区生产总值、财政收入、规上工业增加值等主要经济指标增幅稳居全省"第一方阵"。

今年 1 月 24 日,在习近平总书记亲自推动下,国务院出台《关于新时代支持革命老区振兴发展的意见》,明确提出研究支持赣州建设革命老区高质量发展示范区。

为什么是赣州?

"加快革命老区振兴发展,努力让老区人民过上更加幸福美好的生活,是我们党的初心,也是我们这一代人的使命。"吴忠琼说,革命老区都面临多重政策叠加的历史机遇,都面临加快发展的现实需求,也都面临基础设施薄弱、要素资源紧缺、开放程度偏低等共性矛盾。通过 8 年苏区振兴,赣州在革命老区高质量发展征途上,已具备示范基础。

"革命老区振兴发展具有特殊政治意义。我们要实现第二个百年奋斗目标,没有老区的共同富裕,是不完整的。"赣州市市长许南吉说,赣州建设革命老区高质量发展示范区,是立足于革命老区定位和后发优势,探索革命老区实现高质量发展的路径,这也是示范的意义所在。

创新之变:育发展动能,通赶超之路。体系为先,平台为要,企业为源

后发展、欠发达,是革命老区的共同现实。推动革命老区高质量发展,向创新要动力是不二法门。但是,要破解好这道题,并不轻松。

难在哪? 难在既要追赶,又要跨越;难在传统产业要"转",新兴产业要"上";难在不仅要解决"有没有",还得想办法解决"好不好"。千难万难归于一处:难在各类创新要素培育和集聚上的先天不足。

"南康家具还没资格参加我们的博览会。"南康区委书记何善锦清楚地记得这件事——2017 年,他兴冲冲带队到深圳参展,却被深圳家具协会负责人不留情面地泼了冷水。

这样的"伤自尊",何善锦遭遇过不止一次。无林木资源、无市场条件、无交通优势的"三无"南康,靠着一群返乡木匠,敲打出了一个"无中生有"的产业,却也因创新能力不足,抄袭模仿成风,一度在业界坏了名声。"前几年南康搞家具博览会,我们贴钱请知名厂家参展,人家都不肯来,原因很简单,怕我们抄袭。"何善锦回忆说。

科技创新能力不足、动力不强,是制约老区高质量发展的最大瓶颈。近年来,赣州围绕革命老区创新发展作示范,坚持需求导向和问题导向,对能够快速突破、及时解决问题的技术,抓紧推进;对属于战略性、需要久久为功的技术,则提前部署。为此,下了三步棋。

第一步,体系为先。

赣州围绕构建科技创新政策体系,出台《关于加快推进创新驱动发展战略建设创新型赣州的实施意见》等 10 余个政策文件,建起全过程创新生态链,为企业放手试、大胆闯提供良好环境。

第二步,平台为要。

赣州把注意力放在优势产业顶端,离子型稀土资源高效开发利用工程技术研究中心、脐橙工程技术研究中心……目前,仅国家级科创平台载体,赣州就已达 20 个。

去年 10 月份,中国科学院赣江创新研究院落户赣州,这是中科院近 10 年来新设的首个直属科研院所,填补了江西无国家级大院大所的空白。

赣县区作为承接地,仅仅 7 个月,便实现一期工程竣工交付。赣江创新研究院动作更快,还没落地,就组建起资源前沿与交叉中心、资源与生态环境研究所、材料与化学研究所等 5 个研究单元,聚焦赣南稀土、钨等优势资源绿色高效分离、高端材料开发。9 个院士团队领衔的 200 多位科研人员,与赣州市 20 余家重点企业建立紧密合作,科研人员赴企业担任技术副总,迅速卡位。

位于赣州高新区的中科拓又达智能装备科技有限公司便是其中之一。公司董事长赵欣说,在赣江创新研究院科技成果加持下,他们当年投产,当年盈利,实现了产品从 0 到 1、从 1 到 N 的裂变。通用机器人、上下料机器人、稀土冶炼机器人相继面世,成为国内工业机器人自动化设备的引领者。

牛刀小试,锋芒尽显。赣州高新区党工委专职副书记黄建鸫感叹:"谁拥有一流创新人才,拥有前沿学科,谁就能在科技创新中占据优势。赣江创新研究院是破解老区创新发展难题的'药引子',进而将带动赣州成为区域创新高地。"

第三步,企业为源。

企业是市场的主体,也是创新的源泉,更是强市的根基。在赣州的理解中,有了龙头才能"出头",才有"奔头"。

2019 年 2 月份,赣州经开区的孚能科技被认定为江西省首家"独角兽"企业。在这家企业繁忙的生产线上,不同规格的三元锂电池次第下线。孚能公共事务部总监支译繁介绍说,企业掌握了数十项核心技术,是全球最早产业化生产三元锂电池的公司之一,目前已发展成为国内最大、全球前三的软包动力电池供应商,进入戴姆勒、吉利、路特斯、红旗等知名车企供应链。

孚能"花开"赣州,展现了老区企业的创新活力,折射出的则是老区在产业"赶超"上的眼界。

当年,孚能抱着自己的"独门秘籍"四处找娘家,因为市场还未完全发育,就连沿海发达地区的开发区也不愿意"吃螃蟹"。赣州经开区党工委书记陈水连说,当时赣州就敏锐地意识到,孚能的电池技术和赣州的高性能钕铁硼永磁电机,可以构成新能源汽车的完美配套。

赣州愣"砸"出 7000 万元入股,力邀孚能落户。赣州不仅"砸"出 500 亿市值的江西首家科创板企业,更"砸"出了新能源汽车上下游的完整配套。

"老区创新发展,坚持高标准是前提,同时还要因地制宜,保持前瞻性。以赣州为例,不能仅仅满足于简单承接粤港澳大湾区产业转移,更要在新兴产业的谋划、培育和发展方面实现突破。"赣州市发改委副主任亓伟扬说,赣州目前形成的新能源汽车城、现代家居城、中国稀金谷、青峰药谷、电子信息产业带、纺织服装产业带,全都是立足自身资源禀赋,加大创新投入的结果。通过实行重点项目攻关"揭榜挂帅",支持组建创新联合体,加强关键核心技术攻关,赣州培育出一批产业链"链主"企业、头部企业。

这些企业就像一粒粒种子,正以惊人的速度不断成长。虽然与发达地区还不可同日而语,但与自己的过去相比,赣州已经取得了突飞猛进的进步:全社会研发投入占 GDP 比重由 2012 年的 0.31% 提高至 2020 年的 1.6%;高新技术企业遍地开花,由 2012 年的 12 家增至 2020 年的 1107 家,增幅全省第一。

开放之境:破封闭定式,树"湾区思维"。博采众长,利在兼容,胜于产业老区之困,最大的问题是困于封闭。

"唯有开放才能进步,唯有包容才能让进步持久。""努力续写更多'春天的故事'""在更高起点上推进改革开放"。习近平总书记关于开放的重要论述,正在赣州开花结果。

因为赣江水道,因为梅岭古驿道,赣州鼎盛一时。"溯赣江,沿章贡二水,攀南岭、罗霄、武夷山关隘,抵闽、粤,直指南洋……"作为历史上丝绸之路陆海互联的重要节点,赣州一度"商贾如云、货物如雨、万足践履、冬无寒土"。随着内河水运的没落和陆路交通的"更优替代",深锁大山的赣州辉煌不再。

"春天的故事"如何演绎?必须砸开封闭的固锁。故事的序章,始于《国务院关于支持赣南等原中央苏区振兴发展的若干意见》的实施。这一文件提出支持赣州有序承接产业转移,打造内陆开放型经济新格局。由此,一场乘风破浪的"开放之旅"扬帆远航。

这些年,赣州高速公路实现"县县通",总里程 1495 公里,约占江西省的四分之一;继昌赣高铁开通营运后,赣深高铁即将横空出世,赣州与"粤港澳大湾区"2 小时经济圈跃然纸上;黄金机场成为江西第二个国际空港,瑞金机场计划 2022 年通航,龙南通用机场即将开建,赣州成为全国拥有最多机场的设区市之一。除此之外,还有"借船出海"的赣州国际陆港。

"从国家层面看,赣州被定位为'全国重要的区域性综合交通枢纽',并入选首批国家物流枢纽名单;从区位上看,赣粤闽湘四省通衢的赣州,承东启西、沟通南北,是江西对接融入粤港澳大湾区的最前沿,也是粤港澳大湾区联动内陆发展的直接腹地。"赣州市委副秘书长、政研室主任陈相飞说,赣州周边 400 公里半径内,没有省会城市,这就代表赣州不会被"虹吸",而赣州周边 200 公里半径外才有地级市,这就意味着赣州有"辐射"带动的潜力。为此,江西提出将赣州打造成为省域副中心城市,在江西南部崛起内陆双向开放新高地。

相对于东部沿海地区,赣州优质资源配置不足;相对于西部地区,赣州的要素成本不是最低;就算站在江西全省,赣州产业基础也依然薄弱。拿什么来吸引资本?

"习近平总书记反复强调要加快转变政府职能,打造市场化、法治化、国际化营商环境,这为我们提供了根本遵循。"赣州市商务局四级调研员张卫东说,赣州要发展,要靠打造一流的营商环境。

"凡是大湾区能做到的,我们都要做到。"这是赣州上至市委书记,下至基层办事员挂在嘴边的一句话。"发展中的问题,看上去是营商环境,根子则是干部的思想观念和工作作风。"张卫东认为,关键在于变"老区思维"为"湾区思维",变"避责思维"为"负责思维"。

循着湾区思维,赣州创新推出"全产业一链办"改革。

"过去,下放审批权限都是'撒胡椒面',现在实行'园区点单,精准下放',对照世界银行营商环境十大指标体系,将涉及的省、市、县三级权限能放尽放至园区,助力园区产业强链补链。"赣州市行政审批局政管科负责人彭博说。

在龙南市,当地提出打造"龙易办"营商品牌,让企业和群众办事"容易办、放心办,最高效、最放心"。在赣州经开区,入园建设项目办结时限总体压缩 159 个工作日,证明材料总体精简 37 个,"最多跑一次"事项比例达 95%、"一次不跑"事项比例超 60%。

构筑内陆双向开放新高地,放大了赣州的区位优势,也补齐了思维短板。更为深刻的变化,是赣州增强了市场意识,取人之长,为我所用。

赣深"组合港"的诞生,就是一个代表案例。

何善锦说,自己最初是在报纸上看到"组合港"这个概念的,于是突发奇想:"南康的木材进境陆港,能不能和深圳一起搞个组合港?"

一开始这是一场"单相思"。"我们有什么东西能为人所用?"南康变换了思路,提出与深圳盐田港集团成立平台公司,让渡管理权,"让利共赢",赣深"组合港"应运而生。依托这一全国首创的"跨省份、跨关区、跨陆海港"通关模式,赣州港与盐田港实现"同港同价同效率"。何善锦说,这一次"让利"让出了"新天地":赣州出口企业资金成本节约 30%,时间成本节约 40%。

思路通,路路通。立足构筑内陆双向开放新高地,赣州各区县选准首位产业,错位竞争,既为县域经济的协同,也为与大湾区产业的对接,更为新发展格局的构建与融入。

在南康区的格力电器(赣州)智能制造基地,一台台机器来回穿梭。120 亿元的投资,将在这里垒起涵盖空调生产、家用电器、再生资源项目的生产基地。"南康将致力于家具、家装、家电产业融合发展,打造全国知名的泛家居全产业链。"赣州市工信局副局长林小兵说,今年以来,以龙南、信丰和赣州经开区等为重点,赣州大力推进电子信息产业"芯、屏、端、网、器"融合发展,正成为泛珠三角重要的电子信息产业集聚地。

立足构筑内陆双向开放新高地,赣州各区县普遍建起对接大湾区的平台。亓伟扬说,我们通过做大做强赣州经开区、龙南经开区、瑞金经开区、赣州高新区 4 个国家级开放平台,深度融入粤港澳大湾区,推动了江西"三南"粤港澳大湾区产业合作示范园、深赣港产城特别合作区、赣闽产业合作区等重大开放平台建设。

2020 年,赣州现代家居产业集群产值突破 2000 亿元,有色金属产业集群产值达 1200 亿元,纺织服装、电子信息产业集群产值均超 900 亿元。今年前 8 月,赣州国际陆港开行中欧班列 201 列,同比增长 55.81%,发送货物 1.82 万标箱,同比增长 67.24%,覆盖中亚五国及欧洲 22 个国家 151 个城市。

绿色之美:守三江碧水,强资源价值。治山理水,不负青山,方得金山

千百年来,章水和贡水在崇山峻岭间川流不息,于赣州古城交汇成千里赣江,也涤荡出赣州之壮美。

"绿色生态是最大财富、最大优势、最大品牌,一定要保护好,做好治山理水、显山露水的文章,走出一条经济发展和生态文明水平提高相辅相成、相得益彰的路子。"这是习近平总书记对江西绿色发展的殷切期望。"要加大科技创新工作力度,不断提高开发利用的技术水平,延伸产业链,提高附加值,加强项目环境保护,实现绿色发展、可持续发展。"这是习近平总书记为赣州指明的具体路径。

50 多岁的赖东北,是石城县赣江源国家自然保护区的护林员。他说,自己原先的职业是伐木工。伐木烧炭,是他祖辈就开始的营生。

烧炭、造纸,只是最原始的破坏。还有更为不堪的"回忆":"土法"开采稀土,把萃取溶液灌进山体,留下了山体千疮百孔。赣州的水土流失,一度占到国土面积的近三成,严重威胁着地质安全和流域生态。

"大自然给了我们格外的恩赐,但我们没有好好珍惜。"赣州市生态环境局副局长林宗圣说,改变来自于绿色发展理念的重新树立。以山水林田湖草生态保护修复工程试点为依托,赣州拿出堪比脱贫攻坚的气魄和勇气,打响了生态环境全面修复治理的硬仗。

赣州把全市 97 家持证开采的钨矿山整合为 66 家,88 个稀土矿山全部整合到中国南方稀土集团,粗放式、掠夺式开采全面禁绝。

矿山修复是一道世界难题。赣州市探索出一套山上山下、地上地下、上游下游"三同治"的治理模式。"具体来说,就是山上地形整治,植被复绿;山下兴建生态挡墙,控制水土流失。地上变废为宝,发展光伏发电;地下截流引流,人工湿地减污。上游稳沙固土,恢复植被;下游清淤疏浚,实现水质末端控制。"赣州市山水林田湖生态保护中心主任吴良灿说,通过"三同治",治理区域的水土流失量降低了 90%,流域水体氨氮含量则削减了 89.76%。

昔日到处冒烟的赣江源头,如今呈现出勃勃生机。倍加珍惜的赖东北也由砍树人变成护林人。他说,现在每天巡检在山林步道,呼吸着新鲜空气,还能拿到工资,心情十分舒坦。

从"生态疮痍"到"绿色屏障",鲜明的对比背后是万千赣州人守护绿水青山的强大合力。如今,赣州 87 个重要水功能区水质达标率和赣江、北江、东江出境断面水质达标率保持"双 100%",荣膺"国家森林城市""中国最具生态竞争力城市"称号,山地丘陵地区山水林田湖草系统保护修复等 4 项改革经验在全国推广。

调研中了解到,2017 年以来,赣州市花在治山理水上的"账单"高达 139.27 亿元。这对于欠发达的赣州来说,无疑是一笔大账。

"咬牙花这个钱一点也不心疼,关键是不能再让老区人民守着绿水青山过穷日子。"许南吉说。

护住绿色这个底色,挖掘产业特色因此变得可能。

赣州努力提高稀土开发利用水平,延伸产业链。通过整合赣江创新研究院、稀土功能材料创新中心等高端科研力量,重点发展稀土高性能磁性材料、合金材料等功能材料,向稀土永磁电机、永磁变速器等深加工及应用产品延伸。

"通过联合攻关,我们单一稀有金属铽的消耗量由原来的 7% 下降到现在的 4%,不仅降低了能耗,产品性能也可与国际一流企业竞争。"江西粤磁稀土新材料科技有限公司技术总监李建东说。

护住绿色这个底色,擦亮发展成色变得理所应当。绿色产品形成价值、绿色溢出形成价值、绿色带动形成价值⋯⋯赣州在生态资源价值转换方面的探索,从容不迫。

在于都县梓山富硒蔬菜产业园内,3100 多亩蔬菜钢架大棚延绵起伏。依托富硒资源禀赋,于都以"硒 + X"的布局推进富硒农业发展,打造出富硒蔬菜、富硒水果、富硒大米等产品。目前,全县建成设施蔬菜面积近 4 万亩,年播种面积 21.8 万亩,蔬菜产量 45 万吨,产值约 22 亿元。

不负青山,绿能成金。群山掩映在碧树繁花间,古朴的民宿错落在半山腰。背靠江西首家 5A 级乡村旅游景点——丫山景区,大余县大龙村现在吃上了"生态饭"。"如果丫山没有绿水青山,我现在应该还是电子厂的流水线工人。"今年 33 岁的黄晓秀在丫山脚下长大,之前在广东务工的她,辞职进入景区工作,学会了歌舞表演。"白天是职员,晚上是'演员',工资、分红,外加才艺津贴和提成,一年下来能有 10 来万元。"黄晓秀笑着说,"这里真是山美、水美、生活更美。"

振兴之治:强特色产业,赋动力势能。以人为本,融合城乡,善治必达

民族要复兴,乡村必振兴。习近平总书记强调,构建新发展格局,把战略基点放在扩大内需上,农村有巨大空间,可以大有作为。全面建设社会主义现代化国家,实现中华民族伟大复兴,最艰巨最繁重的任务依然在农村,最广泛最深厚的基础依然在农村。

作为我国南方丘陵地带,赣南地区山多田少,水湍地薄。从脱贫迈向振兴,赣州仍然是江西面积最大、人口最多、乡村数量最多的地区。全市近千万人口中,有五成农村人口。全面实施乡村振兴战略的深度、广度、难度,丝毫不亚于脱贫攻坚。

北纬 24°29′—27°09′,东经 113°54′—116°38′,独特的地理纬度,加上偏酸红壤,让赣南成为中国乃至世界闻名的脐橙优势产业带。

在信丰县安西镇,橙果挂满枝头。在当地政策的引导下,在外务工的王前进 2016 年回到老家,流转了 60 亩土地,种起了脐橙。无人机喷药、水肥一体化,有了专业技术人员悉心指导,去年王前进的果园第一年挂果就喜获丰收,"21 万斤脐橙,卖了 60 多万元,今年产量有望翻番。"

采取"公司＋基地＋电商＋农户"的利益联结,赣南脐橙带动 100 万农村劳动力就业,成为赣州名副其实的农业"当家树"、农村"致富树"、农民"摇钱树"。"赣南脐橙已发展成为集种植生产、仓储物流、精深加工于一体的产业集群。"赣州市农业农村局副局长周昱说。

瞄准粤港澳大湾区广阔市场,赣州这几年还从山东"搬"来蔬菜产业,累计建成 25.54 万亩规模设施蔬菜基地,布局 72 个富硒蔬菜生产基地,并启动大湾区"菜篮子"配送赣州分中心建设,成为共建大湾区"菜篮子"平台城际合作城市。

目前,赣州发展农业产业基地 3100 多个、新型经营主体 9800 多个,产业联结脱贫户达 91%。仅去年,赣州就新发展以职业菜农为主的种植主体 6446 户,培训菜农近 1.6 万人次,正成长为振兴乡村产业的主力军。

"口福"经济起来了,"眼福"经济也迈入新境界。最近,赣州市出台《旅游产业高质量发展三年行动计划(2021—2023 年)》,提出做强"红色故都""客家摇篮""江南宋城""阳明圣地"四张名片,加快建设全国红色旅游一线城市、粤港澳大湾区生态康养旅游后花园、区域性文化旅游中心。到 2023 年,力争旅游综合收入超过 1800 亿元。

于都县委书记黄法说,随着城镇化水平的提升,县域在城乡一体化的格局中发挥越来越重要的作用,赣州正在县域形成人口、产业和公共服务城乡融合发展的趋势。

赣州市常年在外务工人员超过 200 万,劳动力资源丰富。于都是人口大县,有 120 万人口,以往由于缺乏产业支撑,大部分劳动力流向珠三角地区。

于都顺势而为,根据外出务工人员职业技能特点,把服装服饰确定为首位产业,吸引大量人员带着资本、拖着设备,回到家门口建厂房,成为大湾区服装企业转移承接之地。目前,全县已聚集大小服装企业近 2000 家,从业 30 余万人。

就和南康的家具产业一样,于都纺织服装产业在"无中生有"后,开始了"有中生优"。不仅建起了 3 所服装学校,每年培养数千名"城镇产业工人",还建起全球面料交易与数据服务平台"FDC 面料图书馆",促进企业面料消费、产业升级。

"人口红利带动服装产业,产业吸纳就业,就业拉动消费,消费促进生产,城市繁荣进而反哺农村。"黄法说,随着城乡之间的要素流动更加通畅,乡村已成为"内循环"的重要一环。

产业发展起来,新型城乡关系建起来,千千万万个坚强的农村基层党组织,则保证着乡村社会充满活力、安定有序。赣州市通过党建引领,各扬所长,村集体经济"百花齐放"。2016 年底,赣州市 3469 个行政村有近半数为集体经济收入"空壳村"。2020 年,所有行政村经营性收入过 10 万元,村均经营性收入 27.77 万元,其中 107 个村超过 100 万元。

传承之力:扬精神浩气,续振兴之歌。行源于心,力源于志,成于实干

习近平总书记深刻地指出:"长征走的是高山峻岭,渡的是大河险滩,过的是草地荒原,但每一个行程、每一次突围、每一场战斗都从战略全局出发,既赢得了战争胜利,也赢得了战略主动。这既是一种精神,也是一种智慧。"

志之难也,不在胜人,在自胜。赣州建设革命老区高质量发展示范区,未尝不是一场新的长征。

"尽管我们实现全面小康,但发展仍滞后于其他许多东中部地区。"许南吉坦承,"赣州总体仍处于欠发达水平,主要表现在经济总量不大,人均水平依然偏低;创新能力不足,产业层次不高;城市辐射带动力和县域经济不强;基础设施、公共服务、生态环保、社会治理等领域仍有不少短板。"

许南吉说的,也是革命老区新长征路上需要共同翻越的"高山峻岭"。

——立足新发展阶段,老区加快推进工业化和城镇化进程,但后发展、欠发达的面貌并未彻底改变。

——立足新发展理念,与东部地区相比,革命老区经济体量相对较小,城乡协同、民生保障任务繁重,推动高质量发展的内生动力培育、规律性认识需加快深化。

——立足构建新发展格局,国家政策叠加之下,老区空间广阔、资源富集、市场潜力大的优势正在凸显,但如何更加主动拥抱和融入国家战略,如何以更大力度推进全方位高水平对外开放,如何进一步提升产业链现代化水平,深度融入国内国际双循环,仍是老区面临的紧迫问题。

比如,赣州已承接大湾区大量产业转移,但缺乏"硬核的"头部企业、一流的研发基地,集群带动效应不足;比如,稀土、钨矿等优势产业,受政策和市场周期制约,没有形成与资源优势相匹配的精深加工规模;再比如,支撑全面振兴的现代交通网络体系、发展现代农业所需的职业技能提升体系和政策保障体系有待完善;此外,如何提升中心城市功能品质和区域协调发展水平,做大做强城市体量、经济实力和辐射带动力,都是一个个需要攻克的"堡垒"……

怎么干？"金钥匙"蕴含在完整、准确、全面贯彻新发展理念，蕴含在赓续红色基因，全面激发人民群众内生动力、创造伟力。

这里的人们是满怀家国情怀的。郁孤台上，辛弃疾"西北望长安，可怜无数山"的千古诗篇依然回荡。

这里的人们是饱含哲学智慧的。通天岩下，王阳明"致良知""知行合一"的思辨之光依然闪耀。

这里的人们是充满刚毅血性的。从瑞金中央苏区旧址，到于都中央红军长征出发纪念馆；从大余县南方红军三年游击战争纪念馆，到兴国苏区干部好作风陈列馆……这是赣南奋进的一座座精神丰碑，也是红色传承生生不息的基因密码。

时下的赣南大地，到处都是充满活力的创造、日新月异的变化。老区干部群众正用走好新时代长征路的精神和智慧，作答老区振兴发展的"每一个行程、每一次突围、每一场战斗"。

晨曦微露，信丰县大桥镇竹村村脱贫户袁长明与前来帮忙的邻里乡亲，正在玉米地里忙活。袁长明夫妻俩身残志坚，仅凭"一条腿"就走完脱贫路。如今，他还注册了自己的抖音号，帮着乡亲们"带货"。袁长明说："'幸福都是奋斗出来的'，习近平总书记的话振奋人心。"

艳阳高照，兴国县隆坪乡龙下村返乡创业青年吴永柏正在指导农户灰鹅养殖。这些年他已经带领上百户村民增收致富。吴永柏说："一人富，不算富；家家富，才算富。"

夜幕降临，瑞金市叶坪乡驻村干部杨青山来到村里，和乘凉的村民们开起"夜谈会"。杨青山说："只有深入群众，问计于民、问需于民，才能让我们的政策措施更接地气、更深入民心。"

"苏区振兴发展以来，给我们留下的宝贵财富之一，是干部群众精气神为之一新，愈发自信了。"龙南市委书记钟旭辉说，这里的人们鼓起了向贫困说"不"的勇气，铆足了"只要有信心，黄土变成金"的干劲，增强了"弱鸟先飞、滴水穿石"的韧性。

这些年,42 个中央国家机关及有关单位先后派出 4 批 161 名干部到赣州定点帮扶,成为"进口老表"。他们架起了中央和老区的"连心桥",老区发展腰板挺得更直了。

这些年,赣州 11 批次 178 名老区干部被选派到沿海发达地区跟班学习,成为"输出老表"。他们带着虚心学习的态度去,带着解决问题的思路和办法回。老区干部眼界更高、能力更强,信心更足了。

"历史在赣南革命老区镌刻下一座座精神丰碑,要用好苏区精神宝贵财富,着力把赣州打造成为最讲党性、最讲政治、最讲忠诚的红土圣地。"吴忠琼说,我们正围绕加快实施新时代赣南苏区振兴发展、打造对接融入粤港澳大湾区桥头堡和建设省域副中心城市三大战略,聚焦科技创新赋能、工业倍增升级、深化改革开放、乡村全面振兴、城市能级提升、美丽赣州建设、提高民生品质等重点工作,凝心聚力推动革命老区高质量示范发展,争创新时代"第一等的工作"。

心有所信,必能致远。因为,这是一个追赶时代的赣州,一个自我超越的赣州。

代表作二:

奋力推动革命老区高质量跨越式发展

——专访江西省委书记、省人大常委会主任刘奇

9 月 24 日,经济日报刊发长篇深度调研报道《赣州示范》,浓墨重彩呈现出的赣南巨变,是江西省加快革命老区高质量发展的生动缩影,引起社会热烈反响。江西省委书记、省人大常委会主任刘奇感谢经济日报对江西工作的大力支持,希望经济日报持续关注江西、宣传江西,助力江西革命老区高质量

跨越式发展,并就相关话题接受了经济日报记者专访。

　　记者: 2019 年 5 月份,习近平总书记视察江西并发表重要讲话,提出了"在加快革命老区高质量发展上作示范、在推动中部地区崛起上勇争先"的目标定位。近年来,江西在推动经济社会发展方面主要取得了哪些成绩?

　　刘奇: 江西是全国著名的革命老区,为中国革命做出了巨大牺牲和重要贡献。推动革命老区高质量发展,具有特殊政治意义。经济日报聚焦赣南,是对江西加快革命老区高质量发展的鼓舞和支持。近年来,在以习近平同志为核心的党中央坚强领导下,我们坚持以习近平新时代中国特色社会主义思想为指导,深入贯彻习近平总书记视察江西重要讲话精神,聚焦"作示范、勇争先"的目标定位和"五个推进"的相关要求,感恩奋进、担当实干,加快推动高质量跨越式发展,江西与全国同步全面建成小康社会。一是综合实力大幅提升。"十三五"时期,江西省生产总值年均增长 7.6% ,主要经济指标增幅持续保持全国"第一方阵",经济总量由全国第 18 位上升至第 15 位。高新技术产业、战略性新兴产业增加值占规上工业的比重分别为 38.2%、22.1% ,5 年分别提高 8.1 个、7.2 个百分点,发展质量和效益不断提高。二是改革开放成效明显。纵深推进"放管服"改革,拓展提升"赣服通""赣政通"服务功能,"掌上办"事项数量、证照种类、跨省数据居全国前列,国资国企、财税金融、农业农村等重点领域改革稳步推进。成功创建江西内陆开放型经济试验区,加强开放大通道、大平台、大环境建设,开放型经济水平加快提升。三是城乡面貌焕然一新。深入推进城乡环境综合整治,开展城市功能与品质提升三年行动,大力实施乡村振兴战略,"干净整洁、美丽宜居"的城乡新风貌充分彰显。2020 年全省空气优良天数比例为 94.7% ,国考断面水质优良比例为 96% 。四是人民生活持续改善。区域性整体贫困和群众绝对贫困问题得到历史性解决,特别是赣南等原中央苏区发生了翻天覆地的变化,全省城乡居民人均可支配收入提前一年实现比 2010 年翻番目标,老区人民获得感、幸福感、安全感明显增强。

　　记者: 江西连南接北、承东启西,具有"四面逢源"的区位优势。江西如何积极服务融入新发展格局,加快推动高质量跨越式发展?

刘奇:构建以国内大循环为主体、国内国际双循环相互促进的新发展格局,是党中央做出的一项重大战略决策。我们紧密结合江西实际,积极探索服务和融入新发展格局的有效路径,加快打造全国构建新发展格局的重要战略支点,推动革命老区高质量跨越式发展。我们着力增强科技创新驱动力。深入实施创新驱动发展战略,加快建设鄱阳湖国家自主创新示范区,建好用好中科院赣江创新研究院、中国工程科技发展战略江西研究院等重大创新平台,推广运用"揭榜挂帅""赛马制"等方式,强化关键核心技术攻坚,促进产学研用深度融合,以创新催生发展新动能,实现内涵式增长。我们着力优化产业链、供应链。打好产业基础高级化、产业链现代化攻坚战,扎实推进铸链强链引链补链工程,集中力量做优做强做大航空、电子信息、装备制造等优势产业,加快发展现代服务业和现代农业,大力推进数字经济"一号工程",推动产业链、供应链、创新链、价值链相互融合、迈向中高端。我们着力实施扩大内需战略。坚持把实施扩大内需战略同深化供给侧结构性改革有机结合起来,大力实施"两新一重"项目,积极扩大有效投资,加强现代流通体系建设,充分激发传统消费和新型消费潜力,切实打通生产、分配、流通、消费各个环节,不断释放经济发展的内需潜力。我们着力全面深化改革开放。大力弘扬敢闯敢试、敢为人先的改革精神,加强改革举措的系统集成、协同高效,推出更多创造性、引领性、标志性改革举措。高质量建设江西内陆开放型经济试验区,全面融入共建"一带一路"、长江经济带发展、长三角一体化发展、粤港澳大湾区建设,不断提升江西在全国乃至世界开放大局中的位势,为服务和融入新发展格局提供强有力支撑。

记者:当前,实现碳达峰、碳中和战略目标是一场广泛而深刻的经济社会系统性变革,绿色生态是江西最大财富、最大优势、最大品牌,请问江西如何在促进经济社会发展全面绿色转型上展现更大作为?

刘奇:实施碳达峰、碳中和战略行动,不仅是生态环保问题,更是一项事关中华民族永续发展和构建人类命运共同体的重大政治问题、发展问题。对江西来说,既是挑战更是机遇。我们积极抢抓碳达峰、碳中和战略机遇,坚定走生态优先、绿色发展之路,坚决打好打赢碳达峰、碳中和这场硬仗,加快推动经济社会发展全面绿色转型,以更高标准打造美丽中国"江西样板"。首先,巩固提升生态环境质量。深入打好污染防治攻坚战,加强山水林田湖草沙综合治理,纵深推进长江经济带"共抓大保护"攻坚行动,扎实开展"五河两岸一湖一江"全流域保护治理,巩固长江和鄱阳湖流域重点水域禁捕退捕成果,切实保护好山脉、山体、森林、水系、湿地等生态资源,坚决筑牢绿色生态屏障。其次,加快构建绿色生产生活方式。统筹考虑产业结构特征、能源资源禀赋,系统推进能源、工业、建筑、交通、农业、居民生活等重点领域绿色低碳转型,大力发展高新技术产业、战略性新兴产业,坚决遏制"两高"项目盲目发展,全面推行绿色低碳生活,加快形成以绿色为底色的生产生活方式。再次,积极拓宽"两山"转化通道。抚州是全国两个生态产品价值实现机制试点城市之一,我们认真总结推广试点经验,着力构建生态核算评价体系,深化绿色金融改革创新,因地制宜探索"两山银行""湿地银行"运营模式,用好用能权、碳排放权交易政策,大力发展碳汇经济,积极探索"两山"转化的有效路径,加快把生态优势转化为发展优势。

记者:江西是全国脱贫攻坚主战场之一,经过近些年不懈奋斗,成功夺取了脱贫攻坚的全面胜利。请问在打赢脱贫攻坚战后,江西在全面推进乡村振兴方面有哪些考虑?

刘奇:习近平总书记强调,脱贫攻坚取得胜利后,要全面推进乡村振兴,这是"三农"工作重心的历史性转移。我们深入贯彻习近平总书记关于"三农"工作的重要论述,坚持农业农村优先发展,大力推动巩固拓展脱贫攻坚成果同乡村振兴有效衔接,促进农业高质高效、乡村宜居宜业、农民富裕富足,加快建设彰显产业兴旺之美、自然生态之美、文明淳朴之美、共建共享之美、和谐有序之美的新时代"五美"乡村,努力走出一条有江西特色的农业农村现代化之路。一是提升乡村产业水平。积极构建现代农业产业体系、生产体系、经营体系,切实保障粮食、生猪等重要农产品供给,大力发展茶叶、中药材、油茶、富硒农业等特色优势产业,持续增强农业质量效益和竞争力,加快建设现代农业强省。二是提升乡村建设水平。深入实施农村人居环境整治,加强农村垃圾处理、污水治理等基础设施建设,强化农村污染防治和生态保护,健全农村公共服务体系,加快建设数字乡村,努力让广大农村更加宜居、更加美丽。三是提升乡村治理水平。加强农村基层党组织建设,探索创新乡村治理方式,发展壮大村级集体经济,扎实推进共同富裕,深化拓展新时代文明实践中心建设,大力弘扬社会主义核心价值观,持续开展移风易俗行动,推动形成共建共治共享的乡村治理新格局,确保农村社会充满活力、和谐有序。

代表作三:

让老区人民过上富裕幸福的生活

本报评论员

革命老区是党和人民军队的根,是中国人民选择中国共产党的历史见证。习近平总书记心心念念革命老区,深情牵挂老区人民。他多次强调"抓好革命老区振兴发展,让老区人民过上富裕幸福的生活,具有特殊的政治意义""一定要把老区特别是原中央苏区振兴发展放在心上""让老区人民同全国人民共享全面建成小康社会成果"。这为新时代推动老区振兴发展、推进经济高质量发展指明了前进方向、提供了根本遵循。

在党中央、国务院亲切关怀,国家部委倾情支持之下,赣州人民牢记习近平总书记考察赣州时的殷殷嘱托,感恩奋进、不负厚望,如期打赢脱贫攻坚战,与全国人民一道迈入小康社会。2020 年,赣州地区生产总值达 3645.2 亿元,增速连续 5 年位列全省第一,高质量发展综合考评连续 4 年位列全省第一,赣州由此进入经济社会发展最快、城乡面貌变化最大、群众获得感幸福感最强的时期。

赣州发生的巨大变化,既是"江西和革命老区发展变化的一个生动缩影",也是习近平新时代中国特色社会主义思想的生动实践,对于新时代革命老区振兴发展具有诸多借鉴意义。

加快革命老区振兴发展,让老区人民过上富裕幸福的生活,要解放思想,以思想"破局"引领发展突围。习近平总书记强调,"没有思想大解放,就不会有改革大突破。"革命老区的过去是在解放思想中不断奋进的,开创革命老区的美好未来也必须在解放思想中砥砺前行。要努力跳出"老区思维",将解放思想、改革创新作为"破局"的先导和抓手,努力以思想之新、改革之勇、创新之力引领发展之变。

加快革命老区振兴发展,让老区人民过上富裕幸福的生活,要因地制宜,以改革创新明晰发展路径。习近平总书记强调,"各地区要结合实际情况,因地制宜、扬长补短,走出适合本地区实际的高质量发展之路。"革命老区分布广泛,有的地理位置独特,有的自然资源富集,有的生态优势明显。各地发展基础、资源禀赋各有不同,这就决定了高质量发展绝非千篇一律。一方面,要结合自身优势和资源,明晰主攻方向、主导产业、主要任务等;另一方面,进一步深挖新的比较优势,打破固有的路径依赖,形成各具特色、各扬所长的发展格局。

加快革命老区振兴发展,让老区人民过上富裕幸福的生活,要"借力"发展,以开放合作增强发展活力。习近平总书记指出,"唯有开放才能进步,唯有包容才能让进步持久。"革命老区虽然大多位于偏远区域,却是促进区域协调发展、完善区域经济布局的重要一环。应着力深化改革,提升开放水平,优化营商环境,加快融入京津冀协同发展、长三角一体化、粤港澳大湾区等国家重大战略和重要经济区、城市群、都市圈等,将其作为开放"主方向"、对接"主对象"、结对"好伙伴",做好政策对接,用好发展机遇,共同探索产业、人才、交通、生态等多领域合作机制。

加快革命老区振兴发展,让老区人民过上富裕幸福的生活,要恪守初心,以民生改善凝聚发展共识。推动高质量发展,根本目的是不断增进民生福祉,更好满足人民美好生活需要。要从群众最关心的问题入手,落实各项惠民政策,做好普惠性、基础性、兜底性民生建设,提高公共服务可及性和均等化水平,不断擦亮高质量发展的民生底色,为革命老区振兴发展赢得最广泛的群众基础。

加快革命老区振兴发展,让老区人民过上富裕幸福的生活,要坚定信仰,以精神传承提振发展自信。习近平总书记强调,"理想信念之火一经点燃,就永远不会熄灭。"老区精神是党在建立红色政权、探索革命道路的历史实践中形成的革命传统和优良作风的结晶,是一笔宝贵的精神财富,需要持之以恒发扬老区精神,赓续红色基因,筑牢精神之基,汲取攻坚克难的勇气、激发奋发有为的动力,砥砺"敢教日月换新天"的志气,继续把革命先辈开创的伟大事业推向前进。

越过万重山,整装再出发。赣州逐梦向前的实践表明,革命老区在发展中遇到的问题,最终要靠加快发展来解决。高质量解决问题,最终要靠高质量发展来实现。只要坚持以人民为中心的发展思想,把人民对美好生活的向往作为奋斗目标,推动改革发展成果更多更公平惠及全体人民,革命老区就一定能在振兴发展中迎来新的时代荣光。赣州如此,其他革命老区同样如此。

(《经济日报》2021 年 9 月 24 日、25 日、26 日)

评析:整组报道视野开阔、大气磅礴,站位很高,极具前瞻性和示范性。作品通过系统剖析赣州践行习近平经济思想的经验做法,为做好新时代革命老区振兴发展工作、开启社会主义现代化建设新征程提供了典型样本。"头版头条＋本报评论员文章＋省委书记专访"的组合报道呈现形式,厚重深刻,别具一格,彰显了赣州建设革命老区高质量发展示范区的深远意义。本文仅在学习强国单一平台阅读量就达 1235 万人次,点赞量达 33.3 万人次,可见传播效果非同一般。

(王玉琦　江西财经大学新闻与传播系教授)

报纸通讯

江西赣州着力探索生态补偿机制
清清东江水   润泽大湾区

郑少忠   朱磊

（编辑：谢雨）

今年 10 月，"江西省赣州乡村振兴环境综合治理项目"已列入亚洲开发银行贷款规划 2022 年正选项目，用于支持赣州 9 个县（区）实施乡村振兴环境综合治理，项目估算总投资约 30.19 亿元。

江西赣州东江源区的雾雨、清泉、小溪等，从寻乌、安远等地出发，经定南出江西，一路乘着惠风、伴着花香，向南、向南，汇聚到清澈的东江，行抵东莞、深圳、香港，润泽大湾区土地，造福大湾区群众。

日前，中国环境监测总站向江西省环境监测中心站和广东省环境监测中心下达了 2020 年东江流域上下游横向生态补偿水质监测结果。经评价，寻乌水兴宁电站和定南水庙咀里断面 2020 年各月水质均达到Ⅲ类标准。

2016 年 10 月，江西、广东两省签订《东江流域上下游横向生态补偿协议》，正式开始实施东江流域生态补偿试点工作。按照协议，两省各出资 1 亿元，设立东江流域水环境横向补偿资金，目标是以 3 年为期，使东江流域出境断面水质年均值达到Ⅲ类标准。中央财政根据考核目标完成情况，确定奖励资金。

"从完善包括'河湖林长制'在内的监管体系，到成立山水林田湖办统一指挥；从农村污水处理，到废弃矿山改造；从退渔禁捕，到整体生态修复，我们坚持以高标准推动东江源区保护。"赣州市发改委总经济师廖少亭说。

适逢冬雨，寻乌县文峰乡上甲村村民谢立新从容地打伞出门，"过去下雨,满地都是泥,我还得翻山绕过柯树塘,才能到村头。现在哼几首小曲,人就到村委会了。"

柯树塘曾是村里的稀土矿区,当年因无序开采而土壤酸化,成了一片"荒漠"。一下雨,流失的水土伴着矿渣废水下泄,严重影响下游水质。

2017 年,柯树塘治理启动:坑坑洼洼的地面变得规整起来,板结的土壤混合外地运来的红壤,改良成为富含有机质的沃土;种子覆垫盖住一处处裸露的土地,嫩绿的草芽渐渐冒出了头……"通过整合东江横向生态补偿等资金,共投入 9.55 亿元,修复石排、柯树塘、涵水 3 个采矿区。"寻乌县以工代赈办公室主任谢军说。

由寻乌顺江而下,即至定南。在龙塘镇,村民们惬意地坐在小公园里聊天。仔细看,这个公园别具一格:头上是整齐的太阳能光伏板,旁边还有几个集装箱。原来,这是定南专门为农村打造的"一体化生活污水处理系统"。

"运用生物技术,太阳能发电自给运转,让农村污水处理设施建得起,也用得起。"设计系统的江西威典环保科技有限公司董事长郭铁成说,"一个公园,可以处理 7000 人的生活污水。"

环保硬举措的落地生根,还了东江源区一泓清水。2019 年 12 月,江西、广东两省签订第二轮生态补偿协议。目前,第二轮东江流域上下游横向生态补偿试点首批项目已经全面开工。

得益于东江流域的生态补偿经验,今年以来,赣州市生态环境局与各县(市、区)政府大力推动建立市内流域横向生态保护补偿机制,基本建立了全流域上下统一、齐抓共管水生态环境保护和修复的制度体系。截至目前,赣州市累计签订 23 份市内流域上下游横向生态保护补偿协议,涉及 24 个县级考核断面,其中章江流域 6 个、东江流域 6 个、贡江流域 12 个。

绿水青山带来的发展机遇,让人惊喜。

凭借生物质发电等技术,定南县开发出一整套现代循环农业体系,仅有机肥一项便可创造上亿元的产值。

清清东江源,幽幽三百山。今年前 11 月,以赣州三百山为主体打造的景区旅游产业综合收入超 25 亿元。

在深圳工作多年的古粤萍,回到了家乡安远,成为三百山景区的导游,对于护好东江源头水有着切身的体悟。到了寒暑假,面对前来东江源的游客,她会带着大家来到护水碑前,动容地说:"清清东江水,凝聚着老区人民的深情厚谊!"

(《人民日报》2021 年 12 月 19 日)

评析:通过讲述赣州东江源头保护、江西向大湾区流域供水的故事,生动展示了习近平生态文明思想的伟力,生动阐述了"绿水青山就是金山银山"带来的理念之变、生态之变、发展之变。同时,选择这一切口报道,凸显了老区人民对大湾区民生发展的深情厚谊,体现了中央机关报高度的政治自觉、思想引领。

(王玉琦 江西财经大学新闻与传播系教授)

"粮王"启示录

陈春园 郭远明 范帆 熊家林

（编辑：冯明、卢刚）

有这样一群人，或是务工返乡青年或是商界"跨界"人才或是"海归"人员……却相会在广袤的田野，以种粮为事业，怀着"把中国人的饭碗牢牢端在自己手中"的豪情，关注着"一粒米、一碗饭"。

他们都有一个响亮的名字——"粮王"！

中国农民丰收节来临之际，在全国粮食主产省份之一的江西，记者走近老中青三代 10 位"粮王"，倾听他们的创业故事，聆听故事背后的酸甜苦辣，思索着这个群体带来的时代启示。

"粮王"之"牛"：年产粮可满足 59 万城市成年人口粮需求

"有风自南，翼彼新苗"。

江西宜春市袁州区彬江镇大浦村种粮大户李春华行走田间，看着一片片晚稻秧苗，喜色漾于眉宇。今年，他种的早稻喜获丰收，产量、价格均超过往年，今年晚稻也栽插完。

李春华是袁州区远近闻名的"粮王"，他流转了 7200 亩耕地自种自管，还托管了周边 1200 亩耕地，去年晚稻和今年早稻总产量达 1320 万斤。

"你一个人产这么多粮食，算过一年能养活多少人吗？"记者问道。

"种田这么多年，这笔账真还没算过！"李春华若有所思地说。

根据江西省农科院水稻研究所所长尹建华提供的一份数据，目前一斤干谷平均出米率为 65%，每位城市成人每年消费口粮的均值约为 300 斤干谷（195 斤大米）。根据这一标准，李春华"不算不知道，一算吓一跳"。

"我一年生产的粮食竟然能养活 4.4 万名城市成年人！"李春华脸上的喜

悦变成自豪。

江西是全国粮食主产区之一。近年来,不少粮食主产区的粮食生产正加快向适度规模经营为主转变。江西省农业农村厅统计,截至 2021 年初,江西全省土地流转率已达 50.3%。江西省农业农村厅种植业处四级调研员王晨深有感触地说:"土地流转情况表明,一些主产区的粮食生产已出现从'散户'种植为主逐步转到'大户'种植为主的深刻变革!"

记者采访了来自鄱阳湖平原、赣抚平原、吉泰盆地等江西境内粮食主产区的 10 位"粮王",他们种植或管理面积在 3000 亩到上万亩不等。除了李春华,还有 9 位"粮王"进入我们的视野:安义县"粮王"凌继河、进贤县"粮王"邹良的承包自种农田面积都在 1 万亩以上;高安市"粮王"丁旦和吉安市青原区"粮王"罗昭明的承包自种农田面积在 1 万亩左右;丰城市"粮王"雷应国、新干县"粮王"魏仕连、余干县"粮王"朱木华和陈冲的承包自种农田面积均在 3000 亩以上;奉新县"粮王"吴吉亮带领周边农户"统产统销",组织耕种了 5 万亩农田。

记者发现,从去年晚稻种植到今年早稻收割的一年时间里,这十位"粮王"承包自种农田生产的原粮总量达到 1.78 亿斤,其中年产粮量最高的"粮王"产粮 7000 多万斤,最低的 600 多万斤。这意味着 10 位"粮王"一年粮食产量可满足大约 59 万城市成年人的口粮需求。

江西省农业农村厅种植业管理处处长刘国昕赞叹道:"种粮大户对江西粮食生产的贡献率超过 6 成,这 10 位'粮王'作为其中的佼佼者,生产了相当于一个中等产粮大县的粮食。他们不但是保障国家粮食安全的重要主体,也是农业现代化的重要引领者!"

"粮王"真"牛"!

"粮王"之变:多数跨界而来,从商贸老板到"海归"人才

记者采访发现,10 位"粮王"中有 3 位一直在从事农业相关行业的工作,另外 7 位进入粮食行业前有的是商贸企业老板,有的是下岗职工,有的是"海归"人员……他们大部分出生农村,对土地有着独特的情怀,或三四十岁、年富力强,或管理经验丰富,或资金实力雄厚,纷纷作为创业者涌入农村这片"绿海"。

——"海归"人员下地种粮。江西高安市 30 岁农村小伙丁旦,2015 年从英国利物浦大学毕业后,返回老家高安市石脑镇种水稻和经营粮食加工。丁旦的家人希望他走出农村,到大城市安家立业,但他坚持自己的想法。被丁旦"鼓动"一起回乡的,还有一群和他一样愿意扎根农村的大学同学、同乡,他们创办了高安市荷悦优质稻专业合作社,经营着粮油公司,一起立志"要让现代农业插上科技的翅膀"。

——新跨越,下岗职工到种粮大户的嬗变。40 岁的雷应国是江西省丰城市佳和种植专业合作社理事长。1999 年雷应国进入供销合作社工作,不久后便碰到供销社改制,2000 年下岗后做农资生意。有一次,一位老主顾上门转了转就要离开,雷应国问起缘由才得知"村里年轻人大多外出打工,老人大多干不动农活,对农资需求变小。"这番话开始让雷应国陷入深思,2006 年他开始承包土地种粮。

经过 10 多年发展,雷应国已成为自种 3400 多亩、订单面积 29000 亩的"粮王"。他组建专业合作社,实行全程机械化作业,创造了第一个租用植保无人机实施病虫害防治、第一个实行工厂化育秧等当地种粮的 5 个"第一",完成从传统农业到现代农业、生态农业、绿色农业的转型。雷应国也实现从下岗职工到种粮大户的嬗变。

雷应国说:"每次看到跟着我一起种田的农民,他们脸上洋溢着丰收的喜悦,我心里也觉得特别踏实,更加坚定了要把田种好的决心。"

——非农高端人才集中跨界种粮。在位于鄱阳湖边江西余干县的江西鹏辉高科粮业有限公司,记者发现这家省级农业龙头企业七成以上的中高级管理层是"85 后",三成以上是研究生。"粮王"、公司总经理陈冲是一位 28 岁、毕业于合肥工业大学的"跨界"人才。副总经理兼财务总监陈娟 32 岁,中南财经政法大学研究生,注册会计师,注册税务师;人秘经理彭雪慧 29 岁,毕业于澳洲麦考瑞大学的研究生;基地经理胡志斌 35 岁,江西农业大学研究生,有 10 年农业相关工作经验;加工厂厂长万国夫 33 岁,毕业于北京科技大学……

——企业家携丰富管理经验返乡种粮。60 岁的凌继河是江西省绿能农业发展有限公司董事长,在从事农业之前,一直在外做建材和手机销售生意。老凌对农村这片土地怀有很深的感情。2009 年,他不顾家里反对,决定弃商从农。回忆起 10 多年前决定,凌继河记忆犹新:"我背着大包现金,走进一户又一户村民家里,谈好土地流转后立即现场现金兑现。2010 年我就流转了 4700 亩土地种水稻。希望通过行动让大家看到种田一样有奔头,在农村一样可以有体面的生活。"

如今,凌继河不仅有自己的粮食烘干厂、稻米加工厂,还注册了自己的大米品牌,打通了粮食生产的整个产业链条。走进凌继河的公司,陈列着不同品种的品牌大米,重点打造的品牌大米品种每斤售价 7.8 元,土地亩均产值达到 2700 多元。跟着他种田的农民基本上都盖了新房或在城里买了商品房,买了新车。

放眼广袤农村,"粮王"和种粮大户们引领农业驶入现代化发展的快车道。

"粮王"之新:种好粮,从管理模式创新开始

21 世纪的地怎么种?"粮王"多有思考。

不少地区的农业生产基本完成"机器换牛"的跨越。从耕牛到"铁牛",从直播、抛秧到机器插秧,从人工施肥到无人机喷药。"粮王"们无一例外都实现了全程机械化种粮,旋耕机、无人机、收割机,成了他们的"标配"。江西省农业农村厅农业机械化管理处副处长付志勇说,截至 2020 年底,全省主要农作物综合机械化水平达 75% 以上、水稻耕种收综合机械化水平达 81% 以上。

这背后是粮食行业的重资产化趋势越来越明显。记者采访发现,这 10 位"粮王"中,累计投入机械设备、厂房建设修缮等固定投入少则 400 多万元,多则上千万元。

在新干县"粮王"魏仕连的农机仓库,停满了各种农机。魏仕连说,随着

种植规模扩大,他不断更新农机设备,如今翻耕、插秧、收割等环节都是机械作业。目前,魏仕连已在各类农机上投入 400 多万元,3800 多亩自种农田每年燃油支出就达到 38 万元。

规模化的粮食生产呈现重资产化、全程机械化趋势,如何将这些资产以有效的方式在生产管理中盘活,则是对动辄种植上万亩农田"粮王"们的最大考验。

经过多年探索,江西"粮王"们也各自探索出适合当地实际情况的种粮现代化组织方式,模式各有千秋,核心都为种好粮。

一是公司化管理的"田股东"模式。凌继河在粮食生产管理上建立了"流转有租金、入股有股金、务工有薪金、超产有奖金"的激励机制。他把自己流转的土地切块交给其他种粮能手管理,确定一个基本产量。这些种粮能手平时每月领取 5000 元工资,到年底则根据超额完成的产量领取年终奖。如今凌继河已连续第十年给种粮农民发"年终奖",累计为当地种粮户发了 3100 万元"年终奖",带动当地传统农户成为拥有租金、薪金、奖金、股金的职业农民。

二是分层负责的"田管家"模式。丁旦刚开始种粮时,就在当地首创了一套种田组织管理模式,并取名叫"田管家"。"田管家"是一种分级管理模式,土地流转以后,合作社分区域委派"总管家","总管家"在区域内根据情况选拔村、组"小管家"。"田管家"们既拿工资,又拿分红,比自己种地要划算得多,积极性也更高。

三是统一标准的"田社员"模式。吴吉亮在 2012 年与妻子一起带领周边农户成立春晓水稻种植专业合作社,实行"合作社 + 基地 + 社员"的运行模式,从事优质水稻种植、加工和销售,致力于"从农田到餐桌"完整产业链的建设。合作社成员统一选种、统一施肥、统一喷药,让农资采购成本下降了 10% 至 20%;推行规范化、标准化的种植方式,又使水稻产量增加了 10% 至 30%。

"粮王"之情:创新突破,行稳致远

"粮王",在坚守中勇于作为,在创新中行稳致远。

在人前,他们是头顶光环的"种粮大户";在心中,怀着"把中国人的饭碗牢牢端在自己手中"的豪情;在背后,种粮靠天吃饭,投入大,风险大,如何提高种粮效益是"粮王"的必答题。

采访中记者发现,"粮王"们纷纷探索创新,向管理和科技要效益;推进多元化经营,增加种粮综合收益。

——问科技要效率。"秧好一半禾"。当不少种粮户还在沿袭传统的抛秧、播种时,邹良就在密切关注育秧工厂、机插等高效种植方式。邹良 3 万亩承包自种农田几乎全部采用机插方式种植。他表示,现代化种植方式能起到"降本增效"作用,以前他每亩田要用 10 斤种子,如今六七斤就够了,亩产从900 多斤提升到 1100 多斤。邹良打算明年引进温室大棚和全自动化播种流水线,进一步提升育秧和机插的效率。

——向品质要效益。雷应国种植的富硒大米包装上有二维码,用手机扫一扫,大米产地的气候状况、环境条件、土壤品质等信息一目了然。因为记录了水稻播种、成长、抽穗、成熟、收割的每个环节,实现了从田间到餐桌的全过程监控,雷应国种植的生态富硒大米"身价"也跟着涨。"这种富硒米卖到了18.8 元一斤。"雷应国说,尽管价格比当地普通稻米高出数倍,市场上仍供不应求。同时,通过精深加工大米,雷应国延伸稻米产业链条,引进高端稻米加工设备,引入大米酿酒、婴幼儿米粉等生产技术;通过品牌打造,构建"雷应国大米""雷代表大米"品牌文化,挖掘稻米增值效益,增强企业影响力。

——向多元化要收益。陈冲非常关注市场行情,并有自己的深刻分析。他告诉记者,受各种因素的影响,种粮效益也面临"天花板",要想增收,必须进行多元经营。陈冲表示,他带领公司团队主抓电商,目前线上大米销售只占全部的 20%,但他相信这只是开始。他联合其他农业产业化龙头企业,准备实现"强强联合",开通线上农产品销售平台。目前,他们通过组建专业团队,以短视频平台为阵地,直接面向全国销售当地知名农产品。

——政策扶持让"粮王"之路走得更远更稳。罗昭明告诉记者,近年来国家开展的高标准农田建设,让种粮户获益匪浅。过去漏肥、跑水、缺路的低产田如今变成了保肥、保水、能驶入大型机械的高产稳产田,连片的高标准农田使得土地流转相对容易,更适合规模化种植。他说,自己万余亩承包自种农田有九成以上进行了高标准农田建设。

当然,国家政策优惠扶持还不止这些。今年中央财政下达 200 亿元资金向实际种粮农民发放一次性补贴,弥补今年以来农资成本上涨带来的增支影响,保护农民的种粮积极性。朱木华说,粮食年产数百万斤的"粮王"们是这个政策的重要受益群体。种粮比较收益偏低,抵御天灾、市场冲击的能力相对不足,未来,希望进一步提高补贴政策的精准性,进一步体现"多种粮,多扶持"。

一粒米,大如天。譬如禾谷,未灌浆时为"英",正灌浆时为"秀",已灌满时为"实"。"粮王"们就像一株正在走过这一历程的佳禾秀谷。这禾谷,承载着保障粮食安全的重任,承载了乡村振兴的梦想!

(《新华每日电讯》2021 年 9 月 23 日)

评析:这是一篇难得的"三农"深度调研报道,其特点主要体现在三个"结合"。"长期深耕"和"新近热点"相结合,稿件系统梳理出夏粮丰收主要得益于政策利好、行情喜人等多方面积极因素,体现话题性和思考性。"打深井"和"全局观察"相结合,稿件展现江西粮食生产情况,又将观察视角放大到整个南方地区,做出全局性研判。"热观察"和"冷思考"相结合,稿件通过系统分析,既生动展现我国粮食生产现代化进程,也为端牢饭碗进行冷静思考,具有一定的建设性和前瞻性。

(王玉琦 江西财经大学新闻与传播系教授)

通讯

从两条"小道"走上康庄大道

柳俊武　刘占昆　吴鹏泉

（编辑：袁汝晶）

骤雨初歇，井冈山上黄洋界下，林间小道湿漉漉的。抬眼望去，罗霄山下、湘赣边界，高铁纵横交错，四通八达。同在此时，雨后的南昌郊外乡间小道两旁，高楼鳞次栉比，与绿野青葱相互映衬。

这便是江西大地上两条著名的小道：一条为井冈山"朱毛红军挑粮小道"，关乎中国共产党人创建的第一个农村革命根据地军民的生死存亡；一条为邓小平思考"怎样建设社会主义"的"小平小道"，关乎占世界五分之一人口的中国民众的温饱。

井冈山斗争时期，敌人实行经济封锁，红军粮食难以为继。井冈山革命博物馆编研室副主任何小文说，为解决粮食问题，就在这条小道上，毛泽东、朱德率领红军战士肩挑背驮把 30 多万斤粮食运上了井冈山，解决了井冈山军民给养问题，有力支持了井冈山革命斗争。

在何小文看来，"朱毛红军挑粮小道"不仅和红色政权的存在与否休戚相关，而且还历练出无数的铁肩膀、铁脚板。他们走过二万五千里长征，历经艰苦卓绝的抗战，出太行、下江南，走进北京，担起了建设新中国的重担。

民以食为天，粮食问题困扰了中国几千年。1949 年新中国成立之时，中国粮食总产量只有 1.132 亿吨左右，人均粮食占有量只有 209 公斤，离温饱线还很远。

"文化大革命"时期，在南昌城郊的一条乡间小道上，中国改革开放的总设计师邓小平在这里开始思考"贫穷不是社会主义"，中国人如何吃饱肚子的问题。

1969 年 10 月至 1973 年 2 月,因受到错误批判被下放到江西的邓小平及夫人卓琳,在当时的南昌市新建县拖拉机修配厂参加劳动。

据南昌小平小道陈列馆馆长李菁介绍,出于对邓小平的敬重,工人们在其住所与工厂之间的田埂间修了一条小路,"邓小平在这条小道上走了三年、思考了三年,这里凝聚了他对党和国家前途命运的思索"。

1973 年 2 月,邓小平一家离开江西回到北京;1978 年 12 月,中共十一届三中全会召开,吹响了改革开放的号角,开辟了中国特色社会主义道路。

江西省社科院历史研究所研究员庞振宇认为,邓小平带着他的思想从"小平小道"走出去,勇敢地打开对外开放的大门。"小平小道"也被称为中国改革开放和现代化建设的重要思想萌芽地。

百年沧桑历程,百年改天换地。作为中国革命老区,素有"江南粮仓"之称的江西也发生了翻天覆地的变化。

据统计,江西经济总量由 1949 年的 9.09 亿元(人民币,下同)跨越到 2020 年的 2.57 万亿元,人均 GDP 从 69 元增加到 5.69 万元。

作为中国重要商品粮基地,江西是新中国成立以来从未间断向国家提供商品粮的两个省份之一,近年来粮食总产量持续稳定在 430 亿斤以上。

为激励农民种地,离"小平小道"不太远的南昌市安义县种粮大户凌继河,连续多年给为其管理农田的农民发年终奖,总奖金达数千万元,演绎着中国土地上的"新农民"故事。

如今,中国人的饭碗牢牢端在了自己手中,已然实现了从"温饱不足"向"全面小康"的历史性飞跃。

最新数据显示,2020 年中国粮食总产量达到 13390 亿斤,粮食产能已经连续 6 年站稳 1.3 万亿斤台阶,实现了"十七连丰"。

2021 年 2 月,中国宣布脱贫攻坚战取得全面胜利,现行标准下 9899 万农村贫困人口全部脱贫,832 个贫困县全部摘帽,12.8 万个贫困村全部出列。

2021 年 7 月 1 日,中共在天安门城楼上庄严宣告:经过全党全国各族人民持续奋斗,中国实现了第一个百年奋斗目标,在中华大地上全面建成了小康社会,历史性地解决了绝对贫困问题。

放眼望去,无论是井冈山所在地的"赣中粮仓",还是"小平小道"附近的鄱阳湖畔,抑或整个今日之中国,亦如方志敏烈士当年笔下所愿,"到处都是活跃跃的创造,到处都是日新月异的进步"。

正如邓小平夫人卓琳之前在回忆江西岁月时所写,从"小平小道"上延伸出去的,则是一条通往国家富强、人民幸福的中国特色社会主义康庄大道。

(中国新闻网 2021 年 7 月 1 日)

评析:开头现场感极强,又巧妙将"朱毛红军挑粮小道""小平小道"联系在一起,整篇稿件角度独特,结构一气呵成,背景材料丰富又恰到好处。稿件紧扣"粮心",从毛泽东、朱德率领红军战士肩挑背驮把 30 多万斤粮食通过"朱毛红军挑粮小道"运上井冈山,到中国改革开放的总设计师邓小平在南昌"小平小道"思考"贫穷不是社会主义",中国人如何吃饱肚子的问题,进而引申出中国共产党带领中国人民走向康庄大道的"初心"。作品跨越百年历史,从一个独特的视角,具体、生动地再现了中国共产党人引领亿万人民走向民族复兴伟大征程。

(王玉琦 江西财经大学新闻与传播系教授)

报纸通讯

小泡菜改良记

王丹

（编辑：郑少忠）

进屋，落座，一溜罐装泡菜摆上来。依次拉开易拉瓶封口，牙签递到客人手里，华小英招呼着："来，尝尝！"

靠着一罐小小的泡菜，华小英在四年时间里逐步创立了工坊、品牌和公司。

小心思

在瑞金，几乎家家都有个泡菜坛。当地环境潮湿，腌好的酸菜便于储存，"背上锄头，挑个畚箕，缸里面抓点子酸菜，就能下地干活。"

2016 年春，华小英的农家乐在瑞金市叶坪乡黄沙村华屋小组开张。拿什么招揽顾客？加糖泡菜成了华小英的小心思，"每桌送一式四样小菜，餐前开开胃，让客人尝个鲜"。

"阿姨，您家这泡菜真不错！能不能卖给我，打包几罐带走？"有游客提出了要求。

这可奇了，谁也没有听说要把小菜打包的。"当时只拿几个玻璃罐子装点小菜给客人，第一次卖了五六百块钱，第二次就卖了 2000 块！"华小英自己也想不到，自家的泡菜火了！

"店里都是包装精美的小零食，哪儿也没见过卖泡菜的。"儿媳许雯眼瞅着婆婆的泡菜受人喜欢，便寻找城里的果零食铺子做经销。本是试卖，华小英的泡菜却一上架就销售一空。这让华小英很欢喜，从华屋到瑞金市十来公里，一天两头跑，有时都顾不过来。

"现在流行网购,泡菜做好了,能销很远。"华小英下了决心,"就做泡菜!"

巧尝试

清亮、鲜嫩的萝卜,间或点缀几只红彤彤的小米椒。看起来普普通通,但没两把刷子,可"泡"不出来好吃的泡菜。这可不是给蔬菜抹两把盐、扔进腌缸,其余都交给时间的简单故事。2017 年,一间 70 多平方米的店面里,华小英全身心投入到泡菜的研发制作中。

为研制独家产品,华小英凌晨 3 点就去早市采购、一天腌制四五缸菜,一一记录下顾客的反馈。试验品不能浪费,有时一家人一天要吃 20 根小黄瓜。

如此持续 3 个月,华小英全凭个人经验,摸索出了盐和乳酸的合理配比、小米辣和泡菜的最优组合……华小英的泡菜要经过两次浸泡,第一次经乳酸发酵后严格清洗,可去除部分亚硝酸盐,第二次则加入百香果汁、脐橙汁、话梅等配料,形成独家配方。"这样泡出来的菜有股特别的酸甜,更健康,大家都叫它水果泡菜。"

味蕾一被打开就收不住。泡菜只有三四个品种、分季节供应,怎么能满足需求?她不得不在丰富食材上加把劲儿。"比如,瑞金本来很少种洋姜,我从河南、江苏引进,把种子免费提供给贫困户去种。"华小英说。

品种多了,制作方法就有了不同。"拿发酵时间来说,黄瓜要三四天、萝卜七天、刀豆十天……"如果食材发酵时提前成熟,亲朋都要被华小英请来干活。"要赶紧把腌好的菜处理出来,不然就得坏。"如今,华小英有了 10 余种泡菜,四季不断档。

严把关

"这批货成色好着呢!"农户把自家的果菜养得大大的,满心欢喜地等着华小英来收。

一向乐于帮衬农户的华小英此时却严守标准,耐心解释。就拿黄瓜来说吧,前两年秋冬从海南、山东进货,运输三五天,黄瓜口感总差点劲。2019 年开始,瑞金建起一批现代温室大棚,华小英便在山岐村承包了 12 亩,部分解决原材料供应问题。

华小英的黄瓜用的是葫芦科山黄瓜，"黄瓜长得很快，前后几个小时口味都不同。要在它最鲜嫩的时候采摘。随采随收，入过库的不行，隔天的不要。"

渐渐地，农户们认识到："个头小的黄瓜，附加值不一定就小！"大家便照着华小英的标准去种，一斤小黄瓜收购价是以往的两三倍。

从一家店面，到注册商标，再到成立公司，2020 年，华小英的泡菜销售额增至 180 万。回望来路，华小英对产品质量的严格要求功不可没。

"切菜要齐整、装罐的瓜条要码匀实，这样一罐泡菜出来，整齐鲜亮，看起来才让人有食欲。"

包装上，华小英也没少琢磨。从保鲜盒、玻璃罐简单包装，到用上易拉瓶密封装，更便于储存和运输，最近为了适应年轻人的消费习惯，华小英还搞起了小罐装和真空装。"水果泡菜就像日常休闲零食一样，可不只是下饭菜了。"

如今的华小英，不仅承包了 40 亩土地、12 亩温室大棚用于种植蔬果，还建起了上千平方米的初级加工厂房。"下一步，我们要打开线上销售渠道，现在和直播平台合作、春季的营销策划已经在谈了！"

（《人民日报》2021 年 4 月 11 日）

评析：小切口，大主题，故事生动，细节感人。全文仅千余字，作者深入主人公华小英出生、成长、创业之地，在瑞金市叶坪乡华屋村十七棵松前，听受访者讲述自己身为红军后人身上所肩负的期待与责任，从创业的源头感受主人公在生活的村庄依靠红色旅游带领乡亲致富的蝶变过程，在腌菜缸旁、在打包车间，记者在了解"泡菜"制作诀窍的同时于一线聆听老区群众脱贫奋斗过上幸福生活的生动故事。文章小切口，大主题，围绕一罐泡菜，由一人到一家，由一村到一域，文中多用短词短句、行文活泼灵巧，场景性强，富于细节，颇有一番生动旨趣。让读者随作者切身感受到中央和国家政策的落实落地，赣南地区蓬勃发展的美好前景。

（王玉琦　江西财经大学新闻与传播系教授）

消息

长江江豚频现江西赣江水域
专家："十年禁渔"初见成效

李韵涵

（编辑：刘占昆）

中新网南昌 9 月 4 日电　"现在几乎每天都能看到江豚，有时能看到 7～8 头江豚同时跃出水面。"一位在江西南昌扬子洲镇境内的赣江水域"蹲守"近两个月的摄影爱好者告诉中新网记者，江豚频现在此水域已是常态。

长江江豚是长江生态系统的指示性旗舰物种，也被列入《世界自然保护联盟》红色名录极危物种，因种群数量少，被称为"水中大熊猫"。

赣江是中国中部省份江西最大河流，也是长江主要支流之一。中新网记者 3 日 17 时许在江西南昌扬子洲镇境内的赣江水域观察到，有 3～4 头江豚在水中畅游，时而逐浪嬉戏，时而"拖家带口"携幼崽同游，圆圆的脑袋不断露出水面煞是可爱。

"一只江豚一天大约要进食自身重量 10% 的鱼类，大约是 10～20 斤小鱼，同时对生活环境的水质有较高要求。"江西省科学院研究员、省生态学会副理事长兼秘书长戴年华称，江豚的活跃，证明该水域的鱼类资源丰富，过度捕捞的现象得到遏制，"十年禁渔"成果初现。

2021 年 1 月 1 日，长江流域重点水域正式开始实行"十年禁渔"。江西省在中国"长江大保护"的总体战略下，于 2019 年 9 月发布《江西省长江流域重点水域禁捕退捕工作实施方案》，决定从 2020 年 1 月 1 日开始全面禁捕。

据了解，2020 年 5 月 1 日 0 时起，赣江和抚河南昌辖区水域范围内，禁止生产性捕捞。2020 年 9 月中旬，扬子洲镇渔业村近三百年在赣江从事捕鱼为生的 600 多渔民洗脚上岸，140 艘捕捞船及所有捕捞渔具被集中回收，渔业村百年赣江捕捞史正式退出历史。

戴年华建议,江豚频现的水域附近可修建观景点,引导退捕渔民探索农家乐、江豚研学等旅游项目,将独特的生态资源转化为"金山银山"。

（中国新闻网 2021 年 9 月 4 日）

评析: 位于长江中下游的江西是"江湖大省",从 2020 年 1 月 1 日开始全面禁捕,以维护生态环境。该作品以长江江豚频现江西赣江水域这一现象为切入点,结合现场情况与相关背景,并采访相关专家,展现了"十年禁渔"的阶段性成果。作者善于用事实说话,借他人之口说话,作品内容简洁又丰富,较好地展现了江西作为国家生态文明试验区的良好生态环境。

（王玉琦 江西财经大学新闻与传播系教授）

网络专题

"江西是个好地方"主题创意传播大赛

帅筠　邱烨　秦海峰　毛思远　罗娜　时雨　陈逸飞

（编辑：张志斌　黄睿靖）

专题链接二维码

（人民网江西频道 2021 年 6 月 19 日）

评析：专题紧扣"江西是个好地方"主题，通过一张张图片、一个个视频、一首首歌曲……以丰富的表达、多样的角度，全方位展现了经济面貌新、生态环境美、百姓生活好、红色基因传承活的江西形象。声音、漫画、视频、图片、文字等的融媒体传播方式吸引了网友的眼球，向世界讲好了江西故事，传递了江西好声音。

（王玉琦　江西财经大学新闻与传播系教授）

消息

革命老区江西交八年"战贫"成绩单：
281 万贫困人口全部脱贫

刘占昆

（编辑：袁汝晶）

中新社南昌 6 月 23 日电 "25 个贫困县全部摘帽,3058 个贫困村全部退出,281 万贫困人口全部脱贫,完成了消灭绝对贫困的艰巨任务……"江西全省脱贫攻坚总结表彰大会 23 日在南昌召开,一份八年"战贫"成绩单展示了革命老区江西的脱贫攻坚成果。

"贫困是人类社会的顽疾,摆脱贫困是中国人民孜孜以求的梦想。"中共江西省委书记刘奇当天在总结表彰大会上说,江西交出了一份优秀的脱贫攻坚成绩单,书写了人类减贫史上中国奇迹的江西华章。

江西是中国著名革命老区,是全国脱贫攻坚主战场之一。该省 80% 以上国土面积是革命老区,其中 25 个贫困县全部是重点老区县,大部分县处于赣南等原中央苏区。

2017 年 2 月,有着"中国革命摇篮"之称的江西井冈山市宣布在全国率先脱贫摘帽,成为中国贫困退出机制建立后首个脱贫摘帽的贫困县(市)。

历经八年脱贫攻坚,江西老区人民生活明显改善,贫困人口稳定实现"两不愁三保障",脱贫民众不愁吃、不愁穿,义务教育、基本医疗、住房和饮水安全有保障。江西贫困户人均收入由 2014 年的 2654 元(人民币,下同)增至 2020 年的 12626 元,年均增长 30%。

历经八年脱贫攻坚,江西老区面貌发生巨变,基础设施建设突飞猛进,公共服务质量不断提升,全省 100% 的村民小组通了水泥路,行政村 100% 实现了光纤通达和 4G 网络覆盖,农村电网供电可靠率达到 99.8%,行动难、用电难、通信难等问题得到了历史性的解决。

历经八年脱贫攻坚,江西老区发展的步伐在加快,坚持把产业扶贫作为治本之策,因地制宜,创新产业发展模式,帮助贫困民众脱贫致富,推动脱贫地区经济持续健康发展,全省村集体经济经营性收入 10 万元以上的村占比为70.6%,脱贫地区经济活力和发展后劲全面增强。

当天,江西 841 名全省脱贫攻坚先进个人和 396 个全省脱贫攻坚先进集体获得表彰。

（中国新闻网 2021 年 6 月 23 日）

评析:江西是著名革命老区,是全国脱贫攻坚主战场之一,江西取得脱贫攻坚战的完全胜利具有重要的时代意义。作品以江西全省脱贫攻坚总结表彰大会为切入点,选取会上发布的关键数据,组成江西八年"战贫"成绩单。稿件以精练的语言将江西取得的脱贫成果直观展现在读者眼前,从"生活明显改善""面貌发生巨变""发展步伐加快"等方面多方位描述了老区人民生活巨变,展现了老区社会面貌日新月异的时代画卷。

（王玉琦 江西财经大学新闻与传播系教授）

专题

百年荣光

——建党100周年百个故事

王一凡　　胡斐

（编辑：邓玉玲）

作品二维码

（央广网2021年5月至12月）

评析：该专题为庆祝中国共产党成立100周年创办，主题重大、意义深远、制作精良、故事生动。

专题页面呈现100个故事，所有故事均以视频、音频、图文方式呈现。该专题将红色地标放到百年党史的历史长河中考量，见证中国共产党苦难辉煌的历史，同时还与当下现实相结合，做到心中有历史，笔下有现实，让历史照进现实，真正让红色地标承载着的历史活起来。

（王玉琦　江西财经大学新闻与传播系教授）

融媒体直播

70 米高空走线
看空中飞人如何"把脉"特高压电网

杜曦晨　满帅　陈丹阳　曹子啸　张璠

（编辑：杜曦晨）

作品二维码

（中央广播电视总台央视新闻客户端 2021 年 11 月 23 日）

评析：该直播报道时效性强、覆盖面宽。全网独家首发，实现了提前策划、生产与制作采用了"采编在现场""分发全媒体"的全流程快速响应机制，实现了现场采编移动传输、快速发布、流程贯通一站分发。第一时间在央视新闻客户端发布外，也同步在抖音、微博等社交平台广泛传播，实现"一次生成，多次使用"，视频在抖音平台播放量 300 万、微博观看量上百万。

现场感、震撼力极强，通过无人机航拍展示了宏大的"大国工程"，也展现了电网人不畏困难和艰险，辛勤付出，及时传递了核心现场的最新情况，客观呈现了中部地区崛起和革命老区振兴发展，保障电力可靠供应、落实长江经济带发展战略。

（王玉琦　江西财经大学新闻与传播系教授）

消息

首次公布！国字山墓葬是迄今江西地区 考古发现规模庞大的东周时期墓葬

熊传刚 熊方 石坤 韩天枢

（编辑：熊方）

作品二维码

（《央视新闻》2021 年 12 月 25 日）

评析：该消息时效性强，2021 年 12 月 25 日下午 6 点左右，江西对外正式发布国字山墓葬的相关情况，记者在参会前 3 小时，已经全网独家首发了《首次公布！国字山墓葬是迄今江西地区考古发现规模庞大的东周时期墓葬》。该消息重要性、显著性、独特性兼具；信息翔实，细节真实。

（王玉琦 江西财经大学新闻与传播系教授）

短视频现场新闻

好人好报的现实版：
新疆大叔救人后　包子店成"网红店"

张志斌　黄睿靖　陈逸飞

（编辑：吴跃军　帅筠　张志斌）

作品二维码

（人民网江西微信公众号 2021 年 8 月 27 日）

评析：作品"以小见大"。通过新疆大叔救人这一微镜头，引出中华民族大团结的主题，文章切口小、格局大，篇幅短、韵味长。在叙事手法上，作品以新疆大叔纳斯尔江·阿不力米提为主体，第一人称、第一视角原汁原味讲述，真实可感，代入感强。

作品突出"融"字。作品以融合短视频、文字、视频动图等多种报道形式呈现，适应了网络的分众化、差异化传播趋势，视频主题突出，细节丰满，情感真挚。

（王玉琦　江西财经大学新闻与传播系教授）

融媒体

神州答卷|红色江西:信仰荣光
指引高质量发展新征程

范帆 王晓震 徐雅静

编辑:集体(邱黎 戴艳 唐子兰 吴亚芬)

作品二维码

(新华网 2021 年 10 月 28 日)

评析:这组报道不仅有配以图片、海报、短视频的深度调研文章,还有可以扫码体验的互动游戏"我的红色记忆",从中可以探索在江西省井冈山市举行的中国红色旅游博览会的相关内容,互动体验丰富、内容覆盖全面。围绕"红色江西"主题,从用活红色资源到永葆红色初心再落到传承红色基因上,这种层层递进的书写方式全景式记录了江西发展新面貌,展现出了革命老区高质量发展的生动实践,是一组有温度、有深度、有广度、有高度、有气度、有热度的全媒体报道。

(王玉琦 江西财经大学新闻与传播系教授)

融媒体

"洋景漂"说 CHINA

程迪 余刚 王中庆

（编辑：吴亚芬）

作品二维码　　　作品二维码　　　作品二维码

（新华网 2021 年 10 月 28 日、10 月 30 日、11 月 4 日）

评析：景德镇，作为世界陶瓷的"心脏"，是世界认识中国、中国走向世界的文化符号。当"洋景漂"遇见中国传统陶瓷，会发生怎么样的故事？作品聚焦于三位来自不同国家的"洋景漂"，他们因为心中的陶瓷梦来到中国，在他们眼中，千年瓷都是一个很年轻的城市，是瓷器的"天堂"，是最适合制作瓷器的地方。

从作品中，读者能真切地感受到，为什么这里能吸引"景漂"3 万多人、外籍"洋景漂"5000 多人。作品用外国人的眼光看中国的瓷都，通过融媒化表达，从一个小窗口展现了景德镇独特的瓷器文化魅力和中外文化交流的独特景观。

（王玉琦 江西财经大学新闻与传播系教授）

新媒体专栏

空中看江西

刘占昆 刘力鑫

（编辑：刘占昆 李韵涵 刘力鑫）

作品二维码

（中国新闻社微信公众号）

评析：《空中看江西》形式新颖，特色鲜明，受众认知度高，社会影响大，其栏目定位是面向大众、服务小众。面向大众指的是公众号面向所有群体，每个人都可以在这里鸟瞰江西绝美风景，学习航拍内容。但同时它又是服务小众的，只服务于喜欢航拍、会航拍并拥有无人机的少数人提供作品展示的机会。该作品不仅是一次投票，更是以航拍图片、视频等作品展现了江西的大好河山，擦亮了江西的绿色名片，并激发了江西航拍摄影师创作更多好作品的热情。

（王玉琦 江西财经大学新闻与传播系教授）

广播专题

小巷炉火

冯会玲　范存宝　武俊山

（编辑：武俊山）

作品二维码

（中国之声 2021 年 5 月 16 日 11 时 35 分）

评析：该专题真实自然，现场感强。记者从凌晨 4 点爱心厨房点燃第一个炉火开始采访，一直到子夜时分炉火熄灭，始终开着采访机。记者和匆匆来匆匆走的病患或家属拉家常，和万佐成、熊庚香夫妇回忆最初的想法和遇上的人。从清晨的第一碗大米粥，到中午油锅里香喷喷的家常菜，再到午夜炉火熄灭后的那一丝冷清，爱心厨房的 24 小时，尽收记者的采访机和笔下流淌出的文字。故事娓娓道来，不渲染、不煽情，但感人。一个爱心厨房，见证一段段人生无常，一股股人间温暖。生老病死，是每一个人都会经历的生命历程。面对生命的苦难，或许一碗热腾腾的粥，不足以击退病魔，但来自陌生人的帮助，这一炉暖暖的炉火，却让身处绝境的人们找寻到最温暖的力量，人世间的美好。

（王玉琦　江西财经大学新闻与传播系教授）

电视系列报道

红色印记

——百件革命文物的声音档案

胡啸 范存宝 李竞成 谢元森

编辑:集体(刘辉 康美权 尤佳倬 沈汉华)

作品二维码

(中国之声 2021 年 4 月 9 日、4 月 2 日、3 月 30 日)

评析:该系列报道聚焦瑞金红井、写有"六项注意"的红军包袱皮以及南昌八一起义朱德使用的手枪等重要文物,深入挖掘文物背后的感人故事,从细节处入手,精雕细琢,精心打磨,并邀请多位"最美声音"作为"革命文物讲述人"进行播讲。作品全景式展现文物的丰富内涵和精神价值,形成一档旗帜鲜明、形式新颖、内容翔实、可听性强的新时代文物声音"传记"。

《红色印记——百件革命文物的声音档案》系列报道政治导向鲜明、文物选择精准、节目构思巧妙、声音细腻感人。

(王玉琦 江西财经大学新闻与传播系教授)

电视消息

今日正月十五　万家灯火闹元宵
江西景德镇"滚汤圆"包饺子　"洋景漂"欢度元宵节

胡啸　范存宝　杜曦晨　陈丹阳

（编辑:龙闻　汪小英）

作品二维码

（中央广播电视总台新闻频道新闻直播间 2021 年 2 月 27 日）

评析: 视角独特,近年来,景德镇以创建国家陶瓷文化传承创新试验区为抓手,打造与世界对话的国际瓷都。生活在这片土地上的"洋景漂",以瓷为马,追逐着各自的梦想,同时也在塑造着新时代瓷都的风貌。主题重大,在全球疫情持续蔓延,情势非常严峻的情况下,中国成为安全的港湾。"洋景漂"认为自己在中国最安全,中国的制度自信得到了现实的反映。

（王玉琦　江西财经大学新闻与传播系教授）

第 29 届江西新闻奖获奖作品

二等奖(122 件)

报刊消息、评论类（10 件）

报纸消息

纯电动汽车被收尾气检验费

郭俊　戴平华

（编辑：夏剑阳　刘平　罗强）

本报讯　6 月 2 日，九江市民王先生向当地 12315 平台反映，称他遇到了纯电动汽车年检被收尾气检验费的怪事。王先生认为，纯电动汽车不会排放尾气，这属乱收费，若不退还，他将以不当得利为由进行起诉。

反映：纯电动汽车被收尾气检验费

2019 年，九江市民王先生购买了一辆纯电动汽车，用于跑网约车。近期，他准备退出经营，将车辆使用性质由营运变更为非营运，但被告知车辆必须年检合格。

5 月 24 日，王先生来到九江市机动车检测中心（下称"九检中心"）办理车辆年检业务。办完车辆年检后他发现，收费中有一笔尾气检验费。

"纯电动汽车没有尾气排放，为什么要进行尾气检验？"5 月 27 日，心怀疑惑的王先生再次来到九检中心。他在收费大厅放置的《机动车检验检测收费标准公示表》上看到"在用燃油车和纯电动汽车的检验均含尾气检验"的字样。

"我的纯电动汽车根本做不了尾气检验，这是乱收费，要退费才对。"王先生有些不满地表示。

收费员：上了检验台就收 260 元

针对王先生反映的问题，九检中心收费员周云直言："年检项目不能拆分,不管什么车,只要上了检验台就收 260 元,钱不能退。"

据周云介绍,"正在开展优惠活动,做车辆尾气年检业务只需要 260 元,纯电动汽车和燃油车价格一样,单项尾气检验则需要 200 元。"

无奈之下,王先生要求九检中心提供年检检验报告,便于事后维权。但这一要求遭到了周云的拒绝,"检验结果会直接上传给车辆管理部门,不单独提供给客户,行驶证副本上会载明检验有效期。"

九检中心一吴姓负责人坦言:"目前,市场上新能源车较少,没有特意进行区分,总不能只收 60 元年检费用吧。"

新法制报记者走访九江市多家车辆检测机构发现,收费 260 元~300 元不等的车辆年检业务均捆绑了尾气检验,不区分燃油车与纯电动汽车,且皆不提供年检报告。

按照公布的监督举报电话,王先生向九江市公安局交警支队车管所和九江市交通运输综合行政执法支队进行了反映。得到的回复均称:"车辆检测机构属于民营企业,收费标准为自主定价,若存在乱收费问题,建议向市场监管部门进行投诉。"

6 月 2 日,王先生将相关情况向当地 12315 平台进行了反映,已被受理。王先生表示,若此事得不到合理解决,将以不当得利为由进行起诉。

(《新法治报》2021 年 6 月 3 日)

评析:本文体现出了记者较好的新闻敏锐性与新闻责任感。纯电动汽车被要求收尾气检验费,此类事件,看似荒唐却在我们生活中不时会出现。即使道理明明白白,却还是无可奈何。记者直面这个事件,在自己的职业框架之内帮助群众维护自己的利益,既体现了职业敏锐性,也表现了自己的社会责任感。在本文中,事情虽然没有得到理想的解决,但把这个问题揭示出来,可以引发社会的广泛关注,有助于推动问题的最终解决。

另外,本文还有一个特色也是非常明显的,全文的内容是陈述纯电动汽车被收尾气检验费的问题,以及展示寻求问题解决的过程。也就是说记者只是陈述事件,描述过程,而没有对事件本身进行任何的评议,也没有给出任何的结论。我们可以这样来理解其合理性:本文只是一个事件完整流程中的一个环节,留下后续发展的空间,记者当然还可以进行持续性的报道。

（陈信凌　南昌大学人文学部主任、新闻与传播学院教授、博士导师）

报纸言论

记住他们，是不能忘却的责任

余霞

（编辑：袁淑英 陈盛香）

近日，有记者在一些革命老区县调查发现，国家级、省级烈士纪念设施普遍管护得较好，但不少县级以下烈士纪念设施日常管理却不到位，有的杂草丛生、垃圾遍地，有的长期破损、无人修复，还有的烈士墓前甚至种了菜；有的干部不了解当地牺牲红军的事迹，有的村民不知道村里就有烈士墓，还有的烈士纪念馆长期关门，无人问津……

曾有抗战老兵这样说道："我们不怕死亡，就怕被遗忘。"烈士墓荒草丛生、碑文难辨，纪念馆冷冷清清、门可罗雀，那些"光荣与梦想"被时光尘封、被岁月湮没，这不仅有损英烈的荣誉和尊严，更是一种令人痛心的"遗忘"。

"一寸山河一寸血，一抔热土一抔魂。"人类社会的进步，离不开英雄人物的牺牲，也离不开后人对前人的铭记、对英烈精神的传承。中华民族历经磨难、英雄辈出，正如有学者说："我们曾经是奴隶，否则不会有从 1840 年到 1949 年中华民族的百年沉沦。我们也拥有英雄，否则不会有从 1921 年到 2021 年中国共产党的百年征程。"在中华大地上，每一个为国为民的牺牲都永垂不朽，每一座烈士墓都是永不熄灭的精神火炬，每一方纪念碑铭刻的历史都值得国人尊崇，这既是我们从胜利走向胜利的光荣代价，也是一个古老文明血脉赓续的价值追求。正因此，从设立中国人民抗日战争胜利纪念日到烈士纪念日，从颁布《烈士纪念设施保护管理办法》到《中华人民共和国英雄烈士保护法》，从清明祭英烈到建立党和国家功勋荣誉表彰制度……一系列举措标注了党和国家对于英烈尊崇的新高度。

相反,如果没有精神引领,一旦国家和民族面对生死存亡,还有谁能舍生忘死、挺身而出? 任由英烈被遗忘,甚至遭戏说、被抹黑、受诋毁,这样"有了伟大的人物,而不知拥护、爱戴、崇仰",就是"没有希望的奴隶之邦"。曾有一位将军接受电视台的采访,主持人问:"听说黄继光是虚构的人物,您怎么看?"将军勃然大怒,驳斥道:"这世界上没有一个有出息的民族会调侃自己的先烈、前辈。我们的城市高楼大厦太多,纪念碑太少!"

诚哉斯言。今天,经济社会的快速发展,物质生活的极大丰富,让一些人产生了错觉,似乎已经无所不知、无所不能了,似乎没有必要去回顾来路了,似乎英雄气概、革命精神已经过时、可以束之高阁了。果真如此吗? 世界的确在发生沧海桑田的变化,但许多昨天的东西依然在顽强地嵌入今天和明天,比如理想与信念;许多昨天的特质依然在支撑着社会运行,比如忠诚与担当;许多昨天的底蕴今天依然受到人们的膜拜,比如牺牲与奉献。无论我们走多远,走到多么光辉的未来,先辈功绩时刻不能忘,红色基因须臾不能丢,英烈的爱国精神、奋斗精神、奉献精神,是我们这个民族无论如何都不能卸载的精神辎重。

所以,被人记住,不是英烈的初心;但记住他们,是我们不能忘却的责任。让我们永远尊崇、铭记英烈为国家、人民和民族做出的牺牲和贡献,让他们在我们心中,始终鲜活如许、始终壮怀激烈,给予我们砥砺前行的强大精神动力。

（《江西日报》2021 年 4 月 8 日）

评析:可以从两个方面对本文进行分析:

第一,有新鲜发现。对于新闻评论,大家常常只注意到其中的"评论"部分,而忽略了它前面的"新闻"二字。新闻评论与一般评论文章的区别,就在于它评论的是新闻,新闻的状况很大程度上决定了新闻评论质量的高下。本文给出的新闻是:现在一些国家级、省级烈士纪念场所设施完备、管理有序,但不少县级以下烈士纪念设施管理不到位,出现了杂草丛生、垃圾遍地、破损严重、无人修复的状况,有的烈士墓前成了菜地,有的烈士纪念馆则长期关门,无人问津。显而易见,这是一个不太被人提及同时又是值得充分重视的问题。

第二,有明确的态度。对革命烈士纪念馆舍的保护与管理状况,反映出来的就是对待革命烈士的态度。对待革命烈士,本文的态度很明确,并且直接就表达在标题上了:"记住他们,是不能忘却的责任。"强调要永远尊崇、铭记英烈为国家、人民和民族做出的牺牲和贡献。不过,如果把记住他们视为一种内心的需求与自觉的行为,可能效果更好。责任是外在的规定,自觉是内心的驱使。县以下一些无人看管的烈士墓地,如果有人去看护或扫墓,那显然不是出于一种外在的职责要求,而完全是自己的内心选择。

（陈信凌　南昌大学人文学部主任、新闻与传播学院教授、博士导师）

报纸消息

白鹤翩跹起舞　江豚迎风逐浪
两类国家一级保护动物"安家"省会南昌

刘勇　万仁辉

（编辑：张武明　张玉珍）

本报讯　12 月 30 日，赣江南昌扬子洲水域，不时有江豚跃出水面，迎风逐浪。这些江豚有 10 余头之多，前些年只在丰水期从鄱阳湖溯水而至赣江栖息，今年首次在冬季枯水期留了下来。此处往东 45 公里的南昌五星白鹤保护小区，成群白鹤翩跹起舞。前来观鸟的众多南昌市民藏身观鸟长廊，近距离感受鹤之舞、鹤之韵，感受城市与候鸟、人与自然的和谐之美。

南昌，位于鄱阳湖之滨，赣江穿城而过。1300 多年前，唐代诗人王勃在南昌作《滕王阁序》，"落霞与孤鹜齐飞，秋水共长天一色"成为千古绝唱，生动描绘了鸟与水赋予南昌的灵动。

时空变幻，鸟与水又一次成为南昌最为灵动的城市音符。近年来，江西牢记习近平总书记殷殷嘱托，始终把绿色生态作为最大财富、最大优势、最大品牌，高质量打造美丽中国"江西样板"。一系列保护举措陆续推出：2019 年 9 月，省十三届人大常委会第十五次会议表决通过有关决定，确定白鹤为江西省"省鸟"；2020 年 1 月，鄱阳湖启动为期 10 年的全域禁捕；2020 年 5 月，赣江南昌辖区水域启动为期 10 年的退捕；2021 年 11 月，全国首部专门保护候鸟的省级地方性法规《江西省候鸟保护条例》正式出台。

为渔立规，近 7 万名渔民弃船上岸，鄱阳湖、赣江得到了休养生息。"'十年禁捕'不到两年，江豚就定居南昌了！"省农业农村厅禁捕办副主任詹书品介绍说，"今年冬季，赣江南昌水域鱼类资源大幅提升，这是江豚流连忘返的根本因素。"素有"微笑天使"之称的江豚是长江流域标志性物种,今年因其珍稀性由国家二级保护动物升级为一级保护动物。根据监测,鄱阳湖、赣江水域江豚数量持续上升,创下近 20 年来的新高。

为鸟立法,解决了长期以来困扰候鸟保护的人鸟争食难题,候鸟成为老百姓尊贵的客人。"农民主动放弃收割上千亩稻田,专门留给候鸟当'口粮'。"南昌五星白鹤保护小区负责人周海燕说,"白鹤已把这里当成了家,知道在家里安全、舒适。它们与人的距离越来越近了。"白鹤为世界极危物种,全球数量只有 4500 余只。今年入冬以来,前来五星白鹤保护小区栖息的白鹤最多达 2500 余只。

当日,在南昌市豫章小学,资深生态摄影家余会功以志愿者的身份向孩子们展示他镜头里的白鹤与江豚之美,给孩子们讲解人与自然和谐相处之道。余会功说,白鹤、江豚这两类国家一级保护动物在南昌"安家",我们要一代代守护好,让它们成为南昌永远的"市民"。

(《江西日报》2021 年 12 月 31 日)

评析:本作品的主要特色是新闻背景交代顺畅自然,并且在作品整体意蕴的表达上发挥了重要的作用。该消息的核心信息是赣江南昌扬子洲水域首次在冬季枯水期,出现了 10 余头江豚。与此同时,在南昌五星白鹤保护小区,成群结队的白鹤在翩跹起舞。据介绍,江豚与白鹤都是国家一级保护动物,都被列入了《世界自然保护联盟濒危物种红色名录》。它们自如自在地出现在城市的周边,供人观赏,与人共处,这原本就是一种非常珍稀的难得景象,可以独立支撑起一个意义丰厚的新闻作品。

但是,本文的写作没有仅限于此,很自然地穿插了一系列的背景材料,拓展了新闻的容量。其中提到了江西牢记习近平总书记殷殷嘱托,高质量打造美丽中国"江西样板"。2019 年 9 月,省人大常委会通过表决将白鹤确定为江西省"省鸟";2020 年 1 月,对鄱阳湖启动了为期 10 年的全域禁捕;2020 年 5

月,对赣江南昌辖区水域启动了为期 10 年的退捕;2021 年 11 月,出台了全国首部专门保护候鸟的省级地方性法规《江西省候鸟保护条例》。经过背景材料的层层推进,该作品的内涵就从对白鹤、江豚在南昌珍稀现身的报道,拓展与延伸到一个更广阔的层次,令人信服地证明了这样的事实:江西的生态文明建设走在全国前列。经过近些年全省人民的共同努力,赣鄱大地天更蓝、山更绿、水更清、生态更优美。

（陈信凌　南昌大学人文学部主任、新闻与传播学院教授、博士导师）

报纸消息

抗美援朝战场上有八位赣籍军长

章娜

（编辑：张晶　郭宁　周艳华）

江南都市报讯　向伟大的中国志愿军战士致敬！近期,电影《长津湖》热映,截至 10 月 28 日,总票房突破 53 亿元。电影真实还原当年壮烈的战争场面,引发全民爱国热情,勾起人们对那段峥嵘历史的追忆。近日,记者获悉,当年参加抗美援朝的中国人民志愿军中,有八位江西籍军长,他们率领战士们奋勇抗敌,谱写了感人的历史篇章。

根据省委党史研究室及各地党史部门的资料显示,在抗美援朝战争中,八位江西籍军长为赢得抗美援朝战争伟大胜利付出了热血和生命。他们分别是中国人民志愿军第三十八军军长梁兴初、第四十军军长温玉成、第六十四军军长曾思玉、第六十五军军长王道邦、第六十七军军长李湘、第六十八军军长陈坊仁、第五十四军军长丁盛和第二十三军军长钟国楚。八位军长,在朝鲜战场立下了赫赫战功。

血气男儿称英豪,壮心老将展雄风。八位江西籍军长,永垂青史！

八位军长事迹简介：

梁兴初

中国人民志愿军第三十八军军长,江西吉安人,在抗美援朝中,战功卓著。作家魏巍笔下传世著作《谁是最可爱的人》,就歌颂了中国人民志愿军三十八军在朝鲜战场上的感人故事。

温玉成

志愿军首批入朝参战的先锋部队中国人民志愿军第四十军军长,江西兴国县人,荣膺"中国人民志愿军十大虎将"的称誉。

曾思玉

中国人民志愿军第六十四军军长,江西信丰县人,先后参加了第五次战役,积极防御作战和反击马良山、高旺山等战役。

王道邦

中国人民志愿军第六十五军军长,江西永新县人,他被朝鲜《劳动报》誉为"开城保卫战的英雄将军"。

李湘

中国人民志愿军第六十七军军长,江西永新县人,他是牺牲在朝鲜战场上的志愿军中最高级别的军事指挥员。

陈坊仁

中国人民志愿军第六十八军军长,江西兴国县人,蜚声艺坛的现代京剧《奇袭白虎团》和电影《打击侵略者》都取材于他的军队事迹。

丁盛

中国人民志愿军第五十四军军长,江西于都县人,参加了金城战役 254 次大小战斗,他统领的中国人民志愿军五十四军取得了歼敌 7000 余人的战绩。

钟国楚

中国人民志愿军第二十三军军长,江西兴国县人,奔赴朝鲜前线,他率军先后与敌作战 109 次,中国人民志愿军二十三军歼敌 14833 人,击落击伤敌机 4334 架。

(《江南都市报》2021 年 10 月 30 日)

评析:本文最大的特点是借船出海,顺水推舟。《抗美援朝战场上有八位赣籍军长》,这应该是一个历史知识普及读本文章的标题,现在却被用到了新闻作品之中。这个作品让历史成为新闻,其契机是电影《长津湖》播放之后,受到全国观众的广泛关注,截至本消息写作的时段,其总票房突破 53 亿元。随着该电影的热映,国人又一次集体性地怀念中国人民志愿军抗美援朝的历史。正是在这种氛围之中,江西本土的媒体刊发了这个作品,向广大读者介绍了志愿军队伍中的八位江西籍军长,他们分别是梁兴初、温玉成、曾思玉、王道邦、李湘、陈坊仁、丁盛和钟国楚,他们都是在抗美援朝的战斗中立下赫赫战功的英雄,值得广大读者再一次记诵他们光辉灿烂的名字。

需要补充一点的是,本作品弘扬抗美援朝优秀将领的主题值得充分肯定。不过,从新闻写作的角度来看还是稍显突兀与生硬。

(陈信凌　南昌大学人文学部主任、新闻与传播学院教授、博士导师)

报纸消息

商业竞争对手成"背靠背"抗疫伙伴
鄂赣三家企业以义取利显情怀

张武明

（编辑：刘勇）

本报讯　"同行是冤家"的市场老观念，在举国共抗疫情时被淡化。去年年初，在江铃汽车接到指令赶制负压救护车支援抗疫一线时，湖北、江西两地三家零部件供应商"无视"相互之间的竞争关系，大义为先，精诚协作，力保负压救护车零部件供应不断档。2020 年 12 月 30 日，三家企业负责人总结与江铃的合作后均发现，销售额较往年稳中有升。他们感慨，在与祖国共担当中实现企业的发展壮大，格外振奋人心。

同为汽车空调管供应商，武汉海利特汽车空调配件有限公司、翰昂汽车零部件（南昌）有限公司、南昌加扬机械有限公司都与江铃汽车有着合作关系。"这几家企业负责同一个零部件的供应，从某种意义上讲，是竞争对手。"江铃汽车采购中心工作人员吴祖亚回忆，去年春节刚过，在江铃赶制负压救护车时，海利特公司也及时复工复产，源源不断为江铃的负压救护车生产线供应空调管。

意外发生在去年元宵节前几天，受当地疫情影响，海利特公司被迫停产。如果空调管供应跟不上，仅靠有限的库存，负压救护车生产撑不了几天。情急之下，江铃方面提出建议：请海利特公司提供零部件分供方的信息，由南昌的翰昂公司、加扬公司代为装配成型。

企业的分供方信息是商业秘密。将分供方信息提供给江铃，意味着南昌两家竞争对手有机会"挖墙脚"，风险可想而知。海利特公司紧急召开会议，最终做出决定:提供分供方信息和装配技术支持,全力服务负压救护车生产。"抗疫一线正等着负压救护车。先国家,后企业,在大是大非上,我们拎得清。"海利特公司负责人说。

"如果我们抛开海利特,直接找分供方购买原材料,就具备了供货能力。不过,别人这么信任我们,我们不可能辜负人家。"加扬公司总经理张肇中介绍,公司本是为江铃汽车其他车型供应空调管,接到江铃代为装配空调管的任务后,公司迅速组织复工复产,高价把工人请回工厂,及时解决了空调管供应难题。

"得益于三家公司的有效衔接、通力合作,负压救护车生产线只停了两个小时,对整车下线进度没有产生影响。"吴祖亚介绍,近两个月的"代工"结束后,海利特公司恢复生产,南昌两家企业便默契地退出了负压救护车空调管供应,再没私自提出供货请求。

在特殊时期用于商讨原材料供应、交流装配技术的微信工作群,如今已成为江铃与三家供应商分享交流市场信息的平台。

(《江西日报》2021 年 1 月 2 日)

评析:本作品报道的事件是湖北、江西两地三家汽车零部件供应商原本是具有竞争关系的企业,但是为了抗击新冠疫情的需要,一同跨越竞争性同行之间相互竞争的行动惯例,坦诚相待,通力合作,共同促成了江铃负压救护车生产,以满足抗击新冠疫情的迫切需求。相互竞争是为了经济利益,通力合作是为了抗疫大义。抗疫大义超越了经济利益,这自然是一则很具有报道价值的新闻。

采编者以自己的新闻慧眼发现了这个事件,这是本文值得肯定的地方之一。它值得肯定的第二点是,采编者打捞新闻的技巧。三家汽车零部件供应商为了负压救护车生产相互协作的事情,发生在 2020 年初,该新闻作品发表的时间是 2021 年 1 月 2 日。也就是说,采编者写作这条新闻的时候,其所报道的事实已经过去了近一年,就新闻报道的理念来说,它成了一个已经沉没的事件了。但是,记者用了一个新闻由头将沉没的事件打捞出来了。这个由头的具体内容是:"2020 年 12 月 30 日,三家企业负责人总结与江铃的合作后均发现,销售额较往年稳中有升。"尽管这个由头其实不太自然,而且出现得有些迟缓。

（陈信凌　南昌大学人文学部主任、新闻与传播学院教授、博士导师）

报纸系列评论

以新时代"六个第一等"
要求推进高质量发展系列评论

张宗兴

（编辑：钟义勇）

●系列评论之一

加快构建具有赣州特色的现代产业体系

—— 一论以新时代"六个第一等"要求推进高质量发展

在全省上下深入学习贯彻党的十九届六中全会精神、喜迎省第十五次党代会胜利召开之际，省委书记易炼红深入我市宣讲全会精神并调研指导工作，给予肯定鼓励，提出殷切期望，指明方向路径。我们要牢记这份特殊的关心厚爱，准确把握省委省政府对赣州工作的更高要求和殷切期盼，以新时代"六个第一等"要求推进高质量发展，以更好的发展成效向省委省政府、向全市人民交上一份满意答卷。

易炼红书记充分肯定了近年来赣州产业发展的明显成效，强调要"做强做优做大优势产业，持续推进产业存量优化、增量升级，全面增强创新驱动能力"，要求赣州加快建设现代产业新格局，着力打造新时代"第一等"的发展态势和业绩。全市上下务必紧扣这一更高要求，大力实施工业倍增升级和科技创新赋能行动，以超常规的力度加快构建具有赣州特色的现代产业体系，推动产业高质量发展，打造现代产业新格局，用实干担当把省第十五次党代会报告提出的"以创新支撑现代经济体系建设，着力打造全国构建新发展格局的重要战略支点"化为赣南大地的生动实践、鲜活图景。

加快构建具有赣州特色的现代产业体系,务必明了重点抓什么。工业是赣州发展的突出短板,工业倍增升级关系到我市经济高质量发展的全局。我们要大力实施工业倍增升级行动,坚定不移主攻工业,壮大"工业树",繁茂"产业林",挺起高质量跨越式发展的脊梁。要在稀土钨新材料、电子信息、家具家电、生物制药、新能源等重点领域、细分领域上狠下功夫,大力推进智能化转型升级,进一步做大做强"1+5+N"主导产业,力争更快形成若干个具有全球影响力的产业集群。要大力发展新兴产业,培育发展现代服务业,建设现代高效特色农业,加快发展更具带动力的数字经济,推进工业化与信息化、数字经济和实体经济深度融合,促进产业智能化、高端化、绿色化、融合化、服务化发展。要进一步补齐短板、锻造长板,全力以赴发展壮大首位产业,推进强链延链补链,促进产业链供应链现代化高级化,推动县域经济和市域经济齐步高质量发展。

加快构建具有赣州特色的现代产业体系,务必建强用好各类平台。开发区和园区是产业发展、招商引资的主平台、主战场、主引擎。要大力实施千亿园区培育计划,完善园区平台载体,提高基础设施和公共服务配套水平,增强园区承载能力。要优化完善开发区管理体制,推进市场化运行、企业化管理、绩效化考核,将国家级开发区打造成为主导产业鲜明、创新体系完备的发展新高地。要按照"高大上""链群配"思路,尽锐出战招大引强、招才引智,实施"领航企业"培育计划,加快扶持企业发展壮大,形成大企业顶天立地、中小企业铺天盖地的生动局面。要做实创新平台,全力以赴支持中科院赣江创新研究院建设,积极创建国家稀土技术创新中心,集中资金支持重大科研攻关项目,推动其他"国字号"科研平台和高校资源集聚发展,持续优化创新生态,广泛汇聚创新人才,全面增强创新驱动能力。要加快改革创新,为开放平台注入更多新动能、新活力,发展更多新经济、新业态,促进开放平台市场化、项目化、实体化运营。我市平台众多,要分清轻重缓急,突出重点,下大力气把各类平台建设好、运用好,充分发挥它们的最大效应,迅速将各类平台打造成为产业发展的大舞台。

加快构建具有赣州特色的现代产业体系,务必积极扩大有效投资。投资一头连着需求、一头连着供给。投资的带动性强、关联度高,不仅是消费的重要变量,也是供给的重要内容,对于稳定经济运行和激发内生动力、促进转型升级都具有重要意义。今天的投资结构,就是明天的产业结构。项目是发展的重要抓手,是转型的重要推力。发展是硬道理,项目是硬载体。无论何时,抓好项目建设,就抓住了经济发展的"牛鼻子"。始终强化"项目为王",就是要积极扩大有效投资,把项目建设作为硬任务、硬指标、硬抓手。要坚持扩大产业投资,特别是把工业投资放在首位,加快企业设备更新和技术改造,扩大高端装备制造、新材料等战略性新兴产业投资。基础设施是经济社会发展的重要支撑。无论是"老基建"还是"新基建",都需要大量资金投入,需要发挥投资对优化供给结构的关键性作用。围绕实施交通强省战略,要保持基础设施投资强度,加快推动新型城镇化、新基建等重点项目建设,持续加大民生领域基础设施补短板投入。要充分发挥政府投资撬动作用,激发民间投资活力,形成市场主导的投资内生增长机制,为全市高质量跨越式发展注入强劲动力。

产业是立市之本、强市之基。产业兴则赣州兴,产业强则赣州强。我们要拿出"功成不必在我"的精神境界和"功成必定有我"的历史担当,持续发力、久久为功,加快构建具有赣州特色的现代产业体系,为奋力谱写全面建设社会主义现代化国家赣州篇章做出新贡献、展现新作为。

(《赣南日报》2021 年 11 月 25 日)

● **系列评论之二**

加快建设高水平高品质省域副中心城市

——二论以新时代"六个第一等"要求推进高质量发展

城，所以盛民也。让城市生活更美好，是城市建设、发展、治理的追求所在、价值所在。

省委书记易炼红在我市宣讲六中全会精神并调研时强调，要加快建设省域副中心，着力打造新时代"第一等"的城市功能品质。省第十五次党代会报告也再次明确，推动赣州建设省域副中心城市和对接融入粤港澳大湾区"桥头堡"。这既是易炼红书记对赣州奋进新征程提出的目标任务和殷切期望，也是省委从战略全局高度作出的重大决策和科学部署，体现了对赣州的关怀厚爱与充分信任，给赣州发展带来重大机遇。我们要抢抓机遇、乘势而上，把这份关怀信任转化为真抓实干、争创一流的源源动能，以勇毅担当、务实作为的实际行动，汇聚起加快建设高水平高品质省域副中心城市的磅礴力量。

省域副中心城市，通常是指在一省范围内，综合实力较周边城市强大，经济辐射力超出了自身管辖的行政区范围，拥有独特的优势资源，且与主中心城市有一定距离、可以被赋予带动周边区域发展重任的特大城市或大城市。赣州是一座历史上有过辉煌、文化上积淀厚重的城市，在宋代就成为全国交通枢纽，属全国性的繁荣都会。今日赣州，发展日新月异，实力不断增强，是全省唯一的省域副中心城市，在全省区域发展中具有举足轻重的地位。我们必须拿出舍我其谁的气魄担当和争创一流的拼劲干劲，勇于向高处攀、跟强者赛，大力实施城市能级提升和乡村全面振兴行动，加快建设高水平高品质省域副中心城市。

加快建设高水平高品质省域副中心城市，要推动中心城区"起高峰"。做好城市规划,是加快建设省域副中心城市的关键。要按照"四精"要求,高标准编制国土空间总体规划,高标准规划设计城市建设,优化国土空间保护与开发格局,昂起中心城区龙头。要加快五区一体联动发展,推进基础设施、公共服务、产业发展同城同步,打造以中心城区为核心的都市圈,增强中心城区辐射带动力、区域影响力。城市建设如同"诗与远方",既要用心做到"诗是好诗",又要让人感到"远方不远"。要深入实施城市更新行动,提升城市功能品质,彰显赣州文脉、留住城市记忆。要持续巩固深化全国文明城市、国家卫生城市创建成果,推进"智慧城市""韧性城市"建设,让赣州成为一座真正名副其实、使人流连忘返的文化名城、魅力都会。

加快建设高水平高品质省域副中心城市,要加快县域经济"成高原"。赣州地域大、县(市、区)多,建设省域副中心城市,难点在县域,潜力也在县域。要大力实施县域经济倍增计划,持续推进放权赋能、放手搞活,加大要素保障和政策扶持力度,切实提升基层政府服务效能,推动县域经济特色化、特色经济产业化、特色产业集群化,让县域经济活力迸发、动能充盈。城市发展的棋局行至当下,任何一个环节都"绝不可能独善其身,也绝不可以独惠其身"。要推进瑞兴于"3+2"经济振兴试验区、"三南"一体化、会寻安生态经济区、大上崇幸福产业示范区、信丰高质量发展示范先行区协同发展,在倾力打造对接融入粤港澳大湾区"桥头堡"的同时,推动河东片区融入海西经济区。要推进以县城为重要载体的城镇化建设,推动县城公共服务设施提档升级,大力发展乡镇经济,建设一批工业强镇、农业大镇、文旅名镇。

加快建设高水平高品质省域副中心城市,要强化融合发展"建高地"。坚持推进城乡融合发展,既是把握机遇的需要,又是现实选择的必然;既是建好城市的抓手,又是振兴乡村的路径。我们要大力实施乡村全面振兴行动,统筹推进"五个振兴",推进城乡融合发展,努力探索具有赣南特色的乡村振兴路径,打造革命老区乡村振兴示范区。融合见成效,乡村更美丽。要扎实推进乡村建设,持续改善农村人居环境,完善乡村公共服务功能,带动资金、人才、项目等加速向农村集聚,打造新时代"五美"乡村,使之与城市功能建设、品质提升相得益彰。

加快建设高水平高品质省域副中心城市,要促进消费服务"迈高端"。赣州消费市场大,中心城区对周边县市辐射能力强,建设区域消费中心,大有文章可作。我们要发挥人口规模优势,集聚更多优质消费资源,提升消费服务品质,推动消费融合创新,推进商贸消费升级。要高标准建设一批城市综合体、大型商超、特色商业街区,让现代化商圈更加兴旺、更加火爆,让"老街区"焕发新活力。要繁荣现代服务业,加快建设区域性文化旅游中心,大力提升旅游业发展的层次、质量和综合效益,统筹推进全域旅游发展,努力成为赣粤闽湘四省休闲旅游度假康养购物的重要基地。流通体系是促进消费的基础,是经济循环的"大动脉"。要完善基础设施体系,积极推进革命老区交通强国试点,加快建设区域性商贸物流中心,再现江南宋城"商贾如云、货物如雨"的辉煌。

机不可失,时不我待。让我们保持只争朝夕的紧迫感、奋发有为的责任感、真抓实干的硬作风,勠力同心、奋楫前行,对标最高、聚焦最好,加快建设高水平高品质省域副中心城市,努力向省委省政府和全市人民交上满意答卷。

(《赣南日报》2021 年 11 月 26 日)

●**系列评论之三**

加快建设对接融入粤港澳大湾区桥头堡

——三论以新时代"六个第一等"要求推进高质量发展

　　粤港澳大湾区作为我国开放程度最高、经济活力最强的区域之一,在国家发展大局中具有重要战略地位。建设粤港澳大湾区,是习近平总书记亲自谋划、亲自部署、亲自推动的国家重大发展战略,是新时代推动形成全面开放新格局的新举措,也是推动"一国两制"事业发展的新实践。

　　赣粤两省山水相依、地缘相邻、文缘相承、人缘相亲、商缘相通,对接融入粤港澳大湾区,赣州具有独特优势和良好态势。把赣州建设成为对接融入粤港澳大湾区桥头堡,是推进江西高质量跨越式发展的重大机遇,是建设江西内陆开放型经济试验区的重要内容,是推动革命老区高质量发展的生动实践。赣州,正逢其时、正应其势。

　　省委书记易炼红在我市宣讲调研时强调,要加快建设对接融入粤港澳大湾区桥头堡,着力打造新时代"第一等"的营商环境。省第十五次党代会报告也再次明确,推动赣州建设省域副中心城市和对接融入粤港澳大湾区桥头堡。这是省委赋予赣州的重大使命,体现了对赣州的厚爱与信任,给赣州发展带来重大机遇。特别是赣深高铁开通后,赣州到深圳、广州的时空距离大大缩短,正式融入粤港澳大湾区"2 小时经济圈"即将成为现实。面对千载难逢的历史机遇,我们要把全球视野、开放胸襟真正立起来,主动走出去学习先进、请进来搞活市场,以"第一等"的营商环境,加快建设对接融入粤港澳大湾区桥头堡。

　　加快建设对接融入粤港澳大湾区桥头堡,就要加快基础设施"大联通"。从古至今,无论东方西方、南洋北地,交通始终是经济的动脉和文明的纽带。

目前,赣州拥有铁路、公路、航空三大口岸,水运码头正在加快建设,但对外通道连接上的"梗阻"、水平上的"落差"、功能上的"欠缺"还有不少,物流成本和要素成本依然较高。我们要积极推进革命老区交通强国试点建设,织密铁路运输通道,开工建设瑞梅铁路、长赣高铁;优化高速公路网络,提升普通国省道结构和水平,加强"四好"农村路建设;实施黄金机场三期改扩建工程,建成瑞金机场,支持有条件的地方建设通用机场;建成赣州港五云码头,实现赣江三级通航,推进赣粤运河前期工作……心之所系、力之所用,就是为了形成外联内畅的现代化立体交通体系。要进一步完善与大湾区的对接通道,降低货物运输和生产要素、人员流动等成本。特别是要与深圳盐田港、广州港等沿海港口加强合作,运营好"赣深组合港",不断完善提升赣州国际陆港功能,拓展"跨省、跨关区、跨陆海港"通关模式。要全力畅通陆路、水运、空中通道,打造全国性综合交通枢纽,让对接粤港澳大湾区的基础设施越夯越实、越建越强、越联越畅。

加快建设对接融入粤港澳大湾区桥头堡,就要加快体制机制"大接轨"。我们要大胆闯、大胆试,改革束缚生产力的体制机制,高标准建设市场体系,提升土地、劳动力、资本、技术等要素市场化配置效率。要营造比肩大湾区的营商环境,按照"大湾区能做的,我们也要能做到"的要求,实施优化营商环境"一号工程",打响"干就赣好"品牌。要深化"五型"政府建设,加大"放管服"改革力度,推进审批流程再造、"一网通办"数字化改革、"全产业一链办"改革,推动更多高频事项"跨省通办""省内通办"。不仅要在政务服务上与大湾区比肩,在帮扶企业上也要比肩。要规范涉企行政执法,完善营商环境监督机制,开展"小鬼难缠""中梗阻"问题专项治理,构建亲清政商关系,让企业和客商"无事不受扰、办事不求人"。

加快建设对接融入粤港澳大湾区桥头堡,就要加快全方位领域"大衔接"。易炼红书记指出,对接融入大湾区,既要"筑巢引凤",也要"引凤筑巢"。要全面加强与大湾区的对接合作,积极承接大湾区科技、产业、人才等资源的辐射带动,深度参与区域分工。我们要加强与深圳、广州、东莞等大湾区城市合作,推动产业对接、平台共享、园区共建,主动融入大湾区产业链、供应链、服务链。要完善赣州国际陆港口岸功能,提升赣州综保区能级,发展临港经济。要加快深赣港产城特别合作区、赣粤产业合作试验区南康和"三南"片区建设,打造国家级承接产业转移示范区。要把招商引资作为"一把手"工程,发扬"五皮"精神,紧盯大湾区、长三角、闽东南等重点区域,尽锐出战招大引强、招才引智。要聚焦"1+5+N"等主导产业和特色优势产业,创新产业链招商、资本招商、社会化招商、科技招商等,引进更多行业头部企业和"5020"项目。要充分发挥国有平台公司、产业引导基金作用,通过互相参股持股撬动资本、引入产业。

"来而不可失者,时也;蹈而不可失者,机也。"大湾区建设,为粤港澳培育新优势、发挥新作用、实现新发展、作出新贡献搭建了大舞台;建设对接融入粤港澳大湾区桥头堡,是赣州推进高质量跨越式发展的大机遇、大文章。我们要深入学习贯彻省、市党代会精神,解放思想、奋勇争先,着力打造新时代"第一等"的营商环境,加快建设对接融入粤港澳大湾区桥头堡,奋力谱写全面建设社会主义现代化国家赣州篇章。

(《赣南日报》2021 年 11 月 28 日)

评析:就新闻作品而言,这是一个典型的大制作。体裁是新闻评论中的评论员文章,而且是篇幅不短的系列评论,讨论的是一个赣州市经济社会发展的大思路、大战略、大格局、大举措。简而言之,它体现了两个主要特点:

第一,紧扣上层最新的发展思路与指导精神。该系列评论是在全国上下学习贯彻党的十九届六中全会精神的浓厚氛围中推出的,省委书记易炼红深入赣州市宣讲全会的精神,并结合全会精神对赣州的发展提出了指导性意见。系列评论以全会精神与易书记的指导意见为立足点与支撑点,对赣州的发展进行分专题的论述,立意高远,视野开阔,既体现出了权威性,又具有说服力。

　　第二,紧贴当地的现实条件与发展现状。离开了现实条件谈发展,形成的成果很可能就是空中楼阁。本系列评论做到了言之有物,持之有据。在讨论加快建设对接融入粤港澳大湾区桥头堡时,就提出了建设瑞梅铁路、长赣高铁,建成瑞金机场与赣州港五云码头等意见,等等。

　　在该系列评论中,"第一等的工作"是其中的关键词。在土地革命战争时期,毛泽东曾经用这个词赞扬中央苏区兴国等县出色的工作成效。如果文章能够从"第一等的工作"切入,讨论一下苏区精神对于新时代赣州经济社会发展的推动与激励作用,文章就更加完整了。

　　　　　　　　　　　　　(陈信凌　南昌大学人文学部主任、新闻与传播学院教授、博士导师)

报纸消息

换届不换"跑道" 一张蓝图绘到底
靖安新官理旧事理顺民心理出新气象

曹小武 罗云羽

（编辑：梁瑞颖 杨学文 张海光）

本报靖安讯 进入 12 月份，寒潮接踵而至，但靖安县农民刘高全每天仍要到新房工地转一转。看着打好的地基，憧憬着美好未来，老刘心里乐开了花。

刘高全是宝峰镇刘家村村民。前些年因为集镇建设拆迁，一直居无定所，几届镇党委为他新房选址奔忙。今年 6 月，新一届镇党委为老刘选了一处黄金地段，事情圆满解决。"感谢这几任特别是现任领导。听说换了领导，我当时认为，有些眉目的事情又要拖了。"12 月 26 日，不善言辞的老刘说起此事，一个劲地道谢。

新官要理旧事。今年 8 月，靖安新一届县委班子到任后，就鲜明表明态度。县党代会报告专门强调："接力棒"的交接，不代表"跑道"的改变。要珍惜来之不易的发展态势和局面，不标新立异，不推倒重来，坚持一张蓝图绘到底，一任接着一任干。同时，在继承历届县委保持和利用生态优势基础上，深植绿色发展理念，用生态统领产业发展、城市建设、生产生活。据此，县里收集了涉及医疗、教育、工业、社会保障等领域 143 个亟待解决的问题，梳理归类为 47 项问题清单。

宝峰镇焦坑村小组地处山区，常年缺水。每逢旱季，村民饮用水只能靠消防车运送。历届镇党委为此想了许多办法。今年 9 月，镇里投资 20 多万元，接通自来水，上百户村民饮水难题彻底解决。双溪镇南门社区，过去工作人员挤在租用的两间民房里办公,功能不全,群众办事极不方便。两届班子接力办,在上一届选好址、装修基础上,新班子投资 200 多万元,着重在完善功能、健全服务体系上下功夫,并引进居家养老服务。三层楼的房子,办事大厅、各种活动室、爱心超市……布局合理、功能齐全。南门社区,从一个落后社区,成为第十六届江西省文明单位。

"新官理旧事,民生实事是重点,但不是全部。最重要的,是树立正确的政绩观,体现一种担当、责任。通过理旧事,理顺民心理出新气象。"谈及初衷,县领导这样说。

中源乡地处四县交界处,是靖安县最偏远乡镇,经过历届乡党委探索,成了远近闻名的避暑小镇。新一届乡党委班子到任后,投资 2000 多万元,拓宽道路、建设智慧旅游平台、打造景观带……如今,全乡农家乐达 600 多家,夏天常住避暑人员近 3 万人,半年引进项目 11 个,总投资达 6 亿元。靖安坚持"生态立县"不动摇,提升完善绿色发展理念,大健康、高端装备制造、电子信息等绿色工业快马加鞭,大项目一个接一个,全域旅游加速推进,并被评为国家全域旅游示范区。

(《江西日报》2021 年 12 月 30 日)

评析:新闻性强,以小切口反映大主题。新官不理旧事现象积弊已久,不少群众因此深受其害,损害了政府公信力。在全省大力推进发展和改革双"一号工程"的时代背景下,靖安县新一届县委班子主动担当,旗帜鲜明树立"新官理旧事"服务导向,并将其写入党代会报告,事情本身具有很强的导向性和新闻性。作品题材独特,采访深入,内容充实,文字精练,语言鲜活,可读性强,是一篇好消息。

(陈信凌 南昌大学人文学部主任、新闻与传播学院教授、博士导师)

报纸消息

为受诬告干部澄清正名 对诬告者严肃惩处
江西一诬告者被党内严重警告、行政撤职

徐立鸣

（编辑：王剑华 危春勇 黄祥晟）

近日，江西省纪委省监委驻省文旅厅纪检监察组与省体育局党组联合召开全局干部大会，通报一起省直体育系统的诬告陷害典型案例，公开为受诬告干部澄清正名，并开展警示教育。

会上，江西省体育局直属机关党委首先通报了查处该不实举报有关情况。去年 5 月，省体育局机关及直属单位四十余名领导干部分别收到反映某直属单位主要负责人存在男女作风及欺压商户问题的匿名举报信，局党组和驻厅纪检监察组高度重视，在省纪委指导和公安机关协助下，驻厅纪检监察组扎实开展核查。经查，该反映为不实举报，经驻厅纪检监察组建议，局党组研究决定给予诬告者党内严重警告、行政撤职处分。

江西省纪委省监委驻省文旅厅纪检监察组负责人强调，恶意举报、诬告陷害严重挫伤了党员干部干事创业积极性，破坏了社会风气和政治生态。要坚决查处诬告陷害行为。把为干部澄清正名工作作为净化省体育局政治生态的重要抓手，不仅为受诬告者澄清正名，更对诬告者进行严肃惩处，营造风清气正的政治生态，为体育事业健康发展保驾护航。要强化教育宣传引导。教育党员干部群众正当行使监督举报权利，实事求是，以事实为依据，绝不允许捏造或歪曲事实进行诬告陷害，更不允许人身攻击打击报复。要加强协作配合。局党组、驻厅纪检监察组要与公安机关加强沟通联动，形成联合打击诬告陷害工作机制，鼓励干部担当实干，敢于与黑恶势力作斗争，以担当精神

和过硬作风确保各项工作取得实效。

(《信息日报》2021 年 1 月 11 日)

评析：本消息的核心事实是省文旅厅纪检监察组与省体育局党组通报了一起诬告陷害的案例，对受诬告的干部进行澄清正名，对诬告者实施了严重警告与行政撤职的处分。

第一，该作品有新鲜信息。在与纪检监察部门相关的信息中，大多是关于干部受到处理的内容，因为调查处理国家行政机关及其公务员和国家行政机关任命的其他人员违反行政纪律的行为，是各级纪检监察部门的主要职责。

第二，该作品有引导价值。纪检监察部门对相关人员进行调查与处理，一定是建立在事实充分、证据确凿的基础上的。对于歪曲事实、诬告陷害的行动不仅不予支持，而且还会对诬告者进行严肃惩处。本案例中纪检监察部门的处置措施，对于营造风清气正的政治生态具有引导的作用。

(陈信凌 南昌大学人文学部主任、新闻与传播学院教授、博士导师)

报纸消息

一家民企投产 16 年，10 年以上工龄员工占 52%
华腾地毯倾情打造和谐劳资关系

平国旺

通讯员：何勇兵 杜瑜鑫

（编辑：彭勃）

本报高新讯 "公司 202 名员工，工龄满 10 年的 105 人，占公司总人数的 52%，八成多员工工龄七八年以上，公司投产 16 年，员工几乎是'原班人马'和因为扩产而增加的'老员工'，不少员工在华腾一直干到退休，而且员工幸福感很强。"10 月 21 日，在高新区开展企业稳定用工调研时，江西华腾地毯有限公司的用工稳工情况令市人社局的工作人员感到惊讶。

"作为一家民营企业，公司对员工在福利待遇、工作环境、员工子女教育等方面提供了全方位的关爱。"高新区就业部门负责人谢金秀打趣说，华腾地毯员工队伍如此稳定，从不愁招工问题，"从不找我们麻烦"，以至于在市、区两级组织招聘时"差不多忘记了它"。

关爱员工体现在待遇留人上。公司员工入职即购买五险一金，行政人员实行双休，生产一线员工实行计件制，上班时间三班倒固定 8 小时。员工入职一年享受 6 天带薪年假，入职两年及以上人员，每年享受 12 天带薪年假。员工有晋升空间，同时还有生日红包、病丧假、产假、体检、旅游等福利待遇。

把关心员工子女做深做细。2010 年建成使用面积 1000 多平方米的员工子女活动中心，开设江西第一家为员工子女义务服务的暑期托管班，今年又投资 50 余万元改造活动中心。2011 年起，每年投入十多万元，聘请 4～5 名老师，为 6～12 岁的员工子女提供免费午餐、点心、水果，孩子们可以免费接受跆拳道、音乐、美术、体育、舞蹈等特长教育及丰富多彩的拓展教育。2011 年起，每年投入十多万元，组织 12～18 岁员工子女，赴外地开展夏令营活动。

2013 年,公司设立董事长奖学基金,为每年考上大学的员工子女发放奖学金,至今已累计为 110 名学生发放奖学金近 40 万元。

员工困难时有人帮。公司成立爱心帮扶互助会,解决员工家庭实际困难,减轻员工在遭受突发事件或大病时的经济损失和精神痛苦。截至目前,共募集资金 30 余万元,扶助 200 余人次,使用金额 15 万余元。

通过全方位关爱员工,华腾地毯不断提升员工的归属感、幸福感,同时激发全体员工爱岗敬业的热情。已有 11 年厂龄的公司办公室主任邓发妹告诉记者,去年二三月疫情期间,为赶制因新冠疫情耽误的大量海外订单,员工自愿请战,自带被褥、日常生活用品,吃住在厂里,主动封闭管理,参与企业疫情防控与复工复产,公司以最快速度恢复产能,满足了订单生产需要。

近几年,作为园区用工稳工的典范,华腾地毯获得"全国工人先锋号""新余市劳动关系和谐企业""国家高新技术企业""省级重点文化企业"等荣誉,公司生产的高端地毯 50% 出口国外。

（《新余日报》2021 年 10 月 22 日）

评析:该作品是一条非动态性新闻,报道的是一种现象或者状态,即江西华腾地毯有限公司的用工相对稳定。作为新余的一家投产 16 年民营企业,全公司 202 名员工,工龄满 10 年的 105 人,占公司总人数的 52%,八成多员工工龄都在七八年以上。企业用工稳定的意义是显而易见的,但是,用工稳定肯定不是评价一个企业的关键性指标。因为在其他的场合,我们还会强调人员更新与流动的必要性。如果作品只是在企业用工稳定上做文章,至少有一些读者是不会认可本新闻的价值的。

作品的巧妙之处就在于从用工稳定延伸到企业内部建立了良好和谐的劳资关系,并且从企业给予员工的待遇、对员工子女的关爱、对困难员工的帮扶等多个方面补充事实,作品不仅由此变得更加丰满厚实,而且其价值与意义也变得更加清晰可感。

（陈信凌　南昌大学人文学部主任、新闻与传播学院教授、博士导师）

报纸消息

板车宣讲团团长吴光明
化身网络主播开展基层理论宣讲

夏东华　张维民　余德智

（编辑：汪园　陈晓莲　陈剑）

本报讯　仲冬时节，信江大地暖阳高照，天空蔚蓝洁净，12 月 8 日下午 4 时许，在余江区春涛镇坞桥村一处院落的古樟下，阳光透过层叠的树叶变成了柔柔的光点洒落地面，一群村民围坐在春涛文化站站长吴光明的身边，一个手机支架，一台智能手机，立在众人面前，一场别开生面的基层理论宣讲直播正在进行。

"实施乡村振兴战略，是党中央作出的重大决策部署。这段时间有不少农民兄弟找到我，希望能聊聊党的十九届六中全会精神里有关乡村振兴的内容，今天我就跟大家谈谈这个话题⋯⋯"理论讲解深入浅出，列举事例精彩生动，吴光明在宣讲时朴实自然的言语，不仅深深吸引了现场村民，而且也引起了众多网友的关注，随着直播的进行，不断有网友涌入直播间观看直播，并纷纷留言点赞。"用老百姓听得懂的语言，讲老百姓关心的事，这场宣讲通俗易懂、打动人心，真接地气，点赞！"网友圆圆的小柿子在直播时留言道。当天下午的直播生动活泼，网友积极参与互动，取得了良好的效果。

如何才能让全会精神里鲜活的理论知识传播得更广，传递到千家万户，是吴光明近段时间一直在思考的问题。"我注意到现在很多老百姓都喜欢看刷短视频、看直播，尤其是年轻人。我就想能不能将日常的宣讲通过直播平台直播出去，让更多的人看到呢？"说干就干，于是吴光明化身网络主播，开辟了基层理论宣讲的新阵地。

吴光明是土生土长的余江人，他几十年如一日始终奔波在农村文化工作一线,坚持宣传党的路线方针政策,赢得了村民的广泛赞誉,先后荣获"全国优秀社科普及工作者""全国基层理论宣讲先进个人""中国好人"等众多荣誉。他组织的"板车宣讲——三农志愿服务"项目,更是被中宣部、中央文明办评为"最佳志愿服务项目"。这次运用网络视频直播,是他开展基层理论宣讲的又一次全新尝试。"这次直播达到了预期效果,网友对全会精神很关注,也很喜欢这种宣讲形式,今后我还会继续开展类似的直播,让党的创新理论'飞'入寻常百姓家。"吴光明说。

从"板车"宣讲团,到利用微信群宣讲,再到如今的网络直播,阵地虽然在变,但是吴光明宣讲党的理论方针路线的初心没有改变。自党的十九届六中全会召开以来,他通过宣讲会、快板书、诗朗诵、三句半等多种形式,开展了 12 场全会精神宣讲活动,逾千人现场聆听了宣讲。

（《鹰潭日报》2021 年 12 月 11 日）

评析:本文报道的是一位农村文化工作者依托网络平台,利用主播的方式,宣传党的十九届六中全会的会议精神。用当下最为流行的形态,向基层群众传播党和国家新近最具权威性的会议内容,这是新闻所报道事件的新意,也是新闻作品的价值体现。

文中的这位农村文化工作者长期在基层宣传党的方针政策,先后荣获"全国优秀社科普及工作者""全国基层理论宣讲先进个人""中国好人"等众多荣誉。他组织的"板车宣讲——三农志愿服务"项目,更是被中宣部、中央文明办评为"最佳志愿服务项目"。现在看来,这些业绩与本文的核心内容整合在一起,似乎没有达到浑然一体的效果。如果对本文稍作调整,把报道的焦点改为不断创新基层宣传路径,可能效果会更好一些。

（陈信凌　南昌大学人文学部主任、新闻与传播学院教授、博士导师）

报刊通讯、系列报道类(10 件)

报纸系列报道

"大南昌都市圈调查与思考"系列报道

黎军 殷勇 钟珊珊 宋思嘉

（编辑：袁华 李滨 沈秋平）

代表作一：

圈者：因"大"而成

——如何理解大南昌都市圈

开篇语

不谋全局者，不足谋一域。

2019 年初，国家发展改革委印发《关于培育发展现代化都市圈的指导意见》，提出培育发展一批现代化都市圈。由此可见，中国进入到都市圈时代。

经历新冠肺炎疫情后，更有专家分析，中国经济恢复和发展主要依靠在技术进步、产业结构和消费结构升级、城市化进程等方面的结构性潜能。今后 5 到 10 年，都市圈和城市群加快发展是中国经济增长最大的发展潜能，是中国经济增长的"新风口"。

2018 年 7 月，江西省委十四届六次全会提出"一圈引领、两轴驱动、三区协同"的区域发展战略；一年后，《大南昌都市圈发展规划（2019—2025 年）》

出炉。

千帆竞发,时不我待。今天,作为谋一域而生的大南昌都市圈,其发展状况如何? 在成长、发展过程中遇到了哪些烦恼和藩篱? 各方对此的共识度怎样,有何建议和良策? 借鉴毗邻方兴未艾的合肥等都市圈,又当如何加速崛起?

为尽可能了解更加全面的情况,探求可资借鉴的做法,围绕以上话题,本报派出调研采访组,奔赴圈内各地,以及合肥都市圈的合肥、芜湖两市,行程 3300 多公里,入企访情、座谈问计、现场求证,形成"大南昌都市圈调查与思考"三篇系列报道——《圈者,因"大"而成》《圈者,因"融"而兴》《圈者,因"优"而特》,以期对推进中的大南昌都市圈建设有所裨益,敬请关注。

4 月 30 日,"五一"小长假前夕,临近午时,南昌地铁大厦旁的公交站台,候车的乘客排起了长龙。

自从两年多前南昌—丰城的 168 城际公交线路开通以来,每逢节假日,这样的场景便是常态。

记者上车后,不一会儿,车上 49 个座位就坐得满满当当。坐在记者前排的熊女士,当天上午带着孙女到南昌就医,中午就坐这趟车返回丰城。对于经常往返两地的她来说,相较于以前坐长途客车,公交班次更密,而且更快捷、更舒适,来回一趟还能便宜 20 多元。一班城际公交,把她和省城的距离拉得更近。

如今,有了公交的一体化,以及更大范围内的基础设施一体化、公共服务一体化、产业布局一体化等八个"一体化",两地群众、两城之间日益"一家亲"——在南昌,经常可见来此工作、游玩、消费和就医的丰城人;在丰城,四处听得到南昌口音,看得见赣 A 和赣 M 牌照的车辆……

不仅在南昌和丰城,这种由"一体化"带来的"同城化"趋势,从省委十四届六次全会提出建设大南昌都市圈的战略以来,就在整个都市圈的范围内变得越发明显。由此,这个拥有全省约 30% 的面积、40% 的人口,却创造了全省约 50% GDP 的都市圈,作为江西经济的"最强军团",发展的格局在变、经济的体量在变、释放的效能在变。

战略的演变——从"龙头昂起"到"一圈引领"，格局变大

南昌向塘国际陆港新城位于南昌县，不靠海、不沿江，发展外向型经济并无先天优势，却日益成为区域物流中心，凭什么？

带着疑问，采访组来到这里一探究竟。

原来，除了外贸班列增加、班次加密外，2019 年起，南昌县推出同价到港、同价起运、同样效率的"三同"政策。通过设立资金周转池，每年拿出 1 亿元给予企业全程铁路运费补贴、距离到发场站集疏费补贴等。这项政策，不仅让南昌本地的企业受益，而且为宜春、上饶、九江、抚州等地企业节省了大量的物流成本。

如果没有大格局、大气魄，便不会有这样的大手笔。

"不光是陆港新城，南昌打造的空港新城、高铁新城、九望新城、现代职教城等功能片区，着眼的已不仅是自身发展，而是大南昌都市圈，乃至全省的发展。"南昌市发改委主任贾或超告诉记者。

多年前，我省确立了"龙头昂起、两翼齐飞、苏区振兴、绿色崛起"的区域发展格局，强调通过"龙头昂起"，把南昌打造成带动全省发展的"核心增长极"。之后，随着区域竞争的格局由城市间的"单打赛"变成都市圈、城市群之间的"团体赛"，2018 年，省委提出"一圈引领、两轴驱动、三区协同"的区域发展战略，其中的"一圈引领"就是打造以南昌为核心，以赣江新区为引擎，以九江、抚州为支撑，以一小时交通时空距离为半径，联动丰樟高、鄱余万等周边县（市）的融合一体发展的大南昌都市圈。

"南昌就好比一个心脏，只有心脏强了，供血能力强了，才有利于输血造血，辐射周边兄弟城市。"贾或超如是比喻。九江市发改委相关负责同志也表示，南昌处于全省的龙头地位，为做强大南昌都市圈，只要南昌提出需求，九江都会积极响应。做大做强南昌这个核心，已成为圈内各地的共识。

从"龙头昂起"到"一圈引领"，发展格局之变，催动着都市圈内每位成员的思想格局也要变。

位于南昌小蓝经开区的江西煌上煌集团食品股份有限公司,在谋划发展时,也像圈内许多企业一样,把目光投向了都市圈。他们很快看中了丰城在麻鸭养殖、屠宰方面的优势,希望在丰城建肉鸭屠宰厂,以解决每年至少 1000 万羽屠宰量的缺口。然而,囿于两地政策不通用,一旦"走出去",公司将不能继续享受现有的高新技术企业资质及税收减免政策,成本和风险难以控制。不仅如此,对产业转移,小蓝经开区也感受到了可能面临的财税流失。各方面因素的掣肘,让煌上煌始终难以作出决策。

如何看待和解决这一系列新问题、新难题?这就是大南昌都市圈战略背景下,对思想格局的一次考验。

"'走出去'显然有利于公司做大做强。"煌上煌相关部门负责人坦言,如果资质能互认、壁垒能打通,对企业将是极大的利好。

这就需要政府部门展现出更大的格局——不是固守局部利益,而是放眼整体发展。

调研表明,思想格局问题,是都市圈一体化面临的共性难题,为推动格局转变,不少政府部门、企业纷纷建议,可以尝试在都市圈划定"共享试验区",探索资金投入、土地要素、公共资源跨地区合作,建立 GDP 内部核算及税收分成机制,让各方"共建、共享"。合肥市发改委区域经济处处长张卫东也认为,推动生产要素的流动,可以鼓励以市场化的机制,开展"飞地经济"或"毗邻区"合作。

"大南昌都市圈的发展,不是一城一地的事,南昌要彰显省会担当,其他城市也要扛起各自的责任和使命。"

当前,这种都市圈"命运共同体"的大格局观已经有了萌发,但要真正成为大多数人的共识和追求,还需要更多的努力。

策略的嬗变——从"独唱独舞"到"合唱共舞",体量做大

格局问题意识到了,策略问题随之而来。

都市圈最鲜明的特色,就是圈内成员间通过圈的聚合作用,实现资源的有机整合,促进体量的增长。在合肥都市圈,我们看到了从"独唱独舞"到"合唱共舞",带来的资源叠加效应。

这是一个与蔬菜有关的故事。

舒城县位于六安市,自从与合肥共建蔬菜基地之后,合肥市民的"菜篮子"更丰富了,舒城县菜农的"钱袋子"也更鼓了。

合肥有市场优势,舒城有环境、土地、人力资源优势。为两者牵线搭桥的,是合肥都市圈 2007 年推出的合作共建蔬菜基地项目。由合肥市设立专项补助资金,鼓励都市圈周边县(市)种植蔬菜。

仅去年,合肥拨付奖补资金 656 万元,与都市圈 9 县(区)再建蔬菜基地 46 个,面积 4300 余亩。

合肥人觉得这笔钱花得值——舒城县桃溪镇建成万亩水生蔬菜生产基地和千亩国家级设施蔬菜标准园;金寨县天堂镇打造出夏季高山茭白基地;霍山县建立了集生产、加工、运输、销售为一体的高山蔬菜产业体系;"舒城黄姜""桐城水芹"分别获批国家地理标志产品……不仅平抑了合肥市蔬菜价格,而且大大丰富了市民的餐桌。

合肥都市圈蔬菜基地共建,是都市圈推动产业相加、做大体量的一次有益的探索。但是,这种相加,显然不是一种简单的"加法"。

在大南昌都市圈,很多地方也在尝试这种相加。比如,奉新县有着十几年的纺织产业发展基础,形成了较完整的产业链。近年来,该县又引进了以光电照明、智能终端为主的电子信息产业,逐步与南昌在主导产业上形成了趋同之势。为做强南昌这个核心,也为自身寻求更持久的产业发展模式,奉新正在积极规划与南昌的合作,不过,从目前两地的产业关联来看,表现更多的还是各自为战。

"独唱"固然是发展的一种方式,但强强联合的"共舞",更能产生多层面的共赢和多赢。

走进九江港,目睹一批批从南昌港、樟树港转运而来的货物,从这里通江达海,走向世界,我们看到了一种都市圈产业合作的模式。

九江港是全省的门户港口,在水运方面有着绝对的优势;南昌港虽是腹地型港口,但货源充足。近年来,九江港开通昌九集装箱公共支线,实现了两港的功能互补。

采访组从上港集团九江港务有限公司了解到,近三年,南昌经九江港出口货物量逐年上升,2020 年达 86.15 万吨,占九江港出口货物总量的 17.97%。此外,九江港对来自南昌、樟树等港口的集装箱班轮予以扶持,既为大南昌都市圈货物通江达海提供了优质便捷的水上通道,也让口岸经济成为都市圈外贸新的增长点。

优势互补,走出的是互利共赢;错位发展,创造的是无限空间。由此,九江港与南昌港之间形成了"1 + 1 > 2"的效果。

"合唱共舞"不是拉郎配式的相加,而是通过发挥市场作用和各自优势,让每个角色都能获得比"独唱独舞"更大的收益。

南昌和鄱阳,为此进行了有益尝试——围绕全省的航空产业,南昌聚焦研发、设计、制造,鄱阳则利用空域优势,发展航空驾校、无人机修理等配套产业;围绕全省数字经济产业,南昌等地布局大数据、人工智能、流量经济等领域,鄱阳则瞄准产教融合,为都市圈培育数字经济实用型人才。

与此同时,政府部门也在发挥"合唱指挥"的导向作用,引导都市圈协同推进体制机制和政策创新,加快要素市场一体化,完善成本共担利益共享机制,把一个个"独唱"推向一体化发展的"大合唱"。

机制的应变——从"物理变化"到"化学反应",效能放大

3 月中旬,夜幕降临,华灯初上,抚州文昌里历史文化街区游客渐渐多了起来。听戏曲演绎,看实景演出,逛明清老街……景区工作人员小熊明显感觉到,从南昌、九江、宜春等地过来的游客越来越多。

这是每年一次的大南昌都市圈市际联席会,给圈内旅游产业带来的看得见的变化。尝到甜头后,圈内一些成员纷纷自发建立联动机制,以实现资源共享、客源互送、品牌共推、线路互联。去年 9 月,2020 抚州(南昌)文化旅游宣传推介会走进南昌;当年,仅南昌运通旅行社一家,就为抚州带来了 6000 多人次的大巴游览团队,并带动了相应的酒店住宿及消费;而抚州则给该旅行社兑现了 60 余万元的奖补资金。

机制的联通,催化了比"物理变化"更大效能的"化学反应"。然而,在奉新、靖安采访时,两地也提到,由于缺乏跨区域统筹的机制,大家一直期盼串珠成线的"湾里(梅岭)—安义(古村)—靖安(宝峰寺)—奉新(宋应星馆)"精品旅游线路,目前还是没有打通"最后一公里"。

此外,在生态、城管、警务等相关领域,突破行政界限的合作机制建设还存在不少短板。

比如,赣江干流市汊断面,是南昌与丰城的交界断面。其中,丰城处于上游,而该跨界断面水质考核的主体为南昌。为了提升赣江水质,今年 4 月,南昌虽然联合宜春、丰城对交界区域跨界污染源开展了协同排查及整治,推动了生态保护的联防联控,但圈内各城市相互之间仍然没有形成一个稳定、可持续的协调机制。同样,赣江新区作为国家级新区,近年来处于大规模的基础设施建设期,其施工的扬尘污染,一定程度上影响到南昌市的空气质量考核指标,急需一套有效的联动机制协调双方利益。

行政壁垒的阻隔,利益诉求的不同,是一道道制约都市圈产生更多"化学反应"的墙。能否由更高层级的职能部门,牵头建立圈内沟通协商和约束执行机制并监督落实,从而跨越障碍,真正实现风险成本共担、利益价值共享?

在省发改委采访时,地区经济处处长朱建军表示,我省正谋划在大南昌都市圈发展领导小组、都市圈市际联席会议等既有的领导和协调制度的基础上,组建大南昌都市圈专项小组,以分领域推进生态、产业、交通等方面具体事务。同时,大南昌都市圈发展规划也要求,建立针对都市圈整体和相关设区市、县(市、区)的差异化绩效考核体系,实行都市圈建设发展情况的监测约谈制度,推动相关政策协调取得实效。

潮涌都市圈,虽道阻且长,然未来可期!

短评:

抓住格局这个"命门"

采访中,合肥市发改委一位同志"合肥都市圈不是合肥的都市圈,而是安徽的都市圈"的话,给记者留下了深刻印象。

格局与视野决定态度和行为。不以江西为世界,而以世界谋江西。从改革开放之初的"南门北港",到新世纪之交的昌九工业走廊、昌九一体化,再到当下的"一圈引领、两轴驱动、三区协同",江西谋划、构建区域经济发展格局的站位不断提升,胸襟更为宽阔。

作为"一圈"内的各成员城市,当应发展格局之变正确审视和清晰自身在圈中的角色、职责——

大南昌都市圈的"大",非指南昌之大,但赋予南昌大作为;带有"泛"的概念,是指跨越南昌区域形成的一个"联合体",需要各地抱团成圈。

故身为"老大哥"的南昌,应该自觉强化省会城市之责,勇挑核心引领之担,想方设法做大总量,尽快提高在圈中的经济首位度、在全国区域发展格局中的地位;以善算"大账"的手笔,积极推进与圈内城市在交通基础设施、公共服务等领域的互通互联,以"贫富不论"的气度,强力集聚、辐射圈内"一众兄弟"在产业链条上同频共振。而作为圈内的其他城市,则要提高全局站位,以市场为主导,扬"优"显"特",主动开展"强核"行动和双边、多边互动,打好定位发展、错位发展、联合发展的组合拳,齐心形成打造区域经济一体化、高质量发展的合力;而不是将都市圈的发展狭隘理解为南昌一地的事,"坐等南昌来辐射",如此亦将错失都市圈带来的发展机遇。

靡不有初,鲜克有终。大南昌都市圈,是江西的都市圈,是全省经济社会发展最重要板块,建设之意义现实而深远。对于这个尚处培育阶段的经济圈,圈友们唯有休戚与共,多一份信心、持一份耐心,才能相生共赢,行稳致远。

■链接:

大南昌都市圈

根据《大南昌都市圈发展规划(2019—2025 年)》,大南昌都市圈的发展定位是全省高质量跨越式发展引领区、长江经济带绿色发展示范区、全国内陆双向高水平开放试验区、国际先进制造业基地和国际生态文化旅游目的地。

在产业发展方面,大南昌都市圈将共建高端化专业化分工协作的现代产业体系,促进产业集聚集群集约发展和产业发展平台共建共享,共建高端产业集聚、特色优势互补、配套协作紧密、创新创业活跃的现代产业体系,培育产业国际竞争新优势,推进工业强省、旅游强省、现代农业强省战略在都市圈率先落地。

在基础设施方面,协同推进基础设施一体化现代化,统筹提升交通、信息、能源基础设施连通性贯通性,促进廊道共享共用,构建都市圈一体化现代化的综合交通网、智慧信息网、能源电力网。尤其是构建以南昌为中心,多层次、放射状、强连通的综合交通网,优化都市圈综合交通网络布局,提升都市圈交通设施一体化服务水平。

此外,大南昌都市圈还将推进公共服务共建共享,推动公共服务由按行政等级配置转向按常住人口规模配置,以推进都市圈公共服务均衡普惠、整体提升为导向,着力推进社会治理创新,推动基本公共服务、社会保障一体化发展,提升公共服务共建共享水平和有效供给能力。

代表作二:

圈者:因"融"而兴

——如何推进大南昌都市圈

绿树成荫,鸟语花香,流水潺潺,曲径通幽。

这不是风景名胜区,而是知名药企华润江中制药集团有限责任公司的制造基地——江中药谷。

在这个坐落于南昌湾里的"中国最美工厂"里,全球首个无人中药液体生产车间和原生态森林、湖泊融为一体,兼具科技感和生态性。车间里听不到嘈杂的机器轰鸣声,只有上百个机械手和智能运输小车配合完成提取、纯化、配料、灌装等生产工序,整个流程智能且高效。

"去年 10 月,位于赣江新区中医药科创城内的华润江中科创城现代中药生产基地一期项目正式开工,未来将与江中药谷共享研发资源,推动转型升级,撑起中国(南昌)中医药科创城的'双核'。"企业相关负责人介绍。

华润江中在两地进行跨区域产业布局的背后,正是南昌市和赣江新区充分发挥各自科研技术、产业基础、政策机制等优势,助力大南昌都市圈中医药产业迈向融合发展新阶段的生动实践。

经过数年探索,不仅仅是中医药产业,也不单单是南昌市和赣江新区,大南昌都市圈已表现出越来越多的融合元素。

受益于基础设施相融,各地往来更加便利和频繁;获益于产业相融,各地经济发展有了新动能和新活力;得益于公共服务相融,圈内居民有了更多的获得感和幸福感。

"融"之前提——基础设施互联互通织起一张整体融合网

近日,采访组来到于去年底全线贯通的 S208 省道余干县鹭鸶港至九龙段公路改建工程的起点,这里道路平坦、车水马龙。余干县发改委负责人告诉记者:"该项目是 S208 省道的重要组成段,也是我们加强与进贤县联系的主要通道,对于完善鄱阳湖区域路网布局,促进余干更深层次地融入大南昌都市圈具有重要意义。"

就在此不远处,离杭长高速余干出入口仅 2 公里的昌景黄高铁余干段一号预制梁场,也是满眼火热的施工场景。

2023 年,这条高铁通车后,余干到南昌只要半小时。同时,依托未来的余干高铁站,以及近在咫尺的杭长高速、S208 省道,一个立体化交通网将支撑起一座现代化高铁新区,重点发展与大南昌都市圈相配套的产业,使余干真正实现融圈发展。

有了圈内每个城市的努力,不知不觉间,一张以南昌和赣江新区为核心,以九江、抚州和丰樟高、奉靖、鄱余万组团为主要节点的连接东西、贯通南北、内畅外联的"1 小时"都市圈多层次综合交通网,正在加快形成,推动大南昌都市圈的区域整体融合。

在南昌市东湖区上班的胡先生，因为有了舒适便捷的 139 路直达公交车，每日下班后都可以回老家永修县居住，成为跨城通勤一族。在南昌帮子女照看孙子的高安市民王阿姨，也习惯于周末乘坐高铁往返于两地之间。"我在南昌坐地铁 2 号线到西客站，再乘坐高铁，15 分钟后就能到高安。"王阿姨说。

于是，工作、生活、学习带来的人流、物流、资金流，在都市圈内加速资源的有效整合，并成为都市圈迈向整体融合的重要标志。

"加速大南昌都市圈融合发展，实现道路等基础设施一体化是首要前提。"调研采访中，这已成为圈内各单位的共识。

然而，基础设施建设投入大、涉及广、见效慢，特别是道路建设往往横跨多个县（区），乃至设区市，各自之间诉求不一、财力不同，导致一些项目进展受阻。

南昌市三清山大道南延至南外环高速对接丰厚一级公路项目，一旦通车，将打通南昌、丰城两地的快速通道，减少绕行，加快两地的融合发展。该项目两年前就列入了大南昌都市圈发展合作重点事项，但推进缓慢。

合肥都市圈的交通基础设施建设也面临此类问题，合肥市交通运输局有关负责人表示，作为省会城市和核心城市，合肥在互通互联项目中会作出更大贡献或直接出资支持。比如，合六南通道对六安的拉动作用显于合肥，但合肥主动投入 100 多亿元以完成项目建设。

对此，省发改委地区经济处处长朱建军认为，"融"的关键是齐心协力、携手合作，作为都市圈的核心，南昌要彰显省会担当，其他城市也要发挥各自作用，积极对接。与此同时，省级层面将统筹推进实施大南昌都市圈综合交通专项规划，加快高铁、地铁、高速公路、空港、航运等方面的重点项目实施，强化合作机制的刚性约束力。

"融"之关键——产业发展共生共赢串起一条深度融合链

3 月中旬，采访组来到位于南昌、抚州两市接壤地带的昌抚合作示范区，惊奇地发现，这里没有林立的厂房，扑面而来的是一股生态田园气息。看似"含金量"不高，但当采访组走进态何源田园综合体，却感受到别有乾坤——

大棚里,百香果、杜果、芭蕉等果树郁郁葱葱;养殖区,大闸蟹、小龙虾、加州鲈鱼等水产琳琅满目。更重要的是,项目自 2017 年落地,已实现了 8000 多万元产值。

示范区管委会副主任徐志明介绍,立足于打造成南昌后花园的定位,他们还围绕现代农业、休闲康养、生态旅游三大产业,引进了家和·十里莲花健康小镇、华宸农业蔬菜科技产业园等一批项目。

建设昌抚合作示范区,可以视为大南昌都市圈推动产业融合的有益探索。

大南昌都市圈是一个经济圈,而非行政圈。因此,最具经济属性的产业融合程度,是这个都市圈是否成功的标志。

前不久,万年县领导带领招商局等职能部门专程到赣江新区对接项目,两地准备以飞地经济模式打造产业协作区,助推万年融入昌九电子信息带。几乎同时,江纺也从南昌来到万年,将借力万年已有的纺织产业基础,共同打造纺织新材料省级重点产业集群。

在九江市采访时,有关部门负责人则高兴地向采访组亮出了昌九两地旅游产业融合的成绩单——庐山西海温泉、白鹿洞书院等 10 家景区加入“南昌旅游一卡通”,开展两地联合营销之后,售卡量达 28 万余张。仅去年,九江市使用一卡通出游人次达 120 余万,南昌人到九江加盟景区旅游人次达 240 万。

融合带来实力,融合创造双赢。不过,在产业一体化备受关注的背后,也难掩一些不足和短板。

受限于用地条件,南昌小蓝经开区的一家线缆生产企业于 2013 年 8 月签约入驻永修云山经济开发区城南工业园,建设中压生产线厂房。2016 年 5 月,项目一期投产后,与留在小蓝经开区的低压生产线形成互补。然而,这样的融合尚处于低层次,只是转移企业一部分业务至圈内其他城市,或在外地开设分支机构,距离以产业高端化、集聚化为标志的高层次产业融合差距较大。

在大南昌都市圈各地调研,发现不乏诸如此类的问题:或因产业缺乏互补性,合作没有基础;或因产业结构趋同,同质化导致竞争唱了主角,“各自为战"较多,"精彩配合"较少。作为大南昌都市圈核心的南昌市也反映,尽管拥有电子信息、生物医药、汽车及新能源汽车、航空装备四大战略性新兴支柱产业,以及虚拟现实、现代轻纺、汽车、新材料等优势产业,但这些产业与发达城市相比还是总量偏小、竞争力偏弱,"自己都吃不饱",辐射力有限。

基于此,南昌市发改委相关负责人建议,大南昌都市圈在产业融合上,应积极发挥都市圈"核—极—轴"的辐射带动作用,形成"一中心两板块五片区多支点"的产业空间格局,构建优势互补的区域经济布局,促进各类要素合理流动,避免重复建设、同质化竞争和区域市场分割,从而实现合作共赢。

"融"之助力——公共服务共建共享连起一条协调融合线

发展的成果最终要体现在人民获得感上。

无论是在省级层面的发展规划里,还是在每年的大南昌都市圈市际联席会议中,公共服务共建共享都是都市圈建设发展的重点。

抚州市民张女士感触颇深,她说:"我在南昌退休后,回到抚州老家生活。原来,我每年都要到南昌完成养老金领取资格认证。随着昌抚两地系统对接成功,现在数据跑路、人不跑腿,极大地省去了我们退休人员在居住地与参保地之间来回奔波的麻烦。"

从社保到医保,从教育到医疗,从政务服务到智慧城市,大南昌都市圈民生服务共享网越织越密。

在高安,投资 28 亿元、建筑面积 32 万平方米的南大二附院蓝城分院项目设计方案已通过城市规划委员会讨论。同时,高安市人民医院、中医院等已经和省人民医院、南大一附院、南大二附院等 11 家医院建立了医联体业务关系。在樟树,市人民医院与南大二附院组建医联体医院,积极推进省中医院托管樟树市中医院。此外,南昌市目前与都市圈内城市已实现人员异地就医即时结算;去年 11 月,大南昌都市圈住房公积金异地贷款合作正式启动。

一个大家肉眼可见、内心可感的"幸福圈"已然成形,圈内居民对大南昌都市圈的认同感也随之越来越强,使得公共服务的共建共享不断助推着都市圈的区域协调融合。

　　然而,喜中有忧的是,大南昌都市圈的融合,在人力资源共享、社会保障、生态联防联控等领域尚需进一步创新、发力。

　　他山之石,可以攻玉。采访中,大南昌都市圈内不少企业反映招工难、人才缺的问题。合肥对此则探索出人才资源共享的做法:一是每年春季组织市里重点企业,到周边县(区)举办招工引匠跨区对接活动;二是建立跨区的企业人力资源招聘信息发布系统;三是在省内外建立输出劳务服务协作站,通过这种劳务协作关系实现不同地区间用工和人才的有机流动和供需渠道的畅通;四是开展高层次人才的跨区服务,对人才专技进行异地互认,仅去年异地互认高级职称 17 人。

　　而对于涉及社会保障的有关问题,合肥开展劳动监察联合执法,去年跨区办理了 24 起欠薪协查案件;推动拖欠农民工工资黑名单共享、区域信用合作共建,通过信用信息互认机制、完善守信联合激励和失信联合惩戒制度,提高信用信息共享及成果运用的质量和效率。

　　差距就是努力的方向。省发改委提供的一份《推进大南昌都市圈建设 2021 年工作要点》显示:今年,大南昌都市圈将进一步聚焦公共服务一体化,谋划开通若干条南昌市至都市圈内城市的公交线路,配套研究制定减免或取消已开行城市公交高速公路收费的政策。同时,落实都市圈内公积金异地贷款一体化政策;推进社保跨区域申报及异地受理协同经办工作落实;健全大南昌都市圈区域突发公共卫生事件多点触发监测和预警响应机制……

　　从基础设施到产业发展再到公共服务,从责任担当到发展共赢再到民生互融,大南昌都市圈逐步从共生走向共荣。

　　一幅因"融"而兴的幸福蓝图正跃然而出。

短评

精通融合这道"法门"

　　龟兔赛跑的故事,当放到市场经济的环境下去演绎,就不只"缓慢但坚持就会赢得比赛"这样一种解读了。兔子虽有跑得快的优势,但没有乌龟水陆两栖运动的本领。如果给龟兔下达一项在规定时间内跑完一段陆路、游过一条河流、龟兔均不可能独自完成的任务时,要达到胜利的彼岸,唯一的办法是发挥各自核心竞争力,进行互补性合作。

由此可见,当我们不再与竞争对手较力,而共同关注如何完成某项任务时,大家会表现得更好,取得更大的效益。

这,就是竞合,既有竞争又要合作。

对应于都市圈来说,其繁荣兴盛的题中应有要义和最难点即在于此——产业竞合。

我们知道,圈内各个城市虽经济能级不一,但各具特色和优势,这种差别化和蕴含的叠加效应正是建圈的依据和价值所在,都市圈的运行机制给资源整合、要素流动及效力呈现提供了良好平台。由此,都市圈能否实现产业协同、层次性发展,取决于城市间产业核心竞争力的互补与合作程度,取决于圈中城市依照职能定位、自身长项短板而采取的融合方式:或联合、或错位,或勇做头雁、或甘当配角……

除了产业竞合,圈的融合还体现在多个层面,每个城市主体也各有自己的利益诉求,但不管"融"什么、怎么"合",解放思想,突破"行政圈"羁绊,完善和巩固协调推进机制,以高效的机制保障决策的落实,才是举纲执本之道。在这个大前提下,交通基础设施的融合,公积金、医保、公交等公共服务的同城化,才能切实打通人流通道,带来商气聚集,不断提升群众满意度,"融"出满满的获得感、幸福感。

圈已成局,路径已明。心往一处想,劲往一处使,"融"才能发生正向的化学反应,产生 1 + 1 > 2 的深度成效。每位圈友亟须乘势而上,起而"融"之。

他山之石

创新:合肥都市圈的最亮底色

自 2006 年以来,从"省会经济圈"到"合肥经济圈",再到"合肥都市圈",十余年间,合肥都市圈实现了不断扩容和战略升级。目前,已拥有"八子"的合肥都市圈,以安徽省四成左右的土地和人口,创造了全省约六成的经济总量,成为区域经济发展的重要引擎。

从"默默无闻"到"迎风起舞",合肥都市圈发展的内在动力是什么?

是创新!

4 月中旬,采访组行走巢湖之滨,从量子大道、科学岛、安徽创新馆等一个个城市地标,以及九章计算、量子显微、墨子号卫星、人造小太阳等一项项"高精尖"技术中,感受到创新的脉动。

在安徽创新馆,可以完成舞剑、切割等复杂动作的机器人,芝麻大小的 5G 滤波器芯片,全球最大口径的磁共振设备……一件件硬核科技产品让人目不暇接。

为了更好地推动科技成果从"书架"走向"货架",多年来,合肥坚持围绕创新链布局产业链,围绕产业链部署创新链。

如今的合肥,北有"中国屏",西有"中国芯",中有"中国声",南有"中国车"……一个个特色产业集群加速集聚,让这座"大湖名城"不断走向"创新高地",更为合肥都市圈高质量发展提供了源源不断的内生动力。

合肥都市圈的创新,不止于科技,更在于思维观念的破旧立新。

在高新产业中,显示屏被誉为"烧钱大王",而国内的显示面板产业又长期被海外垄断。为改变现状,合肥大胆投入,敢于挑战"卡脖子"技术。

十年磨一剑,正是靠着独到的眼光和创新的土壤,合肥才最终站上了全球平板显示产业的制高点。

在当地,江淮与蔚来的"牵手",被传为佳话。

江淮是安徽的老牌车企,有着深厚的制造基础;蔚来是互联网造车新势力,在研发设计和销售方面有优势。两者在"合肥模式"的催化下,发生了奇妙的化学反应,生产出蔚来 ES8 等产品,填补了中国高端新能源汽车的空白。

创新,照亮了传统制造业由中低端迈向中高端的转型之路。

芜湖中集瑞江汽车有限公司是生产搅拌车、液罐车的企业。庞大笨重的罐体,让人很难与高科技联系起来,可是走进生产车间,采访组却发现,企业最新研发的搅拌车粉末喷涂生产线,不仅实现了全自动化生产,而且实现了固废和废气的零排放。生产线上,自动焊接机器人、智能无人运输车随处可见……

论资源禀赋,芜湖并无优势。可就在这片土地上,涌现了傻子瓜子、奇瑞汽车、海螺水泥、三只松鼠等一个个响当当的品牌,创造了一个个"无中生有"的产业奇迹。

这便是创新的魔力! 从单点到全域,创新,已然成为合肥都市圈的最强基因、最亮底色。

代表作三:

圈者:因"优"而特

——如何做强大南昌都市圈

沉浸式折幕,让人融入人水相依、千年流淌的水世界;全息投影,让人和水生物来一场有趣的互动游戏;VR 剧场,让人以鸟儿的视角来一次"飞跃未来靖安"之旅……

这是建设中的靖安县河长制数字化展馆项目,展开的一幅虚拟与现实深度融合、人与自然和谐共处的动人画卷。

据了解,这个把靖安的生态之美与科技之力有效结合在一起的项目,与一家来自南昌的 VR 企业密切相关。企业负责人告诉记者,大南昌都市圈的建设,推动圈内越来越多的地方,把自己的生态优势、文化优势,与南昌的 VR 产业优势结合起来,进一步放大自己的特点。

都市圈是什么? 如果说每个城市是"指头",那么都市圈就像是汇集了各个城市优势的"拳头"。

大南昌都市圈同样是一块优势汇聚的宝地。

这里有享誉全球的世界 VR 产业大会,这里有振翅高飞的国产大飞机,这里有历史悠久的中医药产业,这里还有内涵丰富的赣商文化……

然而,如何才能把这些优势锤炼成为大南昌都市圈的竞争力?

把优势"扬"起来——各展所长,以特殊眼光焕发圈的生命力

近日,走进哈工大机器人南昌智能制造研究院,一条天然产物提取分离纯化中试生产线引起采访组的关注。它看似由各种金属罐体和复杂管道组成,却是一个计算机控制的智能系统,能根据不同原材料自行编程,效率是常规方法的 6 倍以上。据了解,围绕工业自动化、生物材料、食药装备三大江西需求强烈的领域,该研究院积极帮助企业进行装备自动化、产线数字化、工厂智能化方面的技术研究,已提供相关解决方案 10 余项,不少落户于大南昌都市圈。

近年来,南昌在推进大南昌都市圈做优做强的过程中,充分发挥省会在科技、人才、资金、市场等方面的资源优势,以"一廊一区一岛三城多点"组成的创新矩阵为支撑,把创新引领作为自己在都市圈内发挥好核心引领功能的重要方面,使自己成为推动都市圈产业升级的关键力量。

丰城市在没有任何优势的情况下,从无到有建设江西工业设计小镇,关键一招就是打造"深圳研发、南昌加速、丰城整合"的生态圈,特别是位于南昌的工业设计研究院,发挥工业设计推广、设计人才引进、设计技术资源链接的功能,在其中起到了催化作用。

樟树市建设中医药产业研究院和中药质量第三方检测检验中心,弥补一直存在的中药研发和检测短板,依托的也是来自南昌的高校——江西中医药大学,以及源自南昌的检测公司——华星检测。

十指相连,各有所长。不光南昌有创新等方面的优势,大南昌都市圈的每个城市都有自己的特长。

走进九江百里长江"最美岸线",九江港城西港区集装箱码头车水马龙的景象让人震撼;来到抚州 312 平方公里昌抚合作示范区,态何源田园综合体瓜果飘香的场景令人流连。此外,赣江新区拥有先行先试的政策优势,鄱阳手握独具魅力的湖泊资源,万年弘扬历史悠久的稻米产业文化,高安形成不断壮大的建陶产业,靖安打造令人向往的天然氧吧……

亮点频现,风采各异。但"一核两极两轴、三组团多支撑"都市圈区域格局中,能真正把个体优点打造升级为特色板块的还不多。

为此,樟树最近作出了积极探索。置身樟树港河西港区建设现场,一个总投资约 108 亿元、占地约 2000 亩的港城一体化项目蓝图跃然眼前。相关负责人介绍,该项目创新性地把港与城有机地结合起来,不仅将建设 15 个 1000吨级现代化货运泊位,打造赣江内河水运最大码头;而且在码头附近还将崛起一座规模宏大的新城,为港口可持续发展提供依托。如此大手笔,着眼的已经不是樟树一城一池的发展,而是把樟树的水运优势,与都市圈的物流需求结合起来,激发整个都市圈的运输活力。

当特长被锁在小格局里,它只能是优点,只有放在全局中来谋划,它才能成就一域特色。

采访中,不少市县政府职能部门的负责人坦言:如今,圈内各个城市都逐步意识到,要更加重视在人文、生态、区位和历史等特殊资源中,寻找自己融入都市圈的发力点和突破点,不断激发圈的生命力。

把优势"链"起来——强强联手,以特色产业增强圈的竞争力

万年联创显示科技有限公司是国内一家年产 6000 万片触控显示一体化产品的重要企业,中兴、TCL、海尔、美的等企业所需的触摸屏,不少都出自这里。该公司虽在万年,却与南昌有着千丝万缕的关系。它由"南昌光谷"的联创电子投资建设,是万年融入大南昌都市圈、承接南昌电子信息产业转移的重大产业化项目。

近年来南昌大力推动"南昌光谷"建设,跻身全国重要的移动智能终端产业基地。与此同时,电子信息产业也是万年重点培育的优势主导产业之一。那么,万年与南昌之间,是竞争,还是合作?

万年做出的选择是,与"南昌光谷"合作共建电子信息产业协作区,全力打造南昌电子信息产业转移承接基地。

善于和别人的优势"链接"起来,实现优势的倍增,在大南昌都市圈,不乏这样的潜在特色产业链。

中医药是樟树的传统产业。与此同时,赣江新区正在以"国内领先、世界一流"为目标,打造规模宏大的中医药科创城;南昌高新区的生物医药产业也逐步在中医药方面形成较为明显的创新力……

石油化工是九江的支柱产业。九江正向着打造全国重要的石油化工产业基地的目标迈进,永修也在努力建设世界领先的有机硅产业基地,樟树则迈向国内重要的盐化工产业基地……

针织服装是南昌市青山湖区的品牌产业。但围绕纺织服装这个主轴,共青城的羽绒服装、德安的棉纺服装、瑞昌的棉麻纺织、奉新的涤棉纱线、万年的纺织新材料也各具特色……

机会层出不穷,但分析这些产业链的现状,有的虽已形成一定的产业合作,但链条还不长;有的虽已获得一定的产业影响,但集聚还不够。因此,谈起在大南昌都市圈融合一体发展,大家普遍认为:产业的融合是其中最大的难点,也是最大的短板。

怎么办? 在合肥协力液压科技有限公司,我们看到了"造链"的途径。企业负责人表示,他们车间仅 4000 平方米,却能创造 1 亿元的年产值,因为很多生产环节都由产业链企业承担了,而这些企业大多位于合肥都市圈。由于只专注于自己擅长的末端精加工、研发和检测等关键环节,其产品的加工精度达微米级,竞争力强劲。

这些经验进一步表明,造链就要形成"链主",就要打造"最优组合"。为此,《大南昌都市圈发展规划(2019—2025 年)》专门提出,要打造都市圈产业协同创新共同体,促进产业集聚集群集约发展和产业发展平台共建共享,共建高端产业集聚、特色优势互补、配套协作紧密、创新创业活跃的现代产业体系,培育产业国际竞争新优势。

造链、补链、强链。这是大南昌都市圈必须突破的一道难关。

把优势"聚"起来——田忌赛马,以特有策略扩大圈的影响力

都市圈竞争是综合实力竞争,大南昌都市圈如何形成这种实力?

近日,采访组走进共青城基金小镇。这里风光旖旎,碧波荡漾,一排排造型独特的建筑星罗棋布,凸显出山水与人文的精彩互动。就在这青山绿水中,小镇已入驻了 6000 多家基金企业,成为中国最具影响力的基金小镇之一。凭借强大的资金链,小镇入驻企业对外投资实体项目 4746 个。其中,投入江西产业项目 1140 个,资金规模达 267 亿元。

江中食疗科技有限公司就是受益者之一。

这家同样位于共青城的企业,获得过多个国家级创新奖项,打造了一个现代化、生态化、智能化的制造基地,利用气流输送物料系统和视觉、记忆识别等人工智能技术,整条生产线能提高生产效率约 50%,体现了产业链与创新链的融合。在此基础上,2018 年 12 月,晟道投资与江西省发展升级引导基金设立总规模为 10 亿元的子基金。首笔 3.18 亿元资金,专项投资于江中食疗项目。

如此,当产业链、创新链和资金链等具有比较优势的链条深度融合在一起,江中食疗最终形成了独具竞争力的成长模式,并由此立足共青城,在竞争激烈的快消品市场扎下了根基。

圈内产业的发展如此,整个都市圈的打造也是这样,必须聚合各种优势链条,来不断铸造自己的综合实力。

《大南昌都市圈发展规划(2019—2025 年)》在描述都市圈的发展基础时,总结了六方面优势——区位交通优势凸显、产业发展态势良好、创新资源较为密集、城镇体系层次分明、绿色生态优势突出、文化底蕴厚重绵长。那么,如何才能有效聚合这些比较优势,使大南昌都市圈在与其他都市圈竞合的过程中,形成自己不可替代的地位和功能?

2000 多年前,战国时期的军事家孙膑,用一场充满策略的赛马游戏,演绎了比较优势理论最为朴素的"打开方式"。今天,当我们走进以都市圈为代表的全新的区域竞合时代,大南昌都市圈也在比较优势的聚合上不断探索新的策略。

在鄱阳县瓦屑坝移民文化馆,记者看到了他们的努力。这个文化馆记叙了一段 600 年前 210 万瓦屑坝移民背井离乡的历史,勾起了许多移民后代对江西的向往。鄱阳则不失时机地打造出饶州古镇、鄱阳宋街、鄱阳湖博物馆、饶州府街等历史文化载体,用一条具有比较优势的文化链,串起了都市圈内的旅游链、生态链,使得大南昌都市圈有了和其他都市圈进行文化交融的接口,有了深化广泛合作的可能。

从优点到优势,从优势到优势链,从优势链到链的聚合。就是在这一系列因"优"而特、而强的过程中,大南昌都市圈不断磨砺自己的"拳头"。

短评

深谙"扬优"这个窍门

网上,合肥被戏称为"赌"城;芜湖,则被冠以"无中生有"之名。

看似调侃,实则不然。事物发展都有其因果和必然性,从风投京东方到牵手蔚来,为什么能"赌"成功;从奇瑞到三只松鼠,为什么能凭"空"而造? 在皖的采访给了我们答案:因有综合性国家科学中心建设的底气和特色高新技术产业发展的实力而敢"赌",因有大众创业的营商环境和务实高效的政务服务而能"生"。

诚如一家餐馆,要么得有人无我有、人优我特的招牌菜、特色菜,要么得有人人夸赞的优质、创新服务,可以让菜品不断顺应口味,否则,要想留住顾客、扩大口碑是难以企及的。建设都市圈,也是这个道理,除了各位圈友要紧密团结、合作协同,还要集中力量培育出叫得响的拳头产品,营造出真正贴心的"四最"环境。

先说拳头产品:大南昌都市圈里有迈向世界的 VR 产业、规模宏大的大飞机配套制造基地、令世人瞩目的 LED 光电,以及底蕴深厚、全国知名的中医药产业;此外,更有源远流长、以诚信为本的江右商帮、赣商文化。用心尽力将这些优势产业和品牌打造得更现代、更有范,就能实现重点突破、多点联动,产生鲶鱼效应,发挥溢出功能。

再看营商环境:南昌一名街道干部曾感慨:我们的营商环境不能止于"窗口"。一语点破我们真正的营商环境和政务服务应当是充分体现在企业开工后、群众实际生活中的点点滴滴。虽不振聋发聩,但也令人心头一颤。如果说办事窗口只是看得见的营商环境,那么在窗口办完手续之后的更多需求和服务,则是无形的营商环境。如果以有形的营商环境代替全部而真实的营商环境,又和形式主义有何区别?

世界上怕就怕"认真"二字。我们有"优"的基础和禀赋,不怕造不出"尖端产品"和"世界名片";我们有治理"怕慢假庸散"的锐气和建设"五型"政府的魄力,不愁凤凰不来择栖。有理由相信,只要大家心有所向、力有所行,一个个项目、一件件实事稳步地推进和落实,都市圈必将迎来精彩跨圈的那一天!

专家之见

推进一体化,打造都市圈

江西省社会科学院经济研究所所长 麻智辉

现代经济学理论告诉我们,区域经济发展必须依靠增长极,通过增长极辐射带动周边地区的发展,这个增长极就是大城市和以大城市为中心的城市群、都市圈。

近年来,江西经济实现了持续快速稳定增长,但始终没有摆脱在中部地区落后的局面,其中一个重要原因就是江西缺乏一个重量级的、能够带动和辐射全省的核心增长极。因此,倾全省之力打造区域核心增长极——大南昌都市圈势在必行。

打造大南昌都市圈,重点是必须加快都市圈内体制机制、产业、基础设施、市场、生态环保、人才等方面一体化进程。

建立和完善大南昌都市圈合作协调机制,统一协调解决区域内资源开发、环境整治、产业合作、基础设施建设等一地或单一部门不能解决的重大问题,整合有关区域内发展的组织协调机构,以保证政策的统一和政令的畅通。

加强都市圈内基础设施对接,推进区域空间一体化。全面推进都市圈交通无缝对接和一体化进程,加强圈内公路、铁路、航道、港口等交通基础设施的协同建设。

加速产业分工协作,实现大南昌都市圈内产业一体化。根据都市圈各市县工业化发展的阶段和层次来选择各地的支柱产业和特色产业,推动不同规模、不同层次的城市之间形成产业分工和协作联系。

建立都市圈内统一的市场体系,推进区域市场一体化。必须突破行政区间的"边界",在更大范围内实现市场要素的整合,推动资金、人才、技术等要素的自由流动。

加强都市圈工商、质监、物价、食品药品监管、检疫、税务、海关等部门的合作,为区域内企业的生产、经营和服务活动及企业间的合作交流提供便利,促进区域经济共同发展。

加快推进都市圈科技市场一体化。充分利用南昌、九江等市的智力资源优势,统筹规划、有序建设多元化科技市场,推动区域内产学研一体化,构建区域技术创新体系。

加快推进都市圈区域人才开发和使用一体化。逐步统一区域内人才市场在准入标准、设立程序、营运规则方面的规定,形成统一的人事服务体系。

加快推进都市圈生态环保一体化。以建设江西生态文明试验区为契机,促进生态文明建设,围绕长江周边环境等治理,加强圈内各市县在环保方面的协作。

（《江西日报》2021 年 7 月 14 日,7 月 15 日,7 月 16 日）

评析: 这是一组立足打造江报"一线观察"深度报道品牌和落实媒体深度融合工作要求的精品力作。作品聚焦省委重大决策部署,选题站位高、立意深,报道采访实、形式新,既有亮点解析,又有问题探寻。采访组历时 3 个多月,行程 3300 多公里,跨省市深入采访,以创新多维的视角、报端互动的立体传播方式,实现了党报深度报道在高度、深度、力度和广度上的融合呈现,获得时任省委常委、省委宣传部部长施小琳同志的充分肯定,以及中央、省市媒体的广泛转载。

（刘传红　江西师范大学新闻与传播学院原院长、教授）

报纸通讯

鳡重现　刀鲚增长　江豚频出
十年禁渔让九江再现江湖美景

（作品入选第 32 届中国新闻奖三等奖，详见 P029）

报纸消息

从一本书里走出来的百年信仰

——专访百岁抗日老战士陈日梅

胡洪水　张代艳

（编辑：李露青　梅渊博）

很多时候，信仰是选择的结果。

我们总会在某个时候找到人生的信仰。它可能在某个重要的日子，可能来自某个重要的人，抑或是源自某个特殊的物品。

对于百岁抗日老战士陈日梅来说，她的信仰始自一本书：《西行漫记》。

1937 年卢沟桥事变发生，抗日战争全面爆发，无数仁人志士走上抗日救亡的道路。

同年 10 月，《西行漫记》在英国伦敦戈兰茨公司出版，作者美国记者埃德加·斯诺通过自己在中国西北革命根据地实地采访，首次广泛地将中国共产党引领的红色抗日力量展示在世界面前。埃德加·斯诺在书中写道，"红军和他们的领袖们朝气勃勃，信念坚定，乐观且充满活力。"

许多有志青年从《西行漫记》中看到了中国未来的希望，不惜冒着危险，跋涉千山万水，前往延安。

陈日梅就是当年众多有志青年中的一员。"《西行漫记》的阅读过程是令人激动和兴奋的，它展示了充满生机与活力的延安和在那里为国家和民族奋斗着的人们。"陈日梅在书中回忆道。

"延安就像是一座灯塔，深深吸引着她人生的航向"

阳春三月，春暖花开。

和煦的阳光照进南昌市东湖区三纬路的一个小庭院。一条小路蜿蜒穿过庭院的草地，天气晴好的日子，陈日梅会坐在轮椅上沿着小路由家人推着转上几圈。

小小的院子平静而祥和。

看到我们来访,精神矍铄的陈日梅显得很高兴。

"奶奶,大家都夸赞您歌唱得好。当年您在硝烟和火光中,用歌声鼓舞部队官兵士气,激起广大群众的抗日热情。您还记得这些抗日歌曲吗?"

我们与陈日梅聊起了延安,聊起了皖南,聊起了广州,聊起了新加坡,聊起了马来亚(今马来西亚,下同)……聊着聊着,陈日梅情不自禁地唱起了《梅娘曲》:

"哥哥,你别忘了我呀,我是你亲爱的梅娘,我为你违背了爹娘,离开那遥远的南洋……"伴随歌曲旋律,陈日梅灵活的双脚前后拨动着地面,轮椅随之在客厅里前后缓缓移动。

此刻,轮椅上的她是一位舞动的"追光者"。虽已是百岁老人,但那精神抖擞的样子,仍浸透着一名抗日老战士的英姿与风采。

歌声穿透着时光旧事。她唱着唱着,目光慢慢凝固了起来,她的思绪仿佛又被歌声拉回到了出生成长的马来亚,和她快乐天真的童年。

这凝固的目光仿佛就是一个时空隧道,她在这个时空隧道里,再次与久远的自己轻轻对话,与深深眷念的父母再次深情拥抱……

"《梅娘曲》正是母亲一生的真实写照。当年她毅然离开深爱着她的父母,毅然舍弃南洋优越生活回国参加革命,完全是受一种精神的驱使。对母亲而言,延安就像是一座灯塔,深深吸引着她人生的航向。"长子陈庆东说。

"成长为昂首挺胸的军人"

陈日梅,1921 年出生于马来亚,祖籍福建。父亲早年从福建下南洋,后来在吉隆坡买了一片橡胶园,经营得不错,家境富足,生活条件优越。

在她的记忆里,孩童时期是愉悦快乐的。"我喜欢骑马、游泳、打网球。"陈日梅回忆道。

时局变幻。1931 年,日本发动"九一八事变",开始侵略中国。

十几岁的陈日梅,受姐姐的影响,开始阅读进步书籍,接触进步思想。

1936 年抗战前夕,15 岁的陈日梅瞒着父母回到祖国,在广州执信女中读书,参加了"民众歌咏队""读书会",积极投身抗日救亡宣传活动。

1937 年卢沟桥事变发生后,在父亲的勒令下,陈日梅不得已回到马来亚。

1936 年 6 月,延安根据地的红色中国领导人敞开胸襟,真诚欢迎远道而来的美国青年记者埃德加·斯诺。1937 年 10 月,《西行漫记》在英国正式出版,客观地向全世界报道了中国共产党和红军的真实情况,告诉全世界,在延安这个不起眼的角落里发生的故事,这里到处是欣欣向荣的革命气象,斯诺笔下的红色中国领导人坚定、执着、深邃而不乏快乐和幽默,让人迷醉。

一个偶然的机会,陈日梅看到了《西行漫记》,她深深地被书中的红军事迹所感动,那一刻她找到了人生的方向。

很多时候,信仰就是一种义无反顾的选择。

对于陈日梅来说,她的信仰便始自翻开《西行漫记》的那一刻。

陈日梅从《西行漫记》中看到了中国未来的希望,心中种下了前往延安抗日救国的种子。

虽不舍父母,但是,在信念的驱使下,陈日梅还是下定决心,要前往中国革命的圣地延安。

17 岁的她再次瞒着父母回国,在新加坡到香港的轮船上,挤满了回国抗战的华侨青年,她和朋友高唱抗日救亡歌曲,结识了许多志同道合的朋友,去往延安的抗战队伍不断扩大。

一路跋山涉水,一群有志青年终于去到向往已久的革命圣地延安。

在延安,正如《西行漫记》中所写的一样,她看到了一个崭新的世界,处处闪耀着朝气蓬勃、自强不息、艰苦奋斗的革命精神。

虽然住的是窑洞,吃的是小米饭,洗漱也要到河边,生活非常艰苦,但是看到大家自由地放声歌唱,畅所欲言地谈论理想和革命,陈日梅没有觉得一点苦,反而更加坚定了投身抗日运动的信念和决心。

陈日梅在回忆录中写道:"美丽的云岭给女兵们留下了不可磨灭的记忆,见证了她们成长的历程。每天听着嘹亮的军号,唱着雄壮的新四军军歌,沐浴在抗日的热烈气氛里,就像一个亲密的大家庭。她们逐渐适应了军事生

活,身上的小姐脾气、学生的稚气逐渐消失了,个个晒得黑黑的,锻炼得壮壮
的,成长为昂首挺胸的军人,洋溢着青春朝气和革命激情。"

"这些年来,母亲问得最多的就是党费有没有交"

"这些年来,母亲问得最多的就是党费有没有交。"陈庆东说,近年来,上
了年纪的母亲无法亲自到党支部交纳党费,她常常反复叮嘱子女:"党费交了
吗? 千万不能忘记!"

在陈日梅的床头柜中,三本党费证,久经岁月的沉淀,却依然崭新红亮。
几十年来,她一直小心地保存着党费证,红色封皮印着金色党徽的账本里,记
录了她的党员岁月,见证了她的悠悠赤子心。

"党员就要按时交党费,祖国就像母亲一样。"一句简单而真诚的表白,诉
说着她对党和祖国的浓浓情意。

下午,和煦的阳光洒在陈日梅身上,胸前的党员徽章和奖章熠熠发光。
她仔细翻看着党费证,努力看清一笔又一笔的党费记录,生怕有遗漏。透过
一页页"红色账本",一个个难忘的历史记忆再次浮现。

1940 年 10 月,在皖南,陈日梅加入中国共产党。美丽的云岭给她留下了不
可磨灭的记忆。皖南的冬天特别冷,对在热带长大的陈日梅来说,尽管气候相
当不适应,寒冬腊月,脚穿草鞋,戎装单薄,手脚生冻疮,但她依然乐观抗战。

在新四军战地服务团,陈日梅的歌声带给部队官兵的,就是战斗的力量,
带给广大战地群众的就是高涨的抗日热情。在硝烟和火光中,她冒着敌机的
轰炸,到各部队和群众中教唱《胜利归来》等充满战斗豪情和乐观精神的歌
曲,一时间,云岭的青山秀水到处回荡着他们嘹亮的歌声。

在革命战争年代,检验共产党人信仰的往往是"生与死"的考验。

在一次新四军皖南北移中,陈日梅被伪军抓捕,面对敌人威胁引诱,年仅
19 岁的她不为所动,坚定信仰,决心牺牲也不投降。

"我已经做好了牺牲的准备。"陈日梅回忆道。幸运的是在被关押两天
后,她经组织营救成功脱险。

历经苦难的磨砺、生死的考验,陈日梅的信仰淬炼得愈加坚定。

信仰是一心为党、无私奉献。1941 年,在马来亚的哥哥寄信过来,告知父亲病故的消息,同时寄来父亲留下的 3000 元大洋。陈日梅悲痛万分,对于那笔寄来的"巨款",她立马拿出 2700 元交给组织,用于部队补充给养,留下 300 元也是按月分发给身边的战友。

自回国参加革命后,陈日梅 61 年没有回过马来亚。

为了信仰,远离父母;为了信仰,颠沛流离;为了信仰,负重前行;为了信仰,奉献一切。陈日梅对共产主义的信仰自认定后就信了一辈子。

回首过往,陈日梅动情地说:"我的一生都献给了党和祖国。"

芳华不再,初心依然。虽已到期颐之年,但陈日梅对党的炽烈感情,历久弥新;对共产党员的初心和使命,时刻牢记。现在,她常年订阅《江西日报》《南昌日报》,仍坚持读书看报,时刻牵挂党的事业和地方发展。

"身体好的时候,母亲每天早晨都会翻阅当日报纸,因为年纪越来越大,她就用放大镜看报纸。晚上七点,她会准时守在电视机前收看《新闻联播》。"陈庆东说。

2021 年,陈日梅老人,整整 100 岁,党龄 81 年。

一百年,对于一个人来说,也许很长,对于一个政党来说,风华正茂。一百年来,正是这些仁人志士,汇聚在信仰的旗帜之下,铸就了中国共产党的筋骨和脊梁。

（《南昌日报》2021 年 3 月 30 日）

评析: 百年征程波澜壮阔,百年初心历久弥坚。2021 年是中国共产党建党 100 周年,从百岁革命战士陈日梅走过的奋斗历程中,我们可以看到一名老党员朴素的爱国情怀和坚定的红色信仰。作品没有索然无味地堆砌材料,而是通过巧妙布局,用一首歌、一本书、一本党费证将文章串联起来,现实与回忆的交叉描写,形象生动的细节,不仅使得人物形象鲜活饱满,更能让读者从红色故事中汲取养分,具有较强的感染力和吸引力。

（刘传红　江西师范大学新闻与传播学院原院长、教授）

系列报道

"赣鲁情深　血脉相连"系列报道

祝芸生　童梦宁

编辑:集体(范高农　邱玥　杨学文　黄孝昱)

代表作一:

赣鲁情深　血脉相连

盛夏时节,山东省济南市莱芜区远山葱茏,库水清清。横亘在巍峨群山中的齐长城,古朴悠远,斑驳苍颜见证着祖国的崛起与强盛,也传唱着赣鲁一家亲,赓续红色血脉,永远跟党走的赞歌。

79 年前,莱芜泰山区抗日根据地血雨腥风,日伪军轮番对我军进行疯狂扫荡。江西兴国籍山东省委青委书记钟效培在茶业口镇榆林前村遭遇突袭,为解救 200 余名村民而身负重伤。他转移到崖下村(今双山泉村)后不幸牺牲,忠骨被秘密就近掩埋在齐长城脚下,时年仅 28 岁。牺牲前两天他耗尽最后能量,向陪伴在身边的 13 岁男孩房公训讲革命故事、传播革命真理,并嘱托其日后看望他的江西亲人。从此,革命火种深深植入这位少年心中,赴江西寻亲成为其一生誓言。

79 年来,房公训及双山泉村民一代接一代默默守护钟效培遗骸墓,江西成了他们共同的惦记,山东则成为烈士亲人心头抹不去的牵挂,上演了一个个跨越大江南北,联结赣南苏区、泰山区抗日根据地的感人故事,激励赣鲁人民感恩奋进新征程,共创美好新生活。

烈士临终留嘱托 守墓人一生寻亲

炎炎夏日,双山泉村漫山板栗花香正浓,丰收在望。在村背的板栗园中,一座由山泥垒成的低矮土坟便是钟效培烈士遗骸墓。历经 79 年风雨,墓地周边昔日荒山已披绿装,凹地被建成了水库,而土坟却完好如初,杂草被清理得干干净净。

钟效培生于 1914 年,兴国县埠头乡龙砂村人,系我国首批 300 名著名抗日英烈之一。他 1931 年入党,1934 年 10 月红军长征时,遵照组织决定,跟随项英、陈毅留守江西坚持游击战。他在江西先后任吉安中心县委书记、赣西特委书记、省委常委兼青年部部长。1941 年,受中央青委委派,他赴山东指导抗日,并担任山东省委青委书记。

1942 年 11 月 11 日,钟效培在榆林前村与日伪军激战,身负重伤后向双山泉村转移,倒在草丛中昏迷了一宿,次日清晨被该村房祯奎、苏成伦等村干部发现。这些村干部将他秘密藏在村背的山坡堰屋中进行救治,委派村儿童团团长房公训扮成乞丐,悄悄为他送饭送药。但第三天,他因伤势过重而壮烈牺牲。

钟效培遗体被悄悄掩埋后,年少的房公训发誓要用一生看护烈士遗骸墓,并为烈士寻找江西亲人。20 世纪八九十年代,房公训多次通过信函等方式寻找烈士亲人,均杳无音信。2005 年至 2009 年期间,已是耄耋老人的他独自一人三次乘坐火车,直奔兴国寻亲,但均抱憾而归。之后,茶业口镇政府又通过相关渠道查寻,仍无着落。

龙砂村原村支书钟贞裕回忆,大概在 2009 年,他在村里接待过房公训老人。当时房老揣着莱芜政府部门介绍信,在兴国县民政局相关干部陪同下前来寻亲。因房老听力不太好,且一口山东方言,他们之间的沟通存在一定障碍。由于钟效培烈士后代都在外地务工,家里铁将军把门,房老未能如愿见到烈士亲人,只参观了已废弃多年的钟效培故居。临别前,房老默默地再次走进烈士故居,深情抚摸墙壁和门柱,随后含泪返回山东。

房公训眼看着岁月一天天流逝，自身健康每况愈下，而钟效培烈士的亲人始终没找到，他心急如焚，寝食难安。2011 年秋天，82 岁的他溜出家门，前往济南火车站，欲搭乘火车再下赣南寻亲。当天家人发现他"失踪"后，急得报警求助。

孤身一人的房公训走在站台区，步履蹒跚、神情焦虑，格外引人关注。出于安全考虑，车站民警及时劝阻，将他护送回家。面对四处寻找他的亲人及地方干部群众，他哭诉不止："我在世的日子不多了，但还没完成钟效培烈士临终嘱托，我没法安心啊。我希望有生之年能找到烈士亲人，向他们转告烈士遗言，请他们来'看望'烈士，让长眠山东的烈士也能感受到江西的乡情、亲情。"

房公训老人对钟效培烈士的无限敬仰之情，令莱芜各界干部群众深受感动。大家下定决心，共同帮他完成烈士嘱托。

2015 年 6 月，共和国元勋耿飚将军之女、南昌大学公共管理学院原院长耿焱受邀赴莱芜，参加当地举办的纪念抗战胜利 70 周年活动。茶业口镇原党委书记李文汇见到这位来自江西的嘉宾时，喜出望外，便请求她向兴国及赣州打听线索，了却房公训老人及全镇百姓为钟效培烈士寻亲的愿望。

功夫不负有心人。2015 年 9 月，在赣州市、兴国县及埠头乡三级政府部门的大力协助下，耿焱教授终于找到了在外务工的钟效培烈士亲人，最终圆了烈士 73 年前的临终嘱托，也圆了房公训老人一生寻亲梦想。

钟效培烈士生前无子女，但有两个弟弟。这两个弟弟很早去世了，留有三代后人，第二代亲人中的钟铅元系健在的最大侄子。

2015 年 9 月 23 日，年逾五旬的钟铅元捧着家乡一壶井水、一抔土、一包祭品，千里迢迢赶赴莱芜，祭拜"阔别"73 年的伯父，同时跪拜房公训老人和双山泉村民，感谢齐鲁乡亲代代守护伯父遗骸墓。

当年已 86 岁的房公训老人紧紧拽着钟铅元的手，对着烈士墓放声痛哭："效培叔，您家乡的亲人终于来了！我没有辜负您 73 年前的嘱托！"随后他高唱钟效培牺牲前教唱的红歌，"母亲叫儿打东洋，妻子送郎上战场。山高林又密,兵强马又壮,敌人从哪里进攻,我们就要他在哪里灭亡"。歌声饱含 73 年深情,铿锵有力,令在场所有人潸然泪下。

2020 年 9 月,91 岁的房公训老人安然长逝。临终前他叮嘱儿孙不能中断情义,要像对待亲人一样每年祭扫钟效培烈士,协助双山泉村民接力守护烈士墓,并与江西的烈士亲人友好往来,永续红色基因。

铮铮铁骨藏柔情　发妻之女补遗愿

长眠在齐长城脚下的钟效培烈士,不只令钟家后人及兴国家乡人民牵挂,还有他的结发妻子吕继鸾(1996 年去世)和 3 个没有血缘关系的女儿。

在战争年代,钟效培和吕继鸾因共同信仰而结为伉俪,他们之间的情感一直不为外界所知。而 2017 年,吕继鸾的二女儿谢勤英、最小女儿谢海京悄然从赣州赴莱芜,拜祭特殊的亲人——钟效培,才牵出了这对革命伴侣跨越区域和时空,相隔阴阳的爱情故事。

兴国县苏维埃政府时期,出生于 1918 年的吕继鸾系当地一名宣传员,之后加入红军,参加了赣南游击战,离休前系赣县政协副主席。1936 年,经陈毅、曾山做媒,18 岁的她与 22 岁的钟效培结为夫妻。婚后,夫妇俩相濡以沫,情深似海,度过了近 3 年幸福时光。1939 年春,遵照组织安排,钟效培被派往延安学习,之后再赴山东抗日。烽火岁月,夫妇俩分开后,相互之间根本没法联系,生死茫茫两不知。

1945 年抗战胜利后,吕继鸾始终未盼到丈夫的音讯,夜不能寐。直到 1949 年新中国成立后,她写信给时任上海市副市长曾山,希望能打听到丈夫的下落。曾山回信告知,钟效培在莱芜抗日中已壮烈牺牲。这噩耗如晴天霹雳,让她陷入极度悲痛中。直到 1954 年,36 岁的她才重组家庭,生养了谢勤英等 3 个女儿。

谢勤英回忆父母之间的感情时,淡然而有少许忧伤。她说,母亲一直敬重父亲,但心里从未忘却其结发丈夫钟效培,总是自责当年未能争取北上山东抗日,没有尽妻子义务照料丈夫。儿时起,她和姐姐、妹妹常听母亲讲述钟效培莱芜抗战的故事。母亲每次讲完后,总是哭得眼睛红肿。在母亲的泪水中,她们渐渐懂得钟效培是个了不起的英雄人物,莱芜是一个遥远而亲切的他乡。

1987 年 10 月,69 岁的吕继鸾受邀参加莱芜举行的钟效培烈士纪念碑落成仪式。那是她人生中第一次也是最后一次踏上结发丈夫牺牲之地。她环顾纪念碑四周的山水,细读碑文每一个字,眼前不时浮现出结发丈夫浴血奋战场景。“扑通”一声,她跪在纪念碑前,哭得肝肠寸断。

由于当年房公训及双山泉村民一直未向外界透露钟效培烈士遗骸墓,且莱芜各级政府部门也不知情,吕继鸾只能对着新落成的纪念碑祭拜。返回时,她在纪念碑旁抓了一抔泥土,连同纪念碑照片一同带回赣州。之后,她又赶往兴国县,以发妻身份将钟效培的最大侄子钟錝元(数年前去世)立为继子,再携继子为钟效培在龙砂村建了一座衣冠冢,然后安心地将那包“莱芜土”、钟效培烈士纪念碑照片及相关遗物葬入冢中,供后代祭奠。

令人遗憾的是,房公训从青涩少年到银发老人,为钟效培烈士苦苦寻亲一生,而吕继鸾生前始终未见到这位“信使”。她去世 19 年后,其 3 个女儿通过耿焱教授帮房公训老人寻亲的相关报道后,才发现她生前不仅未收到房公训转达的遗言,也不知结发丈夫遗骸墓的存在。

2017 年清明节期间,谢勤英、谢海京前往莱芜,“探望”长眠在双山泉村的钟效培烈士,叩谢房公训等守墓人,走访钟效培生前与敌人激战的榆林前村,瞻仰烈士纪念碑,以此弥补母亲遗愿。

在齐鲁百姓的认知中,钟效培给人留下的印象是对党忠诚、品格高尚、视死如归。而谢勤英姐妹的到访让人们看到,这位江西籍英烈铁骨铮铮,心里也藏有似水柔情和万般牵挂。弥留之际,他一再嘱托房公训日后帮他寻找并看望江西亲人,字字句句透出对爱妻及所有亲人的眷恋和不舍。

莱芜“探亲”之后,谢勤英姐妹进一步懂得母亲生前对结发丈夫的惦念之情,增进了全家人对钟效培烈士的敬仰。谢勤英是赣州市妇幼保健院的妇产科主任医师,也是一名优秀共产党员。她每次到兴国开展业务指导工作期间,必定抽空前往兴国县革命烈士纪念馆,瞻仰钟效培烈士雕像,肃穆默哀。

今年 3 月 23 日，在赣州市妇幼保健院党史学习教育专题党课上，谢勤英深情讲述了钟效培英勇抗战以及房公训寻亲的故事，令现场数百名白衣天使热泪盈眶。她感慨道："钟效培烈士是民族英雄，更是我家的亲人，我全家人永远缅怀他。我们每一名共产党员都要继承先烈遗志，建设美好家园，决不辜负革命先辈们的付出与期望。"

碧血丹心铸青史 齐鲁大地慰忠魂

抗战时期，茶业口镇全境系泰山区抗日根据地核心战场，山山水水浸染着血与火的印记。沿着齐长城，寻访钟效培烈士足迹，催人泪下，更催人自强、奋进。

1942 年 10 月中旬，泰山区抗日根据地形势恶化，驻扎在茶业口的泰山地委、专署和军分区机关连遭日伪军突袭。在吉山村抗战中，泰山地委书记、军分区政委汪洋，教导营官兵和地方武装干部共 323 人全部壮烈牺牲。时隔近一个月，为保卫泰山区抗日根据地，钟效培受命率领工作队，深入茶业口加强反扫荡和反日救国斗争。未料到，他惨遭突袭而英勇牺牲。

钟效培生命垂危时，泰山地委宣传部部长高启云曾携医生前来抢救。在缺医少药的艰苦环境下，医生无回天之力，最终未能救活钟效培，令他悲痛欲绝。他亲自将烈士脸上的血污擦洗干净，将家中珍藏的马褡子盖在遗体上，并代表泰山地委为烈士举行了一个简单的葬礼。之后，苏成伦等村干部及房公训含泪将烈士遗体就近掩埋。高启云叮嘱村干部要守护好遗骸墓，并许诺待新中国成立后，他再为钟效培烈士立纪念碑。

1943 年 5 月 3 日，山东战时行政委员会主任、中共中央山东分局副书记黎玉在大众日报发表了《悼钟效培同志》悼文。他在悼文中说："钟效培同志永远和我们离别了！他为青年事业、抗战事业和共产主义事业流尽了最后一滴血。钟效培同志是 1941 年来到山东的，虽然为时不久，但对山东青年运动已有了很大的贡献……"

1983 年，高启云卸任中共山东省委书记后不久，身患重症，但仍念念不忘为钟效培烈士建纪念碑。在他的倡议下，1987 年 9 月，山东省和莱芜市两级财政投资 8 万元,在茶业口镇省级爱国主义教育基地,建起一座 4.5 米高纪念碑,碑文由他亲自撰写,终于兑现了 45 年前的立碑承诺。次年,他安然离世。

每次谈起父亲为钟效培烈士立碑一事,高启云之子、山东大学教授高海安总是感慨不已。他说,父亲与钟效培生前未一起共事过,彼此之间不太熟悉。当年父亲代表泰山地委前往双山泉村探望身负重伤的钟效培,那是他们第一次见面。未料到他们初次相见,眨眼间竟成了永别。

高海安说,他亲自编写了父亲的回忆录,每次读到父亲与钟效培"初见亦永别"的片段时,泪流满面。在大学执教数十年期间,他经常向学生讲述钟效培英勇抗战故事。每逢清明节,他都领着学生前往茶业口镇,祭扫钟效培及汪洋等烈士,教育学生继承革命先辈遗志。

李文汇及茶业口镇党委书记吕正农均表示,钟效培是从江西红土地走向山东抗日的,既是一名苏区好干部,又是一名出色的抗战将领,身上汇聚着宝贵的苏区精神和抗战精神,是当地基层党员干部汲取奋进力量,迎难而上真抓实干,践行为民初心的不竭动力。

忠骨归处亦吾乡　红色基因代代传

沿着钟效培烈士的足迹,记者依次走访茶业口镇的双山泉、榆林前、吉山、潘家崖、逯家岭、卧云铺等村。几乎所有受访者一听说记者来自江西,便拱手说道:"江西是个好地方啊!牺牲在我们镇里的钟效培烈士就是江西人,他永远活在我们心中。"

在茶业口镇老百姓心里,钟效培当年为解救 200 余名群众而拒绝撤离突袭现场,最终献出了年轻生命,是用生命诠释共产党人的初心和使命:始终把人民放在心中最高的位置,矢志不移为党和人民事业奋斗。

房公训去世后,守护钟效培烈士遗骸墓的主要以房公平、房宽亮、苏启贵、陈发勤、崔道信等双山泉老年村民为主。他们平均年龄逾 80 岁,其父辈基本上都是当年参与救治及安葬钟效培烈士的村干部或民兵。每次忙完农活,他们习惯性地去烈士墓地走走看看,晴天清理坟墓杂草,雨天为坟墓压石块、培新土。每逢清明、冬至等传统祭祀节日,他们全家及全村老少如祭祖一样,自发去墓地祭拜钟效培烈士。

年近七旬的老村支书苏启夏介绍,以前,钟效培烈士墓周边全是荒山,二三十年前才开始绿化。村民们均意识到,墓地周边不论种啥植物,前提是不能破坏墓地。为协助房公平等老人守墓,他将墓地周围分散的 20 余亩荒山流转至自己名下,全部种板栗。他说,栗子树是乔木,有固土防沙涵水功能,对烈士墓能起到生态保护作用,还能美化乡村环境,提高村民幸福指数。

双山泉村的村民们均感叹,"咱们不仅要代代守护好钟效培烈士遗骸墓,还要靠自己的双手,把日子越过越好,才对得起革命先烈用生命换来的红色江山"。

兴国与莱芜相隔近 2000 公里,路途遥远,交通不太通畅。钟效培烈士的过继孙子钟益明、钟贵明、钟春明曾期盼将爷爷的遗骸迁回兴国,让爷爷魂归故里。就此,他们去年当面征求双山泉村民及镇、村干部意见。未料到,房公平等守墓老人以及在现场的茶业口镇党委副书记傅来欣、村干部房宽美等人员不约而同陷入沉默,眼睛瞬间通红,泪水滚落,久久未发声。

房公平老人几度哽咽,他情真意切地对钟益明三兄弟说:"你们是钟效培烈士的亲人,我们双山泉村民也是烈士的亲人。烈士牺牲在我们村后,我们全村人陪伴、守护他的遗骸墓近 80 年,他是我们的精神支柱。他的遗骸若被迁移,我们都接受不了。"

傅来欣及莱芜区红色文化研究专家陈业冰介绍,近年,钟效培烈士遗骸墓被列入了山东省不可移动文物。下一步,莱芜区根据规划,将在茶业口镇建泰山区抗日战争纪念园,烈士牺牲前藏身的堰屋及遗骸墓均被纳入其中重要景点,供参观者实地寻访,传承红色精神。可见,钟效培烈士已深深融入齐鲁大地,山东如江西一样,也是他的家乡。

青山处处埋忠骨,何须马革裹尸还。双山泉村民的执着与坚守,以及齐鲁人民对钟效培烈士的深情厚谊,令钟益明等烈士的所有亲人感激涕零。

近年来,兴国、莱芜两地往来不断,亲如一家。房公训之子房宽明与钟益明等钟效培烈士亲人像亲戚一样走往。莱芜市委、市政府曾委派由市政协副主席殷秀林、市民政局局长李佳笃及李文汇等干部组成的"省亲团",专程前往兴国探望钟效培烈士亲人,缅怀先烈,传承赣鲁两省红色基因。

赣鲁两地血脉相连,理想信念让人坚定执着。耿焱教授感慨道,赣南苏区与莱芜泰山区抗日根据地都是中国重要的红色圣地,两地虽遥遥相隔,却因钟效培牺牲前的一声嘱托,演绎了一个个荡气回肠的真情故事,延续着从未消失的记忆和温暖。这正是永志不忘的红色血脉,构筑起了民族脊梁和全国团结一心的钢铁长城,进一步鼓舞广大党员干部时刻牢记"党的根基在人民,血脉在人民",把"以百姓心为心"融入精神血脉化为自觉行动,不断创造更加幸福的美好生活。

火红七月,党旗飘扬。不论是登上齐长城远眺,还是徜徉在赣南大地聆听,处处都能感受到信仰的光辉、奋斗的力量,辉映百年党史,震撼人心。

代表作二:

致敬忠魂 修缮故居

初冬至,寒风起,著名抗日英烈钟效培的家乡——兴国县埠头乡龙砂村却暖意浓浓。钟效培烈士的"女儿"谢海京、侄子钟标元及孙子(过继)钟贵明、钟春明、钟益明等后人,与乡、村干部及村民理事会成员齐聚一堂,共叙亲情、乡情,缅怀忠烈,商议故居修缮,并计划冬至时节赴山东祭扫钟效培烈士,感恩齐鲁乡亲守护烈士忠骨墓 79 年。

钟效培系我国首批 300 名著名抗日英烈之一。1942 年 11 月,时任中共山东省委青委书记的他在莱芜反"扫荡"战斗中,为解救 200 余名村民而壮烈牺牲,年仅 28 岁。从此,他长眠于齐长城脚下。79 年来,齐鲁百姓一代接一代自发守护其忠骨墓,演绎出守墓人寻亲,革命家、军事家耿飚之女耿焱助力寻亲,烈士后人祭亲,赣鲁两地互为省亲等暖心故事。就此,本报曾于 7 月 16 日刊发《赣鲁情深血脉相连》长篇报道,引发社会各界高度关注,赣鲁两地反响尤为强烈。

每当谈起该报道,钟效培烈士后人及龙砂村村民均感慨不已,对烈士多了一份敬仰之情,同时对齐鲁乡亲添了一份感恩之意。他们表示,每次读到报道中提到有关房公训老人于 2009 年独自前来兴国寻亲,因烈士后人都在外地务工而未如愿,难过地走进废弃多年的烈士故居,深情抚摸大门石柱、门槛,然后含泪返回山东等内容时,都深感愧疚。因此,修缮故居、致敬忠魂成了大家共同的心愿。

钟效培烈士故居系钟家祖屋,始建于民国时期。因年久失修,6 年前故居坍塌,如今已成废墟。该祖屋不仅烙下了钟效培成长并走向革命道路的印迹,还留有房公训老人千里迢迢寻亲的身影。而烈士后人基本上是技能单一的农民,经济条件有限,无力修缮祖屋。他们期盼外界相助,尽早修缮钟效培烈士故居,将其打造成爱国主义教育基地,传承红色基因,弘扬优良家风,共促乡风文明。

钟效培烈士在家中排行老大,是钟标元的伯父。钟标元与钟贵明兄弟三人的父亲钟錝元(钟效培继子,已去世)均在祖屋出生、成长,十多岁后才随父辈迁往新居,祖屋因此一直闲置。数十年来,老宅失修,墙体老化,屋梁腐烂。

11 月 7 日,记者走进龙砂村,随钟效培烈士后人探访钟效培烈士旧居遗址,但见坍塌的老宅废墟杂草丛生,房梁、石柱、门槛、门窗等散落一地。寒风刮来,废墟中的杂木枝条拍打着残垣断壁,发出"啪啪"响声,仿佛述说着钟效培的童年往事。钟标元走近倒塌的老宅大门,持木棍拨出草丛中的石柱、门槛,蹲下身子用手轻抚,感觉触摸到自己儿时的记忆,更触摸到伯父的忠魂。

值得一提的是,在 2015 年纪念中国人民抗日战争暨世界反法西斯战争胜利 70 周年之际,埠头乡党委政府曾委托相关施工单位设计翻修方案,欲筹集资金对钟效培烈士故居进行修缮保护。但受故居产权纠纷等因素影响,修缮计划被迫搁置。

　　龙砂村干部及村民谈起钟效培烈士，个个肃然起敬，且亲切地称烈士为"效培"。钟国选等村民理事会成员均表示，效培是其父辈儿时好伙伴，他们是在聆听效培的故事中长大的，如今眼睁睁看着效培居住过的老宅坍塌，心里很难过，感觉对不住效培。

　　新当选的龙砂村村支书钟贞湖表示，他就任时曾下定决心，要为村里做三件好事，其中一件就是修缮钟效培烈士故居。故居（含院子）占地面积达六七百平方米，需要一笔不菲的修缮资金。他和钟国选等村民呼吁上级部门或社会机构予以援助。全村人愿意随"份子钱"，齐心协力拧成一股绳，早日修缮故居，告慰忠魂。

　　谢海京说，母亲吕继鸾作为钟效培烈士的结发妻子，生前非常敬重钟效培。她和两个姐姐与钟效培虽无血缘关系，但在她们的心里，钟效培也是她们的"父亲"。如需募集资金修缮钟效培烈士故居，她们定将以"女儿"的身份尽绵薄之力。

　　兴国县埠头乡龙砂村和莱芜区茶业口镇双山泉村虽相隔千山万水，但因钟效培烈士而亲如一家。房公训儿子房宽明、第二代守墓人房公平及其他双山泉村民获悉钟效培家乡欲为其修缮故居，均激动不已。他们说，"钟效培早已是双山泉村百姓共同的亲人，俺们也愿意积极参与。"

　　兴国是全国著名的苏区模范县、红军县、烈士县和将军县。全县有名有姓的烈士达 23179 人，仅龙砂村包括钟效培在内就有 45 名烈士为革命英勇献身。缅怀革命先烈，传承红色基因，赓续奋斗之志已成为全县百姓的自觉行动。

　　埠头乡党委委员叶远龙、兴国县革命历史纪念馆副馆长刘宗华均表示，钟效培烈士牺牲并长眠于齐鲁大地，但永远活在家乡人心中。下一步，乡里及纪念馆等部门将想办法通过申请相关项目等渠道，争取专项资金，按照"修旧如旧"原则修缮钟效培烈士故居，并将其作为县级文物进行管护，让更多人在此汲取前行的力量。

　　先烈回眸应笑慰，擎旗自有后来人。

代表作三：

故里寻踪　传承信仰

　　冬雨潇潇无边下，先烈故里寻踪迹。11 月 18 日，著名抗日英烈钟效培的家乡兴国县埠头乡龙砂村迎来一个特殊寻访团。寻访团成员肩扛摄像机、身背相机，探访钟氏祠堂、钟效培烈士故居遗址，瞻仰钟效培烈士衣冠冢，记录烈士后人及村民讲述烈士生前在家乡的光辉事迹、山东第一代守墓人房公训三次来兴国寻亲、开国元勋耿飚之女耿焱助力寻亲，以及赣鲁两地像走亲戚一样常态化友好往来，传承红色基因等系列故事。

　　该寻访团其实是一个纪录片摄制组，由内地知名导演郭翔及其创作团队组成。他们在认真阅读了本报 7 月 16 日刊发的长篇报道《赣鲁情深血脉相连》后，被先烈的事迹深深感染，从全国各地汇聚江西，筹划拍摄红色主题纪录片，将报道中的真实故事搬上银屏，再现钟效培少小离家，穿行赣鲁山野，用鲜血和生命铸就对共产主义事业无限忠诚的可歌可泣形象，同时突出赣鲁血脉情，传承革命信仰。作为赣鲁情牵线者，年逾七旬的耿焱也专程来到兴国，随寻访团深入实地，再次感悟革命信仰的力量。

　　继兴国之行后，摄制组还计划前往钟效培烈士牺牲地——山东省济南市莱芜区拍摄，全面开启寻访钟效培烈士踪迹之旅。

　　郭翔不仅是导演，还是中国影视艺术家协会会员、中国传媒大学客座教授、美国纽约电影学院特聘教授，曾执导历史文献纪录片《难忘方毅》，并担任《雪域彩虹》《上海 1937》《虎穴忠魂》《挚爱无痕》《第六检察部》等多部优秀纪录片总导演兼制片人，在业界声誉颇高。

　　当天，寻访团一走进龙砂村，便受到村民夹道欢迎。在钟氏祠堂，村民们热情地沏茶招待客人。当大家入座时，郭翔却未歇脚，静静地参观祠堂建筑，翻阅村史资料。他感慨道："我以前对钟效培烈士事迹不太了解，但仔细阅读了《赣鲁情深血脉相连》报道后，我的内心澎湃，泪水难掩，不只是因为钟效培为营救 200 余名群众而壮烈牺牲，还因为齐鲁百姓传承钟效培等无数先烈信仰，一代接一代默默守护烈士遗骸墓，由此衍生出一系列赣鲁情故事，跨越大江南北，贯穿赣南原中央苏区、泰山区抗日根据地，神奇而鲜活，而且新故事还在衍生，值得记录、珍视和弘扬。"

面对拍摄镜头，烈士的侄子钟标元、孙子（过继）钟益明等后人述说烈士童年往事时一度出现紧张、说话中断等现象，郭翔不时改变问话及采访方式，引导他们像拉家常一样讲故事，起到了立竿见影的效果。

"女儿"谢勤英（系钟效培烈士结发妻子吕继鸾与第二任丈夫所生）紧握耿焱的手，感激地说："因为您出手相助，山东第一代守墓人房公训才圆一生寻亲梦想，我和姐姐、妹妹才有机会去山东祭拜钟效培烈士，了却母亲生前心愿。"她表示，她母亲、亲生父亲与钟效培三人是苏区时期的战友，都有着坚定的革命信仰。在她们三姐妹心里，钟效培也是她们的父亲，永远活在她们心中。

寻访团在兴国县革命烈士纪念馆参观当中，就钟效培烈士的事迹，讲解员像往常一样介绍。令人感动的是，耿焱现场客串讲解员，即兴向纪念馆工作人员及参观人员讲述钟效培烈士在山东英勇抗战、齐鲁百姓自发为其守墓、寻亲等故事。耿焱说："钟效培烈士的故事还在不断延伸，以后纪念馆可突出赣鲁情故事，进一步增强参观者传承红色基因的使命和爱国情怀。"

兴国县革命烈士纪念馆副馆长黄红坦承，数年来，该馆讲解员一直都是按设定的史料版本讲解，对钟效培牺牲后涌现出的一系列新故事，确实不太清楚。她说，"《赣鲁情深血脉相连》报道大大丰富了我们的知识。下一步，我们将组织全体讲解员学习，调整并充实钟效培烈士的讲解内容。"

天空一直下着细雨，数名寻访团成员长时间伫立在雨雾中拍摄。郭翔在现场一边监控拍摄效果，一边亲自为他们打伞，全然不顾自己露在雨中的大半个身子。

结束兴国拍摄工作后,郭翔及其团队还前往瑞金、于都,参观并拍摄共和国摇篮景区、瑞金革命烈士纪念馆、中央红军长征出发地纪念园、长征第一渡口等红色景点,重温红色记忆。他说,赣南山山埋忠骨,岭岭皆丰碑,只有身心融入这片热土,进一步感受信仰的力量,才能更好地激发创作灵感。

追寻红色足迹,汲取奋进力量。赣南有着光荣的革命传统,红色文化底蕴深厚,处处留有钟效培等先烈的身影,闪烁着照亮前行道路的光芒。我们期盼郭翔导演的纪录片早日杀青,激励大家沿着革命前辈开创的道路砥砺前行。

(《江西日报》7 月 16、12 月 24 日、12 月 28 日)

评析:该系列报道系"建党 100 周年"重大主题新闻,跨越赣鲁两省,发生地恰巧均为中国著名红色根据地即江西赣南原中央苏区、山东泰山区抗日根据地,被纳入赣鲁党史学习教育鲜活教材,且引起了中央党史和文献研究院党史研究专家的关注和好评。该系列所报道的故事鲜为人知,持续 79 年,不仅涵盖烽火硝烟年代中的"共性"悲壮故事,更有在此基础上衍生出新时代赓续红色基因的"独特"故事。

6 年间,作者先后 8 次随开国元勋耿飚之女、中国延安精神研究会副会长耿焱,赴江西兴国籍中国著名抗日英烈钟效培牺牲之地即山东省济南市莱芜区,跨省挖掘江西烈士故事。在庆祝建党百年期间,作者持续关注赣鲁两省民间反响,及时捕捉到修故居、祭亲、省亲等一系列新的感人故事,采写并刊发"1+3"4 篇系列报道,多角度报道了钟效培烈士在山东英勇抗战,舍身解救 200 余名群众等悲壮故事,以及齐鲁百姓一代接一代默默为其守墓,八旬守墓人先后 3 次独自前来江西寻亲,耿焱助力寻亲,赣鲁两省民间及党政部门祭亲、省亲等暖心故事。

该系列报道通过不同新媒体平台传播后,在社会各界产生强烈反响,累计点击量突破千万人次。其中仅江西新闻客户端发布《情义!铭记!》视频专题的点击量达到 10 万 +。报道引起了相关方高度重视,中共山东省委还专门致电江西日报社以表谢意,耿焱专程走访江西日报社。此外,红色电影《半条被子》导演赵友组建创作班子,以该系列报道为蓝本,2022 年着手拍摄红色主题纪录片《一诺千金》(片名暂定)及相关影视作品。

(刘传红　江西师范大学新闻与传播学院原院长、教授)

报纸通讯

"拼了命也要把他留下"
南昌"保姆奶奶"照顾雇主遗孤 13 年

田文娟　廖华蓉

（编辑：周宇兰）

"保姆奶奶"是赵月兰最为人知的身份。

13 年前，她受雇于优优父母，照料六个月大的优优。没想到，保姆的工资尚未结清，优优父母接连患重病，优优又被确诊罕见病"幼年特发性关节炎"。优优一家走投无路时，赵月兰收留了他们，管他们吃住，又带着优优辗转上海、长春等地看病。

优优父母去世后，赵月兰成了他唯一的亲人。

"保姆奶奶"

最近，赵月兰明显感觉身体在走下坡路。

她今年 63 岁，患有糜烂性胃炎、心脏血管堵塞、肺炎，最痛苦的是颈椎疾病导致的反复头晕、手麻，走路"像踩在棉花上一样"。

赵月兰住在南昌紫衣巷社区的一栋老居民楼里，楼梯间昏黑逼仄，栏杆锈迹斑斑。见到赵月兰时，她刚打完吊针，手上还贴着胶布。本来，她是不想去医院的，家里的钱经不起这么折腾，但亲戚邻居都来劝她："你得先顾好自己，优优才能没事，你走了，优优怎么办？"

优优今年 13 岁。2013 年至 2016 年间，优优父母因心脏病和淋巴癌相继去世，其他亲人也指望不上。7 岁时，优优患上幼年特发性关节炎，这种病会造成内脏衰竭、胸腔积水，甚至会危及生命。赵月兰为给孩子治病掏空家底，上街乞讨筹款，还用掉了女儿的彩礼钱。她的事迹曾被央视、人民网等众多媒体报道。

优优的病曾有治愈的迹象,"有五年没有吃过药"。但是今年6月初,优优开始高烧不退,腿部关节因为积水疼痛,严重时连上厕所都蹲不下去。他的病复发了,和6年前一样来势汹汹。

赵月兰只能衣不解带地照顾他,为他换衣服、用温水擦身体。怕他高烧惊厥,她整夜整夜地坐在沙发上看着。邻居和女儿都说,她看着"老了十多岁"。

6月16日,优优住院一个多星期后,赵月兰因竭力照顾雇主遗孤13年的事迹获奖,在颁奖礼现场,一向坚强的赵月兰忽然哽咽落泪:"求求好心人,救救孩子!"

"保姆奶奶"的故事再次回到人们的视线当中。

托孤

2008年,赵月兰从粮食加工厂退休,每月退休工资仅700多元。女儿还在读书,为了贴补家用,赵月兰经熟人介绍,全天候帮人照看孩子,每个孩子每月托管费一千元。

优优是赵月兰带的第二个孩子。她记得,优优父母第一次抱着孩子上门时,才半岁大的优优,鹅蛋脸、卷头发、圆眼睛,"像画册上走出来的,从来没见过这么漂亮的小孩。"

优优的父亲是货车司机,母亲是超市销售员,两人薪资都不高,刨去房租、生活费、奶粉等开销外,所剩无几。不到一年,两人就支付不起托管费了。可赵月兰觉得他们还年轻,总有办法能还上。

直到2013年的一个夏天,优优父母拎着大包小包敲开了赵月兰的门,说是"借住两天",却一直住了下来。

因为重病,夫妻俩双双失业,没有任何经济来源,整日蜷缩在客厅"L"型沙发的两端。"女人长期躺着,脸色发白,男人则总是觉得冷,用毛巾把头全部围起。"夫妻俩住进来之后,抛开吃住不谈,连电话费也要赵月兰支付。

赵月兰对优优父母的救济并非毫无缘由,这对夫妻曾有恩于她。

2010年左右,赵月兰的儿子因为皮肤癌去世,而早在2001年,丈夫就因意外身故,接二连三的打击折磨得她日日哭泣,甚至多次想要自杀。那段时间,是优优的父母一直陪在她的身边,开解、劝导她,优优的爸爸甚至对赵月兰说:"老娘,以后我就是你儿子,你儿子能做的事,我也能做。"

带孩子没两年,赵月兰突发心脏病住院,唯一的女儿还在外地读书,是优优父亲背着她上上下下去看病,优优母亲照顾她吃喝,替她擦身。在得知赵月兰要做心脏搭桥手术,需要 2 万多的手术费时,优优的爸爸还表示,就算去借钱,也要帮她把手术费凑上,这让赵月兰十分感动。

在赵月兰家寄居四个半月后,优优母亲心梗猝死,2016 年底优优父亲又因淋巴癌去世。临终前,他将孩子托付给了赵月兰:"这世上只有你对优优好,你千万不要把他送走。"

掏空家底

"你放心,有我一口吃的就绝不会饿着优优。"被托孤时,赵月兰回答。

彼时,赵月兰正带着优优辗转各地治病。

优优最早发病是在 2015 年 1 月,持续性高烧、走路腿软、脖子歪……转了几次院,最后在儿童医院确诊为幼年特发性关节炎。赵月兰记得,做完检查后,医生告诉她,"这病很难治,最少要几十万。"医生建议吃激素进行保守治疗,但可能导致全身长毛、发胖,停止长高。

"那跟毁了孩子没什么两样。"赵月兰又带优优去上海就医,"没想到还是一样的,只能吃激素。"

治疗期间,优优每个月去一次上海,每次停留半月左右,最高一次花了 6 万多,最少也得 7000 多,一年零七个月治下来,花了几十万。

赵月兰掏空了自己省吃俭用大半辈子的积蓄,甚至连女儿 6 万多的彩礼钱也搭了进去。为了筹钱,赵月兰和当时还在世的优优父亲上街乞讨,经媒体报道后陆续有好心人捐钱,加上社区也组织了几次募捐,这才勉强度日。

女儿对赵月兰的做法颇有微词。不仅是彩礼的事,坐完月子,女儿希望赵月兰帮忙带孩子,自己好出去工作。但赵月兰忙着照顾生病的优优,拒绝了。尽管如此,作为"姑姑",赵月兰的女儿对优优还是疼爱有加,每年优优生日都会给他准备蛋糕和礼物。

2016 年,赵月兰打听到有个相同病症的孩子,在长春一家私人诊所治好了。她揣着仅有的 8000 块钱,带着优优坐了 22 个小时的火车前往长春。"有段时间兜里只剩下几十块钱,天天只能吃青菜和面条。"赵月兰说,好在给优优治病的王宏伟医生心善,免除了全部医药费。

治了半年,优优病情稳定下来,赵月兰带他回到了南昌。

"拼了命也要把他留下"

生活似乎回到了正轨。

优优按部就班地长大、窜个子,如今高出了赵月兰半个头。他很懂事,会为奶奶做饭、拿快递、捏肩捶背。采访前一天,他从姑姑那里得了一张购物券,第一想法是给奶奶买爱吃的榴梿蛋糕。

在学校,优优成绩也不错,好的时候能考进班级前十名,老师同学都很喜欢他。和所有的同龄男孩子一样,放学后他喜欢打篮球,骑着自行车到处"野"。

赵月兰也开始享受晚年生活,和朋友一起聚会、唱歌、跳广场舞。这套住了 30 多年的老房子面积很小,只有五十多平方米,赵月兰就尽力把家里拾掇得干净整洁,沙发边还摆了棵红红火火的假橘子树。

直到今年 6 月初,优优旧病复发,赵月兰的生活再次被"打回原形"。

对于优优的病,赵月兰说:"医生说这病发育期容易发作,之前是 7 岁,这次是 13 岁。如果这次能挺过去,以后或许就没事了。"

这次治疗,医生给出的方案是打生物制剂,每月十针,分两次打,一针就得 800 多元。"打针的钱医保局基本全免了。"赵月兰说,但每月吃药的费用还得三千左右,要连续吃上三四年。她唯一的收入来源只有每月 2000 元的退休金,还要兼顾生活。

每天早上六点,赵月兰准时起床,把熬制中药的电水壶插上电,再叫醒优优,让他就着温水吃下退烧药或者消炎片。然后,每隔四十分钟,把止痛药和治疗膝盖积水的药依次递到优优手上。两个小时后,再把熬了两遍的中药端给优优。药不能混着吃,因为怕药物之间有相互作用,影响效果。

采访时,客厅的桌子上摆着几瓶熬好的中药。赵月兰几次提醒优优喝药,他一再拖延,直到赵月兰提高了音量,明显有些生气,他才皱着眉一口气喝完。"唉,我都习惯啦。"我问他苦不苦时,他耸了耸肩,故作轻松地回道。

优优喝完药,赵月兰重新坐回沙发上,看着门口的方向发呆。她依然解释不清为何会为一个毫无血缘关系的孩子付出所有,"可能是他父母临终托付,也可能是这么多年相处出感情来了"。

唯一能确定的是,和 6 年前一样,她"拼了命也要把优优留下"。

（《东方女报》2021 年 9 月 10 日）

评析: 本篇通讯以倒金字塔结构讲述了南昌"保姆奶奶"掏空家底也要救治、照顾雇主遗孤的故事。作品穿插了大量现场、心理、对话等描写,在细节呈现中让主角的性格和形象更加丰满。质朴清新的文字,则使叙事更为真实感人,直击读者内心。作品结构巧妙,文本浑然一体,是一篇极具温度的好作品。

（刘传红　江西师范大学新闻与传播学院原院长、教授）

系列报道

传承红色基因　助力开局起步
——省际沿线政协行

王磊　李德伦　王欢　杜宁　涂颖

(编辑:杜宁　王欢　涂颖)

代表作一:

万载古城花正红

暮春时节,久雨初歇;杨柳染青,百花争妍。

4 月 12 日,省际沿线政协行宜春站活动在湘鄂赣革命纪念馆拉开帷幕。

万载是革命老区,湘鄂赣省委和省苏曾驻扎在万载仙源两年多时间,毛泽东、朱德、彭德怀等老一辈无产阶级革命家曾在这里浴血奋战,这里还走出了杜平、王宗槐等 6 位共和国将军,有名有姓的革命烈士有 5956 名。通过图文、油画、雕刻,大家再次感受到湘鄂赣边区人民不畏艰险、前仆后继的革命精神,领略到湘鄂赣红色根据地历史的风雷激荡、波澜壮阔。

如此丰富的红色文化资源,如何把它挖掘好、利用好,是今年万载县政协的重点协商课题。县政协专门抽调部分委员和史志、档案方面专家组成调研组,既对境内本土红色文化资源"摸清家底",又与湘鄂赣根据地其他县市"互通有无",还"上接天线",积极策应"长征国家文化公园"和罗霄山脉红色旅游规划,以期提出有价值的意见建议,推动万载本土红色文化与旅游融合发展文章做大、做足、做好,张扬红色文化生命力。

穿过繁华的街道,路过巍巍万载古塔,跨过百年南门桥,记者来到了万载古城。漫步田下路,俯首斑驳的石板街,仿佛能聆听到当年南门街车水马龙的热闹;走在悠长的考棚巷,仰头与祠堂的铭文砖对视,又像和你诉说着它见证的数百年变迁。

从当初呼吁"留下来",到后来"护起来",到现在"靓起来""红起来",万载县政协向县委县政府提交《赋予文化元素,彰显古城魅力》《以文兴游,做旺万载古城》等多篇建言成果。如今,古城所在的田下街区由老旧、破败,变成了今天的万载"城市会客厅"、宜春"休闲后花园"、著名网红打卡地。正当记者流连忘返,感慨不已时,一队队头戴红军帽、身着红军服红色研学的学生鱼贯而过,成了古城里最具活力的移动风景线。

目送"小红军"离开后,大家的目光又被"花筑·焰火民宿"所吸引。民宿的主人是一名有着花炮情节的 85 后委员——曾鸣。他巧妙利用"夜间经济"、消费升级、传统产业转型风口,结合花炮产业,立足古城,做好文旅融合文章,将万载古城打造成全球唯一一座烟花色古城,为万载旅游外地游客总量拉升 40% 以上。作为万载国家级非遗——花炮制作技艺传承人,曾鸣还致力于对花炮进行科技化、智能化的探索,为传统花炮插上科技创新的翅膀。如今,曾鸣的企业已成为全球迪士尼乐园高端焰火唯一的中国供应商、北京环球影城乐园焰火和特效服务提供商,以及北京冬奥会开幕式焰火供应商和参与单位,刷新了万载花炮的骄傲与自信。

万载老区人民以革命先辈敢于牺牲、敢于胜利的精神为激励,在守初心担使命中砥砺前行。最好的传承,莫过于此。未来可期!

代表作二：

歌声飘过黎滩河

"庆祝七军团,八月出现了,集中我们的力量,敌人失落魄,驱逐帝国主义,推翻国民党,完成百万铁红军,争取新中国……"5 月 18 日,省际沿线政协行联合采访组刚来到黎川县湖坊乡,耳畔不禁被一阵阵慷慨激昂的歌声所吸引。

"这首《创造七军团歌》是我们县政协首次发现的!"县政协委员、档案局局长余天禄无不骄傲地说,"县政协在'红色文化资源的保护和利用'专题调研中,从湖坊乡营心村张家大厅屋内斑驳的墙壁上,发现了这首歌,有谱有词,这充分证明红七军团是在黎川组建的。"

余天禄从红一方面军两次解放黎川,中共闽赣省在湖坊成立,再到红七军团的创建,洵口战斗和团村战斗,讲述了周恩来、朱德、彭德怀等率领红军在黎川浴血奋战,黎川人民积极参军参战,为中国革命作出的牺牲和贡献。

走进如今的湖坊乡,一幅幅革命油画映入眼帘,一条条宣传标语引人注目,红军广场、烈士纪念碑、红军检阅台、中共闽赣省委、省军区旧址等红色元素独具特色,前来参观学习的游客络绎不绝。

"没有共产党就没有新中国,共产党,辛劳为民族,共产党他一心救中国……"满怀激情放声歌唱,联合采访组在黎川第一党支部上了一场别开生面的微党课。

洵口镇皮边村是中共黎川县第一个党支部成立地,黎川革命之火从这里点燃。新中国成立后,地处山区、信息闭塞的皮边村,成为"十三五"省级贫困村,2016 年开始,由省政协办公厅对口帮扶。

"昔日的贫困村,如今呈现出一派'绿富美'的新农村景象。"省政协机关驻皮边村第一书记陈春情说。连续多年的帮扶,省政协机关驻村工作队先后协调资金 2000 多万元,因地制宜做好村庄美化、绿化和亮化,积极引进特色产业,带领贫困户发展生产、增加经济收入。重点开发打造的"洄口瀑布",成为乡村旅游的网红打卡点。充分挖掘红色历史资源,修建的皮家源革命纪念广场、黎川县第一党支部展览馆,成为抚州市"红色基因传承基地"、黎川县"爱国主义教育基地",红色旅游热逐渐在皮边村热起来。

"沃土生精华,风景如油画,黎滩河畔游老街,黎川是我家。"雨后的夜晚,空气格外清新,黎川古城灯光璀璨,游人如织。商会旧址,几曲采茶戏,令人意犹未尽;京剧票房,弦歌不绝,喝彩之声连连;校场戏台,"红旗飘,军号响。子弟兵,别故乡。红军主力上征途,战略转移去远方",一首长征组歌远远传来。

"现在的黎川是真美!"漫步流光溢彩的老街,品味不同风格的乐曲,联合采访组不由慨叹黎川古城美景。

"黎川古城始建于南宋,兴盛于明清,至今保存着上百幢明清古建筑。"黎川县政协副主席余雪琴介绍道,"以前的黎川古城基础设施差,水灾、火灾隐患极大,严重威胁老百姓生命财产安全。县政协几经调研,提出'搬得出,画得美,做得起'等一系列建议,被县委县政府采纳,并由县政协主要领导牵头实施双桥改造,为黎川古城建设起好了头,之后又相继提交了《黎明山川悠游乐园》《做好古城景区旅游的宣传与推介》等调研报告,为黎川古城景区的打造和宣传推介贡献了政协人的智慧。"

"正是在中国共产党的领导下,黎川人民投身革命得解放,改革开放勤致富,脱贫攻坚奔小康,如今正朝着乡村振兴建设现代化强国开局起步,相信未来的日子里,黎川人民的幸福之歌将在黎滩河上传得更响更亮。"黎川县政协主席章军华自信满满地说。

代表作三:

红都蔬果分外香

又是一年好时节。

初夏,行走在红都瑞金这块热土上,绿意盎然,到处欢声笑语,红色文化氛围浓厚。

各蔬菜示范基地、乡间地头,各种时令蔬菜长势喜人,这边翠绿的蔬菜正在等待收割,那边葱绿枝藤争先恐后往架子上窜,好一幅生机勃勃的景象。

"瑞金土地肥沃、资源丰富、光照充足、雨量充沛、交通便利,具有得天独厚的优势。"正在蔬菜大棚里调研的瑞金市蔬菜产业发展领导小组常务副组长、市政协副主席温家振介绍道。

近年来,市委、市政府不断巩固脱贫攻坚成果,持续推动产业发展升级,促进群众稳定增收,生活水平稳步提升。2020 年至今,瑞金市新增蔬菜基地 23 个,面积 7000 余亩,种植质量和经济效益大幅度提升。

5 月 11 日,省际沿线政协行联合采访组走进叶坪乡黄沙村华屋红军村,四周翠竹环绕,村民们或三三两两坐在自家院落前唠家常,或拿起笤帚打扫街道。村旁就是大面积的蔬菜大棚,和红歌、红屋遥相辉映,似乎在述说着当年红军的战斗故事。2020 年,华屋村民的人均纯收入已超过 1.5 万元。

蔬菜产业的发展是乡村振兴重要的一环。市委、市政府以资源引产业,以市场引主体,以企业带农户,精准对接粤港澳大湾区"菜篮子"工程,建设"九丰现代农业"优质蔬菜生产基地,全面打造赣闽粤省际区域蔬菜集散地和全国对接粤港澳大湾区"菜篮子"工程标杆市。

"市政协可真是为民办实事、办好事!"黄柏乡蔬菜种植大户谢件发激动地向记者介绍,"我种植了 580 亩大棚蔬菜,去年受疫情和霜冻灾害影响,蔬菜滞销,市政协积极发动机关干部和外地客商前来认购,还帮我协调解决土地流转、资金贷款方面的困难,我要为市政协的工作大大地点个赞!"

市政协委员为助推乡村振兴,多次在大会发言和提案中建言献策。早在2018 年,市政协就组织委员围绕"我市蔬菜产业发展"开展调研,摸清了短板,找准了问题和差距,开出"良方",提出可操作性强的调研报告,向市委、市政府贡献"金点子"。授人以鱼,不如授人以渔。市政协定期组织农技专家和种植大户下乡传授"锦囊妙计",手把手把种植经验与蔬菜种植户分享,为蔬菜种植大户牵线搭桥,引荐销售渠道。

市政协主席陈晓斌说,"有规模才有效益,有品牌才有特色,我们瑞金蔬菜产业正着力优布局、建基地、育龙头、创品牌,政协也在为此发挥优势、凝心聚力、助推发展。"

如今,夏日的阳光照耀在红色故都瑞金的大地上,沃野蔬果香,希望洒落在这片田野上。

(《江西政协报》2021 年 4 月 30 日、6 月 4 日、6 月 25 日)

评析:"传承红色基因　助力开局起步——省际沿线政协行",历时两个月,由南至北,横贯西东,覆盖全省 40% 的市县。省市县三级政协人携手同行,深入江西这座没有围墙的红色博物馆,白天走读,晚上围读,共迎党的百年华诞,连续推出 39 篇"带露珠、泥土香"的报道,充分彰显习近平新时代中国特色社会主义思想的真理伟力和实践伟力,反映各界人士对党的衷心拥戴,同心奋进新时代的信心信念,引起广泛关注,社会反响热烈。

(刘传红　江西师范大学新闻与传播学院原院长、教授)

系列报道

代表作一:

120 多部法律法令捍卫红色政权

90 年前中国共产党在中央苏区开展广泛司法实践
为法治中国建设奠定基石

集体(戴平华　郭俊　康春华　方维芳　吴强　付强

李书贤　陈佳　黄志良　刘宇琦　万菁)

(编辑:夏剑阳　毛小泉　李井红)

法律的力量,也是革命的力量。

90 年前,中国共产党在中央苏区开展了广泛的司法实践,颁布实施 120 多部法律、法令,为红色政权奠定了牢固的基石。

法制的生命力,彰显着革命的生命力。

短短数年时间,稚嫩的中华苏维埃共和国架构起较为完整的司法组织系统和司法制度,从红土地上起航的人民司法,最终架构起新中国法治的巍峨大厦。

徜徉在"共和国摇篮"瑞金,如何赓续革命血脉,传承红色基因,叩问着每一个寻根探源者的心灵。

法治中国的火种在这里播撒

4 月 29 日,雨后的瑞金沐浴在阳光中。

位于叶坪、沙洲坝的"共和国摇篮"景区,游客、参观学习者络绎不绝。在沙洲坝红井旁,喝上一口井水,与刻有"吃水不忘挖井人,时刻想念毛主席"的竖碑合张影,人们以此表达崇敬、缅怀之情。

不远处,一栋栋黄墙黛瓦的建筑错落有致,最高法院、中央司法人民委员部、中央工农检察委员会等中华苏维埃共和国司法机关的旧址静静地矗立其间,用穿越历史风云的静默,"陈述"着 90 年前中国共产党对红色法制的艰辛探索。

徜徉其中,仿佛是一种精神的邂逅,熟稔的亲切感让脚步充满不舍;与一件件见证革命的文物"对话",神思被带回到了那个硝烟弥漫的年代。

1931 年 11 月 7 日,中华苏维埃第一次全国代表大会在瑞金叶坪村举行,中华苏维埃共和国临时中央政府宣告成立,中央执行委员会下组织人民委员会,人民委员会下设"九部一局",即外交、军事、劳动、财政、土地、教育、内务、司法、工农检察九个人民委员部和国家政治保卫局。

会上,《中华苏维埃共和国宪法大纲》横空出世。

它像一颗启明星,以法制的光芒,从此照耀在中国革命征途的上空;它像一颗火种,将人民当家做主的思想,用"苏维埃政权是属于工人、农民、红军兵士及一切劳苦民众的"这般简洁明了的语言,播种在人民的心中;它更是一篇宣言,坚持法律面前人人平等,这一如今深入人心的法治理念,在宪法大纲里早已被确立下来。

一同通过的还有劳动法、土地法、婚姻条例等法律文件。

让井冈山百姓在 1928 年发自肺腑喊出"共产党万岁"的《井冈山土地法》,"升级"成了《中华苏维埃共和国土地法》,劳苦大众的革命热情进一步被点燃。仅仅用了 21 年,这声呐喊便响彻新中国每一个角落。

首次以法律的形式赋予妇女婚姻自由权利的《信江苏维埃婚姻条例》,时隔 2 年"升级"成《中华苏维埃共和国婚姻条例》。1934 年 4 月 8 日,《中华苏维埃共和国婚姻法》颁布,一同确立的一夫一妻制等原则,将妇女从沿袭千百年的封建婚姻的枷锁中解脱出来,沿用至今。

在苏区,1931 年 11 月至 1934 年 1 月,劳苦大众破天荒地行使起了投票选举权,挺直了腰杆。3 次民主选举,伴随着颁布实施的选举细则,在中国法制史上留下了不可磨灭的民主印记。

自 1931 年至 1934 年,临时中央政府制定和颁布的法律法令达 120 部以上。

"在残酷的战争年代,中华苏维埃共和国立法内容之丰富、涵盖面之广泛、规定之严格、条例之细致、执法之严格、法律水准之高,在中外历史上是罕见的。"江西理工大学中央苏区法制研究中心欧明生博士发出由衷的赞叹。

这些法律法令为动员百姓参加革命、巩固军心、捍卫红色政权做出了不朽的贡献。

这份贡献,早已化作崛起密码,沉淀在我们今天的幸福生活里。

苏区司法制度初具雏形

阳光照射下,站在沙洲坝中华苏维埃共和国最高法院旧址前,一尊獬豸石雕引人注目。

神话里,獬豸能辨是非曲直,能识善恶忠奸,发现奸邪官员,即用角将他顶翻,然后吃下肚去。它,是司法"正大光明"的象征。

最高法院旧址院内,立有何叔衡处理合龙乡争水纠纷的铜像。铜像背后的故事,书写着司法为民的苏维埃实践。

1932 年 3 月底,因农田灌溉问题,瑞金合龙乡杨姓与毛姓宗族发生械斗,少数毛姓村民煽动群众阻碍放水,杨姓村民遂向临时最高法庭提出控告。此时,距履行最高审判职能的临时最高法庭成立仅 1 个月。接到控告后,临时最高法庭主席何叔衡率领审判人员深入现场办案,耐心调解,终于化干戈为玉帛,妥善化解了这起持续多年的纠纷。

獬豸与铜像,神话与现实,或许是苏区司法制度最好的诠释:既要惩治犯罪,更要利用司法审判化解矛盾,服务人民群众,造福劳苦大众。

在这套司法制度中,审,由临时最高法庭及地方上的裁判部负责。1934 年 2 月,最高法院正式成立,临时最高法庭退出历史舞台。

作为国家公诉人,检,在中央工农检察人民委员部(1934 年 2 月更名为中央工农检察委员会)之外,临时最高法庭(最高法院)内还设有正副检察长、检察员若干人;省、县裁判部也设有检察员;此外,军事检察(查)所、政治保卫局内设的检察(查)科,也承担起了部分检察职能。这些机构、人员,共同构成了苏区特殊的检察体系。

公，即国家政治保卫局，对于一切反革命案件，各级国家政治保卫局有预审的权力。

司，是中央司法人民委员部，负责培训各级司法干部与工作人员、委任和撤销省裁判部部长及工作人员，督促地方各级苏维埃政府以及各级军事领导机构建立健全各级审判机构，并对这些机构实行司法行政领导。它对具体审判工作不加干涉，以确保审判机关独立行使审判权。

短短数年时间，中华苏维埃共和国建立起较为完整的司法组织系统和司法制度，居于核心地位的是党的领导、法律、人民。

为惩治贪污浪费行为，中央工农检察人民委员部设置了专门的举报箱。正是得益于群众的参与、举报，唐仁达、熊仙璧等一批腐化堕落的干部得到惩处，有的甚至被判处死刑。

各级裁判部不但允许公民旁听，容其当场揭发犯罪，且经常组织巡回法庭，到出事地点去审判比较有重要意义的案件，以吸收广大群众来参加旁听。

苏区反腐，展示的不仅是共产党人壮士断腕净化队伍的勇气，还有老百姓主人翁意识的觉醒；公开审判、开设巡回法庭，展示的不仅仅是共产党人推行公平公正审判的勇气和魄力，还有老百姓对公平正义的渴望。

被唤醒的劳苦大众，为巩固苏维埃政权、推动革命的蓬勃发展所做出的贡献，被永远书写在八子参军、十七棵松树等革命故事里，被世人铭记。

开创性法制实践浸润民心

在叶坪，"一苏大会"旧址内，驻足一个个小隔间，无法抑制的激动撞击着心灵。

这些小隔间，就是司法人民委员部、工农检察人民委员部等"九部"最初的办公场所。小小的空间，燃亮着中国革命的希望、播撒下了红色法制的种子。

从叶坪的小隔间，到沙洲坝的小楼、延安的窑洞、北京的人民大会堂，眼前展开的画卷，是时空走廊里的砥砺前行，是筚路蓝缕下一步步的壮大。

每一步，都是前无古人的探索；每一步，都是福泽后人的开拓。

在燎原星火的映照下,苏区红色法制伴随着革命的烽火笃定前行,它所开创的一系列司法制度,依然足以令今天的法律人肃然起敬。

四级审判机关、公开审判制度、二审终审制、审判合议制、人民陪审员制、回避制度、死刑复核制……今日司法审判制度的基本框架,脱胎于此。

何叔衡、梁柏台、董必武等苏维埃司法的先驱不断加强司法干部队伍建设,如今,这支传承红色基因的司法干部队伍,依旧是法治中国建设的中坚力量。

注重法制宣传,在报纸上开辟以案释法专栏,中央苏区形式多样的普法,仍然值得今日借鉴推广。

党领导的立法工作,始终与当时的革命性质和任务相适应,并与时俱进,张闻天与劳动法修订的故事,至今耐人寻味。

1932 年 5 月,时任临时中央政府人民委员会主席的张闻天发现,劳动法执行的效果并不好,很多雇农的劳动时间大幅缩短,工钱却大幅增长,一些雇主承受不起。而工人抽烟、穿鞋、理发、治病等费用都要师傅负责,更是导致一些师傅和老板不堪重负,只好关门大吉。问题出在《劳动法》是依照城市工人运动状况制定的,照搬到以农村为主的苏区,有点脱离实际。后来,临时中央政府根据张闻天的意见,对《劳动法》做了修订。

这些具有开创性的法制探索与实践,出色地完成了"保障政权,巩固军心,动员老百姓参加革命,捍卫苏维埃共和国"的使命。红色法制也与今日的法治中国一脉相承,共同书写了法治史上不朽的篇章。

如何赓续、如何传承,答案就刻写在这片红土地上。

代表作二：

"地权归农"点燃农民革命热情
苏区土地法满足了农民对土地的渴望
并为新中国出台土地政策和立法积累经验

一卷苏区土地法，一部农民翻身史。

"耕者无其田"，是旧中国广大农民的悲惨状况。中国共产党在土地法中明确了"地权归农"的政策，第一次满足了农民对于土地的渴望，并为陕甘宁边区土地法规、甚至新中国一系列土地立法指明了方向。

"历史是过去的现实，现实是未来的历史"，中国共产党百年华诞来临之际，新法制报记者再次走访中央苏区，追溯那段法律唤醒民众的动人历史。

满足农民对土地的渴望

农民对于土地的渴望古已有之，然而，第一次对其予以满足的，是中国共产党制定的第一部代表农民利益的土地法规——《井冈山土地法》。

在率领秋收起义的余部到达井冈山后，毛泽东开始了没收分配土地的试点。事实上，早在《湖南农民运动考察报告》中，毛泽东就已经敏锐地意识到了一个问题："解决农民问题，就要解决土地问题，这是要立即实行的问题。"于是，1928 年 12 月，《井冈山土地法》横空出世。

该法全文共 9 条，明确"没收一切土地归苏维埃政府所有，分配给农民个人或共同耕种；一切土地，经苏维埃政府没收并分配后，禁止买卖"。

之所以重新分配土地给广大农民，源于当时农村土地的分配情况。据江西理工大学中央苏区法治研究中心严九发博士介绍，旧中国的大部分土地掌握在地主富农手中，占人口 70% 左右的贫雇农民只有 20% 左右的土地。更有甚者，占人口 55% 的雇农和其他农村居民根本没有一寸土地。

"种了万担粮，农民饿断肠；织了万匹布，农民无衣裳；盖了万间房，农民住草房。"严九发说，从当时流传的民谣可见，底层农民过着极其悲惨的生活。

"为了改变广大农民被残酷剥削的生存困境，《井冈山土地法》从根本上改变了生产关系，农民生产的积极性像火山一样喷发出来。"严九发说，1928年，井冈山根据地的粮食产量增长 20% ，当地群众纷纷送子、送夫参军，并组织赤卫队、暴动队、青年团、妇女会等协助红军开展工作，保卫胜利果实。

据了解，同一时期，各革命根据地举行了一百余次农民暴动，轰轰烈烈的土地革命拉开了帷幕。

"兴国经验"走向全国

《井冈山土地法》发布 4 个月后，红四军到达兴国县。

在赣南、闽西革命根据地，毛泽东提出一系列深入进行土地革命的政策和原则。1929 年 4 月，他主持制定《兴国土地法》，将《井冈山土地法》规定的"没收一切土地"改为"没收一切公共土地及地主阶级的土地"，明确了土地革命所打击的主要对象是地主阶级。

"除了这一原则性修正及部分条例细节的调整外，贫农在革命以前所欠债务也得到废除，分得土地的农民家庭收入大为增加，贫雇农的社会地位发生了翻天覆地的变化。"严九发说。

1929 年 7 月，在毛泽东的指导下，闽西党的第一次代表大会通过的决议中作出"自耕农的田地不没收""抽多补少"的原则规定，使闽西 60 多万贫苦农民得到了土地。

1930 年 2 月，在按人口平均分配土地的原则指导下，兴国等 6 县全境和永丰等县部分地区全面开展分田运动。

与此同时，农民跟随中国共产党的决心也更加坚定了，激发了他们投身革命的热情。"受尽压迫剥削的民众，对于苏维埃每一具体的施政，简直如同铁屑之追随于磁石。"

据统计，土地革命时兴国共有 23 万人，其中有 8.5 万人参加红军。

1930 年 5 月，全国苏维埃区域代表大会通过了《土地暂行法》，吸收了《兴国土地法》的经验,"兴国经验"正式走向全国。

"地权归农"点燃革命热情

"从《井冈山土地法》到《土地暂行法》,都规定土地所有权归苏维埃政府。"江西理工大学中央苏区法治研究中心欧明生博士表示,要想点燃农民的革命热情,"必须使广大农民在革命中取得他们唯一热望的土地所有权"。

1931 年 5 月,江西省苏维埃政府专门发布了《关于土地问题的布告》,向群众公开宣布"一经分定的土地,即归农民所有,任其出租买卖,生的不补,死的不退。"

"苏区粮食产量因此大幅度增加。"实践证明,"地权农有"政策调动起了农民革命积极性。

1931 年 11 月,中华苏维埃第一次全国代表大会召开,会议通过的《中华苏维埃共和国土地法》(下称《土地法》)明确规定:"没收地主及其大私有主的土地和财产,分给贫雇农民和中农。"《土地法》明确废除一切地租、高利贷债务和苛捐杂税,以解放农民。

欧明生说:"《土地法》符合广大贫苦农民的利益,这使得农民自身权益和民主革命利益紧密结合起来,农民为了保田、保家积极参军参战,支援前线。"

在他看来,作为土地革命时期施行时间最长、贯彻地区最广、影响也最大的《土地法》,使得全国土地问题的解决有了依据,各根据地以后分别据此制定了本地区的具体执行方法。

陕甘宁土地法规与苏区一脉相承

走进瑞金叶坪的中华苏维埃共和国临时中央政府旧址,可以看到,木板将大厅隔成 15 个小房间,其中一间就是土地人民委员部当年的办公室。据记载,该部下设没收分配局、山林水利局、土地建设局和调查登记局等,专门开展耕田、水面、山林的调查,并根据"地权农有"的政策,推动农地土地登记、发证的新举措,是如今农业部和自然资源部的前身。

1933 年 4 月,土地人民委员部随中央机关迁驻距叶坪村不远的沙洲坝。此处的旧址是一座黛瓦白墙的简陋瓦房,系后来修复的。

当年,从这一间小房、一座瓦房内颁发出去的耕田证、鱼塘证、耕山证,被苏区农民看成是农民持有土地的"护身符"。"地权农有"的土地立法精神,就这样慢慢走向全国,走进农民的心里。

"'地权农有'的政策,直到 1934 年中央政府撤离瑞金,次年抵达陕北后,仍然发挥着一脉相承的作用。"严九发说。

他表示,为了保护农民的土地权,陕甘宁边区在法制建设上进一步探索,制定了一系列土地法规。其逐渐消灭封建地主土地所有制,实现了"地权农有"的土地制度,"为其他革命根据地乃至新中国成立后土地政策的制定和土地立法积累了丰富的经验"。

践行初心和使命

"目前我国的土地法律体系,是由宪法和物权法的相关部分,以及土地管理法、土地承包法和城市房地产管理法等专门法组成,都对如何赋予人民更多土地财产权利、更好保护人民土地权益进行了详细规定。"严九发说。

具体到江西,《江西省实施〈中华人民共和国土地管理法〉办法(修改)》也进入了江西省人大常委会 2021 年立法计划。围绕耕地保护、农村集体经营性建设用地入市、土地征收、乡村振兴等问题,省自然资源厅近期赶赴各设区市进行调研,目的就是要在立法中,确实保护好百姓的土地权益。

历史也再次证明,土地革命作为中国新民主主义革命的基本内容之一,它是党践行初心和使命的具体体现。党领导广大农民"打土豪、分田地",就是要让广大农民翻身得解放,就是为人民根本利益而斗争。

代表作三：

从"坐堂问案"到"送法上门"
苏区在司法实践中推行巡回审判制度
司法为民理念深入人心

1932 年,中华苏维埃共和国临时最高法庭主席何叔衡,翻山越岭来到瑞金合龙,组成巡回法庭,平息了毛杨两姓多年的争抢灌溉用水纠纷,为巡回审判制度在苏区的司法实践迈出了共产党人的第一步。

90 年后的今天,"携卷下乡、就地办案"已然成为中国司法工作者的常态,象征着公平与正义的法徽出现在田间地头和村民家门口,司法为民的理念深入人心。

2021 年是中国共产党成立 100 周年,在红色故都瑞金,新法制报记者踏入这片神圣的土地,与专家、法院工作者一起,重温那段红色岁月,记录苏区司法精髓的传承与延续。

对巡回审判制度进行探索

每天清晨,当初升的太阳照向瑞金市苏维埃大道上的五角星雕塑,这座闪烁着光芒的"胜利之门",指向共和国摇篮景区叶坪,中华苏维埃政府机关旧址群中人潮开始涌动。

毗邻景区坐落着一幢别具一格的"红色"楼房,是瑞金市人民法院叶坪法庭,伴随着来瑞金旅游的人越来越多,各类民事纠纷也时常发生,把巡回法庭开到景区,叶坪法庭已经坚持了 5 年。在景区设置的巡回审判点,会有专门受理旅游民事纠纷的审判员赶到现场,当场立案、当场审理、当场调解、当场执行。

当及时、高效、公正的巡回法庭出现在身边时,很多游客也许并不知道,在苏区的司法审判制度中,巡回审判制度曾在此留下了不可磨灭的一笔。

1932 年 2 月,中华苏维埃共和国临时最高法庭于瑞金成立,同年 6 月公布的《中华苏维埃共和国裁判部暂行组织及裁判条例》,是中央苏区政权稳定后确定司法机关组织原则的法律文件。

该《条例》第三章"法庭之组织及其审判之手续"中的第十二条规定了巡回审判制度,"各级裁判部可以组织巡回法庭,到出事地点去审判比较有重要意义的案件,以吸收广大的群众来参加旁听"。这是中国共产党在早期建立政权时对巡回审判制度的探索。

巡回法庭化解一场争水纠纷

走进中华苏维埃共和国最高法院旧址,院内草坪上有一组造型生动的铜像,两方村民握手言和的形象背后,是中华苏维埃共和国临时最高法庭主席何叔衡化解两村"争水"的故事,这是巡回审判制度在苏区司法实践中迈出的第一步。

瑞金四区白露乡毛姓一村少数土劣把持水源,利用封建迷信煽动部分群众阻碍他村放水,合龙乡杨姓村民因春耕迫切需要引水灌溉,双方摩擦不断,甚至发生械斗,无奈之下,杨姓村民向中央政府提出控告。

中央政府派人前往合龙乡调查,并于 1932 年 3 月 8 日协同两村群众讨论,打破迷信恶俗,决定继续放水。但至 3 月底,毛姓少数人又违约将水圳捣毁,故意妨碍水利,违反土地法令。杨姓村民向临时最高法庭控告。同年 4 月,何叔衡亲自到合龙乡,会同县裁判部组织巡回法庭,召集区负责人及两村开会,秉持着司法为民、调解优先的裁判理念,争取到毛姓大多数群众的支持,有效化解了争水纠纷。

"困扰当地群众多年的争水纠纷得到及时妥善的处理,成为当时苏区审判工作的典范,巡回审判制度也由此推行开来。"瑞金市人民法院政治部主任邓逸楠说,2017 年,瑞金市人民法院对中华苏维埃共和国最高法院旧址和审判史陈列馆进行了升级改造,在改造升级中增设了何叔衡处理合龙乡争水纠纷的铜像,让游客对当年苏区司法前辈深入百姓做群众工作的优良作风有了更为深切的感受。

"携卷下乡就地办案"

设立生态旅游巡回法庭的叶坪法庭,下辖叶坪乡、壬田镇、日东乡,常住人口达 20 万人,除了服务景区外,在法庭的管辖范围内,巡回审判工作已经十分普遍。

"我们庭里今年已经开展了十多次巡回审判,考虑到有的当事人住得较偏远、行动不便等因素,为了更好地方便当事人,我们经常会利用节假日等时间开展巡回审判。"叶坪法庭法官钟伟平告诉记者。

对像钟伟平这样的基层法官而言,每一次巡回法庭进村入户,在公正审判的同时,还要为当地村民上好一堂鲜活生动的"法治公开课"。"类似返还彩礼、抚养费等婚姻家庭纠纷、邻里纠纷、土地权属纠纷等典型村居案件,我们更倾向于采用巡回审判的形式,在田间地头和村民家门口公开审理。"

中华苏维埃共和国司法人民委员部曾在《中央司法人民委员部命令第十四号对裁判工作的指示》中指出,"要多组织巡回法庭到出事地点去审判,教育群众"。瑞金市红色文化研究会会长严帆认为,指示文件表明了苏区政府对设置巡回审判制度的价值取向和预期目的。

"到出事地去举行庭审,不仅利于取证,更重要的是通过公开审判对当地群众进行法律教育,像巡回审判等制度在苏区的司法实践中建立和发展,开创了人民司法制度的先河。"严帆说,正是一批批如何叔衡这样的法官"携卷下乡、就地办案",塑造了中国司法工作者公平与正义的形象。

苏区司法精髓一脉相承

苏区时期的裁判机关,在中央有临时最高法庭(最高法院),在省区县设裁判部,代行司法机关的职权。1933 年 12 月 12 日颁布的《中华苏维埃共和国地方苏维埃暂行组织法(草案)》第 151 条规定:"各级裁判部之下,组织刑事法庭民事法庭,有必要时可组织巡回法庭。"

"苏区司法审判对党领导下的人民司法进行了艰苦探索,并奠定了坚实的基础。"严帆告诉记者,目前现行的民事诉讼法、刑事诉讼法对巡回审判也进行了同样的规定,"从我们现在的人民司法工作可以看出与苏区一脉相承"。

自 2019 年以来,赣州市中级人民法院出台了"人民法官在身边"行动工作方案,旨在让群众切实感受到人民法官、法院服务就在身边。其中,巡回审判制度发挥了重要作用,把一些社会影响力大的案子带到社区、村落进行公开审判,拉近了法官与群众的距离,庭审的案例也很有教育意义。

如今,瑞金市人民法院要求每名审判员、员额法官每年都要开展数次巡回审判。"群众的司法需求在哪里,我们的司法服务就跟到哪里,充分发挥司法为民的理念,这是苏区精神的精髓,我们必须继承和发扬。"瑞金市人民法院副院长钟同锋如是说。

(《新法治报》2021 年 5 月 11 日)

评析:该组系列报道,实现了建党百年、党史学习教育、法治中国建设这三大主题的同频共振,法治媒体如何唱响主旋律,得到了很好的呈现。

作为这组报道的开篇之作,记者在历史纬度和空间经度上,搭建文章架构,通过穿插叙述,让史料生发的情感在现实中找到"共情",实现了生活场景与恢宏历史的情景交融,让文章既有历史深度,又有叙述广度。同时,记者用饱含深情的笔墨,娴熟地驾驭新闻语言与专业术语,在娓娓道来中让借史说法与借法说史完美结合。

省司法厅将这组报道作为江西开展红色历史教育和传承革命精神、献礼建党百年的力作上报司法部,学习强国江西频道对所有报道以专题的形式进行了推送,足见作品的传播力和影响力。

(刘传红 江西师范大学新闻与传播学院原院长、教授)

寻赣记系列报道

集体(李滇敏　龚艳平　杨数　罗翠兰　钟兴旺

毛江凡　杨淑玲　万芸芸　张衍)

(编辑:陈明华　陈海云)

代表作一:

寻赣记

——从考古看江西

脚踏大地,仰望星空,辽阔而深邃,让人无限遐想。探索脚下这片土地的过往,与探索星辰大海一样,充满着浪漫的色彩。

一

你真的了解脚下这方水土吗? 也许,你熟悉她现在的样子,但你了解她的千年风采吗? 或者再远点,万年前的赣地又是怎样的?

明月如镜,映照悠悠岁月。"今人不见古时月,今月曾经照古人",能记得千年往事的,恐怕只有这轮明月了。

历史沧桑变幻中,赣地远古的文献记载已难找寻,先民的生活面貌已难恢复。所幸的是,散落于赣都大地的历史文化遗产,见证了此地的过往。现世人们对于此地古老文明的认识,只能由逐渐出土的文物探隐索微,管窥一二。

文物是古人给今人的留言,是先人用生命谱写的密码。考古就是要解开这些密码,了解那些遥远而古老的故事。

二

"我从哪里来?"对自身血脉与根基的追问,始终萦绕在世人心头。

探索中华大地人类起源,百万年的人类起源史和上万年的人类史前文明史,需要依靠考古成果来建构。今年是中国现代考古学诞生百年,在第三届中国考古学大会上,公布了"百年百大考古发现"。这些考古发现,宛如在历史长卷中钉下的一枚枚坐标,向我们诉说中华文明的历史脉络与灿烂成就。

泱泱中华,赣地多娇。"百年百大"中,江西有四项考古发现入选,入选数量与浙江、北京、湖南、甘肃并列全国第五,足见赣鄱文明之精彩。

万年仙人洞和吊桶环遗址,发现了世界上最早的陶器和栽培稻植硅石;新干商代大墓的发掘,打破了"商文化不过长江"的旧说;南昌汉代海昏侯墓的发掘,让中外重新认识中华汉代文明;景德镇明清御窑厂遗址的发掘,再现古代中国瓷业的巅峰成就。

考古学界一般认为,中国古代文明的演进,大体经历了远古、古国、王国和帝国等阶段。万年仙人洞和吊桶环遗址,对应的是远古阶段;以樟树筑卫城为代表的史前城址,对应的是古国阶段;新干商代大墓,对应的是王国阶段;南昌汉代海昏侯墓和景德镇明清御窑厂遗址,对应的是帝国阶段。

这绝不是一个简单的对应,是赣鄱文明源远流长的证明。这几个点,支起的是赣鄱文明起源与发展历程的"骨架"。

三

认识江西,在这"骨架"间,更有丰满的"血肉"。这些年,江西考古发现层出不穷,可谓"大珠小珠落玉盘"。通过它们,我们得以一窥赣鄱文明的起承转合。

站在当下这个时空看,赣鄱大地是一个三面环山、口开北面的巨大盆地。如果将镜头向历史纵深缓缓推进,地形地貌或许变化不大,但大地上一次次"换了人间",文明经历了一个漫长的演进过程。

何以江西?考古人在山川河岳间不懈求索,在田野中探寻历史的谜底,以一个个考古发现,勾画出赣鄱文明发展脉络。

乐平涌山岩（洞）遗址、万年仙人洞和吊桶环遗址、九江荞麦岭遗址、樟树吴城遗址、靖安李洲坳东周墓……旧石器时期、新石器时期、夏商周时期，均有重要发现。考古人孜孜以求，探源赣鄱，重建了江西先秦史时间脉络和空间分布，让我们日益清晰地看到赣鄱大地史前文化中透露出的文明曙光。

考古界曾流传一句话——古不考三代以下，即考古发掘与研究的侧重点是在秦汉以前，因为夏商周三代之后文献资料相对丰富，历史记录体系比较完备。但如今，大家对秦汉以降的历史研究的重要意义早已有了共识：即使是有文字记载以后的文明史，也需要通过考古工作来参考、印证、丰富、完善。

回望江西，秦汉以来的考古发现层出不穷，诉说着这片古老土地曾经的辉煌灿烂，再现古代江西地域文化丰富的社会图景。其中的一些重要成果，填补了历史空白，甚至改写了历史。同时，考古类型也愈加丰富，窑址考古、手工业作坊考古、道教考古、城市考古……出土的每一件文物，都真实地告诉人们，我们曾经诗意地栖居在这片土地上。

从当下追溯江西的古老历史，我们越来越真切地感受到赣鄱文明脉动的韵律。

四

考古发现，是承载着历史变迁的文化遗产，是赣鄱文明的具象表征和物质载体，也是将源远流长的中华文明进行串联的重要线索。

采访中，"大历史观"这个概念被考古专家们一再提及——要将江西考古发现放在中国文明史乃至世界文明史的坐标系中，去体现她的价值和意义。

从时间上看，史前考古，延伸了江西的历史轴线，刷新了人们对古代江西的认识。史前江西，与史前中国其他地区一道，奠定了中华文化的基因。

从空间上看，在人类文明发展演进过程中，处处可见赣鄱的身影。赣鄱文明与其他区域文明各美其美，共绘美美与共的中华文明、人类文明画卷。

五

一个地域、一个民族，最坚韧的，从来不是坚固的城池，而是流淌在骨子里的文化血脉，蕴藏在脑海中的思维精神。几千年来，赣地先民在这里生生不息、繁衍壮大,把火热的生产生活实践镌刻成历史、积淀成文明。这,就是我们的文化记忆。正因有此,我们的文化传承才有了养分之源,文化自信才会不断升腾。

赣鄱文明走过了漫漫长路,还有众多未解之谜等待揭晓。我们仍在探寻——

历史留下来的种子,总是要破土抽芽的。

代表作二:

新干商代大墓:一洲青铜改写历史

新干县大洋洲程家村涝背,赣江边这座曾经的沙丘如今已是草青树茂,绿意盎然。32 年前,修水利的农民在这里挖出了一个震惊世界的考古发现。一时间,无数目光聚焦于这个小小的沙丘。行走在这片土地上细细寻找,考古现场的痕迹已然不见,眼前立起了一座博物馆,而那些解开的谜底和未解的谜面都装进了这座大洋洲商代青铜博物馆。

青铜初现

作为考古界的"资深明星",新干大墓甫一面世便被誉为"江南青铜王国,中华文明正脉""商代南方青铜之都"。

新干大墓是当地农民在程家村涝背沙丘掘取沙土时被发现的。涝背西濒赣江仅 1 公里,每年下半年,附近几个村子的农民都要取沙土加固赣江堤坝。1989 年 9 月 20 日下午,夏塘村的一个村民在掘取沙土时,一锹下去挖到了一件古色斑斓的青铜圆腹鼎。这件"大香炉",包括此前在附近发现的小型墓葬,让村民们联想到一直以来在当地流传的"三把半伞"的传说:很久以前这一带有好几个形如雨伞的封土堆,后来只剩下三堆半,而这些土堆又与"九缸十八瓮"的财富传说联系在一起……这些联想激发了大家的欲望,一伙人连挖带刨,又挖出了大大小小十几件青铜器,哄抢一空。

有关部门很快控制了现场,并把大部分被哄抢的文物追了回来,共计 12 件青铜器,还有一麻袋被砸碎的铜器碎片。这批最先被哄抢的青铜器后经修复,得方鼎、圆鼎、甗、卣、钺、矛等共 17 件,其中就有那件通高 1.05 米、重达 78.5 公斤、有"中华甗王"之称的四足铜甗。担任此次考古发掘领队的江西省博物馆原馆长彭适凡告诉记者,虽然大部分遭抢的文物被追回来了,但仍有"漏网之鱼"。在清理时发现一件虎耳虎形扁足鼎高 30 厘米的扁足不见了,次年在英国苏富比拍卖行被拍卖;一件伏鸟双尾铜卧虎,"出土的时候是两半,右边的獠牙不见了"。彭适凡退休之后,在古玩市场遇到一名收藏爱好者,才得知虎牙的下落,几经周折,终于在 2012 年使其完璧归赵。那只又萌又飒的虎 20 多年后才得以全貌现身!

"听说挖出了青铜器,我们还在猜是不是挖到了宋代以后仿古铜器的窖藏。"接到消息赶往新干时,彭适凡并没有抱很大的希望。但是到现场后,看到挖掘出来的一尊方鼎立耳上卧着一只圆雕老虎,他立刻兴奋起来:这是典型的商代晚期器物!且双耳上卧虎是中原青铜器上从未见过的。

最终的发掘成果确实让人惊喜万分:经江西省文物考古研究所发掘,共出土青铜器 475 件,玉器 754 件,陶器 139 件。这是江西,也是江南地区出土商代青铜器数量最多、器种最丰富的一次,铸工精细,特色鲜明,是南方商代青铜器的典型代表。在商代遗址考古中,同一单位内出土如此之多的铜器、玉器,只有三星堆和妇好墓可以与之相比,陶器的数量则更是罕见。该遗址是长江以南地区发现的规模最大、等级最高、出土文物最丰富的青铜时代的遗存。国家文物局给江西省文物局发来贺电,称"这是我国近年来文物考古的又一重大发现"。

文明之光

长期以来,历史学界、考古学界认为,商周时期在中原拥有高度发达的青铜文明的时候,整个南方地区尚属"荒蛮之地"。

新干大洋洲墓葬的发现,以无可辩驳的事实证明了,早在三千多年前,长江以南的江西就有着较为发达的青铜文明,有着一个与中原殷商王朝政权并存发展的青铜王国。"原来以为的文明中心只有一个点,就在中原地区。而新干大墓的发现,显示了在中原地区之外,还存在具有自身特色的、地域性的青铜文化,改变了青铜时代整个文化格局的一种认识。"中国社会科学院考古研究所副所长施劲松如是说。

新干大墓出土的青铜器包括容器 10 种 48 件、乐器 2 种 4 件、兵器 11 种 232 件、手工工具 7 种 92 件和农具 11 种 51 件,它们带领今天的我们走进了一个三千多年前的青铜王国,走进了一个久远的神秘国度——乳钉兽面纹虎耳鼎、兽面纹鹿耳四足甗等大型青铜重器昭示着磅礴的国家气度和胸怀;兽面纹提梁方腹卣、伏鸟双尾青铜虎、双面神人头像等以其奇特的造型为我们带来了清新的江南气息;活环屈蹲羽人玉佩饰、弦纹玉璧等,精雕细琢,工艺精湛,展示着巧夺天工的治玉水平;形式多样、锋芒毕露的兵器,品类丰富、简洁实用的农耕、渔猎和生活用器,描绘出一幅且耕且战的方国社会图景……

待解之谜

32 年来,对新干大墓的研究一直在不断深入,但是直到今天仍有许多待解之谜。

首先,新干青铜器遗存的性质究竟是什么? 发掘的参与者和众多专家学者主张"墓葬说"。他们的理由,一是考古人员在清理过程中,发现了类似于墓葬中椁的坑穴,坑穴中有类似于棺的痕迹;且遗址原来有很大的封土堆,像长江流域西周时期的土墩墓。二是遗址出土器物有规律地分布着,按照棺椁墓葬结构和器物的特点以及人们的生活习俗等,青铜器大部分置于椁区,玉器则集中置放在棺区。

也有专家认为该遗存是一处祭祀遗存。他们认为大洋洲遗存位于赣江边,与古代南方择高而葬的习俗不相符;出土物分布规律不明显,品种也比较单一,时代跨度大,体现不出商代应有的礼制。他们认为大洋洲器物群是距新干青铜器遗存不远的牛城先民立社时举行重大祭祀活动中所使用的典礼性器物……

其次,现在较为普遍的观点是"墓葬说",那么墓葬的主人是谁?

在大墓的周边,分别于 1973 年和 1977 年发现了两处古城遗址——距大墓 20 公里的吴城和 3.5 公里的牛城。在新干出土的青铜器中,有 10 件鼎耳上有 20 只虎,9 件青铜鼎上 27 只扁足采用虎形,其中伏鸟双尾青铜虎最令人惊叹,为迄今所见最大的青铜虎,有"虎王"之誉——这些"虎"让人们联想到虎方国。卜辞中记载:"令望乘暨举途虎方……""虎方"是商代存于南方的一个方国,是殷商之外的地方政权。根据考古实物和古文字记载,有专家提出赣鄱地区为虎方国的控制范围,其都城就在新干的牛城。

2019 年 8 月在新干举办的青铜文化产业高峰论坛上,考古专家李伯谦、彭适凡、唐际根等都肯定了"虎方说"。牛头城址考古项目发掘领队、江西省文物考古研究院研究馆员周广明更是认为"虎方"在新干区域,而且很有可能是从湖北盘龙城遗址那里的一支迁徙过来的。

新干大墓出土遗物的规格和由此显示出的墓葬等级都非常高,同时也表明其文化已相当发达,社会似已进入到一个较为高级的阶段。但在吴城遗址却没有发现具有相应规格的大型建筑和其他墓葬,其房址和墓葬数量少而且简陋。相对于新干大墓极为丰富的随葬品,吴城遗址出土的铜器很少,更缺乏大型铜器和精美玉器。从城址规模和特征来说,牛城也是都城与王陵。周广明告诉记者,目前学界的主流观点认为,新干大墓与牛城的关系更为密切,新干大墓出土的陶器类型与牛城更为一致。专家们更倾向于认为新干大墓的主人是牛城的首脑或者首脑的亲属。

从出土的 50 多件青铜农具和 232 件青铜兵器来看,如果是虎方国,那它当时已具备了非常先进的农耕文明和强悍的军事实力。然而,自商代以后,有关新干的历史记载除了战国时有个粮仓,就直接进入了秦朝。虎方国后来怎样了呢? 这个有着强劲实力、能和中央政权分庭抗礼的地方政权在几百年后又谜一般地消失了。消失的原因还需要更多的考古证据来解答。

"破圈"之惑

走出博物馆,行走在 105 国道上,公路两旁隔着几十米就蹲着一尊方鼎或趴着一只呆萌的伏鸟双尾虎,这些颇具代表性和辨识度的文物在"代言"着赣江边的这座城市。

勤劳、智慧的先民将这样一份沉甸甸的礼物留给了今天的新干,如何保护与开发好先祖的馈赠便成为摆在新干人面前的一个大课题。

大洋洲镇和新干县城的街头,青铜元素随处可见:路灯、凉亭、休闲椅上到处都有青铜装饰,新干县行政服务中心前的青铜文化公园以及青铜广场,还有 2017 年重修的青铜博物馆都成了人们了解商代文化的打卡地。除了举办青铜文化产业高峰论坛,据新干县文广新旅局负责人介绍,县里还排演了一部采茶剧《淦地·青铜韵》……然而,这些对于传播具有世界意义的商代青铜文化、提升新干的文化形象还远远不够。据介绍,当地计划将青铜博物馆周边的程家村打造成一个占地 500 亩的大洋洲商代青铜遗址公园,再现"吴城文化""虎方国"的雄姿,让世人能近距离触摸这一旷世的远古文化。这让我们生出些许期待。

其实,在国内,以青铜文化作为城市品牌的地区已有不少:安徽铜陵,从综合性的青铜文化博览会到当代铜工艺品大赛,从黄梅戏《青铜三部曲》到青铜文化论坛,从铜都概念的打造到无处不在的城市铜雕……可以说,无论从广度、深度和力度而言,铜陵对于青铜文化的发掘与开发已是非常成熟。而三星堆则走了另外一条"潮流"路线:举着"自拍杆"的青铜立人像、撞脸"愤怒的小鸟"中绿色小猪的陶猪、以三星堆祭祀坑出土的青铜面具为模板打造的三星堆版"娃娃头"冰淇淋……借着今年初三星堆考古新发现的热潮,三星堆上新的文创产品让年轻人爱不释手,各类媒体争相传播。以文创产品为载体,三星堆的文物、文化逐渐以年轻态的方式"走出"博物馆。

无论是铜陵的深度、广度和力度,还是三星堆轰轰烈烈、热热闹闹的"破圈",都值得我们学习。

代表作三：

景德镇明清御窑厂遗址：一炉窑火铸就巅峰

在景德镇市繁华的珠山中路一侧，一座飞檐翘角、粉墙黛瓦的巍峨古建，矗立在一处偌大的庭院前。古建上方有一匾，上书三个镏金大字"御窑厂"。这里就是景德镇御窑厂遗址所在地。

初建于明，没落于清，穿越 540 多年的时光，见证了中国陶瓷史最辉煌一页的御窑厂，携带着古代中国瓷业的巅峰成就，奠定了今天的景德镇世界瓷都的地位。而御窑厂出土的瓷片上闪耀的光芒，折射的是影响深远的中华文明与世界文明交融并进的宏大篇章与历史回响。

珠山土层下　惊世大发现

在景德镇御窑厂遗址公园内，有一座高仅十多米的小山包，人们称其为珠山。就是这座不起眼的小山，在陶瓷研究者的心目中，犹如五岳之尊的泰山，有"高山仰止，景行行止，然心向往之"的巨大吸引力。

为什么会有这么神圣的地位？源于这座小山土层下的珍藏。

"御窑厂遗址的发现，最早要追溯到 20 世纪的 70 年代。1979 年的冬天，在御窑厂东边的珠山东麓盖房挖涵道时，施工人员发现了大量的瓷片。当时任景德镇考古研究所所长的刘新园带着我们一批年轻的考古工作者来到现场，从一些瓷片的落款初步判断是明代成化时期官窑的瓷器。当把瓷片归拢到一起后，又发现很多瓷片属于同一件器物。"景德镇陶瓷考古研究所名誉所长江建新说。

当时考古人员把这些出土的瓷片收集起来，后来在室内整理时发现这些瓷片可以拼接修复成整器，由此开始认识到御窑厂遗址的重要性。

江建新回忆说："记得在 20 世纪 80 年代末，我们就修复了几百件明官窑瓷器。当时香港有位收藏家推荐我们到香港艺术馆去做了个展览，展出的这一批修复瓷器在当时引起了轰动。之后,我们在香港又举办了一次'景德镇出土陶瓷'展览,实际上展出的是景德镇地区历代窑址出土的陶瓷标本。尽管是残片,但是这些标本也是很重要的,当时有评论说,这是以历代陶瓷标本来展示景德镇陶瓷史,再次引起了人们的关注。"

　　紧接着,刘新园将目光聚焦到对出土文物的专题研究上。他敏锐地观察到这种陶瓷堆积非同一般,它蕴含的文化历史信息相当丰富。当这些瓷片被成批、成组修复成整器的时候,他将藏匿在历史文献中的细碎史料搜罗出来,与出土御窑碎片融会贯通,并与相关器物串联起来,修复已经消失的历史。

　　此后,至 20 世纪末,在御窑厂遗址内开展的考古清理工作达到 13 次,出土了大批明代成化时期御窑的重要瓷片,使学界大大丰富了对当时存世很少的成化官窑器的认识。更重要的是,这一发现还使人们认识到,对御窑故址的窑业遗存进行考古发掘,可以为研究其生产体制等诸多问题提供实证资料。由此,御窑厂遗址大范围内的考古工作拉开了序幕。

　　御窑厂遗址曾是景德镇市政府所在地,由于遗址地处人口密集的市区中心,给遗址的考古和保护工作带来了极大的不便。2002 年底,景德镇市政府机关整体迁建,遗址保护区内与文物保护无关的建筑物一律拆除。自此,御窑厂进入了有计划的考古发掘、遗址保护和利用阶段。

煌煌五百年　书写文明史

　　进入新世纪,景德镇考古研究所先后联合北京大学文博学院、故宫博物院、江西省文物考古研究院等单位,相继多次对明清御窑厂开展了抢救性考古发掘,特别是 2014 年至今的多次重要考古发掘,再次将人们的目光聚焦于此。

　　"2014 年 10 月开始的考古发掘,集结了考古方面的重要力量,有了不少新的重大发现。"江建新告诉记者,此次考古发掘出土了元、明、清时期的作坊、灰坑等各类遗迹 60 多处,其中最重要的一处是一座明中晚期作坊,根据遗迹与相关遗物推断,该作坊遗迹很可能是明正德至嘉万时期的釉上彩作坊遗址。这类遗址在御窑厂历次发掘中均未见,目前已揭露出的遗址面积为 300 多平方米,而且有向四周扩展的迹象。该处遗址对研究明代官窑釉上彩制作工艺提供了十分珍贵的实物资料,对研究明代御窑厂整个作坊群分布、规模、工艺、内部分工形式,都具有重要的价值,填补了这一陶瓷工艺考古的空白。

"御窑厂遗址的发掘与研究,极大丰富了海内外学术界对御窑瓷器生产体制与工艺技术发展的认识,由此建立了明清宫廷瓷器从生产端到使用端的完整联系。"江建新感慨道,考古发掘获得的文物和资料,是中华陶瓷文明的重要基因库和信息库,也是陶瓷文化的"活化石",在世界范围内具有不可替代的历史、科学和艺术价值。

迄今为止,御窑厂遗址在近 40 年的时间里,先后经历 3 次主动性发掘和 20 多次抢救性发掘,揭露了御窑厂自明初创立至清代的不同时期遗迹,出土明清各时期瓷器残片多达数十吨,近 1000 万片。

《浮梁县志·陶政》卷八记载:"明洪武初,镇如旧属饶州府浮梁县,始烧造岁解,有御厂一所,官窑二十座""元代浮梁县一度升为州,洪武又复为县。"从以上文献记载可知,明洪武初景德镇御厂有官窑二十座。从洪武官窑遗物的出土情况看,明初御窑厂当在《江西省大志·陶书》所载御窑厂的北部,从明初开始,御窑厂由北向南逐渐扩展,清代御窑厂又向南、向西北扩展。自明洪武二年(1369 年)至清宣统三年(1911 年),御窑厂延续了 500 余年,最后随清廷覆亡而撤销。民国时期,在御窑厂西北侧设官助民办"江西瓷业公司"。1949 年后,这些厂舍的地面建筑基本不存,唯有今珠山龙珠阁周围一块高地和树木保存至今。

根据深入持久的考古发掘与调查,御窑厂的面目逐渐清晰起来,其遗址平面呈长梯形,总面积约 5.4 万平方米,南临珠山路,北接斗富弄,东至中华路,西至东司岭。作为明清两代专为宫廷烧造瓷器的皇家瓷厂,是我国烧造时间最长、规模最大、工艺最为精湛的皇家窑厂,在中外瓷器发展史上具有独一无二的重要地位。

御窑新风采　文物活起来

瓷器作为中国的一大发明,窑火经久不衰,文化传承不息。

中国制作瓷器自东汉以来已有一千多年,而欧洲 18 世纪以后才有瓷器。

可以说，景德镇是中国瓷业的代表，也是中国千年陶瓷文明的代表，她不仅属于景德镇，也属于中国和世界。景德镇陶瓷对人类文化的推进及交融，起到了巨大的作用。景德镇陶瓷的文化价值与内涵，是人类文明史上灿烂的一页。

那么，如何更好地呈现御窑厂遗址独一无二的价值与功能？如何让一件件历经沧桑的瓷器活起来，变得可亲可近？如何让陶瓷文化与旅游融合发展，为社会、经济的发展提供更好的服务？景德镇将考古、遗址保护与利用相结合的做法，值得肯定。

今年的 5 月 18 日，国际博物馆日。在明清御窑厂遗址基础上成立的御窑博物馆，历经 4 年的建设，在博物馆日当天免费开放，引来了众多游客游览打卡。御窑博物馆以明清御窑厂 540 多年的历史为支撑，通过展示御窑厂历代官窑遗址的重要陶瓷考古成果，以及发掘的各个时期的重要遗物，来展现明清两代官窑的历史发展脉络。

江建新告诉记者："由于御窑博物馆是在明清御窑厂遗址的基础上建立起来的，它在展陈设计上会比较特殊。比如一般的博物馆以展示单个传世的经典藏品为主，而御窑博物馆会把同一种器物类型的几十个标本展示出来。通过这样的展示，观众就能了解它的生产过程以及精品拣选的标准。"

徜徉在御窑博物馆，记者发现，其外形灵感来自景德镇传统龙窑，由 8 个多曲面拱体结构造型构成，其建筑材料中有 20% 的砖是景德镇的老窑砖。"这个建筑根植于景德镇的历史，它是有温度的。"御窑博物馆设计师、中央美术学院建筑学院院长朱锫此前介绍，御窑博物馆就建在御窑厂遗址附近，走近它，仿佛能感受到御窑的脉动与气息。

基于重要的历史价值，御窑厂遗址在 2006 年成为第六批全国重点文物保护单位，2010 年获批为国家考古遗址公园。2017 年，经国家文物局批准，御窑厂遗址被列入《中国世界文化遗产预备名录》。

"作为考古工作者，我们要让陈列在中国大地上的文物活起来，不仅要让文物走进大众，还要让大众亲近文物，增加对文物作为国家文化遗产的情感。这方面的工作我们在不断进行，比如有的考古发掘工作，我们会邀请中小学生来现场参观与体验,也会邀请高校文博专业的师生参与考古发掘,再就是通过御窑博物馆的展陈与研学活动,开展更广泛的陶瓷文化的传承与弘扬工作。"景德镇陶瓷考古研究所所长翁彦俊说,在数字化时代,我们还在尝试推进数字化传播,通过线上线下、虚拟与现实相呼应的方式,推出云展览、云互动,让御窑文化与故事插上翅膀,连通世界,传播到更远的地方。

1712 年,在景德镇旅居了 7 年的法国传教士殷弘绪,曾在一封寄往欧洲的书信中这样写道:

此地无城墙,既便于扩张地盘,又便于输进和输出货物……景德镇窑数已达到三千座,到了夜晚,它好像是被火焰包围着的一座巨城,也像一座有许多烟囱的大火炉。按一般的说法,此镇有一百万人口,每日消耗一万多担米和一千多头猪。街道笔直,按一定距离纵横交错……如处于闹市中心,可以听见从四面八方传来的担夫呼叫喊让路的声音……

殷弘绪信中的内容,描述了清康熙年间景德镇瓷业的繁荣景象,这座以瓷立镇的城市,一直以陶瓷为生,近百万的人口与陶瓷同生共存。如今,"Made in China"的商品已经遍及世界各地。可回到当年各种肤色的人们刚刚相遇的时代,风靡世界的"Made in China",是无与伦比的中国陶瓷。

时光流转,岁月变幻,而独树一帜的景德镇御窑,每一块瓷片的釉色都不曾黯淡,每一件涅槃重生的御瓷,都在熠熠生辉,光彩照人。

(《江西日报》2021 年 12 月 24 日)

评析:作品聚焦江西入选"百年百大考古发现"的 4 项考古发现,讲述赣鄱文明起源和发展脉络。在内容上,取报纸深度报道之长;在形式上,取杂志版式设计之美。封面和四个主题版面连成一体,其中 4 个整版分别以"一粒种子改变世界""一洲青铜改写历史""一座汉墓见证盛世""一炉窑火铸就巅峰"为题,探寻江西考古的价值意义和赣鄱文明的灿烂辉煌,颇具匠心。

(刘传红 江西师范大学新闻与传播学院原院长、教授)

报纸通讯

书写新答卷 奋进新征程

刘勇 魏星

（编辑：张玉珍）

又是一年两会时，喜看东风润赣鄱。

圆满收官"十三五"、精彩开启"十四五"，迎来建党 100 周年华诞，在这个重要而又特殊的时间节点，感慨于历史性成就，充满着对新征程新未来的美好憧憬，江西人民愈加感恩习近平总书记对革命老区的深情大爱与特殊关怀。

我们清晰记得，2015 年，也是在这个春暖花开的美好时节，习近平总书记亲临江西代表团参加审议并发表重要讲话，给赣鄱儿女以巨大的鼓舞，为江西发展指引了前进的方向。

我们不会忘记，2016 年，春回大地之时，习近平总书记来到江西视察指导，给 4600 万江西人民送上新春祝福，对江西工作进行了全面指导，令全省干部群众倍感温暖、倍增信心。

我们永远铭记，2019 年 5 月 20 日至 22 日，习近平总书记时隔三年再次亲临江西视察指导，为新时代江西改革发展把脉定向、擘画蓝图，充分体现了对江西工作的高度重视、对革命老区深情大爱和殷切希望。

从"新的希望、三个着力、四个坚持"重要要求，到"作示范、勇争先"目标定位和"五个推进"重要要求，习近平总书记重要讲话深刻洞察江西发展的特征、前景，精辟阐释了关乎江西发展的一系列方向性、战略性、根本性问题，为江西未来勾画了美好蓝图、指明了前进方向，是新时代做好江西各项工作的总方针总纲领总遵循。

远山近岑，切换的只是视角，一脉相承的是宏图。省委、省政府以习近平新时代中国特色社会主义思想为指导,深入学习贯彻习近平总书记重要讲话精神,牢记嘱托、感恩奋进,团结带领全省人民砥砺前行、埋头苦干,奋力书写春天的新答卷,奋进在全面建设社会主义现代化国家的浩荡春风里,努力描绘好新时代江西改革发展新画卷。

新答卷书写在大战大考中——开创江西高质量跨越式发展新境界

舟循川则游速,人顺路则不迷。奋进在新时代的春天里,江西始终沐浴着习习的东风。奋斗在高质量跨越式发展的关键阶段,江西始终有明灯的指引。

2020 年,对江西来说是极不平凡、极不寻常、极为不易的一年。这一年,是“十三五”规划收官之年,是应对疫情汛情的大战大考之年。

面对突如其来的新冠肺炎疫情和鄱阳湖流域超历史大洪水,江西两次启动 I 级响应。在以习近平同志为核心的党中央坚强领导下,全省上下万众一心、众志成城,抗疫情、战洪水、促发展,疫情防控取得重大战略成果,抗洪救灾取得全面胜利,经济社会实现平稳健康发展。

这是全省上下深入贯彻落实习近平总书记重要讲话精神取得的成果,是在开启“十四五”、踏上新征程开拓奋进的关键节点,在大战大考中勇夺的佳绩。鄱湖之畔、赣江之滨,新时代前行的铿锵脚步,留下一串串奔跑追梦的足迹,留下一片勃勃生机:

复工复产走在全国前列。在全国较早以县域为单元实行分区分级差异化防控,率先放开高速公路和国省干道关卡。及时出台系列政策措施,全面落实助企纾困政策,创新建立产业链链长制,推动经济发展企稳向好。

创新引领步伐加快。中科院赣江创新研究院在赣州正式挂牌,首批科研团队正式入驻。中科院中药国家大科学装置落地生根,中医药科创城开花结果。全省综合科技创新水平指数升至 56.68%;13 项专利获第 21 届中国专利奖,创历史新高。

项目建设提速提质。各地、各部门齐心协力推进项目建设,重大项目建设进展顺利。2957 个省大中型项目完成投资 1.08 万亿元,占年计划的

139.6% ;398 个省重点项目完成投资 3699 亿元,占年计划的 144.5% ;635 个省市县三级推进开工重大项目全部开工建设。全省固定资产投资增长 8.2% ,为稳定经济增长提供了重要支撑。

粮食主产区的地位持续巩固。坚决扛起粮食安全政治责任,提升种粮科技化、机械化水平,稳步提升粮食生产能力。2020 年新建高标准农田 302 万亩、超额完成国家下达任务,粮食总产 432.8 亿斤、增加 1.3 亿斤,生猪产能恢复到 2017 年水平,设施蔬菜面积新增 36.75 万亩。

改革开放走深走实。"赣服通"3.0 版暨 APP 上线运行,"掌上办"事项数量和电子证照种类全国领先,在全国率先实现省市县乡四级政务服务"365 天不打烊"。省本级依申请政务服务事项实现"一次不跑"或"只跑一次"比例达 95.3% 。全面启动江西内陆开放型经济试验区建设,持续打造世界 VR 产业大会等开放平台,全年实际利用外资增长 7.5% ,外贸出口增长 17% ,推动开放型经济提质升级发展。(下转第 12 版)(上接第 1 版)如同一粒种子拥抱沃土,一座灯塔照亮前路,习近平总书记重要讲话精神融入了江西发展的血液,化为具体的发展思路、工作措施和制度机制,引领全省广大干部群众努力在加快革命老区高质量发展上作示范、在推动中部地区崛起上勇争先,奋力描绘好新时代江西改革发展新画卷。

潮平两岸阔,风正一帆悬。江西"十三五"规划目标总体实现,经济社会发展取得新的历史性成就,地区生产总值在全国排位由第 18 位前移至第 15 位,制造业高质量发展指数从全国第 21 位升至第 13 位;居民人均可支配收入提前实现比 2010 年翻番目标。

沿着习近平总书记指引的方向,赣鄱儿女一步步勇毅前行。江西,这片红土圣地、发展沃土,到处都是活跃跃的创造,到处都涌动着澎湃的浪潮,跃动着勃发的生机。

新答卷书写在绿色生态中——奋力打造美丽中国"江西样板"

鄱阳湖,江西人民的母亲湖。

清晨,鄱阳湖微波荡漾,阳光洒在湖面上犹如满湖碎金,清澈的湖水与岸边的水草交相辉映,美不胜收。3 月 2 日,鄱阳县白沙洲乡车门村,渔民范小利和妻子李祥如准时来到鄱阳湖湿地公园上班。

"朝八晚五的生活挺好。一个月有 2600 元,不比打鱼差,而且生活有规律。"范小利告诉记者,他在公园当救生员,负责游客安全,妻子在园区当保洁员,每个月 1400 元。依托附近的湿地公园,车门村共有 80 名渔民成功转产转业,成为公园的救生员、保洁员、保安、服务员等。

随着禁捕退捕的实施,10 万渔民洗脚上岸,和范小利一样变为上班族的渔民还有很多,按照"禁得住、退得出、能小康"总体目标,转产转业,转出好生活、转出幸福来。

"共抓大保护,不搞大开发"。我省始终把做好长江流域重点水域禁捕退捕工作作为贯彻落实习近平生态文明思想和习近平总书记重要讲话精神的具体行动,主动担当、积极作为,自我加压、标本兼治、综合施策,提前一年对 152 公里长江干流江西段和整个鄱阳湖湖区全面禁捕退捕,全力守护好鄱阳湖的一湖清水。

如今,禁捕退捕各项工作取得阶段性胜利,生态成效初步显现,刀鱼大规模群体时隔 17 年再现鄱阳湖,江豚嬉戏赣江市区水域,与人同乐,一幅人与湖泊和谐相处的美丽画卷正在徐徐展开。

"环境就是民生,青山就是美丽,蓝天也是幸福。要像保护眼睛一样保护生态环境,像对待生命一样对待生态环境。"江西全省上下牢记习近平总书记的殷殷嘱托,深入贯彻习近平生态文明思想,坚定走生态优先、绿色发展之路,奋力打造美丽中国"江西样板",推动生态环境质量实现新提升:

国家生态文明试验区全面完成阶段性任务,38 项重点改革任务全部完成,抚州生态价值转化、萍乡海绵城市建设、景德镇"城市双修"等成为全国案例,全省 35 项改革举措和经验成果列入国家清单、在全国推广,生态文明制度"四梁八柱"全面构建。

生态环境质量持续改善,全省森林覆盖率稳定在 63.1%,湿地保有量 91 万公顷,城市建成区绿地率全国第二,率先实现"国家森林城市""国家园林城市"设区市全覆盖,全省空气优良天数比例达到 94.7%,国考断面水质优良率达到 96%,长江干流江西段所有水质断面达到二类标准,全省带着四类及以上水进入全面小康。

绿色动能更强、产业结构更优、经济与生态发展更协调,战略性新兴产业、高新技术产业增加值占规上工业比重分别达 22.1%、38.2%,万元 GDP 能耗、用水量分别下降 18.3%、32%,主要污染物排放量完成国家任务。

走"生态路"、吃"生态饭"。大力实施乡村振兴战略,农村人居环境整治三年行动目标基本实现,"厕所革命"三年攻坚任务超额完成。石城、靖安、武宁和昌江入选国家全域旅游示范区,武宁、寻乌、安福、铜鼓、宜黄入选国家生态文明建设示范市县,寻乌山水林田湖草综合治理入选全国十大生态价值实现典型案例,入选"千村万寨展新颜"活动村庄占参加总数的 30%、居全国第一。

人不负青山,青山定不负人。全省各地在山水之间逐梦"绿富美",努力打造美丽中国"江西样板",绿色发展的江西,正驰骋在更加广阔的天地。

新答卷书写在作风建设中——推动政治生态风清气正向上向好

江西,是一片充满红色记忆的红土地。

波澜壮阔的中国共产党革命史,许多源头都在江西。星星之火在革命摇篮井冈山点燃,共和国的襁褓岁月在红都瑞金度过,人民军队的第一枪在英雄城南昌打响,工人运动的澎湃在萍乡安源发祥。

在烽火连天的峥嵘岁月,一代代革命先烈先辈慷慨赴义、向死而生,用赤诚与生命铸就了跨越时空的井冈山精神、苏区精神、长征精神,树立了光照千古的历史丰碑,孕育了融入民族血脉和灵魂的红色基因。在党的领导下,千千万万的江西儿女,为中国革命事业进行了长期的艰苦卓绝奋斗,付出了巨大的牺牲,作出了卓越的贡献。据统计,江西为革命牺牲的留下姓名的烈士达 25.3 万人,约占全国烈士总数的六分之一。

从井冈山到于都河畔,从八角楼到中央红军长征出发纪念园……习近平总书记对江西这片书写了中国革命光荣与梦想、浸染着无数革命先烈热血的红土圣地,始终充满着赤子之心,始终饱含着深情大爱。他强调,现在国家发展了,人民生活变好了,我们要饮水思源,不要忘了我们的革命理想和宗旨,不要忘了党的初心和使命,不要忘了革命先烈,不要忘了我们中央苏区、革命老区的父老乡亲们。

以革命先烈先辈为镜,续写红土圣地新荣光。江西始终牢记习近平总书记殷殷嘱托,全面加强新时代党的建设,充分利用好江西丰富的红色资源,持续巩固深化"不忘初心、牢记使命"主题教育成果,扎实开展党史学习教育,大力弘扬党的光荣传统和优良作风,赓续共产党人的精神血脉,让革命老区的红色基因代代相传,努力把江西打造成为最讲党性、最讲政治、最讲忠诚的地方。

——用好红色资源,高质量开展党史学习教育。发挥江西得天独厚的红色资源优势,以遍布全省的 2900 多处革命旧居旧址和革命纪念馆(博物馆)为课堂,创新形式、丰富载体,引导全省广大党员干部学好百年党史、传承红色基因、凝聚奋进力量,努力在全面建设社会主义现代化新征程上披坚执锐、勇立新功。

——狠抓作风建设,持续深入整治"怕、慢、假、庸、散"等作风顽疾。严格落实中央八项规定及其实施细则精神,坚决破除形式主义、官僚主义。2020年省级层面会议数量减少 37.2%,共查处形式主义、官僚主义问题 6094 起,处理 8507 人。大力倡导"事事马上办、人人钉钉子、个个敢担当"优良作风,建立定期梳理集中破解制约高质量跨越式发展突出困难问题长效机制,集中解决了一大批制约江西高质量跨越式发展的主要困难和问题,推动全省经济社会发展破难题、育先机、开新局。

——强化正风肃纪,巩固发展反腐败斗争压倒性胜利。深化标本兼治,加强权力运行制约和监督,一体推进不敢腐、不能腐、不想腐,坚决全面彻底肃清苏荣案恶劣影响,严肃查处一批腐败分子,持续巩固发展风清气正的政治生态和干事创业的浓厚氛围。

　　…………

知之愈明,则行之愈笃。我省一系列重要举措,层层推进、渐次发力,推动江西政治生态持续向上向好。革命老区江西,以前所未有的昂扬姿态阔步行进在新时代的春天里。

新答卷书写在为民谋福祉中——不断满足人民群众对美好生活的向往

2021 年 2 月 25 日,全国脱贫攻坚总结表彰大会在北京隆重举行。习近平总书记向世界庄严宣告——

"经过全党全国各族人民共同努力,在迎来中国共产党成立一百周年的重要时刻,我国脱贫攻坚战取得了全面胜利,现行标准下 9899 万农村贫困人口全部脱贫,832 个贫困县全部摘帽,12.8 万个贫困村全部出列,区域性整体贫困得到解决,完成了消除绝对贫困的艰巨任务,创造了又一个彪炳史册的人间奇迹!"

井冈山,中国革命的摇篮。2017 年 2 月 26 日,井冈山在全国率先脱贫摘帽。90 年前,中国革命从这里出发,指引我们从胜利走向胜利。90 年后的今天,井冈山又成为中国减贫事业的里程碑。历史在这里交汇,从革命起点到打赢脱贫攻坚战的首战告捷,巍巍井冈山见证了老区人民奔向幸福的铿锵步伐。

"要着力推动老区特别是原中央苏区加快发展,决不能让老区群众在全面建成小康社会进程中掉队"。习近平总书记 2015 年参加江西代表团审议时的殷殷嘱托,激励老区人民只争朝夕、闻鸡起舞、勇往直前,奋力脱贫奔小康。

立下愚公志,打好攻坚战。4600 万赣鄱儿女始终铭记习近平总书记的深情厚爱,全力以赴决战决胜脱贫攻坚,书写了一幅波澜壮阔的反贫困斗争时代答卷。2020 年,我省最后 7 个贫困县摘帽,剩余 9.6 万贫困人口全部脱贫。全省 25.58 万城镇贫困群众脱困退出,35.4 万存量对象全部纳入兜底保障。至此,江西全省 25 个贫困县、3058 个"十三五"贫困村全部实现脱贫退出。

江山就是人民,人民就是江山。省委、省政府始终坚持以人民为中心的发展思想,主动回应人民群众的新需求、新期待、新愿望,在更高起点上保障和改善民生。

收入更高了——

坚定落实就业优先战,综合运用稳岗扩岗激励政策,开展"保用工稳就业""开发区百万大招工"等行动,让广大群众业有所就、劳有所得、勤有所获。2020 年,城镇新增就业 46.17 万人,新增转移农村劳动力 58.86 万人,分别完成年计划的 124.8%、117.7%。城镇和农村居民人均可支配收入分别增长 5.5%、7.5%,居民消费价格总水平上涨 2.6%。

生活更好了——

"住有所居"覆盖更多家庭。2020 年,全省棚户区改造开工 20.42 万套、居全国第一,纳入 2019 年国家计划的 686 个老旧小区改造全面完工,农村危房改造全面完工。

教育更满意——

围绕加快推进教育现代化、建设教育强省的战略目标,推动各级各类教育高水平高质量普及。2020 年,公办幼儿园在园幼儿比例 50.3%,义务教育大班额比例降至 3.75%,普通高中超大班额基本消除,省部共建职业教育创新发展高地启动,6 所高校独立学院转设,教育社会满意度居全国第三。

健康更有保障——

实施好公共卫生防控救治能力提升工程和提升疫情防控救治能力三年行动计划,健全公共卫生服务体系;成立省市县乡四级养老服务中心,并建立起县乡村三级联动农村养老服务网络;社保卡覆盖全省 99% 人口并在七大领域初步实现一卡通用。

社会更加安全——

加快推进平安江西建设,江西连续 16 年被评为"全国综治工作优秀省",扫黑除恶专项斗争工作整体绩效保持全国前列,全省公众安全感和满意度分别达 98.87%、98.31%,再创历史新高。

……

征程万里风正劲,重任千钧再出发。站在实现"两个一百年"奋斗目标的历史交汇点上，我们要感恩奋进、不负厚望，更加紧密地团结在以习近平同志为核心的党中央周围，坚持以习近平新时代中国特色社会主义思想为指导，深入贯彻落实习近平总书记重要讲话精神，锐意进取、担当实干，奋力谱写全面建设社会主义现代化国家江西篇章，描绘好新时代江西改革发展新画卷，以优异成绩庆祝建党 100 周年。

（《江西日报》2021 年 3 月 5 日）

评析：作品全方位展现了 2021 年全国"两会"开幕之际，全省上下牢记习近平总书记殷殷嘱托，感恩奋进、砥砺前行取得的喜人成就。主题重大，架构清晰，尽显全省干部群众书写新答卷、奋进新征程的豪迈激情与奋斗身影。作品紧扣贯彻落实习近平总书记对江西工作重要要求，以总书记生动话语为切入，立足高质量跨越式发展、打造美丽中国"江西样板"、打造风清气正政治生态，鲜活记录了江西在新时代前行的铿锵脚步和勃勃生机。整篇稿件一气呵成，文字优美，酣畅淋漓，产生了重大深远的社会影响。

作品受到中宣部有关会议上点名表扬，省委及省委宣传部主要领导给予高度肯定，更加鼓舞激励了全省上下感恩奋进、砥砺前行的壮志豪情。

（刘传红 江西师范大学新闻与传播学院原院长、教授）

报纸通讯

书写全面建设社会主义现代化江西的精彩华章

——中国共产党江西省第十五次代表大会报告诞生记

魏星　刘斐

（编辑：熊亚光　张玉珍）

历史将记住这一刻——

2021 年 11 月 23 日上午，省会议中心大会堂。中国共产党江西省第十五次代表大会隆重开幕。易炼红同志代表中国共产党江西省第十四届委员会向大会作题为《高举习近平新时代中国特色社会主义思想伟大旗帜　携手书写全面建设社会主义现代化江西的精彩华章》的报告。

一次盛会标注一段生动的历史，一个报告开启一个崭新的征程。省第十五次党代会报告主题鲜明、目标明确，内容翔实、措施有力，富有新意、充满气势，做到了贯彻中央精神与立足江西实际相结合、与时俱进与改革创新相结合、统筹全局与突出重点相结合，充分体现了政治性、思想性、时代性、指导性、针对性、实践性相统一，具有很强的凝聚力、感染力、号召力，是省委团结带领全省人民坚定不移沿着习近平总书记指引的道路奋勇前进、携手书写全面建设社会主义现代化江西精彩华章的纲领性文件。

30 页 17000 多字，历时 8 个多月。回望报告整个起草修改过程，我们看到了省委胸怀大局的政治担当、登高望远的战略决策、遵循规律的求实精神、集思广益的开门纳谏、温润人心的民生情怀，更深切感受到赣鄱儿女全力践行"作示范、勇争先"殷殷嘱托的昂扬斗志、加快推动高质量跨越式发展的澎湃激情。

对标中央精神　旗帜鲜明讲政治

站在历史的高度审视，省第十五次党代会责任重大、任务艰巨、使命光荣。这是在我们党成立一百周年之际,开启全面建设社会主义现代化国家新征程的历史节点,全国上下深入学习贯彻党的十九届六中全会精神的关键时刻,召开的一次十分重要的大会。

历史性的盛会,需要有一份无愧于时代要求、经得起历史检验的报告,需要一个能够引领江西未来发展、激发全省人民感恩奋进的纲领。

省委始终高度重视报告的起草工作。今年 3 月,成立了起草工作领导小组,由省委书记任组长,省委副书记任副组长。下设起草组,由省委办公厅、省委政研室牵头负责,成员主要从省纪委省监委、省委组织部、省发改委等部门单位抽调组成。

在省委常委会直接领导下,报告起草工作有条不紊、渐次展开。易炼红同志任省委书记后,第一时间对报告起草进行了深入研究,作了多次详细审改,对大会的主题、未来五年的总体工作思路、奋斗目标、重大举措等,提出了明确修改要求。叶建春同志对报告起草进行具体指导,多次提出修改意见。各位省委常委提出了一系列重要意见,给予了有力的指导。

党代会报告是政治报告,政治性是第一属性,讲政治始终是第一位的要求。

2016 年、2019 年,习近平总书记先后两次亲临江西视察并发表重要讲话,为新时代江西改革发展把脉定向、擘画蓝图,为江西改革发展指明了前进方向、提供了根本遵循。从起草工作开始,省党代会报告就坚持以习近平新时代中国特色社会主义思想为指导,始终把深入贯彻落实习近平总书记视察江西重要讲话精神作为总遵循总方针总纲领,特别是把"作示范、勇争先"作为我省各项工作全方位、全覆盖、立体式的目标要求,从谋篇布局、目标任务、工作举措阐述上充分体现增强"四个意识"、坚定"四个自信"、做到"两个维护"的政治定力和战略定力。

党的十九届六中全会召开后,起草组全面对标对表六中全会精神和习近平总书记重要讲话精神,作了进一步修改完善。明确提出深刻领悟"两个确立"的决定性意义,始终胸怀"两个大局"、心系"国之大者",切实增强"四个意识"、坚定"四个自信"、做到"两个维护",进一步彰显红土圣地始终同以习近平同志为核心的党中央保持高度一致的思想自觉、政治自觉、行动自觉。

充分发扬民主　坚持开门问策

调查研究是谋事之基、成事之道。深入调查研究是贯穿省第十五次党代会报告起草始终的一项重要工作。

参加起草的同志深感肩上担子的分量——起草这份报告,不仅要总结江西过去五年的成就经验,而且要擘画江西未来五年的发展蓝图。这是一份光荣,更是一种责任。

从报告起草工作启动那一刻,形式多样的调研活动就随之紧锣密鼓展开。起草组分成 4 个组,深入 11 个设区市和赣江新区开展综合调研,访谈设区市市委和赣江新区党工委主要负责同志,召开座谈会面对面听取有关意见建议。

围绕经济建设、政治建设、文化建设、社会建设、生态文明建设和党的建设各项重要内容,省委专门设立了 22 个重要专题,组织省直单位进行专题调研,并将调研成果吸收到报告初稿中。

集中民智、体现民意、反映民情。一次次深入基层、深入实际、深入群众的调查,让报告起草与江西的发展、基层干部群众的需求紧密联系在一起;一次次系统全面的研究,让报告起草工作广泛汲取人民群众在实践中得到的新举措、新经验,增添了更深入的思考和更为广阔的视野,为报告起草打下了坚实的基础。

涓涓细流,汇聚成河;从善如流,方为一流。省委通过召开党外人士专题协商会、市委书记座谈会、专家学者和基层代表座谈会等方式,广泛征求各方意见。起草组分别征求了省领导同志和各设区市、赣江新区、省委各部门、省直各单位意见建议,汇集了各方面智慧。

报告起草的过程,成为科学决策、民主决策的过程,成为统一思想、凝心聚力的过程,成为求真务实、开拓创新的过程,记录着赣鄱儿女在新征程中坚定的步伐、争先的激情、出彩的追求。

紧扣时代脉搏 突出战略谋划

面向未来,江西如何在新一轮发展的时代潮流中赢得主动、赢得优势、赢得未来? 省委领导在思考,全省广大干部群众在思考。大家都期待着在省第十五次党代会上,获得一个明确有力、鼓舞人心的答案。

省第十五次党代会报告紧密结合江西发展实际,准确把握时代跳动脉搏,科学判断历史方位,顺应人民新的期待,通篇闪烁出许多振奋人心的亮点。

回眸过去五年巨变,赣鄱大地在全面建成小康社会的奋斗中焕发勃勃生机——

报告深情"回望",总结过去五年取得的重大成就,指出十四届省委团结带领全省干部群众坚持以习近平新时代中国特色社会主义思想为指导,加快推进高质量跨越式发展,如期与全国同步全面建成小康社会,经济发展实现量质双升,改革开放取得重大突破,生态文明建设走在前列,民生保障水平全面提高,政治生态积极向上向好,胜利完成省第十四次党代会确定的目标任务。

进则赶超跨越,滞则掉队落伍。江西发展正处于厚积薄发、爬坡过坎、转型升级的关键时期——

报告精准"凝望",清醒分析前进道路上存在的问题,提出发展不足仍然是江西的基本省情,经济总量不大、人均不高、结构不优、创新不强的问题仍然突出,绿色生产生活方式尚未根本形成,推进高质量跨越式发展的任务依然艰巨,民生保障还有短板,反腐败斗争形势依然严峻复杂,全面从严治党任重道远。必须保持清醒头脑,直面问题、担当实干,沉着应对挑战,不断拓展发展新空间、塑造发展新优势、开辟发展新境界。

面向未来,信心满怀,江西仍处于大有可为的战略机遇期、优势叠加的红利释放期、动能升级的转型关键期——

报告科学"眺望",紧扣开启全面建设社会主义现代化国家新征程的时代主题,强调要从党的百年奋斗重大成就和历史经验中汲取智慧和力量,咬定"作示范、勇争先"的目标要求,进一步解放思想、开拓进取,携手书写全面建设社会主义现代化江西的精彩华章,明确了江西未来一个时期发展的时代使命,找准了历史方位、把准了时代脉搏,充分体现了锐意进取、奋发有为的昂扬斗志,充分彰显了勇于争先创优、勇立时代潮头的历史担当。

既有宏观把握、又有中观布局、也有微观落子。报告在深入分析国内外发展大势的基础上,综合考虑我省基础条件、成长空间、发展趋势,对今后五年全省经济社会发展和党的建设作出全面部署,进一步明确了全面建设社会主义现代化江西的战略任务、战略举措、战略路径,富有"赣味"、充满"赣劲"。

未来发展路径,跃然纸上。墨香绕梁的报告,勾勒出的是江西发展的路线图,明确清晰,坚定有力,昭示着江西这片红土圣地将焕发出更加强大的生机活力。

绘就宏伟蓝图　奋进新的征程

盛世谱华章,壮志著雄文。

11 月 26 日,中国共产党江西省第十五次代表大会闭幕大会上,与会代表通过了《中国共产党江西省第十五次代表大会关于中共江西省第十四届委员会报告的决议》。

掌声雷动、经久不息。掌声代表着对报告的高度评价,代表着对十四届省委工作的高度认可,代表着对未来蓝图的高度赞同。大家一致认为,报告站位高远、主题鲜明、内涵丰富,总结成绩实事求是、鼓舞人心,谋划发展定位精准、目标高远,部署工作务实创新、重点突出,对标中央精神,符合时代要求,切合江西实际,顺应群众期盼,是指导江西未来一个时期发展的行动纲领。

围绕全面建设社会主义现代化江西,报告擘画了全面建设社会主义现代化江西的宏伟蓝图。提出全面建设创新江西、富裕江西、美丽江西、幸福江西、和谐江西、勤廉江西,千方百计推动高质量发展、打造高标准生态、创造高品质生活、实现高效能治理、推进高水平党建,努力实现一流的生态环境、一流的人居环境、一流的营商环境、一流的社会治理、一流的发展态势和成效。

代表们认为,这个奋斗目标,立足当前、着眼长远,视野宽、谋划深,深刻回答了什么是现代化江西、建设什么样的现代化江西等重大问题,为江西发展立起了可望可及的新标杆,充分体现了直面新要求、回应新期待的担当,彰显了自我加压、勇攀高峰的气魄。

围绕全省经济社会发展重点工作,报告进行系统部署。强调要以创新支撑现代经济体系建设,着力打造全国构建新发展格局的重要战略支点;促进经济社会发展全面绿色转型,更高标准打造美丽中国"江西样板";深入践行以人民为中心的发展思想,全面提高人民生活品质;大力发展社会主义民主法治,团结海内外赣鄱儿女朝着共同的奋斗目标携手前进。

代表们说,报告之所以引起大家的共鸣,最根本的就是在于紧密结合江西实际,既讲政治,又接地气。大家表示,报告把脉定向,回答时代命题,指导我们奋力建设什么样的江西;鞭辟入里,聚焦时代主题,指引我们怎么样建设好江西,既是团结带领全省人民坚定不移向第二个百年奋斗目标前进的动员令,又是书写全面建设社会主义现代化江西精彩华章的路线图,必将凝聚起描绘好新时代江西改革发展新画卷的磅礴力量。

"让人民群众收入更多,腰包更鼓""让人民群众看病就医更方便、更舒心、更省钱""让'夕阳'更红、'朝阳'更艳""让全体人民住有所居、安居乐业"……报告中一段段民生新论述直抵人心坎上,一条条民生新举措让人倍感温暖。

代表们表示,这是一个充满温度、满载情怀的民生报告,体现了坚持以人民为中心的发展思想,坚守人民立场,聚焦民生需求,让改革发展的成果更多惠及全省人民。

全面建设社会主义现代化江西,关键在党、关键在人。报告旗帜鲜明提出要坚定不移深化全面从严治党,切实加强党的政治建设,全面加强宣传思想工作,夯实建强基层战斗堡垒,锻造高素质专业化干部队伍,持之以恒推进正风肃纪反腐,巩固发展风清气正的政治生态,切实把全省各级党组织建设得更加坚强有力,努力把江西打造成为最讲党性、最讲政治、最讲忠诚、最讲担当的地方。

代表们认为,报告充分体现了党要管党、从严治党的要求,以永远在路上的坚定和执着对深化全面从严治党进行部署,必将进一步增强各级党组织的创造力、凝聚力、战斗力,激励全省广大党员干部想事、干事、成事,坚决顶起自己该顶的那片天,答好时代之问、人民之问,努力创造出无愧于时代和人民的业绩。

昂首奋进新征程,接续奋斗再出发。我们相信,这个凝聚着全省 230 多万党员和 4500 多万赣鄱儿女智慧和心血的报告,必将激励全省各级党组织和广大干部群众更加紧密地团结在以习近平同志为核心的党中央周围,以"作示范、勇争先"的昂扬斗志,埋头苦干、勇毅前行,走好实现第二个百年奋斗目标新的赶考之路,夺取全面建设社会主义现代化江西的伟大胜利。

（《江西日报》2021 年 11 月 29 日）

评析:一次党代会,一个里程碑。党代会报告备受瞩目,是全省关注的焦点,报告的起草过程也成为许多人关心关注的问题。作者经过反复采访,掌握全面最新的第一手材料,以极大的创作热情认真写作,几易其稿。作品政治站位高,全景式展现了省第十五次党代会报告起草的全过程,在紧扣时代脉搏叙述的同时,多维度多层次地概述党代会报告主题,发挥了良好的舆论导向作用,成为全省学习省第十五次党代会精神的重要参考。

（刘传红 江西师范大学新闻与传播学院原院长、教授）

网络作品类（5 件）

网络专题

信仰之火

作者:徐婷　蒋建敏　高宇程　杨汉青　商杰　徐子萌　雷丹丹

（编辑:史筱娅　刘崇智）

http://special.jxntv.cn/2021/xyzg/

（今视频 2021 年 10 月 6 日）

评析:该专题围绕建党百年的重大主题,重点集纳了《江西省委书记刘奇讲述十七棵青松的故事》《跨越 86 年的对话　感受方志敏眼中〈可爱的中国〉》《我从井冈来》《品匠心之作　"艺"百年风华》《一支来历不凡的钢笔》《早上 6 点开始带你感受八一建军节里的南昌》《课堂上来了位"小战士"》等原创短视频,从省委书记、烈士后代、历史教师、红色小讲解员、95 后记者等不同人物视角讲述经典红色故事,层次丰富、典型突出,对引导网民汲取红色力量、传承革命精神,具有很强的引导性和说服力、感染力。

[龚荣生　江西广播电视台(集团)党委副书记、总编辑,高级编辑]

网络专题

全面小康江西答卷

胡武龙　徐杰　温小强　孙娟　黎萍　付丹

（编辑：何宝庆　危春勇　万萍）

作品二维码

https://www.jxcn.cn/zt/system/2021/11/29/019463622.shtml

（中国江西网 2021 年 11 月 29 日）

评析：专题在江西省第十五次党代会召开的背景下推出，利用试卷的形式，以布局、战局、格局、大局、破局、新局为主题，详尽集纳了江西省"全面建成小康社会"系列新闻发布会直播、图解、数据、融媒策划等海量内容，全面呈现了江西坚定不移沿着习近平总书记指引的道路前进、凝心聚力全面建成小康社会的光辉历程。在背景音乐的烘托下，一幅全面小康江西答卷在网友眼前缓缓展开，形式新颖，充满代入感，受到广大网友的喜爱。

［龚荣生　江西广播电视台（集团）党委副书记、总编辑，高级编辑］

网络专题

足 迹

胡武龙 温小强 许蓓 江拓华 易原 孙娟

（编辑：王宣海 叶涛 付丹）

作品二维码

https://www.jxnews.com.cn/zt/system/2021/06/08/019302411.shtml

（大江网 2021 年 6 月 8 日）

评析：该专题融媒体产品形态多样、内容丰富、互动体验感强，涵盖网络专题、短视频、海报、手绘、大数据等多种形式。内容紧扣江西红土地特色，通过开设"总书记的红色足迹""精神谱系""红色地标""红色文物""红色歌曲""红色大数据"等栏目，全景式再现了百年党史中的红色江西。其中《红色故事绘》栏目采用原创手绘漫画聚焦英雄先辈的初心故事，用新语态、新表达、新展现，创新了重大主题宣传报道的形式；《红色地标》兼具网络打卡功能，成为网民转发和打卡的热门栏目。

[龚荣生 江西广播电视台（集团）党委副书记、总编辑，高级编辑]

网络专题

情牵红土地

王宣海　叶涛　王剑华　罗玮虹　吴新灵　万萍　徐杰
（编辑:练蒙蒙　胡武龙　许蓓）

作品二维码

https://www.jxnews.com.cn/zt/system/2021/04/20/019252909.shtml

（大江网 2021 年 4 月 20 日）

评析:该专题紧扣讲党史、唱红歌、助农直播等环节,设置"助农直播""两山专线""红色课堂""经典传唱""融媒传播""赣湘协作""红色小站"等子栏目,以小见大讲述赣湘好故事,深挖江西、湖南两地党史新闻"富矿"。两网微博、抖音同步统一话题,LED 户外大小屏千屏联动,共同奏响赣湘"大合唱",成为全国网友关注热议和转发分享的"网红节目"。两地各 6 场直播活动引发上亿网友在线观看,直播带货综合销售超 1200 万元,实现了重大主题策划报道"叫好又叫座",得到两地主管部门的充分肯定和中宣部的通报表扬,为庆祝建党百年营造了浓厚的舆论氛围。

［龚荣生　江西广播电视台(集团)党委副书记、总编辑,高级编辑］

网络消息

生死时速！江西"95 后"
怀孕护士跪地半小时抢救溺水儿童

周宇兰　廖华蓉

（编辑：彭世民）

作品二维码

（"江西女性"客户端 2021 年 12 月 1 日）

评析：作品用图文和视频生动讲述了怀着宝宝的孙家云危难之刻挺身而出救了另一个宝宝的故事，彰显了医护工作者的医者仁心和救死扶伤的精神。作品采访生动，话语质朴，感情充沛，并通过各平台全媒体传播，取得了很好的传播效果，引起了广泛关注，传播了社会正能量。

［龚荣生　江西广播电视台(集团)党委副书记、总编辑，高级编辑］

融媒体作品类（10 件）

专题

红光楼改造记

胡瑾琼　王杰　管弦　李秀鹏　万光逸　肖麟

（编辑：周丹　喻雅琪）

作品二维码

（江西广播电视台《江西视听头条》2021 年 12 月 31 日）

评析：作品选取民生工程中的"老旧小区改造"这一热点题材，以纪实性镜头语言和三段式结构进行报道，体现了"矛盾不回避，现场最生动"的创作理念，真实展现了居民诉求的多样和改造工作的艰难，从而反映党委政府为民办实事的决心。作品在形式上进行了创新，灵活运用现场实拍、手绘、动画包装等多种手法，巧妙穿插其中辅助叙事，让短片细节感、可看性增强。

[龚荣生　江西广播电视台(集团)党委副书记、总编辑，高级编辑]

融媒体专题

跨越 86 年的对话，感受方志敏眼中《可爱的中国》

杨汉青　肖檬　范军　王少芹

（编辑：刘崇智　蒋建敏）

作品二维码

（今视频 2021 年 4 月 24 日）

评析： 全片以"全省党史学习教育座谈会"方志敏精神主讲人刘国云的采访为引线，以街采入题，以年轻人对"可爱中国"的真情感受切入，贯穿青年、孩童、专家对《可爱的中国》经典段落的激情朗诵和书写，并结合极具代表性的画面，在不断推进的节奏中，将情感推向高潮。作品饱满的情绪与受众产生共鸣共情。作品形式新颖，感染力强。

［龚荣生　江西广播电视台(集团)党委副书记、总编辑,高级编辑］

短视频专题

苏区精神,点亮新征程

罗春瑜　李先　刘辉　李航　沈汉华　李志海　杨北江

(编辑:刘乐明　刘辉　饶力)

作品二维码

(《瑞金红都云》2021 年 12 月 16 日)

　　评析:该作品主题重大,选材细腻富于情感,观点新颖富于个性。作品通过丰富的图像、史实资料、典型事例,以深情的解说文字串联,回顾一段波澜壮阔历史,给受众强烈的视听冲击;通过鲜活感人的故事,揭示一种精神;通过客观的横纵对比,展现一个划时代的巨变;通过新时代的内涵阐述,传承一份责任担当,鲜明提出党员干部要把好"像爱自己的父母那样爱老百姓"这个关键总开关,对新时代如何传承发扬苏区精神,具有很强的现实指导意义。作品充分体现了新闻述评特色,是一件内容精巧、创作精良的短视频佳作。

[龚荣生　江西广播电视台(集团)党委副书记、总编辑,高级编辑]

融媒体专题

江西这百年

蒋建敏　张梦露　杨汉青　胡筱娟　王廉博　高宇程
（编辑：尹晓伟　刘崇智）

作品二维码

（今视频 2021 年 6 月 23 日）

评析：《中国这百年》是中央网信办庆祝建党百年的重大选题。如何在一分多钟的微视频中展示江西这百年在党的领导下取得的历史性伟大变革，创作团队以年份为主维度，选取精美的画面、收集直观的数字、辅以震撼的音乐，全景展现了江西发展的重大成就。作品气势宏大、结构严谨、文字简练，是一件重大主题宣传微视频佳作。

［龚荣生　江西广播电视台（集团）党委副书记、总编辑，高级编辑］

融媒体专题

江西新余渝水区:西丘落户记

陈辉   兰鹏

（编辑:兰鹏）

作品二维码

（学习强国江西学习平台 2021 年 11 月 6 日）

评析: 该作品生动客观地记录了基层组织解决西丘居民落户难的典型事例,反映了干部在党史学习教育中务实担当、为民服务的精神,树立了党员干部在群众心中的良好形象。作品采访充分,叙事丰满,选取的典型具有代表性、指导性,对推动党史学习教育深入开展,转变干部作风,提升服务群众水平,发挥了典型示范作用。

[龚荣生 江西广播电视台(集团)党委副书记、总编辑,高级编辑]

融媒体专题

景德瓷　世界品

冯亮　陈俊绮

（编辑:刘丹　余珺　江超）

作品二维码

（景德镇日报视频号 2021 年 10 月 3 日）

评析:该视频从前期策划到拍摄都进行了精心准备,制作中精细打磨每个镜头,运用多种拍摄手法对御窑厂、陶阳里文化历史街区、陶溪川、昌南里等地标进行细腻表现,选取的每一件陶瓷作品都经过专家认可,并通过人文和生态环境的转换,更加充分地彰显瓷都深厚的陶瓷文化底蕴和人文环境。作品通过全平台传播,以视频方式全方位、多角度、立体化展现了与世界对话的国际瓷都新形象,主题鲜明,意韵深远。

［龚荣生　江西广播电视台(集团)党委副书记、总编辑,高级编辑］

融合创新

江西最新简历，请速扩散！

胡武龙　　温小强　　涂文华　　张良　　梁武健　　周霓　　汪双申

（编辑：何宝庆　　王剑华　　罗玮虹）

作品二维码

（大江网 2021 年 11 月 23 日）

评析： 作品通过网民熟悉的简历形式，将"江西"拟人化处理，巧妙地把江西省第十五次党代会报告内容融入"个人现状""深刻体会""未来憧憬""个人打算"等板块，形象化呈现了党代会报告的重点内容，将硬新闻进行"软表达"，直击网友内心，让大家乐意看、看得懂、愿分享。作品生动形象、有创意，大大增强了时政报道的亲和力和影响力。

　　　　　　　　　　　　［龚荣生　江西广播电视台（集团）党委副书记、总编辑，高级编辑］

融合创新

今天,刷屏! 这位航天英雄,来自赣州!

杨帆　刘宏

(编辑:谢运胜　李忠生　明心武)

作品二维码

(《赣南日报》微信公众号 2021 年 6 月 17 日)

评析:2021 年 6 月 17 日,神舟十二号载人飞船成功进入太空。这件融媒体作品敏锐抓住这一时事热点,精心创作,全方位、多角度地向读者展现了一位有血有肉、亲切可感的新时代赣南儿女的英雄形象,是一篇国内热点新闻本地化的成功之作。作品采访深入,文笔生动,人物形象立体鲜活。作品播出后,受到广大读者好评,产生了很好的社会反响。家乡人民为红土地走出这样一位航天英雄感到自豪,进一步增强了爱党爱国爱家乡的赤诚情怀。

[龚荣生　江西广播电视台(集团)党委副书记、总编辑,高级编辑]

融合创新

跨越时空的回信——寻找况重晚

张晶　叶海波　李伟　陈凯　杨莉　江语

（编辑：游静　金路遥　范俊杰）

作品二维码

（《江南都市报》2021 年 12 月 21 日）

评析：这篇在冬至日推出的融媒体报道，以版面、视频、海报、H5 等多形式创意呈现，微信、微博等多平台同频共振，报道融媒特色鲜明，形态多元，手段丰富；以家书为核，巧妙借助况重晚的亲人、基层党员、青少年给烈士写一封"跨越时空的回信"激发共鸣。作品利用回信作为互动点，刻画出烈士"平凡而伟大"的立体形象。以小见大，立意深远，缅怀革命烈士，传承红色基因。

[龚荣生　江西广播电视台（集团）党委副书记、总编辑，高级编辑]

新闻直播

突发！2 岁女孩碎玻璃入眼 交警媒体紧急护送

（作品入选第 32 届中国新闻奖一等奖,详见 P002）

论文类（6 件）

新闻论文

新兴媒体吸收合并传统媒体

——浅析大江网主导信息日报深度融合发展的组织变革路径

王宣海　罗玮虹

（编辑：黄浩）

【摘要】作为江西日报社推进媒体深度融合的排头兵和主阵地，大江网与信息日报于 2017 年 8 月起开始了媒体深度融合发展的探索。从"摸着石头过河"到进入媒体融合"深水区"，大江网坚持导向为魂、移动为先、内容为王、创新为要的发展思路，以组织机构变革深化流程再造、考核管理，使网报深度融合"形神兼备"；以品牌建设深挖团队潜力，养"精"蓄"锐"，厚积薄发，在全国率先走出了一条新兴媒体主导传统媒体深度融合发展的路子，赢得了学界和业界的广泛认可。

【关键词】融合发展　机构重组　人才转型　机制创新

合"形"：撤并＋输血，机构贯通添合力

融合发展关键在融为一体、合而为一。习近平总书记指出，推动媒体融合发展，要坚持一体化发展方向，通过流程优化、平台再造，实现各种媒介资源、生产要素有效整合，实现信息内容、技术应用、平台终端、管理手段共融互通，催化融合质变，放大一体效能，打造一批具有强大影响力、竞争力的新型主流媒体。大江网与信息日报通过做"加减法"，优化重组网报机构及人员配置，初步实现了网报一体化运作的目标。

创办于 1984 年的信息日报是江西日报社第一张子报，原有 100 余人的采编、经营及行政管理团队。融合之初，信息日报仅保留了总编室（夜班编辑部）、地市新闻部、广告部和发行投递服务部四个部门，总人数 40 余人，其余部门撤销，相应人员依据"对口及就近"原则一律并入大江网。如原信息日报财经记者调至大江网财经中心、时政记者调入大江网时政中心等，将原有的信息日报采访力量和大江网采访力量打通成为一个团队；信息日报原办公室行政及财务人员则并入大江网行政中心及稽核部。这一方面大大加强提升了网站采访、内容制造方面的力量，另一方面也科学合理有效地分解了报纸的人力成本，一举两得。

为充实经营团队，融合发展后，网报成立了经营管理委员会，进行网报经营管理机构的重建。从网站抽调经营高管及中层干部，全面整合网站与报纸的经营，将网报经营工作相对统一管理，打通网报经营的管理通道，形成合力，在网站财经中心组建信息日报特刊部并重组信息日报广告部。2020 年，信息日报广告部并入网站经营中心；信息日报地市新闻部及驻地市记者与大江网地市分站进行整合，成立了大江网地市中心，这意味着不仅是在南昌总部，通过管理方式的创新，在设区市也实现了网报采访及经营团队组织机构上的全面融合。

聚"神"：移动＋视频，流程优化注动力

网报机构重组初步完成后，借鉴一流互联网公司管理经验，对采编流程、考核方式等也进行了深度融合配套改革。

融合伊始，记者实行"一岗双责"，同时向网报所有平台供稿；网报编辑则相对分开，统一调度，统一管理。建立一体化考核机制，所有部门、岗位都有各自的任务目标，每月制定并考核，将考核结果与薪酬挂钩。信息日报编辑在完成报纸版面编辑工作的同时，被定期指派到网站调度室值班，参与网站各类融媒体产品的制作，以熟悉网站全媒体采编生产流程，提高新媒体专业技能。2020 年,信息日报优化出版流程,将实行了几十年的夜班付印改为白班付印。

随着深化实施移动优先和视频优化战略,大江网对采编流程再次加以优化,制定全员向移动端、视频化转型方案,以打造"大江新闻"客户端为抓手,强化"先端后网/报"理念,鼓励"人人拿起摄像机/手机",要求"凡新闻必视频"。在内容生产上树立"精品意识",以技术进步拓宽报道途径,创新内容表现形式,在"报网端微视"全媒体平台发力,实现"一次生产、多次分发,共聚焦点、各具特色"。流程优化极大地释放了网报内容生产的巨大能量,如在 2020 年战"疫"、防汛抗洪、脱贫攻坚等重大报道中,网报按照媒体融合"中央厨房"的操作流程,前方后方互动,白班夜班无缝连接,传统媒体和新媒体按各自传播特点处理稿件,大江网、大江新闻客户端、信息日报以及官方微博微信等,融媒发力,先端后网/报,移动即时传播和纸媒深度解读协作配合,共同完成了全景呈现江西战"疫"及抗洪救灾一线的鲜活报道,推出了一系列有影响力的融媒佳作。

对融合发展的经营策略和商业模式,三年来网报也进行了不少探索,并取得了一定的成效。网报融合在经营上由大江网的运营母体江西大江传媒网络股份有限公司全面代理信息日报的广告、专版、特刊,并以"特刊"为抓手,通过垂直细分市场,全面推进与各级政府及企事业单位的合作。2020 年,信息日报广告部尝试由过去部门负责制改为项目负责人制,经营方式由过去代理制调整为代理 + 直营模式。2020 年,信息日报完成收入 1951 万元,其中广告收入 663 万元。网报融合发展后,2020 年,信息日报反哺网站利润 200 多万元。

养"精":新闻 + 政务服务,品牌建构显威力

作为党报集团旗下的网站及子报,网报在深度融合过程中把围绕中心、服务大局,聚焦主责主业,切实宣传好报道好党的主张和人民的声音作为己任,并以此为出发点进行体制机制的创新,形成集约高效的内容生产体系和传播链条。网报内容生产部门以融媒体矩阵平台建设为依托,在按传统媒体以新闻口线进行部门划分外，聚焦品牌栏目建构与优势平台再造，成立独立的栏目工作室，以更灵活的机制、更专业的服务结合新技术新手段，强化媒体与受众的连接，以开放平台吸引广大用户参与信息生产传播，生产群众更喜爱的内容，建构群众离不开的渠道。

"法媒银·失信被执行人曝光台"（以下简称"'法媒银'平台"）是由江西省高级人民法院执行局、江西日报社大江网联合 18 家驻赣金融机构在全国首创的人民法院、新闻媒体、银行金融机构联合惩戒失信被执行人的新模式，形成了惩治违约背信行为的合力和对"老赖"的综合治理机制，推动了社会诚信体系建设，成为德法兼治的"江西经验"。为保证平台的正常运行，大江网成立了专门的"法媒银工作室"。网报融合发展后，"法媒银工作室"综合利用多种媒介形态进行联动，传统媒体与新兴媒体齐发力，运用文字、图片、音频、视频、论坛、评论、微博、微视、微信、漫画、手机网、H5 等传播手段进行创新宣传，有效地拓展了媒体融合发展的广度和深度，多介质的宣传和全方位的传播切实提高了"法媒银"平台的传播力、引导力、影响力、公信力。迄今为止，"法媒银"平台共获得国家级荣誉 10 余个。2019 年，"法媒银工作室"荣获"全国三八红旗集体"荣誉称号。

"问政江西"工作室也是网报创新组织架构的另一个成功案例。2019 年 1 月，江西省"五型"政府建设领导小组办公室与江西日报社携手，以大江网"问政江西"栏目为依托，正式上线运行"江西省'五型'政府建设扩大社会参与加强社会监督平台"。大江网作为平台的承建方，抽调各部门精英骨干组建了专门的"问政江西"工作室，包含记者、编辑、视频、美工、技术等专业人才，专门保障平台长期顺利有序运行。在制度建设上，出台了帖文转办流程、工作人员工作规范，并且在网站"问政江西"页面上公布了工作人员名单和举报电话，接受社会监督。工作室借助网报深度融合的东风，利用网、报、端、微、视五位一体的报道平台，合力打造"问政江西"平台的影响力，进一步扩大"五型"政府建设的参与度，使"五型"政府建设深入人心，成为 2019 年江西网络热词。平台发挥了"问政江西"直接面向社会公众、高效便捷的优势，结合了政府部门自上而下跟踪督办、强化执行、推动落实的有力手段,政府和媒体实现了无缝对接,建立了全天候、带有政府属性的群众网络工作平台,在全国首创"政府 + 媒体"合作新模式,赢得了国务院办公厅的高度评价。

蓄"锐":阶梯 + 平台,育才激励释活力

媒体竞争关键是人才竞争,媒体优势核心是人才优势。网报融合后,致力于推进全体采编人员向能拍能采、能编能写的全媒体复合型采编人才转型,加快技术赋能内容生产和创新,促使既懂传统媒体又懂新媒体的专业人才不断学习提升,激发主观能动性,以适应新岗位、新流程的需要,让年轻人有更多的成长、上升渠道和空间。

员工是网报持续发展的生命力所在。大江网努力为年轻人才成长创造最好的环境,搭建最好的平台,大力营造人人有出彩机会的浓厚氛围。网报制定并实施了《大江网(信息日报社)员工职级阶梯设置和评定办法》,作为网报人才业务评价制度,破除年龄、资历禁锢,一批想干事、能干事、干成事的年轻人凭借自己的工作业绩脱颖而出,成为网站首席记者/编辑。建立健全及时奖励、专项奖励等激励机制,进一步建立和完善各项考核、聘任、奖惩机制,让年轻人才工作上受重视、收入上有保障、干事创业有氛围。在绩效考核上充分体现"一专多能、多劳多得"的原则,让能干事的人获得相应的报酬,很大程度上调动了员工的工作积极性。

员工培训常态化长效化。除针对新入职员工开展基本素质培训和业务素质培训以快速适应岗位要求外,大江网将开展日常培训与全员集中培训相结合。网报制定了"周学月考"制度,每个月对相关员工进行一次业务知识考试,考试结果与薪酬挂钩。2021 年 2 月,网报开展了为期两天的全员春训,课程涵盖互联网执法管理、新闻职业规范、社委会文件及工作部署、新媒体采编及经营管理等各方面,参与培训的员工涵盖总网、地市分站,从编委会成员、中层干部到一线员工全面覆盖。

经过近四年的磨合与调整,目前网报形成了以编委会(经管会)为核心,以内容生产、产业经营、大数据开发、技术支撑、综合管理为主干的多层次、立体化组织架构，基本实现了习近平总书记提出的从相"加"阶段迈向相"融"阶段，从"你是你、我是我"变成"你中有我、我中有你"，进而变成"你就是我、我就是你"，助力大江网在建设全国一流新型主流媒体、打造走向全国的头部媒体上迈出坚定步伐。

作者王宣海系大江网（信息日报社）总编辑、高级记者，江西大江传媒股份有限公司总经理

作者罗玮虹系大江网（信息日报社）编委

（《新传播》2021 年第三期）

评析：当今媒体已进入全方位融合，媒体组织重构也是融合题中的应有之义。文章以组织机构变革作为切入点，解析大江网主导信息日报深度融合发展实践的理念、路径、运营模式及取得的成效，为新兴媒体主导传统媒体融合发展提供了可资借鉴的模式，具有一定的参考价值。

（刘传红 江西师范大学新闻与传播学院原院长、教授）

新闻论文

纸屏共美，刷新副刊"存在感"

——论新媒体时代下的江西日报副刊

李滇敏　　万芸芸

（编辑：王月）

【摘要】时代向前，信息技术的进步，引发了媒体形态的变革，作为报纸的"气质担当"，副刊也是步履不停，吸纳最前沿技术，不断蜕变，让传统与潮流相向而行，在融合中完成文化与情怀的厚植与传播。新媒体时代，带给报纸副刊新的挑战，而副刊也在这样的环境中有了新的成长。

【关键词】新媒体　报纸副刊

时代向前，信息技术的进步，引发了媒体形态的变革，相对于广播、电视、报刊等传统媒体，以微博、微信、百家号、客户端等为代表的新媒体强势崛起。新媒体更加开放、多元、自由，有着"平民化、圈群化、个性化、随性化和自发传播"等特性。新媒体时代，"人人是明星，处处有舞台"，国人一改传统的内敛含蓄，纷纷跃进网络的汪洋中，展现自我风采，乐享人生况味。

百年来，报纸"铁肩担道义，妙手著文章"，一直与时代同频共振。作为其中的"气质担当"，副刊也是步履不停，吸纳着最前沿的技术，不断蜕变，让传统与潮流相向而行，在不断探索、不断融合中完成文化与情怀的厚植与传播。新技术带来了新的副刊形态，也带来了新的副刊理念和内容生产机制。在传统媒体与新媒体的碰撞、融合中，报纸副刊经受着新的挑战，也收获了新的成长。

立新：从"纸"到"屏"，副刊如此多娇

近年来，因为新技术的赋能，副刊一边继续扮靓悠久的纸媒"老宅"，一边

在新媒体上开疆拓土,建设"新家园"。从读报到读屏,从翰墨书香到光影闪烁,声音、图集、视频等新元素与传承千年的方块字,珠联璧合、美美与共,"一篇推送,多重审美",开掘了副刊不同的呈现方式,满足了新时代人们对副刊更多、更高的期待。此外,新媒体点赞、投票、转发、跟帖等新功能的运用,加强了副刊与读者的互动,提高了传播质量,刷新了副刊的"存在感"。

2020 年,14 亿中华儿女携手抗疫、脱贫攻坚,在这个不凡的庚子年末,江西日报副刊郑重推出"2020 印记"策划,5 个品牌版面一盘棋,探索更利于内容传播的好方法、新途径,做优报端联动。其中,文艺评论版就 2020 年的文艺现象进行梳理,提炼出"国家记忆""（中国电影票房成为）全球第一大票仓""云模式""奔涌吧,后浪"四个关键词,并就每个关键词组织评论,在报纸上推出《"艺"起来,乘风破浪!》的整版策划,同时,精心制作了融媒体产品《致每个追光的你》,在用户超 800 万的江西新闻客户端推送——

"这一年,文艺创作逆风而上,穿越山河、行至天光,抵达每个角落,照亮你我,风雨同心。荧屏前、舞台上、文字间,你听见了一个伟大国家的心跳,看见了一个伟大时代的记忆……曾经,剧场、影院、场馆,是你的主场。疫情袭来,文艺的乐章在'云'上流淌,你漫步'云'端,朝着一个方向,终遇见了光……"

从副刊"纸"到副刊"屏",《致每个追光的你》将 4 篇文章的精华凝练成这个全长 3 分钟、文案优美、内容丰富的视频作品。它用新媒体的形式将 4 个关键词背后的内容形象诗意地传达出来,从个人视角观照宏大的家国主题,穿插的文艺抗疫、爆款作品创作花絮等场景,述说着"2020,是你的追光之年,也是文艺的破浪之年",既新潮又温暖。视频推出后,赢得了业内好评,更有网友笑言,"原来高大上的文艺评论竟能以这样的方式打开,新鲜好看,有 get 到现在年轻人的心。"

作为赣鄱大地的文化地标和经典 IP,千年来,滕王阁一次次浴火重生。如今,第 29 次重建的滕王阁伫立赣江之滨,光影多姿,代言一座城。2021 年 1 月 1 日,南昌市高规格、大手笔打造的大型实景演出《寻梦滕王阁》首演,200

多位演职人员,90 分钟实景演绎,成为市民关注的热点。

怎样向受众介绍这部艺术与科技高度融合的舞台盛宴？江西日报副刊提前组织记者采访主创,探班创排经过,深入首演现场,收集了众多素材,文字的、声音的、影像的。首演之后,立即推出融媒体产品《千年名楼风又起》。这是全省最早的"揭秘"首演的视频:"这里,人杰地灵,无数雅士登楼吟诵,参天地之道,悟人生得失;这里,英雄辈出,几度梦回沙场,擂鼓阵阵、金戈铁马,碧血丹心护山河;这里,烟波画船,登高楼诉衷肠,衣袂飞卷清音袅袅,一朝风月、一瞬永恒……"视频直观形象、可看性强,我们选取了演出"七梦七境"中梁启超的"艺术之梦"、辛弃疾"山河之梦"、汤显祖的"爱情之梦"等篇章中的部分影像素材来表现时光里的江南形胜、人杰江右,同时穿插了记者对杨澜等主创人员的访谈、演职人员的排练场景等。视频一经推出,刷爆南昌人的朋友圈,阅读量 10 万 + 。

综上,副刊融通线上线下,不是简单的技术搬运,不是将内容复制、粘贴到不同端口,而是统筹策划,针对不同媒介的特质,对内容一次或分次采集、分层编辑、分层创作,差异化呈现,以此贴近不同的受众群。从纸端跃上屏幕,副刊如此多娇,纸质的书香翰墨,是副刊的一个面,屏幕的活泼动感,是副刊的另一面,而副刊还有更多的面,等待人们去解锁。

破壁:从"质检员"到"服务员",营造良好的副刊生态

新媒体丰富了副刊形态,也带来了新的内容生产机制。传统的报纸副刊门槛高、容量小,内容生产为"策划、组稿、选稿、编辑、发表"的线性流程,周期较长,一般作者投稿采用率较低,普通读者的作品更是难以登上期刊版面的"殿堂"。而新媒体"交互式、多媒介、远距离"实时传播,信息承载量大,作者不再局限于单一的纸质发表,朋友圈、公众号、客户端、社交平台等,都能成为发声平台。且作者与读者之间身份定位也发生了变化,读者可以参与创作,把自己采集到的素材贡献出来,作者可以通过即时的反馈,调整创作方向。如此,新媒体时代,副刊的内容生产由单一的、封闭式的,变得多元、开放,除了传统的采编人员和作者,越来越多的人融入副刊生活,并参与到创作中——

2020 年的世界读书日，江西日报副刊除了在报纸上推出《十大赣版好书评选》《世界读书日特别策划》等重头戏，还推出了一众融媒体产品，其中《你读书的样子这么美》不仅受到了读者的点赞，还获得了专业机构的认可，从众多同类作品中脱颖而出，被选作全民阅读的公益广告向全国推广：

"小时候，书里有魔法棒，会变出梦境和欢乐；长大了，开始埋进书堆，寻找答案。曾以为，翻开的书就像一双翅膀，会习得飞翔的力量；又或是一节节旋梯，通往高处，阅尽人间风景……"在策划这个作品时，我们定位的"你"就是广大读者。我们先是在朋友圈广发"英雄帖"，邀约各位读者、书友拍下身边人读书的样子，几天的时间，就收集到 100 多件素材（照片、视频）。这些阅读者年龄不一、身份各异，有教师、乘务员、社区工作者、作家、文艺青年、退休干部等，大家看书的地方也不一样，教室里、田野上、车厢里、图书馆、老宅旁……都是"纯天然""全有机"的材料！我们对这些鲜活素材进行挑选、加工、编辑，最终做成 3 分钟的融媒体产品。书香氤氲，音乐抒情，一帧帧读书画面安详恬谧，一一定格下人间最美的风景，"你读书的时候，万籁俱寂，生命在思考，真美"。

新的媒体生态下，副刊编辑从稿件的"把关者""质检员"，转型为内容生产的"策划者""服务员"，编者与读者的关系重新定义，读者不纯粹是内容的消费者，他们参与其中，成为内容的生产者。通过几年的经营和维护，我们从读者中拉起了一支 200 多人的队伍，成为融媒体采编外围团队，靠着这支队伍，江西日报副刊编辑部的很多融媒体策划得以实现。除了《你读书的样子这么美》，2020 年全年江西日报副刊共推出近百个融媒体产品，其中大多数为交互式内容生产，由编辑、作者和这支队伍共同完成。

副刊不副，每个人心中都有一个诗和远方，打破壁垒，提高人们对副刊的参与度，为报纸"聚流""增流"，是我们的选择，也是必然的方向。编辑提供一个选题、一个构思，读者贡献一段真我自拍，一句微短酷评，抑或只是一个表情包，这些"天然去雕饰"的互动与分享，往往因真实、接地气而获得良好的传播效果。这样，编者、作者、读者三者搭建起一个良好的副刊生态圈，编辑有了更丰富的稿源,作者有了更广的发表途径,读者有了更美味的副刊宴席。"铁粉"越来越粘,"新粉"越来越多,大家在副刊高地,互相交流,一起成长。

守护:从传统到未来,本心不渝、归途依旧

诚然,一切事物都在变化,副刊亦是如此,"从创办之初'消闲'为主到五四时期成为'旗帜'和号角,从 20 世纪 80 年代的'文学新人园地'到如今的契合'多元文化'需求,副刊始终是与时俱进变化发展的"。然而,一切变化中都有恒量,每件事物从诞生之初,都有它的使命和它必须的坚守。无论时代如何变迁,技术如何更新,阵地如何变换,江西日报副刊都把播撒文化的馨香、传递正能量的温暖作为自己的使命,坚守本心、秉持纯粹。

艰难的庚子之年,疫情袭来,江西日报副刊第一时间加入新闻战线的"最美逆行者"行列,带给人们第一手现场资讯,同时发挥自身优势,柔软书写,凝聚感动人心的力量——

闻风而动、整体布局,我们第一时间向全省作家发出"众志成城防控疫情"征文启事,第一批抗疫作品于 1 月 28 日在江西新闻客户端推出,这是江西文艺界最早的一批抗疫作品。之后,有力调度,多层次、全方位呈现抗疫、隔离、复工复产等主题:井冈山版连续推出《疫情面前,我们心手相牵我们众志成城》《@ 所有人每一个你都是战士》《花,正在努力地开》等 5 个主题的整版(连版)策划,文艺评论版第一时间启动"战'疫'背景下的文艺观察"系列策划,对疫情期间的诗歌、音乐、短视频、综艺节目、语言、纪录片、电影等进行剖析……同时,派出骨干记者深入江西省级定点医院及全省危重症患者定点收治医院,创作了《寒夜中的火把——来自我省抗疫前线的暖心故事》《大爱"随"行——江西对口支援随州携手战"疫"》等报告文学,呈现了医生、护士以及江西各条战线众志成城、打好疫情防控阻击战的感人故事。这些战"疫"策划紧随形势、层次清晰、报端联动,接地气、暖人心,起到了较好的宣传效果。

此外,"听读井冈",是 2020 年江西日报副刊重点打造的音频栏目,迄今共发表 36 篇,其中很多作品点击量 10 万 +,全部被学习强国 APP 转载,在报纸上扫一扫二维码,即可收听这些作品。这些音频爆款,多出自副刊版面的

"我们的扶贫故事""走向我们的小康生活"等专栏,成为脱贫攻坚的鲜活注解……

面对媒体变革,副刊与时光约定,踏浪而行,在历史长河中荡漾出温暖波光,在不断蜕变中守护本心,馈人间以芬芳。

[《新闻战线》2021 年 04（下）]

评析:在新媒体包围下,纸媒副刊如何突围? 论文对江西日报副刊近年的探索实践进行了系统梳理。论文既有丰富的副刊实例,又有新闻传播学等专业的理论支撑,语言表达富有青春朝气,可读性、知识性较强。获第十届全国报纸副刊论文优秀作品二等奖,此乃实至名归。

（刘传红 江西师范大学新闻与传播学院原院长、教授）

新闻论文

浅谈传统电视媒体的创新与坚守

——以江西广播电视台都市频道为例

金石明   罗雪婷

（编辑：周煜媛）

【摘要】近年来，在日新月异的新媒体发展冲击下，传统电视媒体的生存压力不断加大。本文从江西广播电视台都市频道获得第 30 届中国新闻奖一等奖的作品说起，浅谈媒体融合转型背景下电视媒体的创新与坚守。

【关键词】媒体融合   创新   电视媒体

一、用创新和坚守获得中国新闻奖

最好的作品包括"最好的发现"和"最好的表现"。"好的发现"是由好的题材、好的视角构成的，"好的表现"是由好的技术、好的布局、好的技巧构成的。江西广播电视台都市频道（以下简称"江西都市频道"）获得第 30 届中国新闻奖一等奖的作品《3·15 特别报道》，就可以从以上两个方面进行分析。

从"表现"的角度看，作为消费者权益节目，《3·15 特别报道》大胆改变了常态化的编排方式，突破了常规日播的 90 分钟编排，打通《都市现场》和《都市情缘》两档节目，在当天 18：00—20：00 播出 120 分钟。节目包括连续报道、主播评论、直播连线、口播消息、话题互动等多种形式，将不同行业的调查报道穿插在九大板块之间。

从"发现"的角度看，为了拍摄到有价值的内容，十余名记者历时三个月"卧底"多个行业，使出浑身解数，冒着风险进行体验。记者从百姓关心的食品安全、消费陷阱、行业潜规则等多个维度出发，拍摄到汉堡店隔夜食材和过期汉堡胚违规售卖等现象；男女记者假扮情侣入住多家酒店，调查酒店卫生状况……长达两个小时的节目曝光了无良商家,揭露了很多不为人知的乱象和黑幕。在每段案例之后,节目均搭配了精彩的评论,主播点评句句切中要害,犀利精辟。

《3·15 特别报道》充分运用互联网思维,在电视直播的同时,新媒体平台同步全网推送,抖音号、头条号、微博、百度等近 60 个矩阵号集中"轰炸",形成了强大的舆论攻势。节目当天电视直播平均收视率同时段领跑,全平台点击量突破 2.9 亿人次。特别报道播出之后,节目组还对每个案例都做了跟踪报道,引发巨大反响。国家市场监督管理总局高度重视,要求各地进行整治查处。

无论是可看性还是传播的影响力,《3·15 特别报道》在江西媒体上都"霸了屏"。从 2015 年起《,3·15 特别报道》每年都会准时推出,现已成为江西百姓每年都会密切关注的新闻报道。这种"霸屏"得来不易,是坚守了五年才有的效果。节目一定程度上增强了江西都市频道的影响力,也增强了江西广播电视台的影响力,这种坚持达到了预期的效果。

舆论监督是《都市现场》最重要的特征之一。江西都市频道的节目团队在做舆论监督报道时,坚守四个原则:一是线索有来源,线索均来自观众的投诉,不是无中生有;二是事实有依据;三是政策定有出处;四是官方有回应。除了《都市现场》日常播出的舆论监督报道体现这四条,在两年多的《聚焦"放管服"改革曝光"怕慢假庸散"》系列报道中也是如此,该报道获得了第 30 届中国新闻奖二等奖。

二、用坚守赢得信任

对于江西都市频道来说,"导向不能错""品牌不能破"是两大原则,公信力是最核心的竞争力,而这种公信力很大程度上来自于《都市现场》。

"监督的力量"是《都市现场》作为新闻媒体最重要的"力量"之一;另一种力量是"感动的力量",《都市现场》有很多报道让人泪流面,很多报道让急需救助的个人和群体得到了帮助,让很多家庭充满感激,节目充当公益助推器,为社会传递社会主义核心价值观;《都市现场》还有"态度的力量",体现为对事实的坚守、对真善美的坚持、对假丑恶的揭露,这也是一家媒体必须具备的品质和必须坚持的导向。"监督的力量""感动的力量""态度的力量"是《都市现场》的品质,而这一切都是为了"信任的力量"。

"信任"是这个时代最稀缺的资源,当节目拥有大众的"信任"时,才具备媒体价值。对于江西都市频道来说,把《都市现场》稳住了,就稳住了频道的公信力和影响力。

一家媒体应该是有气质的。江西都市频道在日常运行中不仅要稳住品牌,所有细节也都符合品牌的气质。比如,得到一位患抑郁症的女士遭受网络诈骗的线索时,《都市现场》记者正在一辆出租车上,她给这位女士打了 40 分钟的电话,告诉她该如何报案,如何找律师咨询,如何获得媒体的帮助。连出租车司机都不禁赞叹"我很少遇到你这么热心帮助观众的记者,这么有耐心,这么认真,这么为对方着想",下车时怎么也不肯收这位记者的车费,而且表示下次如有用车需要,他随叫随到。前年,另一位《都市现场》记者在采访时碰到一位心脏病突发患者,她在征得旁边家属同意后,给这位患者进行了紧急心肺复苏,挽救了一条生命。这位记者身上表现出来的气质,完全符合一家以帮助弱势人群为己任的媒体的气质。

江西都市频道《晚间 800》推出的"都市放心拍",以及结合《都市现场》打造的"都市放心游""都市放心购""都市放心爱""都市放心餐",这五个延伸产业都很成功。之所以能够成功,最重要的原因在于品牌信誉。"都市放心游"的原则是"不准低团费,不准购物游";"都市放心购"所有卖出的产品,顾客不满意就退钱。

传统媒体到底应该坚守什么?坚守的是信任的力量。坚守正确才可能正确,只有坚守才会赢得信任。

三、媒体融合守正创新

当前,电视媒体光靠电视广告已经活不下去了,因为面临太多新媒体的挤压,特别是网络平台的挤压,江西都市频道也碰到了瓶颈。在这样的情况下,唯有"借船出海",搭新媒体平台,才能继续做大影响力。

江西都市频道立足平台优势,坚持频道固有特色与优势,同时围绕内容特色和客户需求,重点在新媒体、项目定制、短视频以及电商互动产品上寻求新的突破。

2014 年,《都市现场》推出微信公众号,先网后台,推送与电视内容不同的网生内容。《都市现场》微信公众号的订阅数达到 20 万时曾一度陷入停滞,节目组采用大屏小屏贯通的方式,线下看节目,线上抽奖,两个月订阅数就突破了 50 万,而且年轻人占了大部分。最终《都市现场》微信公众号进入全国百强,坐上江西省所有微信公众号的"头把交椅"。从 2018 年开始,《都市现场》在今日头条、百度、腾讯等平台开设媒体账号,如今已有 60 多个矩阵号。

"心理援助"类节目《幸福配方》制作的"假靳东"事件是电视新闻在网络传播上的一个典型案例,全平台点击量达到 10 亿次,在微博、抖音、今日头条、百度等平台均登上热搜榜。这也是江西都市频道媒体融合的一个成功案例。《幸福配方》是《都市情缘》推出的心理援助节目,与字节跳动合作,每周三在西瓜视频上线网络版,每期 10 分钟,而其电视版每周六播出,每期 30 分钟。

江西都市频道还及时推出了自己的直播项目"都市 2 直播",把线上线下的观众导流、沉淀,以此形成可持续发展的粉丝经济,进一步实现流量变现。江西都市频道所有直播全放到"都市 2 直播"平台,直播送外卖,云直播卖房……"都市 2 直播"从零粉丝的冷启动到目前已获得 200 多万粉丝,点击量突破 6 亿,其中两场旅游直播《来葛仙村过几天神仙日子》《夜游人间仙境》点击量达到 1027 万。

"都市 2 直播"是江西都市频道 2020 年最大的创新。《行走的 KTV》是其第一个品牌,第一季节目共 13 期。一辆移动 KTV 汽车行走在赣鄱大地,零距离把点歌台开到全省观众的身边,开到哪儿就唱到哪儿,"都市 2 直播"对此全程直播,全国网友都可实时互动。《行走的 KTV》推出以来,以其独特的线下推广、线上直播模式引起不少商家的关注,成为江西都市频道广告经营新的增长点。《行走的 KTV》第二季将升级做成网络综艺节目,推出草根网红选手。

"都市 2 直播"的第二个品牌是突发新闻事件的直播,成功案例中有热点社会事件报道《"捐肝救子"事件两家人今日相见》。在"捐肝救子"事件的直播中,节目与平台深度合作,快手先后给出多个推广资源,包括精选推荐、热榜推送、弹窗推送、同城热点等,热度高达 745.1 万。在直播的同时,节目组剪辑短视频在抖音、快手等平台进行传播,当天成为全国热点事件,单条最高点击量超千万,另有数条过百万点击的视频。类似这样的重大新闻事件报道还有很多。

"都市 2 直播"在运营中不断创新,比如尝试做慢直播,把摄像头安装在南昌动物园,24 小时不间断慢直播,让网友看看动物们的生活,直播间观看点击量超 700 万。"都市 2 直播"之后还将推出"昙花一现""母鸡孵小鸡"等慢直播,直播受众知道却没有看过的事。

四、发挥团队积极性

"做最强地面频道"是江西都市频道的口号,而其现在的目标则是做江西地方媒体里影响力最大的媒体。

管理运营一家传统媒体和管理运营一家传统企业,除了业务不同,其他并没有太大区别。对待不同员工,要有不同的管理,关键是要搞清楚员工的"动机、动力、动作",明白人的动机,发挥人的动力,展示人的动作,从而达到媒体的目标——公信力、影响力、变现力,从而增强创新力、发展力。

江西都市频道媒体融合转型两年多,2020 年的运营比上一年更辛苦,但是团队的执行力极强。频道承办了"2020 江西旅发大会"旅游推介会,"四xin"游江西的创意理念收获各方一致好评。直播团队做完吉安吉水大型融媒体直播后,又直接转场去彭泽做大直播,一周之内克服各种困难完美完成两场大型直播。

江西都市频道注重基层员工的实际利益。《都市现场》在电视屏上直播的时候,60 多个新媒体矩阵号、"都市 2 直播"同时配合传播。三个平台上推出的同一新闻事件由一组记者、摄像负责,那么发放报酬的时候也要发放三倍工资,激发员工潜能。

五、贯彻转型发展理念

"2Y"是媒体做内容的两个重要指标。"2Y"就是"迎合"和"引导"。观众对什么感兴趣,就做他感兴趣的,这就是"迎合",但一定要守住底线;观众本来不感兴趣,通过我们的报道,观众感兴趣了,这就是"引导"。

在电视渠道的传播力日益缩小的当下,《都市现场》在电视中播放一条稿子可能激不起多少水花,但是矩阵号的力量却能够让水沸腾。《都市现场》60个矩阵号加上"都市 2 直播"要超越电视屏,把视频内容转到新媒体上去发布,"战场"转移了,战果才有保证。

2021 年,江西都市频道即将作一个尝试。《松柏巷里万家人》是频道自制情景剧,这也是江西都市频道知名 IP。"都市 2 直播"将直播《新松柏巷里万家人》拍摄全过程,再将直播拍摄的内容剪辑成集,在电视屏中作为开年大剧播出。从网络生产到电视生产,这是新的模式。《都市现场》也可以把采访过程先在新媒体上直播,再剪辑直播的内容,放在电视屏上 18:00 的《都市现场》中播放。通过生产模式的改变,电视台不仅可以降低成本,也能提升影响力。

改变媒体传播模式,坚守江西都市频道 20 多年来日积月累的强大公信力,这是其力量的源泉,也是受众不离不弃的根本。结合改变与坚守,江西都市频道还推出了慈善救助的"都市 2 基金"、短视频"都市 2 视频"、评论"都市 2 视评"、网络直播"都市 2 直播"和带货大小屏"都市 2 抢鲜播",从形态创新、生产创新、表达创新、专业坚守、人文关怀等方面重塑公信力,创新再发展。

面对日新月异的媒体格局,改变是必然,坚守是必须。改变与坚守一直是江西都市频道的关键词。只有改变,才会获得欣赏;只有坚守,才会赢得信任;只有改变与坚守同行,江西都市频道才能赢得未来。

(《中国广播影视》2021 年 1 月下半月;作者单位:江西广播电视台都市频道)

评析:该文章从实践应用出发,通过鲜活案例,深入剖析了传统电视媒体的创新与坚守,内容扎实,数据翔实,给转型中的传统媒体做出了示范,对业界具有一定的借鉴价值。

(刘传红 江西师范大学新闻与传播学院原院长、教授)

新闻论文

以"短视频+直播"助力乡村振兴

郑祎

（编辑：陈利云）

【摘要】"'三农'短视频+直播"已成为乡村振兴的有效途径,也存在质量问题突出、疏于反映现实困境、监管体系不完善、变现渠道不畅通等现象。充分挖掘地区资源优势、做大做强特色短视频;加强对"短视频+直播"模式的监管,强化全流程服务水平;真实反映乡村新变化,不断提升文化自信,才能让"'三农'短视频+直播"真正成为全面助力乡村振兴的重要推手。

【关键词】"三农"短视频　直播　乡村振兴

2021 年 2 月 25 日,习近平总书记在全国脱贫攻坚总结表彰大会上庄严宣告:"我国脱贫攻坚战取得了全面胜利。"3 月发布的《中共中央国务院关于实现巩固拓展脱贫攻坚成果同乡村振兴有效衔接的意见》指出,到 2025 年,脱贫攻坚成果巩固拓展,乡村振兴全面推进。在此时代背景下,媒体如何运用自身优势,持续助力乡村振兴,值得深入研究和探讨。

短视频是一种新兴的互联网传播方式。据中国互联网络信息中心发布的第 48 次《中国互联网络发展　状况统计报告》显示,截至 2021 年 6 月,中国网络视频(含短视频)用户规模达 9.44 亿,较 2020 年 12 月增长 1707 万,占网民整体的 93.4%。其中,短视频用户规模达 8.88 亿,较 2020 年 12 月增长 1440 万,占网民整体的 87.8%。

"三农"涵盖了我国最为广大的群体和行业."三农"短视频是短视频平台经历初期大爆发阶段后深耕垂直细分领域的产物之一。随着 5G 等新基建的快速发展,技术赋能直播,新技术催生直播模式发展,直播体验逐步升级。尤其是"短视频 + 直播"频频与扶贫融合,这种新型推广策略,在一定程度上缓解了滞销难题,在拓宽产品销路、帮助农民增收等很多方面发挥了积极作用。

"'三农'短视频 + 直播"发展现状及呈现方式

发展现状。2015 年后,短视频监管规范陆续出台,约谈整改、行政处罚、通报曝光等净网行动不断展开,"三农"短视频拍摄主体发生转变,呈现农村生态、种植养殖、家乡美食、人文民俗、乡村文化、农产品电商销售的短视频开始走红,并逐渐发展为具有稳定输出能力的垂直领域。近年兴起的"三农"短视频,以平民视角打开了大众了解乡村的一扇窗,也涌现出诸多"三农"视频创作人,有些成为拥有千百万粉丝的"乡村网红",像四川李子柒、江西华农兄弟.广西巧妇 9 妹、云南滇西小哥、甘肃西北小强、湖南乡野丫头以及登上热搜的山东拉面哥等。其中,李子柒视频的平均播放量已达百万。在短视频垂直领域,"三农"内容优势持续扩大,产业链参与主体越来越多,内容创新和变现成为发力重点。2020 年,在新冠肺炎疫情防控背景下,"'三农'短视频 + 直播"带货呈爆发性增长态势,在恢复经济、解决就业、扶贫兴农、助力乡村振兴等方面发挥了重要作用。

呈现方式。短视频中新农人勤劳朴素的呈现样态,能很好地提高城市人对农特产品的信任度。

颇具特色的表演。新农人短视频带货经常会使用一些吸引人眼球、颇具特色的表演,比如,江西华农兄弟偶然拍了一期吃竹鼠的视频,没想到竟然在网上火了起来,播放量、评论数、点赞量都增加了不少。他们也因此将视频拍摄内容重新定位为分享农村新鲜事,内容和形式都给人留下了深刻印象。

身临其境的记录。新农人"短视频 + 直播",通常是通过记录农村生活的方式,建立与粉丝之间的情感认同,从而建立信任感。比如,带货牛肉干时,展示的是烤制牛肉干的画面,利用网络真诚而人性化地推介产品。

质朴本真的呈现。有些老年农民很不适应出现在镜头面前,不习惯在互联网上售卖自己的农特产品,也不知该如何表演,而这恰恰凸显了农人的质朴真诚。这种天然的质朴,反而令受众觉得更真实、可信,从而进一步激发购买欲望。

"'三农'短视频 + 直播"扶贫新模式

通过"短视频 + 直播",带动地区产业发展。直播带货具有无接触、真实性、可视性、交互性和及时性等特征,是扶贫领域的新风口。新冠肺炎疫情发生以来,农产品线下销售受阻,直播带货日益成为新的消费模式,既激发了消费者的购买欲望,也成为扶贫新亮点。直播带货模式减少了中间环节,节省费用,可令生产者和消费者双方受益。贫困地区的农民,借助一台手机、一个自拍杆,成为直播带货主播,推销各类农产品,造就了一批批农民网红。以江西广播电视台都市频道推出的"春村抢鲜播县长代言共克时艰直播活动"为例,时任宜丰县委常委邬明香走进直播间,向广大网友推荐 7 款农副产品,有非常适合宝宝吃的胚芽米,有有机认证的麻鸭,还有官山脚下孕育的纯天然皇菊等,每款产品都有自己的小故事,场内直播气氛热烈,场外网友纷纷下单在线购买。

促进脱贫攻坚,推动乡村建设,不仅需要网红主播,更需要全社会各界人士的参与,共同推广和销售贫困地区农产品,带动贫困地区的产业发展,帮助贫困户脱贫致富。

通过"短视频 + 直播",营销贫困地区旅游和非遗资源,借助海量用户平台,打造文旅扶贫新模式。很多贫困地区拥有美丽如画的风景、世人惊叹的非遗手艺,却不被外界熟悉和知晓。在"短视频 + 直播"模式下,发布者将线下生活化的"人、物、事、景"集中在线上展示,吸引更多人关注。婺源县隶属于江西省上饶市,素有"江西最美乡村"之称,曾是国家级贫困县,通过"短视频 + 直播",搭上了文旅扶贫的快车。一条拍摄于篁岭古村的视频短短 5 个小时迅速成为热点,被大量网友转发,收获数千万阅读量和 158 万点赞量,还被网友们纷纷设成动态壁纸。短视频的内容是篁岭古村的五位晒秋大妈们花了一天时间,用稻谷、黑豆、玉米、大米、红辣椒等农作物拼出长 5.8 米、宽 4.2 米的巨幅画作,以自己的方式特色晒秋,为华为助力,力挺华为!这诗意般的"晒秋"景象经过短视频传播,迅速成为全国游客争相打卡的网红景点。

婺源篁岭已经启动 5G 基站建设,并开设了"5G＋VR"体验区,通过 5G 网络传回了 4K 超高清花海美景,"短视频＋直播"让乡村旅游也风生水起,帮助更多的贫困人口脱贫致富。

"'三农'短视频＋直播"存在的问题

2021 年是"十四五"开局之年,也是我国"三农"工作重点从集中力量脱贫攻坚转向全面推进乡村振兴的起步之年。在精准扶贫工作中,"短视频＋直播"模式发挥了重要作用,成为贫困地区脱贫致富和乡村振兴的有效途径,但这种模式还存在不少问题。

质量问题突出。当下,"'三农'短视频＋直播"模式同质化及低质、跟风现象严重,不具备稳定输出能力。准入门槛低,导致主播群体素质良莠不齐,大量重复内容导致受众审美疲劳。

疏于反映现实困境。虽然"三农"短视频平台多、体量大,但在反映"三农"真实性、完整性方面还远远不够。在复原农村的热闹、淳朴、原生态方面有余,在反映农村现实困境方面不足。呈现的多是基于心理迎合、技术操纵、获利驱动等因素筛选后的农村,摆拍成分多,叙事片段、琐碎,甚至断章取义。

监管体系不完善,标准化程度不高。总体而言,很多地区的农村市场化程度还不高,短视频平台或直播平台对产品,特别是农副产品.食品等缺乏检验检疫、审核和管理,有较大安全隐患,也无法保证消费者权益。此外,售后服务也存在较大问题,缺乏专门的售后服务渠道,消费者与客服之间联系不畅,降低了消费者对"短视频＋直播"扶贫模式的信任度和支持率。

变现渠道不畅通。目前,"短视频＋直播"变现方式主要包括直播产品销售变现、打赏变现、旅游文化资源吸引游客变现等。其中,贫困人口受益占比最大的为直播产品销售变现,为主要变现模式。变现渠道亟待拓展,以确保贫困地区和人口的可持续发展。

挖掘优势、加强监管,提升文化自信

挖掘地区资源优势,做大做强特色短视频 IP。内容是短视频的核心,有特色、优质的原创内容是短视频＋直播扶贫模式生存的根基。"'三农'短视

频 + 直播"需提升专业生产内容比重,充分挖掘地区生态、文化资源优势。江西广播电视台都市频道拥有专业的视频制作团队,近几年一直致力于新媒体的发展,运用新思维,深耕"三农"领域,策划与全省融媒体中心合作,建立全省农民"短视频 + 直播工会",为农民朋友提供专业视频培训与指导,共同做大做强特色短视频 IP。

加强对"短视频 + 直播"模式的监管,强化全流程服务水平。针对主播的监管十分必要。首先,需建立主播信用等级评价制度,平台可以根据消费者的反馈,对主播进行升降级;其次,可以采用"云监工"的模式,对销售产品进行监管,确保产品质量和安全;再次,对"短视频 + 直播"内容还缺乏有效监管,对一些低俗、不良价值观内容需及时治理、消除隐患,有序进行规范和引导。

真实反映乡村新变化,不断提升文化自信。习近平总书记指出:"乡村文明是中华民族文明史的主体,村庄是这种文明的载体,耕读文明是我们的软实力。""三农"短视频的创作内容需回归真实的乡村生活。通过"短视频 + 直播",提升农民群体的话语权,彰显文化自信。在"短视频 + 直播"的赋能下,农民群体逐渐成为乡村文化的主要建设者和推动者,积极参加乡村文化的创造和传播。原先默默无闻的劳作过程和风俗习惯转变为有形的文化资源,拓展了乡村文化的内涵,有助于形成全新的乡村文化体系。

江西的"艺术在浮梁"由日本大地艺术节的中国团队打造,夏季展时间为 5 月 1 日至 6 月 1 日,秋季展时间为 10 月 15 日至 11 月 15 日,吸引了不少游客。浮梁当地的一些村民也成了艺术作品的创作者,越来越多村民加入志愿者队伍,讲解作品时,流露出满满的自豪感。大地艺术节最珍贵的不只是其创造的经济效益,还有留在乡间的两百多件作品,这是无价的文化遗产。

近年,国内出现许多令人瞩目的乡建项目,吸引外地游客前来打卡,也带来一定旅游收入。用"短视频 + 直播"的方式宣传,呈现当地独特文化、风土人情,有助于持续助力乡村振兴。

结语

自"短视频 + 直播"在互联网发酵以来,热度一直居高不下,甚至掀起全民浪潮。作为垂直细分领域,"三农"短视频在走过野蛮生长期.规范生存期后,内容更为多元、专业、有深度。只有早日补齐制约高质量发展的短板,才能进一步发力突围,开启新一轮"后增量"时代。

实现乡村振兴,要积极改变固有思维、强化对农村的服务意识,通过"'三农'短视频＋直播",最大限度还原农村真实生活,关注欠发达地区经济、教育及尚不完善的基础设施、有待整治的人居环境等现实问题,为解决"三农"问题提供新思路,让"'三农'短视频＋直播"真正成为全面助力乡村振兴的重要推手。

(《新闻战线》2021 年 12 月上;作者系江西广播电视台记者)

评析:"'三农'短视频＋直播"已成为乡村振兴的有效途径,但暴露出不少问题,该文提出了具体的对策建议,是一篇具贴近实际,指导性较强的论文。该文在《新闻战线》刊发后,被多家学术网站收录,被南昌大学等高校新闻学院列为全媒体传播案例进行教学,同时江西各县区市融媒体中心也纷纷学习,用于实践,对全国传统媒体有示范作用。

(刘传红 江西师范大学新闻与传播学院原院长、教授)

新闻论文

全媒体时代如何迎来都市类媒体之春

——从《江南都市报》的办报方针探寻都市类纸媒转型融合发展的着力点

陈明华　　陈海云

【摘要】媒介的社交化、移动化,使传统媒体旧有商业模式两个根基"内容"和"发布"的垄断被打破,但这并不可怕,都市类纸媒只要坚守初心,实现成功转型,其品牌力、公信力、传播力、影响力,将成为新商业模式的牢固根基,并迎来都市类媒体的第二个春天。

【关键词】纸媒　钥匙　品牌力　传播与服务力　经营力

从传统媒体到新媒体,再到全媒体,这个过程,传统媒体商业大厦的两个根基"内容"和"发布"之垄断逐渐消失,随之而来的是传统媒体"集体遇困",并纷纷探索转型之道;转型,有的已成功,有的还在"摸着石头过河",有的却在慌乱中迷失,甚至已被变革的车轮抛弃。

其实,传统都市类纸媒的春天依然在那里,就看你有没有打开它的钥匙!就《江南都市报》来说,这把钥匙,就是牢记媒体初心,坚持"脑中有导向心中有读者眼中有市场"这个办报方针毫不动摇,创造性地做强品牌力、传播力、服务力与经营力,以此闯新路、创新机、开新局。

核心钥匙:坚持"脑中有导向"不动摇,重内容,做强品牌力

传播环境之变,说到底,是传播介质与渠道之变,属于技术层面。

"新闻媒体","新闻"在前,是内容,"媒体"在后,是介质与渠道。不管技术如何发展,对于新闻媒体来说,"内容"是本。但在转型融合过程中,一些纸媒人,在没有资金与技术支持的情况下,就"信心满满"地"赶时髦",建所谓的"新媒体";与此同时,内容被轻视,不少优秀采编人员或转岗,或离职,采编力量被大大削弱,最终"内容"这个最大的优势弄丢了,活成了"新兴媒体"想要你成为的模样。

今天,如果说"注意力"是稀缺品,倒不如说"优质内容"是稀缺品。有好内容,就有注意力;有注意力,影响力方可提升,公信力方可塑,品牌方可立;进而,传媒产业才有强起来的基础;所以,内容是"定海神针"!

鉴于报纸版面压缩、影响力下降、品牌透支以及阅读移动化的特点,《江南都市报》坚持"脑中有导向"不动摇,充分结合新的传播与阅读特点,做好内容生产,把报纸办成有观点、有深度、有热度的纸,由薄报变成有"独特性"的"厚报"。为此,重点打造了《看独家》《洪城里》《江南时评》等特色栏目。

神舟十二号载人飞船于今年 6 月 17 日成功发射;针对聂海胜第三次"飞天",16 日,报社派出记者多方采访,形成了一个形象丰满立体的聂海胜,并掌握到与神舟十二号相关的其他江西元素。16 日官方微信独家发布《南昌"女婿"聂海胜,恰噶!》一文,获得 10 万 +,600 + 点赞;17 日报纸《看独家》栏目推出特稿。相关内容,被众多媒体转载,并成为不少媒体二次生产的素材,成为热点源头。17 日早上,记者陪同聂海胜岳父母看直播,在融媒体平台上以"视频 + 文字 + 图片"的形式,推出鲜活的独家报道。

2019 年 6 月起,推出原创情怀周刊《洪城里》,每周五出版,共 4 个版。其怀旧版式和有温度、有地气的内容,被各界瞩目和点赞。"自从我们的阅读习惯被手机改变之后,很久没看过这么漂亮的报纸版面了""可以说这是《江南都市报》最新款的文创产品,会让人重新感受纸张印刷品的魅力"……如今,阅读《洪城里》,已成为许多读者的一种温暖期待。

报社还与时俱进,推出短视频、VR 等新产品,成为携作品参加 2019 世界 VR 产业大会的唯一江西媒体。

在纸媒品牌日渐式微的趋势下,因势而变的定位与良好的内容生产,给《江南都市报》的品牌注入了新内涵,巩固和提升了公信力、影响力。

根本钥匙:牢记"心中有读者"不含糊,善融合,做强传播与服务力

人类传播史上每一次革命,都是以满足人类需求为目的的传播介质的变化,也均是传播手段的飞跃。新媒体蓬勃发展,绝非传统媒体之"末日",而恰恰是其传播方式发生质变,迎来了"飞跃"。传统媒体人要做的,就是知常明变,守正创新。

《江南都市报》办报方针的第二句话是"心中有读者"。那么,在全媒体时代,如何做到"心中有读者"? 要解决这个问题,须先弄明白读者在哪? 需求是什么?

《江南都市报》现有读者主要分三大类:社区老年读者,较稳定,有读报习惯;中年读者,主要从移动端获取信息,但认可报纸的权威,对报社"为民排忧解难"有需求;机关企事业单位,以移动端获取信息为主,以传统媒体获取信息为辅。年轻群体,基本不看报,碎片时间大多交给移动端。

纸媒读者流失,并非媒介生态环境不好,而是注意力被其他渠道分流的结果! 注意力被分流,则是传播力下降的结果!

通过融合提升传播力,满足阅读需求,稳住和扩大读者群,迫在眉睫! 早在 2013 年,《江南都市报》就在省内率先组建新媒体部,推进转型融合,当年新媒体产品微博微信就实现了盈利。但报社也走过弯路,在缺少技术与资金支撑的情况下,"赶潮流"建设"新媒体"平台;而那些所谓的"新媒体",仅仅是把纸媒的内容平移过去,最多只算"转场",而非"转型",这种传统思维的产物,读者并不待见。

好渠道,是注意力与影响力的放大器。为解决渠道短板,《江南都市报》在做强微博、微信的同时,入驻有影响力的第三方平台"借船出海",双方相互成全,较好地解决了内容出口。目前,报社的融媒体平台用户总数已超 2000 万,传播力得到极大提升,守住了江西市场第一大报的地位。

读者在哪,服务就做到哪。服务力,就是生产力! 报社不定期地对员工进行服务教育,使大部分员工具备了较强的服务意识和服务能力。

针对社区中老年读者的需求,推出了老年人的贴心"保姆"《60后》周刊,依托周刊,为读者提供实用、服务信息,并不时组织线下生活服务;推出流动公益平台"社区公益大篷车",想居民之所想,办居民之所盼,如开展"社区公益课堂",为老人解决日常生活中遇到的智能技术困难。报社还继续做强中国新闻名专栏《市民热线》等民生维权类栏目,为读者提供排忧解难服务。

针对机关企事业单位、行业协会的现实与潜在需求,为相关单位量身订制,提供专题信息和新媒体运营服务等。打造了《江西营商》《乡村振兴》《城市管理》等周刊,聚焦垂直领域的热点、难点、亮点,成为报社转型发展的新支点;这些产品通过全媒体推出,不仅丰富了报社品牌内涵,提升了传播力、引导力和影响力,还增强了读者(用户)黏性,带动新媒体增粉和报刊发行,促进了多元产业经营。

关键钥匙:守住"眼中有市场"不迷糊,勇创新,做强经营力

媒体经营,准确地说,是传媒产业经营,本质上是实现品牌力变现。

在媒介生态环境深刻变革期,都市类纸媒搞经营,容易出现三个问题:存在不管好坏、是否合适,"拾到篮子就是菜"的思想;陷入"经营优于内容"的误区;出现面对市场畏首畏尾、故步自封,依然守在"广告刊登"这眼日渐干涸的"水井"旁打水"解渴"的现象。

都市类纸媒经营遇"困",大多是纸媒人掉进自己的思维之"井";突破自身"思想"之围,是"突围"的关键。

媒介的移动化、社交化,使传统媒体旧有商业模式的两个根基"内容"和"发布"的垄断性逐渐消失,但这并不可怕,成功转型后的新型主流媒体的品牌力、公信力、传播力、影响力,将成为新商业模式的牢固根基。

《江南都市报》办报方针的第三句话是"眼中有市场",在市场化竞争中成长起来的都市报,有顺势而变、勇于创新的基因。

近两年来,报社严格贯彻落实采编经营两分开的要求,做到两分开、两协同、两加强。经营工作,由江西江南都市报传媒有限公司(简称"江南传媒")承担。"江南传媒"从运营机制到团队建设等,进行了科学、有效的改革,对内部资源予以重组,建立了释放活力的经营机制;在产业方面,重构生态,实现了多平台、多品类、多方位融合发展的态势。

为破解经营困境,激发员工的创新活力,"江南传媒"推出了"揭榜挂帅"机制。"江南传媒"对现有的产业进行梳理,把值得突破与深耕的项目,面向全体员工张榜。谁有本事谁来揭榜,成立工作室,并享受一定待遇和政策扶持;揭榜者与"江南传媒"签订经营目标协议,完成经营目标任务后,揭榜者将可获得优先提拔使用。同时,报社还鼓励员工积极创新,深入调查研究,提出新的产业项目,若项目可行,项目提议者享有优先"挂帅权"。

"揭榜挂帅"机制,目的就是让能者上、智者上,谁有本事谁上,很多优秀员工与团队,脱颖而出。"英雄帖"一发出,应者如云,主动想策划、做项目的员工越来越多。至今已成立会展、地产、健康、文旅户外等 10 多个专而精的工作室,对垂直领域进行深耕细作。

2020 年 7 月,"江南传媒"成功完成"文化的力量——2020 江西文化发展巡礼展巡展'江报馆'"项目陈展任务,受到了省领导多次肯定和表扬;2020 年 11 月,为某县成功操盘马拉松赛事,全国 40 多家主流媒体予以全媒体宣传报道,获得各方的高度认可;2021 年,还进一步输出活动策划、执行、宣传一站式服务,为多家大型企业提供了优质团建文化活动服务等等。

思维一变,一日千里!目前,报社已呈现出人人努力闯新路、创新机、开新局的良好氛围,极大地带动了传媒产业经营。

"做自己熟悉的相关的产业,成功的概率更大",这是许多人的共识。媒体是文化事业单位,万物皆有文化,文化皆可营销,传统媒体人一定能从文化的角度,找出万物与传媒的关联,孕育出极具活力的传媒产业生态,做出极富生命力的传媒产业经营。

评析:本文提出,只要坚守媒体初心,实现成功转型,其品牌力、公信力、传播力、影响力这"四力",将成为新商业模式的牢固根基,并迎来都市类纸媒的"第二春",可谓观点鲜明。文章认为"三把钥匙"是打开纸媒"第二春"之门径,说到了点子上,具有较强的启发意义和借鉴价值。

(刘传红 江西师范大学新闻与传播学院原院长、教授)

新闻论文

省级广电媒体融合传播方式创新研究

王玲

（编辑：任嫦勤）

【摘要】在新媒体时代，新闻传播模式不再是固定单一的输出模式，基于各种平台和多样载体的传播方式得到广泛运用，融媒转型、改革创新也已成为广电传统媒体发展的必由之路，现以江苏广播电视台和湖南广播电视台媒体融合传播创新为例，选取营销、新闻 APP、MCN 机构、芒果 TV 四个成功的模式、做法和经验进行分析和审视，为广电媒体融合传播方式创新发展提供参考性的对策和路径。

【关键词】媒体融合　传播方式　创新研究

新媒体时代，互联网时代技术使得媒体格局发生巨大变化，广电传统媒体单一的指向传播已经不能适应网络时代的传播需求，依据传播学理论分析传播现象，当下传播现象、传播规律、传播行为、传播难题都源于互联网发展及 5G 技术的产生而深刻改变着，传统广电媒体如何在新媒体时代依然保持影响力和领先地位，实施媒体融合传播方式创新是形势所趋，势在必行。从全国范围来看，实施媒体融合创新的案例很多，湖北台、上海台、江苏台、湖南台均有成功案例可以分享，现以江苏广播与湖南电视媒体融合创新案例为例，以期思考省级广电媒体融合传播创新之路。

一、江苏广播融合传播创新营销与新闻传播技术的案例分析

（1）内容营销。内容营销是以营销为目的，内容为载体，将营销信息和传播内容进行二次加工结合的传播行为。内容营销可以在内容中更好地呈现营销信息,在内容外设置更多营销信息传播点,从而使传播信息能够成为被讨论和分享的传播爆款。2020 年,新冠疫情的突如其来,打破了人们正常的生活和工作方式,宅家成为人们暂时的生活状态。江苏交广网率先变更节目策划,针对宅家不易于锻炼的可能,策划出一档集广播与新媒体融合的直播节目——《牛哥的宅家运动课》,节目主持人的特点即为运动达人,节目采用了网络出镜直播,直播内容为运动达人式的主持人为粉丝听众设计定制居家运动计划,粉丝受众们每天跟着主持人的直播节目锻炼身体,增强体质,提高身体免疫力。节目播出后不仅带动了受众,影响力还延伸到了众多商家品牌,小厨娘汤扬菜、光明随心打、战马功能饮料等多个品牌主动要求签约合作本档节目,仅仅一星期就实现了近 30 万元的广告投放。更可喜的是《牛哥的宅家运动课》还成功促成了很多商家及品牌签约,品牌通过合作总量突破 800 万元。以战马饮料为例,通过微信互动等多渠道多频次进行曝光,而且是润物细无声的艺术性曝光,受众接受品牌是愉悦和自然的。江苏广播充分抓住了疫情期间网络传播的热度,将网络节目与听众互动及商家广告有机结合,抓住时机,策划创新符合网络新媒体思路,节目与直播带货符合宅家的粉丝听众当下需求,而实施直播的广播频率人员对于新媒体传播技术充分驾驭,内容、技术、营销完美融合。

(2)新闻 APP。江苏广电在新闻传播上用自主化完成了有力有效的传播。其利用自制的 APP 实现了粉丝及时随时碎片收听的需要。江苏广电充分抓住新闻自主生产的特点,研制了江苏广电荔枝新闻 APP6.0 全新版本,2018 年 11 月上线,并与成熟平台蜻蜓 FM,讯飞听见签约合作,实现了 24 小时随身随时在线收听全新模式。产品各类板块全方位多元化用新闻服务受众。板块"城市页卡"的页面内容运用智能推荐技术方便受众使用,这是江苏广电积极适应网络移动发展特点,实施新闻传播渠道的变换,受众需求在哪儿阵地就在哪儿,而且还要使受众喜欢,让受众满意。受众想了解最新新闻这里有"城市页卡";想投诉解决问题这里有"维权板块"24 小时贴心服务,随时接受上传投诉线索,解决投诉进展,可以与总台记者实施实时互动;想辨别新闻真假有"真相帝板块"可以供查询,击破谣言还原事实真相。随身听上线,地理坐标精准定位,智能推荐加编辑推荐等,同时受众不仅可以听新闻,还可以进行社区式的新闻互动、参与投票互动等。

二、湖南娱乐频道 MCN 及湖南卫视"芒果 TV"模式分析

(1)MCN 机构。湖南广电一直以来坚持开拓创新,创新之路可谓历史悠久,媒体融合抢占新媒体领地依然毫无悬念位列全国广电行列之首,目前已经形成了强大的全媒体格局和融媒体传播矩阵。媒体融合创新试水较早的湖南台选择了湖南娱乐频道,因为它体量小,因而变革创新能够有很大的试错空间。2018 年频道酝酿孵化 MCN 机构。娱乐频道内容生产依赖湖南广电作为坚实的后盾,运营遵循市场化机制,选择了母婴、美妆、娱乐几块阵营,短短一年抖音、快手上粉丝就超过了 9000 万,从市场上挖掘出了 100 多名短视频达人进行 IP 内容生产,生产出了"张丹丹的育儿经"等许多头部有影响力的短视频 IP,在网络上迅速有了超级强大的传播矩阵。为适应市场经营和网络传播,进行组织机构调整和 MCN 机构布局,各个项目单独建机制如工作室制度,但比工作室制度更加市场化。同时成立了几大网红运营板块,达人运营中心负责签约经营网红达人,工作室负责内容传播输出,商务运营中心负责变现和经营电商店铺。适应 MCN 机构布局的重要工作之一在于老员工思想观念的变化和工作转型,200 多人的娱乐频道 170 多人实现了顺利转型与新业务产生直接关联,并成为核心力量。MCN 机构政策尊重市场、全成本核算、业绩决定工资待遇。成功实现商业闭环业态后,频道继续扩大品类复制新的业态路径,进行滚雪球式裂变式的发展模式。虽然每个业态运营独立,但是全网资源共享形成的媒体矩阵影响力达到力推娱乐频道强大起来的结果。

如果说小体量的湖南娱乐频道向 MCN 机构转型实现了华丽转身,那么大体量的湖南卫视则是抓住了青春娱乐之定位优势,创造了业界媒体融合的"芒果模式"。

(2)芒果模式。芒果 TV 应该是全国广电集团中最早战略布局于网络的传播平台,起步于 2014 年,湖南卫视的战略布局是用湖南卫视的内容输送给自己的网络平台芒果 TV 进行网络独播,事实证明这个战略举措使得湖南卫视迅速占领手机客户端移动人群市场,在全国广电率先实施了大屏小屏多元呈现的媒体融合。

芒果 TV 仅仅是网络传播平台而已,而湖南广电腾飞的有力引擎当属四年后的芒果超媒成立,这个引擎内容包含了芒果 TV,同时它整合了文化娱乐、影视传媒、快乐购等产业链,这是个巨大的生态矩阵。湖南广电芒果 TV 从不将自身核心提供给外部平台,主动权始终掌握在自己手上。具体包括内容坚持自主创意策划制作,经营也同样坚持用自己的团队进行操盘,所以发展之路一直能够自我控制。湖南广电创新一直领跑于全国省级广电媒体,2020 年 6 月 1 日,芒果超媒涨幅接近 9 个百分点,以每股近 58 元收盘,这天市值达到近 1024 亿元,公司的总市值初次冲破了千亿元大关。芒果超媒的数据显示出湖南广电领跑全国广电媒体的步伐不是一点点,湖南广电是全国广电媒体翘楚也绝非虚言。

三、江苏广播与湖南电视成功案例的启示

以上江苏广播和湖南电视媒体融合传播创新四个成功模式,选取的角度分别是内容营销、新闻 APP、MCN 机构、芒果模式。四个成功模式均包含了一个要素即内容和平台均为自主自制移动呈现。尤其是湖南广电融合发展堪称业界标杆,被国家广电总局"国家广电智库"称为"芒果模式",成功之经验值得借鉴:一是坚持内容生产始终自主;二是坚持产业经营始终自主;三是坚持发展之路始终自控;四是"一体"发展"双轮"驱动的布局构架,这里的"体"是指湖南卫视,"双轮"是指芒果 TV、芒果超媒;五是顶层设计"一把手工程"强力推进媒体融合纵深发展;六是媒体融合的方向始终把握自主权。"芒果模式"是广电媒体融合发展的精品工程,得到了上级部门的充分褒奖,同时也是市场及同行认同的楷模,先进、引领、独特三大特色独领风骚。

以上成功模式给媒体融合发展传播创新带来的思考有以下几点:一是融合创新成功是抓住了媒体融合的先机,在风口上迎来了战机和转机;二是媒

体发展战略规划高瞻远瞩实施有力,尤其是湖南广电紧跟政府"十三五""十四五"规划布局,湖南广电发展之路可谓谋定而后动;三是改革创新步伐坚定,湖南台打破体制内羁绊,通过体制机制改革及再造新媒体等举措,芒果 TV 成为传播创新与市场融合的媒体翘楚;四是充分发挥政府职能作用,推动广电传媒发展,法定职责履责有力,政府的有力支持使得湖南成为中国媒体之都。

习近平总书记强调,"推动媒体融合发展,要坚持一体化发展方向,通过流程优化、平台再造,实现各种媒介资源、生产要素整合,实现信息内容、技术应用、平台终端、管理手段共融互通……"。2020 年中共中央办公厅、国务院办公厅出台的《关于加快推进媒体深度融合发展的意见》,这都将给媒体融合工作带来最好和最有力度的思想指导和政策扶持。借鉴国内媒体融合成功经验,省级广电媒体布局全媒体,再造采编流程,发展融合传播的创新路径思考如下。

1. 融媒体中心建设是大力推进融合转型的重要举措

媒体融合必须实现视频、音频、网络、移动端内容以及渠道的全面布局,融媒体中心的传播构架是实现这个全面布局的重要之举,可以实现资源全台各内容生产单位频率频道共享。媒体深度融合要求广电媒体内容生产由分散粗放型向集约型转变,由分散的小生产向集中化大生产转变。时任中宣部部长刘奇葆在 2017 年曾经指出推进媒体融合"中央厨房"是标配和龙头工程,必须要建设好使用好。而保持传统模式的省级广电依然很多,各频道频率以小而全的方式运作,内容资源、生产播出各自为政,结果是同质化严重,造成资源浪费,部门之间协同成本较高,频率频道之间基本不畅通,根本无法实现资源最优配置。目前早已建立"中央厨房"的有中央广播电视总台、江苏广电、福建广电等,资源集聚度高,采编内容集中,采访按需供给,也就是实施了采访一体化、终端发布复合化,由原来的传统单一渠道采集、封闭式生产、单向传播转向现在多元化的多媒体采集、多平台生产、多渠道分发,突破了频道频率网台的业务边界。

2. 短视频是 5G 时代移动互联网和新媒体的制高点

5G 网络时代,信息传播的每一个环节都会实现物物相连,这是个颠覆与重生的年代,全球信息产业发展的大趋势是可视性、清晰性和便捷快速性。作为广电媒体,顾名思义就是生产广播音频与电视视频的媒体,有天然的视频创作基因血统,所以在短视频转型时代也必须发挥自己的先天优势,要进行融合转型需要的岗位全员技能培训,提高频道频率新媒体短视频生产能力。以精良的内容作品驱动主流媒体,增大传播成效,实现二度再生产和市场化精心运作。从抖音网络社交平台短视频生产来看,央视新闻媒体号多达 11 亿粉丝量,江苏卫视粉丝量 800.7 万,湖南卫视粉丝量 1504.3 万,芒果 TV 粉丝量 825.4 万,而有的卫视粉丝量只有区区几十万。从粉丝量来看,广电媒体的领头雁多为卫视,区区几十万粉丝量,短视频生产能力及网络影响力堪忧,要想占据移动互联网以及新媒体制高点,短视频的内容创新生产能力需要尽快提升,不容迟缓。短视频是网络传播的重要阵地,想要在此领域立足发展,要加快体现自身特色的创作,从已有的占领先机的流量短视频账号中脱颖而出,定位、差异化都很重要。比如短视频生产水平提高后可以在"网络、客户端、微信、微博"以及自主平台"JIN 视频"进行立体化、全方位传播矩阵,提升全网的影响力和流量提升。

3. 触网跨界融合,拥抱互联网,形成放大效应

当自身条件欠缺的情况下,传播创新可以采取"借船出海"的方式,与具有影响力的互联网大 IP 进行开放性的合作共赢,借用渠道优势和商业模式,获取更多受众流量资源。比如成熟的腾讯、百度都是深度合作的可选大 IP,腾讯在网络电视发布、受众数据、微信公众号等方面有着独特优势,传统广电可以借助腾讯合作实现网络平台电视发布、受众关注数据抓取、微信公众号等全方位合作。百度的优势是语音识别和数据分析视频数据监测,可以利用此优势合作推出语音内容产品以及进行受众数据分析研判。例如,2019 年江西省的"赣云"已签约腾讯、百度、快手,但是目前来看似乎没有达到预期目标,没有从合作中开发出需要的数据,没有运用好这些网络数据形成放大效

应。全媒体时代,"内容为王"仍是全媒体的核心力量,作为生产内容的广电媒体如何将核心资源发挥出优势并转化为发展能量,而不是为其他渠道输送内容而自我价值并未提升,这就需深入挖掘深层次的信息,运用更专业的手段实现信息综合,实现内容与平台的融合。

4. 打造全媒体生态系统传播体

打造终端平台,实现"内容+技术"。广电媒体可以将"赣云"建立一个融合性节目平台,搭建"5G\4K\VR"直播系统,与政府"政务、民生服务"部门等进行深度互动,在直播间实现民生服务直播以及直播购物等功能。政务资源、城市服务资源才是受众需要的资源,转换思维从受众需要思考,布局节目生产和内容产品制作,研究政策,努力对接政府,争取政府在政务、党建、民生、旅游、教育、交通等生活全方位信息化服务领域的支持和帮助,努力形成一个民众生活需要的生态系统全媒体传播体。"信息公开是政府的一个重要职能,可以增强政府与民众的沟通,优化政府与民众的关系。"受众的关注在哪里,受众的需求是什么,媒体阵地就应该在那里,服务也应该在那里,只有这样才能将广电这个具有国字招牌的媒体真正彰显国字号的权威和影响力,让受众需要了解和解决的大事难事,首先聚焦到广电这个权威媒体。

全媒体不是一次性建成的,而是需在自身的土壤中培养成长起来的,是在解决一个个痛点和问题中成长起来的。在研发上应该关注传统广电策划、采访编发核心业务流程的数字化,关注线上、线下和广播电视三者联动,关注可以触达用户、可以带来流量的业务场景。嵌入更多的互动手段,让传播从起点策划阶段开始,在采编阶段加入用户参与,节目播出并不意味着传播结束,而是希望获得更多的回响。一切可以增加广播电视互动能力的需求、020场景和打造社区的想法都应研发实施,这样自身需求的产品迭代才有根基。广电内部要建立一种信任机制和创新交流平台,技术网络和内容生产单位要有密切的沟通和交流,共同解决问题,相互赋能。

5. 实现跨区域联合发展传播体

县级融媒体中心建设工作正在各地呈现,在媒体融合发展资金财力、发展观念、技术支撑、人力资源均不足的情况下,我们应该努力将眼光聚焦省级以下的市县融媒体中心,去探寻省、市、县三级媒体融合发展模式,建立起内容资源整合共享机制,建立起技术平台共建共享机制,实现三级跨区域媒体融合生态圈。全省各级广电应尝试共同建立一个 APP,经过区域化、垂直化和专业化的系列分类整合、疾速聚集媒体融合所需的各种资源,尽快做大体量和规模,形成省市县跨区域联合发展多元传播体。在内容发布上做到策划、部署、编播相统一。在三级媒体融合模式下,省级以下网点重要新闻内容可以在省级主流媒体上以最快时间发布宣传,重要新闻内容资源可实现更大范围的传播。

6. 布局融媒产品整合营销传播体

我国广电传统媒体具有文化事业性又有文化产业性的双重属性,频率频道生产经营属于自筹自支型的事业单位企业管理。营销传播是广电面临的繁重任务,传统的广告模式已经无法适应当下的新媒体时代的竞争格局,市场、商家需要的是组合拳即全案,广告客商看重的是流量变现,因此营销也必须注重"融"的理念。传统广电目前依然是频道频率各自经营,而单一资源已经无法满足客户广告宣传需求,营销方式迫切需要顺应市场,"融媒商超"是个不错的组合产品,可以努力打造,电视、电台、移动客户端有着天然不同的特点,应该根据媒体不同特点以及广告产品发展特点,将硬广资源、软广资源、专题资源、项目资源、主持人资源、个性化公益宣传资源进行资源组合,根据市场特点和平衡点对系列广告产品进行统一标价推行、分类组合而成的广告产品组和合作项目组产品进行指向选购。客户如同走进商超,按需所求自主搭配,在 PC 端可以实时咨询互动、实现信息反馈一键下单统一结算。如为个性化定制则可留言要求预定方案。

广告创意要围绕市场需求适合台网同播,将广告、活动、产业进行优化整合探索新的经营项目、经营模式。如 IP 开发类,将节目、栏目、主持人打造成融合传播的产业链项目,经营方向可以结合大屏资源进行 IP 打造,成品牌后授权经营,结合大屏资源进行小屏集结社群电商经营、内容生产知识付费、直播带货、短视频生产经营销售等。活动类经营可以根据市场需求打造活动延伸产业链,可以围绕政府需求打造内容产品、活动产品,并扩大市场合作伙伴链接产业链。产业类可以将节目思维转变为产品思维,与企业共同打造联名款产品,与企业共风险共收益,还可以拓展产业边界,满足圈层需要,进行垂直领域开拓,如购车圈、育儿圈、孕妇圈、吃货圈、银发圈等。围绕广电 5G 风口,布局产业如高新视频、智慧社区、智慧校园等,还可以根据产业创意进行资本市场的布局。

7.“天时、地利、人和”助推创新传播

内容和经营融合传播创新是媒体融合发展的重要一环。以创新为核心的战略计划将持续推动媒体内容创意、广告创意、人才培养工作,持续推动媒体融合传播创新精品项目以及可持续的媒体融合经营项目的不断涌现。媒体融合发展不仅仅是新闻媒体的事,习近平总书记指出媒体融合发展是一篇大文章。各级党委和政府要从政策、资金、人才等方面加大对媒体融合的支持力度。各级宣传管理部门要改革创新管理机制,配套落实政策措施,推动媒体融合朝着正确方向发展。2020 年 9 月 26 日中共中央办公厅、国务院办公厅印发《关于加快推进媒体深度融合发展的意见》,《意见》强调,各级党委和政府要强化资金保障,加强政策支持,形成政策保障体系,支持媒体深度融合发展。只有政府这只强有力的大手给予了资金、技术、人才的扶持,省级广电进入新型主流媒体第一阵营的步伐才更加坚实有力。有了政府的政策支持,自身练好内功,实施创新战略,应是可行性路径,期待“天时、地利、人和”助推省级广电走好创新传播这条路,提升全网影响力,将媒体融合之路步步走实走稳走强。

参考文献:

1. 习近平. 推动媒体融合向纵深发展 巩固全党全国人民共同思想基础 [N]. 人民日报,2019 - 01 - 25.

2. 余庆华. 网络戏谑的未来趋势与引导策略[J]南昌工程学院学报,2020

(5);68 − 73.

3. 中共中央办公厅,国务院办公厅. 关于加强推进媒体深度融合发展的意见[EB/OL]. (2020 − 09 − 26)[2021 − 09 − 26]. http://www. gov. cn/xinwen/index. htm.

(《南昌工程学院学报》2021 年 10 月 30 日)

作者单位:江西广播电视台都市频率

评析:作为"媒体融合"时代背景下的职业思考,该文选题有较强的现实针对性。作者进行了大量材料收集,在吸收已有研究成果的基础上,结合自身所在媒体之现状,提出了自己的路径思考。"知"而后"行"即知行合一为意义所在。论文言之有理,材料充实,层次分明。

(刘传红 江西师范大学新闻与传播学院原院长、教授)

报纸副刊类（3 件）

报告文学

千峰回首望庐山

——探寻如何做实唱响"庐山天下悠"品牌

杨惠珍　龚艳平

（编辑：陈米欧　杨学文　张晨）

山，塑造了江西。四方的怀玉山脉、武夷山脉、九连山脉、幕阜山脉构成了它的基本轮廓。江西，群山环绕，绵延横亘，犹如长轴一幅。庐山便是这画轴上最绝妙的一笔。

如果说自然造就了庐山，那么人文历史则成就了庐山。"人文圣山"，是庐山傲然于群山的底气和资本。

庐山之巅看风云激荡，令人心潮澎湃。但当我们今天重新审视全国旅游发展版图时，又不免为"一庐风月云中隐"扼腕。

引子

习近平总书记在视察江西时赞誉"庐山天下悠"。省委、省政府高度重视庐山的保护与发展，省委书记刘奇强调："我们要牢记习近平总书记殷殷嘱托，持续深化改革，强化担当实干，山上有序疏解、彰显特色，做亮耀眼明珠，山下连点成线、精美呈现，串起美丽珍珠，把'庐山天下悠'品牌唱得更响。"

为提升庐山品牌影响力，省政协将"全面深化体制机制改革，做实唱响'庐山天下悠'品牌"列为 2020 年专题协商课题。为做好专题议政准备工作，面对疫情影响，省政协课题调研组因变制宜，"政协人 + 部门人 + 专家"一起

"围读"庐山,学研各类资料 200 多万字。

疫情防控形势向好后,调研组兵分 5 路奔赴九江市、庐山市(庐山管理局)、井冈山市、安福县等地开展实地调研。同时,创新调研形式,先以普通游客身份赴庐山开展两次体验式调研后,再开展蹲点式调研。调研期间,调研组成员与当地干部群众一对一、面对面交流,听取百余名业内人士和游客意见,从源头取"活水",最大限度掌握一手资料。

历时 7 个月,十余次各类研讨会议,42 次反复修改打磨后,调研组才形成调研报告。报告既有横向比较,又有纵向思考;既指出庐山在发展过程中存在的问题,又为庐山未来的发展建言献策。

2020 年 11 月 2 日至 3 日,省政协十二届常委会第十三次会议围绕"全面深化体制机制改革,做实唱响'庐山天下悠'品牌"开展专题协商议政。省政协主席姚增科指出:"做实唱响'庐山天下悠'品牌,是助力江西省高质量发展、绿色崛起的时代命题、必答之题。"

荣与光

山之语:历史的庐山何以称雄?

沿天池山顶循石阶下行,可见龙首崖拔地千尺,孤悬空中,宛如苍龙昂首,飞舞天外。当云雾袭来,龙首崖如漂浮在茫茫云海之上。

龙首崖观云涛,是游客到庐山的打卡点之一。不止龙首崖,庐山有名的自然景观不胜枚举。庐山以雄、奇、险、秀闻名于世,素有"匡庐奇秀甲天下"之美誉。锦绣谷、三叠泉、五老峰、芦林湖……千般锦绣,铺排如画。

天地有匡庐,兼秀险雄奇,自成一派;往来无俗士,多圣贤才俊,相誉千秋。庐山,不仅是大地雄浑与秀丽的象征,还是文化与历史的见证。其实,更让庐山引以为傲的,是千百年来的历史文化积淀。与国内名山大川相比,最能体现"庐山天下悠"品牌的是,庐山拥有丰富且具有唯一性、稀缺性、独特性、罕见性的历史文化资源。这也是庐山有别于其他名山大川的最大特色和优势。

庐山,一座藏在文人墨客诗词里的名山。许多人认识庐山,是从诗句开始的。在襟江带湖的峰峦中,悬崖峭壁、云海烟雨、飞瀑银泉、幽林叠谷遍布其间,引多少墨客文人,吟千古绝唱。陶渊明来过,"归去来兮,田园将芜胡不归",真情流露;李白来过,"飞流直下三千尺,疑是银河落九天",如神来之笔;苏轼来过,"不识庐山真面目,只缘身在此山中",另辟蹊径⋯⋯

庐山,可谓星光璀璨。历史长河中,近 3600 名历史文化名人相继登临庐山生活、游览,留下近 2 万首诗词歌赋,以及大量传世文章、绘画、石刻等文化遗存,使庐山成为中国田园诗、山水画的发祥地。值得一提的还有,朱熹重振白鹿洞书院,使之成为宋明理学和书院教育的典范,跻身中国"四大书院",影响了宋代以来的中国历史。

让我们将目光沿着历史的轨迹慢慢往回收,近现代的庐山依然熠熠生辉。新中国成立后,毛泽东三上庐山主持召开中央会议。周恩来两上庐山就第二次国共合作进行谈判。庐山曾是原国民政府的夏都,庐山谈话会在此进行,《抗战宣言》在此发表。放眼全国山岳景区,这一价值无可比拟。

不仅如此,庐山在宗教文化、生态文化等方面也独树一帜。庐山宗教文化以佛道文化为主体,兼容西方宗教文化,形成了"一山藏五教,走遍天下找不到"的格局,极为罕见。庐山生态文化以地质、温泉、云雾茶、董奉杏林文化等丰富多样为特色,拥有亲近自然、康养度假丰厚的承载能力,别具一格。

如果问江西的景区谁最具"国际范",很多人会遥指庐山。庐山是一座享誉世界的名山,是我国首个世界文化景观遗产,是首批世界地质公园,是中西文化交融合璧之山。

真实的庐山,远远比你所了解的庐山更加精彩。庐山是一幅画,更是一本书。这本书,内容太精彩太厚重,需要精读细品。

时与势

山之惑:今天的庐山缘何迷茫?

站在庐山之巅,看雾断青峰,不知云外几重天。千百年来,庐山云雾以其波涛翻腾、变化莫测,令无数人痴迷。

从历史回归现实,山还是那座山,云却不是那片云了。回观当下,在"千山竞秀、万壑争流"的旅游发展大潮中,庐山旅游龙头地位的影响力和带动力越来越弱,持续发展面临不少难题。庐山充满了困惑,正如这漫山的烟云,让人方向不明。

与省外一些名山相比,就旅游经济体量而言,庐山已不在一个重量级。2019 年,庐山门票收入分别为武陵源、黄山、九华山的 35%、42%、61%。尤为突出的是,庐山景区对门票收入依赖严重,门票收入占总营业收入六成左右,而黄山、九华山仅占两三成。纵是与省内山岳相比,庐山亦让人发出"泯然众人矣"的感慨。近 5 年,庐山旅游总收入年均增幅为 15.83%,分别比三清山、龙虎山景区少 1 个、8.31 个百分点。2019 年,庐山旅游接待总人次首次被龙虎山超越。

何以至此? 这就不得不说到庐山"一山多治"的问题。在外人看来,庐山是一个整体。其实,在庐山设市前,庐山风景区由四个行政主体分割管理。最多的时候,庐山曾经"一山六治"。由于"一山多治",庐山旅游资源被碎片化分割、无序利用。多头管理体制下的行政主体、管理权限、地域划分、资源分割所带来的矛盾和问题日渐增多,成为制约庐山旅游科学发展、转型发展的最大阻碍。在大众旅游蓬勃发展的年代,庐山饱受"一山多治"困扰,没能抓住机遇趁势而上,逐渐在旅游市场中失去了应有地位。

如何改变庐山"一山多治"的格局? 改革势在必行。为了庐山的发展,这些年庐山管理体制改革从未停步。2016 年,庐山市设立,给了人们巨大想象空间。但事实情况是,由于种种原因,庐山管理体制改革推进缓慢,改革合力尚未形成。令人欣喜的是,我省以问题为导向,及时对症下药,当前正在进一步深化庐山管理体制改革,并取得了突破性进展和阶段性成果,改革成效将逐步显现。

除了体制机制问题,庐山在发展过程中还面临诸多"成长的烦恼"。"过去黄山学庐山,如今正好相反。"庐山和黄山,就像两个"邻居家的孩子",时常被拉来比较。仅从品牌效应发挥这一点,可管窥两座山近年来发展的差别。黄山按照邓小平同志当年提出"把黄山的牌子打出去"的要求,加快推进黄山国际化战略,成为中国旅游发展排头兵。反观庐山,"庐山天下悠"的品牌效应发挥远比不上黄山。

来到庐山五老峰南麓,一座饱经岁月沧桑却依然古韵盎然的建筑——白鹿洞书院,静静地坐落在时光深处。千百年来,不知多少大师在这里传道授业解惑,也不知多少贤士从这里走向天下。然而记者数次到此都发现游客寥寥,与书院的名气极不相称。这也印证了调研组的看法:庐山文学艺术、书院文化的利用与游客多元化的需求结合不够紧密。

白鹿洞书院只是一例,庐山大量历史文化资源与旅游融合不充分,资源优势没有转化为品牌优势。比如,庐山深厚的红色文化资源挖掘不够深入,对旅游的强大辐射能量远未释放;宗教文化平台作用发挥不足,在提升海内外影响力方面仍有较大差距;地质、温泉、庐山云雾茶、杏林文化等资源没有用足,"一山飞峙大江边"天然形成的山水联动文章没有做好。

2020 年 12 月 3 日,庐山出现大范围雾凇景观,"千崖冰玉里,万峰水晶中"。纵然寒气逼人,山上仍迎来大量游客。但到庐山的游客会发现,山上热热闹闹,山下却冷冷清清。庐山"山上行、山下不行"向来广受诟病。发展不平衡、不充分,山上山下互动性不够,是庐山发展的痛点,也是庐山改革的重点。

从空间上看,山上山下利用不足,从时间上看,一年四季冷热不均,庐山旅游季节性短板十分明显。山上旅游,对避暑形成的旺季经济过于依赖。"干好两个月,坐享一整年",旺季时游客超负荷,牯岭镇人满为患;淡季则经营惨淡,很多店铺关门歇业。世人皆知庐山夏季清凉,其实庐山"春如梦、夏如滴、秋如醉、冬如玉",每季都有独特的韵味。只是,天赐食于鸟,但不投食于巢。"四季都是旅游旺季",还需要庐山潜心经营。

攻与守

山之问:未来的庐山应当何为?

冬日庐山,山风凛冽,踏着微露的晨光,登上含鄱口望鄱亭,凭栏远望天际。缓缓地,一轮旭日从烟波浩渺的鄱阳湖面喷薄而出,霎时湖天尽赤。

庐山旅游，也希冀穿越烟云，望见红日。如何更好发挥庐山资源优势，做实唱响"庐山天下悠"品牌，再创辉煌？调研组给出了对策建议：从打好"理念牌""改革牌""特色牌"等入手，攻守兼备，希望为庐山发展拨云见日。

调研组建议，庐山要打好"理念牌"，需提高政治站位，深化对习近平生态文明思想特别是"两山论"的理解认识，认真抓好贯彻落实，做实唱响"庐山天下悠"品牌。我省可学鉴黄山成功做法，对"庐山天下悠"品牌大力宣传推广。

山水有相似，文化各不同。庐山拥有无可比拟的历史文化宝藏，"人文圣山"是庐山最大的竞争力所在。调研组建议，庐山应打好"特色牌"，把具有"世界影响、中国特色、江西味道"的庐山历史文化优势提炼准、发挥足，做实唱响"庐山天下悠"品牌。

"庐山之巅，一马当先"。2019 年 9 月 21 日，庐山举行首届国际山地半程马拉松赛。近万名来自海内外的马拉松运动员在"庐山之巅"，用双脚丈量这座美丽的世界名山，在奔跑中感受庐山迷人风景和独特魅力。与此同时，庐山将重启世界名山大会，筹办世界企业领袖峰会，持续举办国际名茶名泉博览会、国际爱情电影周等活动，不断扩大庐山国际影响力。

这与调研组的观点不谋而合。大家认为，庐山应聚焦"世界影响"，积极开展国际人文交流，主动对接融入"一带一路"倡议，加强与境外主要客源地合作，扩大朋友圈；密切与世界旅游联合会和世界名山协会的联系，加强互动推广；组建世界避暑旅游胜地联盟，举办国际性赛事；缔结国外友好旅游城市，联合开发国际旅游精品线路，打造国际品牌。

"发挥白鹿洞书院资源优势""用好'天下第一泉''桃花源里可耕田'""发挥庐山宗教文化的积极作用"……在 2020 年 11 月召开的省政协专题协商议政会上，与会同志畅所欲言。庐山作为"人文圣山"，要展示自身特色，应做好以庐山丰厚多元文化为主题的文旅融合文章。具体怎么做？大家各抒己见，积极建言。庐山应着力将无形文学资源转换成有形文化旅游产品，通过恢复庐山"诗路"古迹、修缮诗词小径、绘制文艺长卷，打造中国庐山千年文学穿越长廊；重建"庐山国学"，依托白鹿洞书院打造中国书院小镇；发挥庐山宗教文化平台作用,打造与众不同的宗教文化体验产品……

一部《庐山恋》,一生庐山情。2020 年 9 月 20 日至 26 日,庐山举办国际爱情电影周,借助电影这一世界相通的语言,传播"庐山天下悠",成为"网红"。华山基于武侠故事打造的"华山吾侠"IP,受到年轻人喜欢。从《庐山恋》到"恋庐山",庐山"浪漫之山"极具"网红"潜质。调研组建议,庐山应做足"江西味道",找准庐山所代表的江西文化符号和地域特色,讲好新时代庐山恋故事。比如,注重红色资源的开发利用,做好红色旅游与爱国主义教育相结合的文章;突出庐山"山居而不离城"的特质,做好牯岭酒吧一条街和夜景夜游项目;围绕具有庐山标志性的杏林、田园、茶泉等特色品牌,打造具有人文特色的健康养生基地。

庐山的精彩,不只在山顶。山上山下如何融合发展?早在十多年前,黄山就开始了"旅游下山、二次创业",走出了一条山上山下齐头并进的黄山旅游之路。因此,调研组建议,庐山应打好"链接牌",把山上做精、山下做特,形成"百年看山上、千年看山下"的全域旅游格局,构建大庐山旅游经济圈。

后记

唯改革者进,唯创新者强,唯改革创新者胜。熟悉的人都知道,为了庐山的发展,改革一直处在进行时。

2020 年 12 月 24 日,庐山"市局合一"管理体制正式运行。这是自 2019 年庐山管理体制改革拉开新一轮序幕以来取得的重大成效,标志着庐山管理体制改革又迈出了新的一大步,也拉开了庐山开启新发展阶段的大幕。同时,我省正在组建庐山旅游发展集团,力争到 2023 年实现庐山旅游上市。下一步,我省将以推进庐山旅游上市为牵引,坚定走市场化、专业化、集团化的路子,努力把庐山打造成全省旅游的龙头、全国旅游的标杆、世界旅游目的地。

围绕"山上做明珠,山下串珍珠,再创庐山新辉煌"的目标,庐山出台了旅游改革创新三年行动计划,挖掘庐山人文圣山、世界景观、避暑胜地、牯岭小镇"四大特质",激活庐山名山名湖名人名墅名茶名泉"六大优势",进一步唱响"庐山天下悠"品牌。到 2023 年,实现"3311"目标,即庐山景区旅游三年累计投资达 300 亿元,年实际购票人数突破 300 万人,年接待游客突破 1 亿人次,旅游总收入突破 1000 亿元,山上山下实现全面融合发展。

不畏浮云遮望眼,待到云开雾散,庐山露出真面目,定是一派峥嵘气象。

(《江西日报》2021 年 1 月 5 日)

评析: 如何做实唱响"庐山天下悠"? 这篇稿件无论是题材选择、主题挖掘,还是形式表现、谋篇布局,都有鲜明的特点。稿件既谈成绩,也不回避问题;既谈过去,也讲未来。从"山之语:历史的庐山何以称雄",到"山之惑:今天的庐山缘何迷茫",再到"山之问:未来的庐山应当何为",谈了庐山的"荣与光""时与势""攻与守",纵贯历史、现在、未来,叙事讲理,层层递进,有力提升了稿件的思想性、感染力和生命力。

(刘传红 江西师范大学新闻与传播学院原院长、教授)

报告文学

赣南底色

刘润发

（编辑：郭庆红　谢瑞洪　穆宇清）

　　在全党深入开展党史学习教育、中国共产党建党 100 周年之际,谨以此文献给在中国革命史上具有特殊地位,为中国革命作出过重大贡献和巨大牺牲的赣南革命老区,并致以最崇高的敬意。

——题记

　　置身"共和国摇篮",驻足一处处红色旧址前,摩挲历史,回溯岁月,抚今追昔,遐思万千。

　　一直寻思用一种色彩或一个词语来表达赣南。但是,一片如此丰厚、广袤的土地,又怎是一种色彩、一个词语概括得了?

　　但我依然对此孜孜不倦。

　　我想,如果说颜色,一个"红"字,或许最能昭显赣南的底色。当尝试着将这个"红"字与"赣南"组合在一起时,心灵为之一振——赣南红!

　　是啊,无论是自然还是人文,无论是过往还是现实,抑或是她的外在形象或精神气质,赣南,都与一个"红"字如此契合。让人魂牵梦绕的赣南红啊,宛若片片灿烂的云霞,染红了思想的天际……

1

　　赣南红,是这片土地的异彩。

　　今天,我们习惯称赣南为"红土地"。这个称谓,有着鲜明的地理意义与人文底色。就像东北的黑土地,陕北、晋北的黄土地一样,红壤,成就了赣南的色彩。在中国,红壤主要分布在长江以南低山丘陵区,其中江西、湖南两省的大部分都属于红壤。占江西四分之一版图的赣南,被称为"红土地"也就不足为奇了。

这种在高温多雨条件下发育而成的红色土壤,因为含铁、铝成分较多,有机质少,酸性强,土质黏重,成为低产土壤之一。在农耕文明时代,土地的厚薄肥瘦,往往决定一个部落、一个地域、一个王国、一个民族的运程。在这里,土地不仅仅是灵魂的故乡,也是生存的依附。自然的土地,成了政治、经济的命门。

"子不嫌母丑",人们似乎很少嫌弃土地的贫瘠。相反,从生命降临的那一刻起,就将自己的命运,与滋养自己生命的土地紧紧联系在一起,生生死死、不离不弃。而土地,终归是灵性的,人类的每一份呵护,都会有一份温暖的回报。每每这时,我就不由自主地想,大自然设置的重重困厄,或许都是用来考量人类的智慧和耐心。正是在自然的大考面前,土地在人们手中幻化出万千风景。

是的,面对这片似乎"先天不足"的土地,赣南子民曾经表现出超凡的想象力和创造力。

你不能不感慨上堡梯田的壮美。作为中国最美的十大梯田之一,它无疑是红土地农耕文明的微缩景观,是人与自然和谐共处的典范。一年四季,播种前的宁静、成长时的生机、收获前的成熟、休眠时的安然……不同情境之下的生命状态,都让人怦然心动。在农耕时代,它既是人类的杰作,又是生存的载体;如今,它成了文明的遗存和审美的对象。

你不能不惊叹遍布赣南山地低丘缓坡的绿色。曾经深陷"江南沙漠"之困,面临"兴国要亡国,宁都要迁都"之虞的赣南人民,在顺应中改变、在惊醒中奋起,因地制宜,对红壤进行改良,广播适宜于酸性土壤的植物,于是脐橙、茶树、油茶、杉木和马尾松在红土地葳蕤生长。每当馥郁的茶林弥漫春天,透亮的茶油香飘金秋,每当一片片缓坡成为一座座果园、一粒粒金果受宠国内外市场,多少人从中认知了赣南! 2020 年中国品牌价值百强榜,赣南脐橙以 678.34 亿元的品牌价值,继续位列全国水果类产品第一位!

万物并育而不相害。赣南儿女深知,优美的生态,不仅是一道风景、一笔财富,也应该成为一种导向、一种理念。《国务院关于支持赣南等原中央苏区振兴发展的若干意见》赋予赣州"我国南方地区重要的生态屏障"战略定位,红色赣州踏上了绿色崛起的新征程。

净空、净水、净土,打好"蓝天、碧水、净土"保卫战,推进生态环境治理,这些年来,赣州已累计治理水土流失面积 4310. 44 平方公里,治理崩岗 4334 座(处),建成水保生态示范园 56 个。累计完成废弃稀土矿山治理面积 92. 78 平方公里,历史遗留的废弃稀土矿山环境问题正在得到有效治理。有多少项目,因为无法逾越"环境"关口被一票否决……赣州决不因眼前的短视,透支长远的未来。

围绕生态产业化、资本化,赣州全面实行自然资源统一确权登记,着力推进生态资源市场化改革,一系列政策和举措相继出台和实施,组建赣州环境能源交易所、林业产权交易中心等专业化市场平台,探索开展碳排放权、排污权、林权、水权交易等生态资源交易,推动生态效益评估、碳减排指标有偿使用,打造河(湖)长制、林长制升级版,深化生态环境损害赔偿制度改革,全面推行领导干部自然资源离任审计……赣州,像爱护生命一样,守护绿水青山,生态优势渐成资源优势。2020 年,赣州获评"中国最具生态竞争力城市"。2021 年 4 月,赣州登上中国十大"心仪之城"榜单……支撑这些荣誉的,正是一种已经根植心底的全新生态理念。

在这种理念引领下,红色赣州尽情挥洒生态诗篇,并以自己丰富的生态实践,诠释着建设"美丽中国"江西样板的生态梦想。

今天,放眼赣南大地,林壑幽深、峰峦竞秀,江河交错、泉溪争流,处处充满令人陶醉的生命之美、生态之美。高达 76.4% 的森林覆盖率、始终保持 100% 的空气质量优良率,曾令应邀到赣州讲学的著名经济学家胡鞍钢先生惊叹不已。他这样评价赣州:"世界少有的生态财富最富集的地区!"如今,赣州城市生态环境竞争力已进入全国前 20 强,被联合国环境规划基金会授予"绿色生态城市保护特别贡献奖"。

今天,当你行走在松软湿润的红土地,极目眺望,绿意盎然间,那土地田畴在雨水的滋润下,色泽浓厚、明艳透亮。田间劳作的身影,一举一动宛如造型艺术,确切地说,他们就是在创造艺术。天地之间的一片红色,在他们手中幻化出美轮美奂的四季美景,在创造中,他们也成为天地间最生动的风景。

以生态文明理念引领经济社会发展,见证"绿水青山就是金山银山"。赣南红,在恣意流溢的绿色中绽放异彩。

2

赣南红,是文化的积淀。

自然赋予赣南以异彩,历史与文化的浸润,塑造了赣南红内在的品格和底色。

历史拐弯处最见精神品格。每次翻读赣南历史,都能感觉到扑面而来的刚烈与血性。而最为人熟知的历史,就在近处。

20 世纪 30 年代,赣南成为中央苏区的主体和核心区域。中华苏维埃共和国在此奠基,举世闻名的红军二万五千里长征从瑞金、于都等地出发,艰苦卓绝的南方红军三年游击战争在赣南山区浴血坚持,毛泽东、周恩来、刘少奇、朱德、邓小平、陈云等老一辈无产阶级革命家在这里留下光辉足迹。赣南,以"红色故都"享誉世界,因"红土圣地"彪炳千秋,赣南红,由此成为这片土地的秉性与标识!

历史选择赣南,绝非偶然,其中蕴含着深沉的文化历史背景。

本土作家简心这样描述这片土地的血性:南宋绍兴年间,陈颙等揭竿而起,朝廷疯狂镇压,赣州衣锦乡一带四百多营寨彻夜苦战,朝廷招降,没有一人屈膝,山河为之动容。南宋末,赣州三万五千多义士,在赣州知州文天祥率领下,血染沙场,与国家民族共存亡,历史为之惊叹。清军进占江西,南明政权以赣州为中心组织大规模的抗清保卫战,南安、赣州二府铁血飞扬,抗清起义遍及瑞金、石城、兴国、龙南、宁都等地。1646 年 5 月至 10 月赣州被围,杨廷麟、万元吉等以大义感召市民,全城妇女孺子磨檠制挺人自为战,贡江两岸军民誓师祭天,江水为之咆哮沸腾。城破那天,当杨廷麟殉身清水塘,万元吉抱恨投章江,战死者全城比比皆是,忠勇之士大多举家以殉国难时,清军将领为之感慨鞠躬。

杀身成仁、舍生取义,赴汤蹈火、死不旋踵,这些刚烈的血性人格,在赣南表现得如此酣畅淋漓。

赣水苍茫,血性如涌。

这种血性,可以是毅然决然的,以一种戛然作响的姿态呈现。但很多时候,这种血性是温情的,甚至是静默的,潜流于灵魂深处,体现为一处历史场景、一种文化情怀,在不动声色中,每一个节点、每一个人物、每一个事件,都成为点染这片土地的一抹亮色。

几乎与秦统一中国同步,公元前 214 年,赣州建置县郡,从此,赣州长期成为历代王朝瞭望南方的一个哨孔。应该感谢唐朝,它让赣州由"神经末梢"一举成为"神经敏感区"。历史不会忘记张九龄,这位唐代名相,以诗人的情怀、政治家的视野,率领工匠一锤一锤凿通了"文明"与"蛮荒"的通道。梅关古驿道和赣江水路南北大通道的开通,不仅让赣州一跃成为"五岭之要冲,粤闽之咽喉"的江南重镇,而且,中原的政治、经济和文化,也借道这里,越过南岭,长驱直入,直抵南海……到宋代,赣州以"商贾如云,货物如雨,万足践履,冬无寒土"的繁荣富庶,成为全国 36 大城市之一,并为赣州赢得了"宋城"的美誉。

历史如流,行至赣州,一批大师舍舟登岸,在做一番巡游之后,赣州粲然流光。

苏东坡一幅《虔州八境图八首并序》,使赣州成为我国城市"八景文化"的滥觞之地。辛弃疾"郁孤台下清江水,中间多少行人泪",江流如注,流淌的是浩渺无际的家国情怀。"惶恐滩头说惶恐","惶恐滩"是赣江十八滩的最后一个锁口,文天祥在生命的最后关头,不经意间也为赣州史章留下了忠义爱国的千古绝唱。如果没有一代理学宗师周敦颐在南安府(今大余)东山书院收程颢、程颐为弟子,传授理学,很难想象会有后世理学的千年辉煌。心学大师王阳明,一介书生、万般韬略,仅凭一纸文书,化成百万雄兵,东讨西伐,声振南赣,著书立学,办学宏文,在这里尽展文治武功,成就了"立德、立功、立言"

之不朽功业。中国禅宗第八祖马祖道一,在这里开创了自给自足、农禅兼修的天下第一丛林(今赣县宝华寺),成为印度佛教中国化最伟大的改革家、教育家之一。

……

这是一条汪洋恣肆的文化之河,流经红土,滋润赣南,风格迥异的文化生态由此形成。

我的目光常常不由自主投向幽深的林莽、投向遥远的北方。这时,眼前总是幻化出一支队伍,尽管姿势各异,但相同的,是他们的方向———一路向南。

这群人,今天被称为客家人。

千百年来,客家先民一次又一次向南,或因战乱,或因饥荒……这是一条无奈的流亡之旅,这是一条血性的求生之路。当初淌着热泪,一步三回头,泪眼婆娑中,老家渐行渐远,这是一种怎样的酸楚? 当他们恋恋不舍离开中原故土的时候,对于这条艰难而遥远的南迁之路,他们只知道起点,从来没想过、也想不到它的终点和归宿。其间,有过多少迷茫、多少困顿,甚至绝望。最终,他们跌跌撞撞,进入赣南。

就是到了赣南,原本也可能只想歇歇脚,然后再度启程。但这一歇,很多人放下了行囊,开始栖居于此。他们万分欣喜地发现,东武夷,西罗霄,南庾岭,自然形成的合围之势,让赣南宛若一个舒展而宁静的摇篮。而那北开的豁口,仿佛敞开的门扉,为的是迎接他们南迁的脚步,也成了他们日后思乡时北望家园的窗口。尽管此时的赣南,尚属蛮荒瘴疠之地,但是,比起战乱频仍、饥馑不绝的北方,这里简直就是一方温暖的巢穴,足以抚平他们历经离乱的心绪。

多少年过去,一代代中原人家散居于赣南的丘陵山谷间,他们在无数零零碎碎、大大小小的盆地河谷,开始仅仅为安身,最终易客为主,成为地道的赣南老表。凭借勤劳、坚韧,凭借从北方带来的先进生产力,这片山水在他们手中开始重新塑形。尤为可贵的是、一种精神,充满阳刚与血性的精神,随之茁壮成长。吃苦耐劳、开拓进取、崇先报本、和衷共济,以近 1600 年的生命体验,凝聚而成的客家精神,使一群衣衫褴褛、落魄潦倒的中原先民,蔚然成为当今世界分布地区最广、人口最多、影响深远的优秀民系。

没有传承,就不明来路、更不知去路。今天,该以怎样的方式,表达对历史的认知、对文化的尊重?

透过古城墙、郁孤台、福寿沟、灶儿巷,以及散落南部山区保存完好、形态各异、规模庞大的客家围屋,不仅让人形象感知这片土地的文化态度,也深深勾连起后人的文化记忆。

宋城、客家、理学……赣南红,因独特的人文精神和现实传承而生动、丰饶。

3

赣南红,是思想的风景。

感谢历史,让僻壤成为孕育伟大思想的沃土。

从哪里来? 到哪里去? 这是历史之问、世纪之问,也是未来之问! 在中国共产党精神谱系中拥有一席之地的赣南,不仅隐藏着"从哪里来"的精神密码,更昭示着"到哪里去"的精神坐标。

"没有调查,没有发言权"的经典论断于此提出,实事求是的精神于此光大,党的群众路线于此发端,苏区精神于此孕育……

当年在赣南,毛泽东反复告诫每个共产党员,要像和尚叨念"阿弥陀佛"一样时刻叨念着人民群众,要时时刻刻把群众放在心上。毛泽东带头身体力行,即便成为中华苏维埃共和国临时中央政府主席,心里也还惦记着沙洲坝群众喝水难的问题。这一惦记,才有至今仍然汩汩流淌的红井。这口井,早已超越当初挖掘时的初衷,而成为一种思想、一种情怀的见证——共产党人不仅在理论上阐述代表群众的利益,更将与群众的血肉联系内化于情感、外化为行动。

历史永远铭记,1934 年 1 月 27 日,尽管春寒料峭、重兵压境,瑞金沙洲坝中央政府大礼堂却春意盎然,中华苏维埃共和国第二次全国代表大会在这里举行。在这次大会上,毛泽东发表了题为《关心群众生活,注意工作方法》经典讲话。讲话不仅深刻洞察革命的力量所在，更不胜其详地指出要关心群众的痛痒，小至盐的问题，米的问题，衣的问题，生孩子的问题，甚至摆渡过桥的问题。这篇报告，被史学界认为是党的群众路线形成的标志之一，赣南由此成为党的群众路线重要形成地。

紧贴地面行走的毛泽东，对农村调查情有独钟。戎马倥偬之中，他先后完成了寻乌调查、兴国调查、长岗乡调查等一系列农村调查。正是在调查中，无限接近人民群众的迫切愿望和要求，不断争取更准确地代表人民群众的根本利益，也为后人留下了一笔受用不尽的思想财富。

深刻的思想，如一粒壮实的种子，一旦扎根，便与这片土地紧紧连在一起。于是，才有了苏区干部好作风的动人情景。

今天，当年毛泽东作《兴国调查》时访问的 8 位农民的后代，家家户户住进了崭新的院落。思绪洞穿 80 多年的风雨时空，此时，眼前总闪现出那一双双草鞋、一盏盏灯笼、一个个忙碌的身影，以及一张张受激情感召而异常生动的脸庞。就像一场穿越时空的情景剧，让人置身剧外，又宛若剧中。

深邃的思想，犹如明灯，总能透亮岁月，光照行程。

1972 年 12 月，"文化大革命"期间蛰居江西多年的邓小平，在返回北京前，专程到赣南，重返 40 年前工作和生活近 4 年的故地。在兴国、在会昌、在瑞金，邓小平同志参观旧址、拜访农家、考察企业，追昔抚今，在感慨变迁的同时，也充满深深的忧虑。在红都糖厂，邓小平说，"现在比过去好多了……但和西方比起来，我们最少落后 40 年，还需要努力。"

对自己的境遇只字不提，心里挂念的永远是黎民忧乐、家国命运。几年后，由小平同志亲自推动、给中国带来"前所未有之变局"的改革开放，是否与那个严冬的赣南之行，有着千丝万缕的关系？

邓小平的那次赣南之行，一直激励着赣南人民在"还需要努力"的道路上奋力前行。

赣南，总是深深牵动着领袖的目光。

从 2011 年 2 月 4 日，在一份反映赣南老区红军遗属生活状况的报告上作出批示,到 2019 年 5 月 20 日再次踏上赣南大地,伫立于都河畔长征渡口,向全党、全军、全国各族人民发出"新长征再出发"的铿锵号令,习近平总书记先后九次对赣南作出重要指示批示,赣南人民念兹在兹,感铭于心:

心系赣南老区红军遗属生活状况,中央下拨 13.17 亿元专项资金;

高度评价赣南等原中央苏区辉煌历史,科学阐释以"坚定信念、求真务实、一心为民、清正廉洁、艰苦奋斗、争创一流、无私奉献"为主要内涵的苏区精神。从此,前承井冈山精神、后启长征精神的苏区精神,成为中国共产党精神链条中不可或缺的一环,成为永远高扬在赣南儿女心中的精神旗帜;

亲自部署和推动,赣南等原中央苏区振兴发展上升为国家战略,赣南从此与全国人民一道,走上了同步全面建成小康社会的快车道。

他殷殷叮咛,"中央苏区是江西的特点,也是江西的优势。原中央苏区振兴发展工作要抓好,这有政治意义";

他万般嘱咐,"赣州是革命老区,抓好脱贫攻坚具有政治意义……加快老区发展,让老区人民过上富裕幸福的生活,同样具有政治意义";

他心心念念,"要饮水思源,不要忘了中央苏区、革命老区和父老乡亲们";

他深情寄语,"尽快让老区旧貌换新颜,努力在新的起点上书写原中央苏区振兴发展的时代荣光";

从群众衣食住行,到老区产业发展,从全面建成小康到红土地溯源初心……让我们见证了不忘初心的历史担当,沐浴着以百姓心为心的领袖大爱!

回溯历史,凝视现实,我们深深感悟,为人民服务并不抽象,它就是百姓的柴米油盐、衣食住行。

想当年,毛主席为沙洲坝群众挖井,解决喝水问题,在叶坪为房东谢大娘开天窗采光、铺地砖隔音,都是些"小事",却为百姓津津乐道,甚至被编成山歌代代相传。"哎呀嘞,有个故事你听侄讲,毛主席跟侄开天窗,开出个天窗明又亮(介子)共产党,就是那天上的红太阳。"那种亲密无间的鱼水深情,让人感动、令人心仪。而陕北民歌《东方红》,书写的不也是这种血浓于水的党群、干群关系么？一南一北，远隔千里，但感情相连，民心相通。只要你真正为群众，群众就把你记在心里。

传统滋养心灵，思想抚慰人心。

从当年苏区时期毛主席倡导"关心群众生活，注意工作方法"，到今天习近平总书记"确保老区苏区在全面建成小康社会进程中一个都不掉队。"历史的脉络清晰可见，实事求是、群众路线就像一根思想红线，引领我们不断前行。在赣南孕育、形成的光辉思想，如今已经深深扎根赣南大地，葳蕤成一片翁郁风景。

4

赣南红，是信念的力量。

在赣南，许多老表将毛主席、习主席画像挂在屋内最显眼的地方。一些老宅的外墙上，当年那些用石灰刷写的标语——"跟共产党走""听毛主席话"还依稀可见。赣南，就是这样，以一种特别的呈现，默默佐证着这片土地上人们的信念与忠诚。

这片红土地曾贫困至极、至今仍然"欠发达"，但红土儿女不索求、不抱怨，始终念着党的好，记着党的恩，从骨子里热爱共产党，相信并紧跟共产党就一定会过上好日子。

这种信念，深植骨髓、融入血脉！

1927 年 10 月，南昌起义军余部一路辗转奔突，来到了安远天心圩。此时，这支疲惫之师，一无粮草、二无援兵，面对茫茫前路，悲观绝望情绪弥漫。关键时刻，朱德挺身而出，"愿意革命的跟我走！就是剩下我一个人，也要革命到底，相信中国革命也会有个'一九一七年'的"。信念之火，点亮了迷途。结果众所周知，就是这支不足千人、面临解体的部队，最后成为夺取全国胜利的中坚力量。

1934 年，当年轻的少共江西省委组织部部长李美群跃身上马，告别已经失去父亲、尚未足月的女儿钟全列的时候，女儿声嘶力竭的哭声，一定让她痛彻肺腑。但她依然没有回头，只留给不谙世事的女儿、留给依依惜别的亲人、留给后世一个背影,一个甩动齐耳短发英姿飒爽的背影、一个策马前行义无反顾的背影。这位年仅 23 岁的母亲,在信念与亲情之间,毅然选择了前者。当时尚在襁褓中的女儿,50 多年后才知道自己的身世。

"八子参军,血染红土",是什么样的力量,让杨荣显,瑞金沙洲坝的一位普通农民,放下为家族延续香火的"使命",将自己的八个儿子送上了战场?是信念的力量!

信念染红了赣南,赣南鲜艳了信念。它是寻乌青年才俊古柏"甘做共产主义铺路石"的无悔抉择;是刘伯坚"生是为中国,死是为中国"的壮怀激烈;是江善忠"死到阴间不反水,保佑共产党万万年"的旷世遗言;是兴国高兴乡邱会培一家 12 口"全家革命,满门忠烈"的大义慷慨;是兴国茶园乡池煜华新婚三日就送别丈夫,此后 70 多年不言放弃的倚门守望;是瑞金张桂清老人母子接力 80 多年为毛泽覃守墓的无声坚持;是苏区时期献出最后一尺布、最后一块铜板、最后一枚铁钉的万千大众,是主力红军撤退后,冒着生命之虞,为绝境中的游击队送去衣食的无数百姓……

此时,愈加深刻理解了习近平总书记 2019 年 5 月 20 日在于都视察时那一番话的深意:

"建立中华人民共和国,这是无数革命先烈用鲜血换来的,当年党和红军一次次绝处重生,凭的是革命理想高于天。"

"我们要饮水思源,不要忘了革命先烈,不要忘了党的初心使命,不要忘了革命理想、革命宗旨,不要忘了我们中央苏区、革命老区的父老乡亲们。"

"要从瑞金开始追根溯源,深刻认识红色政权来之不易,新中国来之不易,中国特色社会主义来之不易。"

信念深植,忠诚不移。赣南,不仅深深凝结着中国共产党人的初心,也凝聚着这片土地上人民永不退却的浴血坚持。就连敌对阵营也感叹,"这里的百姓真可怕,连骨头都是红的。"

信念的大旗在心中猎猎飞扬,让无数平凡者变得勇毅。

本土作家简心对此也有过这样的描述:在大军压境时,赣南没有退却;在无数动摇、徘徊，甚至阴谋、背叛面前，赣南没有退却；在"石头过刀，茅草过火，人要换种"惨绝人寰的恐怖中，赣南没有退却。

是啊，赣南不但没有退却，相反，赣南当时只有 240 万人口，而青壮年不过 50 万，却为年轻的中华苏维埃政权送去了 33 万最勇毅的战士。中央红军长征出发时 8.6 万余人，赣南籍红军就占了总数的 65%。最终，赣南以 10.8 万有名有姓的烈士，以"万里长征路，里里兴国魂"的悲壮，垒筑了一段段长长的信念大堤。

天地英雄气，千秋尚凛然。信念力量无坚不摧，精神磁场无远弗届。是的，只有不断为信仰河床培土固基，才能为转型的社会注入源源不断的精神钙质。

勿忘先烈，我们才能走得更远。在赣南，信念的力量，如江流澎湃、恣意奔涌。

每当清明时节，瑞金叶坪红军广场、兴国烈士陵园、于都长征集结出发地……赣南百万群众到现场，千万群众通过网络，自发举行清明祭奠活动。献上一碗米酒、捧上一束鲜花、写上一句祭语，酒醇、花香、语酣，表达深深的感铭与敬意。每一个深深鞠躬，每一次轻点鼠标，都在进行着一场情感与价值的双重回归。

温何根，红土地一名普通的文艺工作者。大半辈子只执着一念——用生命为红土地作注。一曲《红井水》让他蜚声大江南北，一部《山歌情》让他问鼎国家大奖。即使癌魔缠身，依旧笔耕不辍，仍以 68 岁高龄创作《八子参军》，并荣获中宣部"五个一工程"奖、国家舞台艺术精品奖。从北京领奖回来，他旋即住院接受恶性肿瘤切除手术，这边才走出病房，那边就拖着病体开始伏案创作。饱蘸心血的赣南大型采茶歌舞剧《永远的歌谣》，再一次让观众飙泪剧场。温何根说，我为这片土地的忠贞信仰所感动，我没有让自己停下来的理由。

时空转换、岁月轮回，唯有信念不变。这就是赣南红，这就是赣南底色，历经风雨洗濯，愈加鲜艳夺目。

山洪暴发,为搜寻落水失踪学生,他带领队员驾驶冲锋舟下水搜寻,连续奋战 77 个小时。在冲锋舟熄火即将倾覆、自己陷入漩涡、命悬一线之时,还不忘将一同落水的战友奋力推出漩涡……这一推,凝固成这名 41 岁中校军官留给这个世界的最后剪影。他是革命烈士、全南县人武部原副部长宋旌。

大火肆虐,英雄出征。2019 年 3 月 30 日,四川省凉山州木里县境内发生森林火灾,30 名扑火人员在转场途中,突遇山火爆燃,全部壮烈牺牲。其中,两名消防英雄来自赣南,他们是于都的丁振军、寻乌的古剑辉。

不顾身体羸弱,连续多天坚持在新冠肺炎疫情防控一线,最终因劳累过度突发心梗,经抢救无效不幸去世。他是"中国好人"、全国抗击新冠肺炎疫情先进个人——大余县疾病预防控制中心原副科长、主管医师蒋金波。

……

无论是烽火硝烟中前赴后继为中国革命抛头颅、洒热血的英雄先辈,还是和平建设年代无数在平凡岗位上作出奉献和牺牲的宋旌、丁振军、古剑辉、蒋金波们,都反复印证,这份忠贞信仰,历经岁月浸润,已成为这片土地的基因,深深植入赣南大地肌理,融入赣南人民血脉,不仅成为一代代赣南儿女的集体意识,更成为这片土地的鲜艳底色……

5

赣南红,是精神的光辉。

一粒种子,可以长成参天大树;一点新绿,可以烂漫四季光阴;一种精神,可以绵延岁月河山。

1934 年 10 月,当《十送红军》的曲调,在已经有些寒意的于都河畔响起,8.6 万中央主力红军含泪惜别赣南,惜别矗立桥头、田坎、路旁、河畔打着松明火、提着灯笼的万千苏区群众,挥手频频、马嘶萧萧,一次艰苦而伟大的跋涉由此启程。二万五千里,赣南人的歌声跋山涉水,循环往复,赣南人的牵挂百转愁肠,且行且随……"此地一为别,孤篷万里征",随着红五星愈行愈远,曾经洋溢着自由、民主、平等气息的红土地,顿时被禁锢、专制、杀戮和恐怖所笼罩。当和平自由的阳光再次朗照这片土地,已经是 15 年之后……

尽管当年诞生于这片红土圣地的"中华苏维埃共和国"，前后存续不过六载，但从党史国史的角度，它无疑是中国共产党治国理政的一次伟大预演，也是中国共产党"为人民谋幸福、为民族谋复兴"初心使命的伟大实践！

尽管那场预演已经凝固成历史，却至今弦歌不绝，余音绕梁，岁月漫漶，精神光鲜！

这种精神，就是孕育且深植于红土地的苏区精神。

遥想那段金戈铁马、山呼海啸的历史，我们惊奇地发现，赣南的地位是如此夺目！井冈山的星星之火，在赣南成燎原之势，又从这里出发，点亮了万里长征的漫漫行程。井冈山斗争，孕育了伟大的井冈山精神；铁血长征，诞生了伟大的长征精神。而风卷红旗如画，在土地革命时期风生水起、最为出彩的赣南苏区革命实践，又该怎样来概括？

2011 年 11 月 8 日，习近平同志代表党中央出席纪念中央革命根据地创建暨中华苏维埃共和国成立 80 周年座谈会并发表重要讲话，首次提出苏区精神，并对其精神内涵进行了高度概括。

穿过时间的阡陌，一段饱满的历史、一个立体的赣南，从岁月深处走来。

苏区精神前承"井冈山精神"，后启"长征精神"，成为中国共产党精神谱系中的一个重要坐标。

真理的大门豁然洞开，温暖的阳光穿过窗棂，历史的原野一片明媚。

一个地域，成为一种精神的标识，赣南终归是幸运的。想当年，飞舞于这片土地的红色，曾经是那个时代的流行色。红旗飞扬犹如精神召唤，万千大众云聚。1934 年 10 月，这抹红色从赣南出发，越千山万水，历沧桑征程，席卷大半个中国。红色过处，荒芜变得葱茏、柔弱变得坚强、犹豫变得坚毅、卑微变得崇高……

这是一次精神的行走，这是一次理想信念的伟大远征！岁月消弭了过往云烟，但消弭不了浓烈的红色情怀。在全新语境下，理想信念与精神之光依然在这片土地上熠熠生辉。

杨衍忠，赣南地质调查大队高级工程师。18 岁进入地质系统从事野外物化探工作,四十年风餐露宿,穿行于赣都大地崇山峻岭,其间,慢性肺气肿、哮喘病、胃病、痔疮等数种疾病如影随形,却始终阻挡不了他行走的脚步。退休后,以病痛羸弱之躯,二十年如一日,悉心整理和编撰皇皇巨著,完成长达 600 万字的《江西南部地质、物化探找矿》文稿。这部学术价值极高的文稿,填补了赣南地区多项物化探异常汇集编录空白,为地质找矿提供了丰富的信息……

在生命的最后一刻,他将文稿连同数百张手工绘图,一起献给了国家。家人回忆,当老人把资料托付之后,长舒一口气:"这下我没有遗憾啦!"几天后,老人溘然长逝。受病魔长期折磨,临终时,老人体重只有 37 公斤!

"刳肝以为纸,沥血以书辞。"在杨衍忠的生命蜡烛燃尽的那一刻,已然点亮了人生长河中的一盏长明灯,也为后人留下了一座宝贵的"精神富矿"。

甘于奉献,不惜牺牲,这是一种穿越岩层的精神,博大、深沉而热烈。正是无数像杨衍忠一样的普通民众,在传承中让精神充满质感,在践行中让精神变成永恒。

精神力量无穷,衍生赣南万千变化。

数字是最好的佐证。仅以"十三五"期间为例,赣州 GDP 增长连续五年保持全省第一,总量从 1974 亿元增至 3645 亿元,跃居全国百强城市 66 位;连续四年获全省高质量发展考评第一名。

工业一直是赣州之痛!很长一段时间,赣州投资过亿元的企业屈指可数。时至今日,仅 2021 年,投资超过 100 亿元的企业就有 12 家,投资总额高达 1646 亿元。尤为可喜的是,经过近些年的接续奋斗,赣州工业成绩亮眼,支柱产业表现不俗,龙头企业不负众望。其中,现代家居产值突破 2000 亿元,纺织服装、电子信息产业产值双双接近千亿元,稀土集团成为首家营收突破百亿元企业,另有 4 家企业营收超 50 亿元……"工业不强,赣州不富"的赣州之痛日渐舒缓。

老区方位、湾区思维、特区追求……赣州正以一种全新的姿态刷新自己的形象。

中国第八个内陆开放口岸、首个内陆监管试验区、江西第二个国际空港……内陆赣州开启"口岸模式",赣州成为全国革命老区中唯一同时拥有铁路口岸、公路口岸和航空口岸的城市;

昌赣高铁、赣深高铁……赣州心怀高铁时代的憧憬,一路飞奔,逐梦前行!

以"三纵三横六联"为主骨架、里程达 1559 公里的高速公路网,使赣州交通枢纽和节点城市地位日益突出;

中心城区"三横六纵一环"快速路网总长度突破 50 公里,全部建成后,总长度将达到 120 公里,赣州成为江西省快速路网最长的"高架城市",堪与沿海发达城市比肩;

中心城区建成面积从 141 平方公里扩大到 202 平方公里,城市人口从 130 万增加到近 200 万。"大城"赣州呼之欲出,省域副中心城市蓄势待发;

实现村村通客车、连 4G 网,组组通水泥路,乡村前景一片灿烂;

……

精神力量是最深沉、最持久的力量。在这种力量的引领下,赣南老区人民心怀对美好生活的憧憬,攻坚克难、接续奋斗,决战决胜长期困扰这片土地的贫困与落后。今天,一张张朴素脸庞展露的幸福笑意,便成为这种精神力量最生动的注释:

赣南 192.06 万贫困人口甩掉贫困帽,1023 个贫困村出列,全市贫困发生率由 2011 年底的 26.71%将至 0.37%……

69.52 万户、近 300 万农民告别透风漏雨的危旧土坯房;546.76 万农村人口不再喝浑浊的地表水;近 300 万人不再受低电压困扰,摆脱"冰箱成杂物柜、电灯像萤火虫、电扇转不动"的苦恼;近 10 万户山区群众告别点煤油灯吃饭、举松明子照明的历史;新(改、扩)建中小学校舍 712 万平方米,不少农村寄宿学生终结"上课租民房、马桶摆墙角、睡觉打地板"的岁月!

……

一片土地的历史,终归是这片土地上人民的历史。赣南红,归根结底,是一种精神的凝聚。这种精神,让赣南的过去壮怀激烈,让赣南的今天化茧成蝶,也必将让赣南的未来云蒸霞蔚、一片辉煌。这种精神,是这片土地上的人民用生命和忠诚、牺牲和奉献、实干和创新浇灌而成的。它植根于红土,深埋于心底,畅流于血液,永远不会褪色!

(《赣南日报》2021 年 5 月 24 日)

评析:如果用一个具有代表性的颜色,来定义赣南这一方土地,那就是"赣南红"。因为,红色基因是赣南大地永恒的精神底色。作者满含深情,分别从五个层面来解读、阐述赣南的底色:土地的颜色,人文的颜色,思想的颜色,信念的颜色,精神的颜色。文章立意高远,大开大合。既有宏大的叙事,又有翔实的事例;既有历史的深度,又有现实的广度。作者以生于斯长于斯的真切感受,尽情挥洒了对赣南这片红土地的热爱,主旋律高昂,感染力强。

(刘传红　江西师范大学新闻与传播学院原院长、教授)

报告文学

致敬,叶坪!

陈化先　齐美煜

（编辑：柳易江）

序　幕

2021 年 2 月 25 日 10 时 30 分许,中共中央总书记、国家主席、中央军委主席习近平向江西省瑞金市叶坪乡颁授"全国脱贫攻坚楷模"奖牌,叶坪二字,从北京人民大会堂传遍中华大地。

一步、两步、三步……从主席台起身的叶坪乡乡长朱胜江,步伐稳健地走向习近平总书记。

这是庄严庄重的步伐! 九十年前,在以红都瑞金为中心的原中央苏区红土地上,无数革命先辈用鲜血和生命铸就了伟大的苏区精神,撒播了燎原的革命火种。

这是有底气带豪气的步伐! "踏着先烈血迹前进",叶坪乡的脱贫攻坚战取得了全面胜利! 叶坪的老百姓已摆脱贫困奔向了小康!

这山乡巨变、山河锦绣的画卷,由无数扶贫干部,在脱贫攻坚这个没有硝烟的战场上艰苦绘就。这一刻,万众瞩目;这一天,载入史册。

叶坪样本

求木之长者,必固其根本;欲流之远者,必浚其泉源。

1931 年 11 月,中华苏维埃共和国临时中央政府在叶坪村宣告成立。九十年后,静穆的叶坪革命旧址群内,古树苍虬,青草如茵。"一苏大"旧址、中共苏区中央局旧址、红军烈士纪念塔,无言地讲述着中国共产党治国理政的伟大预演、文韬武略的伟大试验,也亲眼见证了后继者"上下同心、尽锐出战、精准务实、开拓创新、攻坚克难、不负人民"的脱贫攻坚精神。

2013 年 11 月,当"精准扶贫"的重要思想从湖南湘西传遍大江南北时,叶坪乡党员干部如沐春风,他们抛开思想禁锢,放开手脚、大胆探索,投入到精准扶贫全新的"试验"中。

这是一块怎样的"试验田"?江西最大的农业人口建制乡,30 个行政村、392 个村小组,总人口 7.2 万,有"十三五"贫困村 7 个。这里是苏区精神的主要发源地,是苏区干部好作风和党的群众路线的主要形成地。叶坪,为中国革命作出了重大贡献和巨大牺牲。因战争创伤和资源匮乏,2012 年全乡贫困发生率达 23%;通往村组的公路几乎都没有硬化;饮用水大多是土井水甚至是河水、塘水;砖房不足 10%,土坯房成行连片;旱厕随处可见;村里种植的基本是花生、红薯;年轻人外出务工,留在家的打零工……

习近平总书记"让老区人民同全国人民共享全面建成小康社会成果"的殷殷嘱托和各级领导的关怀,给了干部群众莫大的鼓舞和无穷的动力。在这块红色"试验田"上,在脱贫攻坚的战场上,他们大胆创新,奋勇前行。

如何从 148 平方公里、7 万多人中精准识别贫困户?时任乡党委书记和乡长兵分两路,各领 15 个村,一村一组识别,再交叉复核,带头遍访所有困难户、查漏补缺;村支书每天上报本村最穷农户名单并入户检查。

2016 年,他们爬过乡里最高的山、走过乡里最险的路,蹚过急流,陷过泥泞。那个场景,乡长至今难忘:马山村寺庙窗台上的一碗米饭让他紧收脚步,菜是豆腐乳,米饭已发霉。透过窗户,只见屋内一老妪披头散发,衣服破烂,眼神无助。原来,是守庙人外出捡废品,把精神障碍的妻子锁在屋内。他的心一沉,严肃地批评同行的村干部:"漏掉一户就是我们的失职,落下一人就是我们的耻辱啊!"当即登记,建档立卡,他还掏出 200 元钱,让村干部转交守庙人。

这次教训,深深地刺痛了叶坪乡党委政府班子,由此,一场拉网式、全覆盖,绘制扶贫作战地图的攻坚大战拉开帷幕。

一场场专题研究进村入组,一个个村民生产生活情况被反复讨论,农户申请、组级评议、组级公示、村级评议、村级公示、乡镇复核、村级公告等七步法,成为精准识别的"操作指南"。

补录未识别的,剔除识别不准的,杨世茂、刘水泉……8908 人、2308 户,被记录在共和国的扶贫脱贫档案中。瑞金,成为全国最早开展贫困人口建档立卡的地区之一。

申请、评议、公示、复核,材料堆积如山,稍有疏忽,极易混淆。如何高效管理这些档案?乡里为贫困户制作了一张扶贫工作卡,准备了一个脱贫档案袋,添置了一个脱贫档案橱,再专辟一个扶贫工作室,之后,还增加了一块脱贫销号公示牌。有了精准管理,就可精准滴灌。他们摸索出的贫困户精准管理"五个一"(一室、一橱、一袋、一牌、一卡)工作法,如雨后春笋,在赣都大地开花结果。

做了 23 年上门女婿的肖水水,曾经多少次梦回大胜村?因为,那里有他的根。当农村危房改造补助惠及千家万户时,他动心了,可补助之外仍需自筹数万元,年近七旬的他,到哪里去筹这笔巨款?

像肖水水一样的贫困户,叶坪有 400 多,他们无处安放的晚年在哪里?一次次扪心自问,倒逼着叶坪乡打破常规,探索出由村集体提供土地、政府筹资建设、产权归村集体所有的农村保障房。

如今,全乡 180 套农村保障房先后落成,57 或 35 平方米的标准套房,麻雀虽小,五脏俱全。每套保障房旁,还配有一块小菜地。当肖水水一家搬进"梦想家园"时,不由得激动地说:"是共产党给了我做人的尊严!"

十多年前,华屋红军后代华割禾为给患尿毒症的儿子治病,欠下了 20 多万元的债务,让这个原本贫困的家庭"贫上加贫"。2019 年,华割禾自己罹患结肠癌。想到因病去世的儿子,他夜不能寐,就是卖掉房子也凑不够自己看病的钱啊!像华割禾家一样因病致贫的,在叶坪贫困户中高达 40.8%。如何让他们摆脱病魔的困扰,走出贫困的阴霾?试点,再次在大胜村酝酿——帮每个贫困人口购买 60 元商业补充医疗保险,进而与新型农村合作医疗、大病医疗保险、民政医疗救助构建起健康扶贫的"四道保障线"。这种兜底的医疗保障,从村扩大到乡,再从瑞金市走向全省,贫困人口住院个人负担费用从 30% 下降至 10% 左右。那天,在自家的蔬菜大棚,华割禾指着肚子上那道长长的手术疤痕,感恩道:"是共产党给了我第二次生命! 20 多万元的医药费,我只出了 2 万多元。要是我儿子能活到现在,就有救了。"

贫困户就业难、增收难,贫困村的"造血"功能从哪来? 叶坪抓住产业扶贫这个根本,让贫困村因地制宜发展产业。

山岐村的大棚蔬菜、朱坊村的微刺玫瑰、大胜村的脐橙、合龙村的光伏、禾仓村的水产、仰山村的乡村旅游……选准一个产业、打造一个龙头、创新一套利益联结机制、扶持一笔资金、培育一套服务体系,产业扶贫"五个一"工作机制,让这些村庄各美其美、美美与共。

在此基础上,还形成了"党支部 + 公司 + 合作社 + 贫困户"模式,村集体投入资金折股量化到贫困户,让贫困户成为股东,获得收益。大胜村投入 301 万元集体资金新建的 450 亩脐橙产业园,为全村 289 名贫困人口每年至少增收 1000 元。全省最大之一的合龙村地面光伏扶贫电站,链接全市 1200 户贫困户,户均增收 3000 元以上。

一条条接地气、勇创新的扶贫经验,从叶坪走了出去;一个个甜蜜的脱贫硕果,装入了贫困户的口袋。贫困群众的精神世界,也在精准帮扶中得到充实和升华。

钢铁战队

去北京受奖,朱胜江并没有随团乘飞机前往,而是独自坐高铁先行。这种"特殊",令人心碎潸然。

叶坪,乡大地广、情况复杂、矛盾尖锐。2015 年 9 月,朱胜江受组织委派来到这里。

展现在他面前的叶坪大地,是一幅怎样落后贫穷的景象啊! 成片的土坯房长期受雨水侵蚀,已是摇摇欲倒;进村的路泥泞不堪,畜禽粪便与塑料垃圾充斥沟壑;村民喝的是黄泥水、吃的是干腌菜、点的是煤油灯……

朱胜江心如锥扎。他辗转反侧,彻夜难眠。这里家家有红军,村村有烈士。这里的山山水水,浸透了革命先烈的鲜血啊! 84 年前中华苏维埃共和国临时中央政府成立的欢呼声,犹在耳畔隆响……如果这里的工作做不好,怎么对得起先烈,怎么对得起革命老区的百姓?!

对这片红色的土地,朱胜江爱得炽烈,爱得深沉。他是红军的后代,他的血液里传承着红色基因。

为了不漏一户、不落一人,他经常连续半个多月吃住在单位或是村部,尽管单位离家只有 10 分钟的车程;为了掌握各村情况,他走访村组时,每次都走不同的路,希望有新的发现。

2016 年国庆节,大胜村迎来了全乡首个农村保障房乔迁日。肖水水牵着老伴、拎着几件衣服,怯怯地走进了"梦想家园"。他看了看厨房,有灶台、锅碗;瞧了瞧卧室,有床和被子;厅堂里,还有电视机。肖水水怀疑自己在做梦,当他抹着眼泪说"是共产党给了我做人的尊严"时,旁边的朱胜江没能控制住自己的情绪。凝视屋外的蓝天,眺望着屋下的田野,朱胜江偷偷地擦干眼角的热泪,"我们党和政府有这么大的决心,我们怎能不努力工作? 怎能不尽快让老百姓过上富裕的生活?!"

于是,别人"嫌弃"的光伏项目,他抢着要;别人看不上的农业项目,他求着要;别人害怕的土坯房改造项目,他想方设法地要。5 年来,叶坪乡先后实施了 36 万平方米的土坯房改造、150 公里的入户路硬化,建成 2 个省级现代农业园区和赣州市首家极地海洋馆等 21 个重点项目……

项目多了,叶坪党员干部自然要不断面对流转土地、发展产业、拆除空心房、征地拆迁等问题,有不少是急难险重的大事。他们就像一个个陀螺,不停地旋转着、忙碌着。他们基本不会问"今天是星期几",因为,他们没有休息日。

"活地图""拼命三郎""钢铁战士",这是大家给朱胜江取的外号。似乎他永远不知疲惫,然而,实际并非如此。

2019 年 5 月,他持续咳嗽一个多月,同事都劝他去看医生。可那时正值国家脱贫攻坚普查验收前夕,工作紧啊! 他推了一天又一天,直至晕倒在地,被医生确诊为脑垂体瘤。

当微创颅内手术摘除肿瘤后一个月,创口处竟血管破裂,血流不止。在医院手术台上,他忍着剧痛,配合医生的电凝止血钳从左鼻而入,烧焦血管止血。出院时,医生特别叮嘱:一定要好好休息,否则,很可能还要来"受刑"。

可是,术后没几天,瑞金遭遇"7·14"百年难遇的特大洪灾。屋外大雨倾盆,屋内躺着的人心急如焚。他担心低洼处的那些土坯房,担心住在危房里的乡亲。他起身,在窗前转来转去。凌晨 5 点,他强忍着病痛,第一个赶到受灾最严重、情况最危急的田坞村。指挥抢险、转移群众、抢救财产、调配物资……那天,全乡倒了 400 间房,却没有一人伤亡,总共及时转移安置受灾群众 2000 余人。几天下来,他的声音沙哑了。

那年 8 月的一天,他的嗓子突然发不出声音,经检查,因用嗓过度,得了声带肉芽肿。旧病未除,新病又来。"眼看脱贫攻坚战收官在即,我不能因病耽搁了叶坪的脱贫事业啊!"那时,他已累得脱了形。

幸运的是,经中医调养半年之后,肉芽肿消除了。他又像战士一样,雄赳赳地奔赴战场。这次,他带领基层干部群众,把山岐、大胜、朱坊、合龙、仰山等贫困村,建设成了全省的脱贫攻坚示范村。

后来,他又受了一次"刑"。那次,医生告诫:严防颅内高压,否则后果不堪设想,比如,不能乘坐飞机。

在这位"钢铁战士"后面,还有一群"钢铁战士"在奋勇奔跑。

退伍军人、曾经的运动达人、乡人大主席邹建敏,先后包挂 4 个贫困村、参与筹建 2 个产业基地,还要完成 100 多户的棚改工作。重压之下、过度劳累,导致他身患急性胸膜炎,体重骤降 10 公斤,胸腔积液 2000 多毫升。术后,还未康复的他,又赶赴战贫一线。

挂点帮扶 3 个贫困村的乡人大原副主席钟阅群,为啃下拆除空心房和人居环境整治两块"硬骨头",天天蹲在村里,夜夜守在农家。为了取得村民信任,他手扒肩驮,与其他干部一起,帮石园村贫困户清理垃圾 20 多车,沤臭灌满鼻腔口腔,令他呕吐不止。当全省脱贫攻坚第三方评估到来之际,持续两个月感冒的他，一拖再拖，终因急性心肌梗死倒在拆除空心房的战场。所幸抢救及时，保住了生命。

当洪灾突袭，被称为"男人婆"的副乡长段亚梅，义无反顾坐上冲锋舟，从被洪水围困的寺庙中救出一位老人；顶着被村民破口大骂的压力，乡人大原主席刘焕林有条不紊地推进华屋土坯房改造；因为夜以继日的攻坚战，乡武装部部长杨文不慎从农户家二楼摔下；为破解新冠肺炎疫情期间千亩蔬菜滞销的困局，乡党委副书记杨树成牵头搭建起"叶坪菜鸟"电商平台，一个月就销售 50 多万元……

分管脱贫攻坚工作的常务副乡长薛华建，因为工作任务紧急，无法抽身陪妻子朱小鸽赴医院生产。当挺着大肚子独自办理住院手续的她，被医生问及孩子父亲怎么不在身边时，忍不住流下了委屈的泪水。

5 年来，乡里干部探望父母的次数越来越少了，陪伴妻子孩子的时间越来越少了。夜晚十一二点下班，家人睡着了；家人睡醒了，他们又赶着上班……

赤子其人，丹心如铁。

硬汉支书

在黄沙村华屋红军村的后山——蛤蟆岭，一棵棵苍翠挺拔的青松连成一片。1934 年长征前夕，十七位华屋儿郎相继在此栽下一棵松树，约定革命成功后再一起回来看看……

青松依旧在，不见儿郎归。

后人在十七棵松上挂上木牌，写上烈士姓名。睹物思人，为纪念，更为激励。十七棵松，成了华屋人心中的"信念树"。

细雨清明时，乡亲们便来到后山，用红漆在烈士姓名上依着前人的笔迹再描一遍。红色，就这样化成了百姓的家风、干部的作风，绵延不息。

然而，因资源贫瘠、劳力短缺等原因，静守在赣闽群山的华屋，数代人都住在低矮破旧、透风漏雨的土坯房中。这是困中之困、贫中之贫。村外有言，"有女莫嫁华屋郎"。

2014 年 12 月，在外经商的黄日生心系乡梓，弃商归田，被村民推选为黄沙村党支部书记。

早在 2013 年,华屋就被定为土坯房改造示范点,枯鱼涸辙的村民,不敢相信上等好事已近在咫尺。

黄日生跑烂鞋子、磨破嘴皮也无济于事。党的群众路线,给了他灵感。

他牵头组建"一组三会",以党小组、户主会、理事会、监事会为建房力量,依靠群众智慧化解纠纷;同时,探索出规划、拆旧、施工、分房、外装修"五统一"的土坯房改造新方法。

如今,华屋村村史楼前,是一排排蔬菜、水果大棚,鳞次栉比,棚内瓜果生机盎然;右边,是几十幢崭新的客家小楼,黛瓦白墙,新村新貌;左边,是七栋整饬后的土坯房,逼仄狭窄,这承载着红色记忆和客家乡愁的老屋,已开发为民宿。

离开黄沙,一条宽阔的柏油路把我们引入美丽乡村仰山。远处,环绕村庄的中草药基地绿意盎然,整齐成片;近处,村前屋后的菜园打理得像花园,叶菜鲜嫩茁壮,偶有一树桃花探出篱笆。"我们村里的一户一景工程,搞得还不错吧?"走在环村柏油路上,村党支部书记杨北庆骄傲地告诉我们,"今年春节期间,回家的年轻人都是第一时间拍美图晒朋友圈哩!"

看到我们,村民们从园子里、屋厅内快步而出,笑脸相迎。

无法想象,面前这个谈笑风生的支书,却曾经历过度日如年的煎熬。2017年,仰山村迎来脱贫攻坚关键时期,修路、清垃圾、拆空心房……每一件事都是村里的"硬疙瘩",谁都不敢碰,也不愿碰。

这年,他儿子遭遇车祸瘫在床上,妻子摔跤躺了好几个月。清晨,他洗衣做饭;白天,他苦口婆心去做乡亲们的工作;晚上,他为妻儿抹身按摩。难啊!欲哭无泪。

当了近 30 年村干部的他,想过辞职。是信念坚定的苏区精神,是誓死啃下"硬骨头"的愚公志,让他慢慢走出了阴影。当百亩平卧菊三七迎着春风冒出嫩芽时,当片片菜园青菜、辣椒摇曳生姿时,脱贫户杨建忠为他点赞。2019年,他还考上了乡镇事业编制的干部。

杨北庆说,是脱贫攻坚战锤炼了他的坚强意志。

同样想辞职、又选择坚守的,还有下罗村党支部原书记曾云彬。

他怎么会想到,在拆除破旧土坯房的胶着中,有村民居然在深夜悄悄把一块墓碑放在他家门口。母亲晨起开门时,顿时被吓晕过去。母亲醒来,哭着央求儿子:"崽啊,不要做这干部了,我们家还没穷到吃不上饭的地步。"看着流泪的母亲,他无语凝噎。

他怎么会想到,因为环保和人居环境整治,他早年与朋友合伙开的砖厂成了村里要拆除的第一个点。朋友骂道:"你当什么破支书,连砖厂都保不住,不要当了!"从此,朋友再也没有联系过他。

那天,他独自开着乡里的挖掘机,将苦心经营的砖厂一砖一瓦拆除。木立在废墟前的曾云彬,拭去眼泪,一转身,头也不回地继续投身村里的脱贫事业……

民心书记

"村里发展要靠年轻人,他们有文化,有思路,有闯劲。"5 年前,招商银行赣州分行向社会招聘禾仓村第一书记,村党支部书记曾冬林力邀村里的青年才俊应聘,却被直接拒绝,或了无回音。无奈之下,他劝回了女儿曾小娜。

放弃深圳的高薪工作,曾小娜回村当了第一书记。在禾仓村长大的她原以为与贫困户的沟通会很顺畅,哪想第一次上门走访,就吃了"闭门羹",还被戗白:"我不需要帮扶,我不相信你们能改变什么!"天呐! 阻力怎么会这么大? 她心里嘀咕着。年底时,有村民居然因为没有得到一张年画,气得跑到村委会找她理论。

困难并没有把她吓倒,她重新打量着这个既熟悉又陌生的家乡。"家乡太穷了,村民不仅在意点滴物资,更在意做人的尊严。"从那时起,她暗立誓言:村民不脱贫,我就不脱单!

一次不行就跑两次,两次不行就跑三次,她"厚着脸皮"拉着贫困户聊家常,热情地去帮他们干农活、辅导孩子功课……她的真情实举赢得了村民们的真心。

小娜书记有眼光有魄力,村民们深有体会。凡是她瞅准的事,即使再难,也会啃下来。村民养鱼缺技术,她就跑山路、蹲泥塘,认真向养殖大户取经。

那个曾经不搭理她的贫困户,养鱼产业也发展得红红火火。他打心眼里佩服这个冲劲十足的"90 后"女崽。每当得到养鱼的致富信息,他都与她一起交流。

收获了丰收喜悦的村民们发现,小娜书记晒黑了、跑瘦了。

身材娇小,扎着鱼尾辫,套着廓形衣的小娜,朝气,沉稳;谦逊,自信,不折不扣的美丽田园"女主人"。清晨的禾仓,恬淡若诗,美如粉彩,弥漫着幸福的味道。拆掉的大屋变身共享菜园,村民你领一块我耕一点,水嫩的萝卜,翠绿的大蒜……一棵棵、一丛丛。一窝小奶狗在鱼塘边打逗,木质的鸭鸭屋内热热闹闹。顺着蜿蜒的渔家小道,黑白的肥鸭群戏水面,时不时有黄金鱼探出脑袋。低处的鱼塘、平畴的稻田、坡地的油料作物,还有一片片碧绿的鱼草,一棵棵婀娜的翠叶李树,间或跳出几朵缀在枝间的粉色桃花……俨然是梦里的老家、Q 版的田园。

两位老人在塘边步道悠闲地嗑着瓜子、散着步,见到我们,停下脚步,笑着说:"我们村好着咧!朱乡长到北京领奖,我们的小娜书记也可以去领奖呐!""小娜,现在全国人民都脱贫了,你要抓紧找男朋友啊!"

"这事急不来。"小娜有点不好意思地答,"脱贫摘帽是新起点,乡村振兴大有可为呢!"

大胜村,红军村。村名好,名气也大。这个全乡最偏远的破败"空壳村",现在是美丽乡村示范点。偌大的方塘,揽云入怀;两栋保障房,白墙黑瓦;坡上的橙园,绿深如海;休闲广场上,老人们在暖阳下聊着家常……

大胜大变,乡亲们永志不忘原第一书记刘欢迎。4 年间,他吃住在村,宿在村委会。刚去的头一年,他就把全村四百多户都走访了一遍。从省城到红都,再到偏僻的大胜,车程要一天。在这里,他倾注了太多的汗水与心血,也流下了最欢疾最悲恸的泪水。因为脱贫攻坚任务重,儿子参加高考,他居然缺席在护考的路上;母亲病逝,他竟然没能赶回见上最后一面。然而,他不后悔。因为,这 4 年间,他带领乡亲们一道,把晴时满身灰、雨天两腿泥的大胜村,变成了通达柏油路的高颜值村;他看到了脱贫户江声海与生病妻子的神清气爽;看到了肖水水夫妇对生活的满足与幸福感。在这里,他探索出了一条符合山区发展的新路。

在仰山村原第一书记杨华的背包里,除了血压计、血糖仪、急诊箱"三件套",还有银针、灸盒与艾条。他把热敏灸小屋开到了村里;他宣讲的营养保健知识,已经深入民心,村民们晚餐不再吃得太饱,炒菜也控制了油盐。多少个寒夜,他骑着摩托车在山路上飞驰,及时挽救了多位村民的生命。村民们都亲切地称他"保健书记"。

初心,映民心。

(《江西日报》2021 年 3 月 11 日)

评析:在党的百年华诞之际,我省瑞金市叶坪乡荣获"全国脱贫攻坚楷模"荣誉称号,这是全国脱贫攻坚的最高荣誉,是彪炳江西历史的大事件。这部兼具文学性与新闻性的佳作,展现了红都扶贫党员干部和脱贫群众的精神内核、奋进风貌,展示了脱贫攻坚的生动实践、典型案例和动人场景。作品与时代同步伐,与人民共命运,关注并回答了时代和实践提出的重大课题。文章既挖掘了叶坪精准务实、开拓创新、攻坚克难的楷模经验,也描摹出上下同心、尽锐出战、不负人民的乡村干部群像。

(刘传红 江西师范大学新闻与传播学院原院长、教授)

报纸版面

《鹰潭日报》2021 年 11 月 6 日 B1 – B8 版

夏东华   周信   桂军

作品二维码

评析:版面题材元素丰富,设计理念新颖,版式均衡疏朗。尤其是打破常规的报纸编排,加入了 AR、VR 技术、文图识别、AI 主播等多种新媒体技术,体现了编辑人员的创新意识和专业精神。该版面将版面形式与内容结合做得到位,保证了重要信息的传递和版面视觉冲击力。

(刘传红 江西师范大学新闻与传播学院原院长、教授)

报纸版面

《赣南日报》2021 年 2 月 26 日 1－4 版

刘鹏 张河云 李善财

作品二维码

评析:围绕脱贫攻坚主题,打破常规,采用竖通版,具有很强的创新性。该通版编排思路明确,主题突出,图片摆放与文字搭配精致协调,给人以较强震撼力。版面色彩以红为主色调,编排合理、构思新颖。版面内容丰富、精练,给人以激励鼓舞,充分反映了我国脱贫攻坚取得的伟大成就。并对新媒体报道用二维码进行链接,体现了编辑具有很强的媒体融合发展意识。

（刘传红 江西师范大学新闻与传播学院原院长、教授）

报纸版面

《宜春日报》7 月 30 日号外

黄卫民　　熊妍华　　黄鹏杰

作品二维码

评析：该版面主题重、新闻硬、时效性强。设计有新意，形象、直观，方便了读者的理解阅读，也使整个版面更有吸引力。色彩活跃但又不杂乱，让人有赏心悦目之感。同时，该版还在版面下半部分精心制作了当地新城区秀美壮观的底图，动感的红色飘带瞬间点亮了静止的图形，实现了图形、文字的完美搭配，使整个版面灵动起来。

（刘传红　江西师范大学新闻与传播学院原院长、教授）

漫画类（1 件）

网络漫画

手绘 |《春暖赣鄱图》美爆了！这是给 14 亿人的请柬！

魏鸣羲   任宇博   周莉

（编辑：吴志刚   邵平   冯星星）

作品二维码

（江西新闻客户端 2021 年 4 月 7 日）

评析：作品从地理、人文、风情、生态等多角度"绘"出了"大美江西、大好风光"。作品绘制精美，运用色彩变化将赣鄱大地各地风景实现了视觉上的自然"融合"。在绘画风格上，将水彩风格与漫画风格融合，长图以横屏展示，一镜到底，阅读体验佳。作品获全省全网推送和中宣部《新闻阅评》表扬。被潇湘晨报、九派新闻等全国多家媒体转载，总阅读量突破 2000 万，特别是对全国 14 亿同胞的邀请，亲切传递了"国是最大家"的共情。

（刘传红 江西师范大学新闻与传播学院原院长、教授）

新闻摄影类（4 件）

新闻摄影

全民全运　精彩瞬间

杨继红

（编辑：涂序理　杨林）

（《江西日报》2021 年 10 月 11 日）

评析:2021 年 9 月 27 日晚,美丽的"朱鹮"轻轻扇动翅膀,陕西西安奥体中心熊熊燃烧了十三天的全运会圣火徐徐熄灭,第十四届全运会圆满落下帷幕。本届全运会首次在我国西部地区举行,共有 1.2 万余名运动员参加竞技比赛项目,1 万多名群众运动员参加群众赛事活动。本届全运会是常态化疫情防控下举办的首个国内重大综合性体育赛事,也是北京冬奥会和冬残奥会前我国举办的规格和水平最高的综合性体育赛事。

本届全运会是我国竞技水平最高、规模最大的综合性运动会,也是一场体坛视觉的饕餮盛宴。作者作为特派记者辗转于不同赛场,用镜头抓拍了运动健儿在紧张、激烈的比赛中,不畏强手、奋力拼搏的精彩瞬间。通过记者独特的报道视角和新颖的表现手法,该组新闻摄影专题见报后受到读者好评。同时,用该组新闻摄影作品制作的短视频在全网收获了较高的播放量。

(刘传红 江西师范大学新闻与传播学院原院长、教授)

新闻摄影

美丽的鄱阳湖，我的家

——野放麋鹿的"自述"

涂序理   徐铮

（编辑：周霖   杨林）

（江西新闻客户端 2021 年 10 月 17 日）

评析：四年的跟踪拍摄，完整呈现了野放 4 年的国家一级保护动物麋鹿，在中国最大淡水湖鄱阳湖的生活状况。图片和视频历时近四年拍摄。图片专版于 10 月份刊登，专题视频耗费一周制作完成。

报道站在麋鹿视角，通过新颖的"第一人称自述"形式，用活泼、俏皮的表达，讲述了麋鹿在鄱阳湖的美好生活。长期跟踪拍摄的画面，记录了麋鹿觅食、休憩、打闹等多个场景，从春夏秋冬、水涨水落等多个维度进行了全方位的立体呈现。图片和视频一经刊播，2 小时内阅读和播放量共计突破 8 万，学习强国、抖音、微博、快手等平台和多家媒体纷纷转发，累计阅读量和播放量超过 20 万。这些完整的影像资料不仅发挥了较好的传播效果，也给林业、湖区、野保等部门的分析研究，提供了大量翔实的数据。

（刘传红 江西师范大学新闻与传播学院原院长、教授）

新闻摄影类

同心战"疫"　上饶无恙

江西日报记者　吴文兵

（编辑：张雪　杨林）

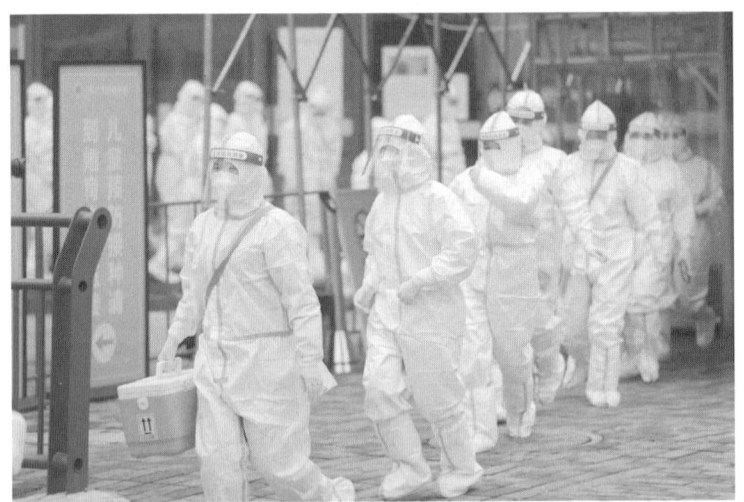

1. 穿好防护服的医护人员前往指定地点开展核酸检测采样。

2. 11 月 4 日，铅山本轮疫情首例治愈的新冠肺炎患者出院。

3.11 月 6 日,铅山县篁碧畲族乡畲族干部(右一)看望畲族留守儿童和老人,并帮他们与在外务工的家人进行亲情连线。

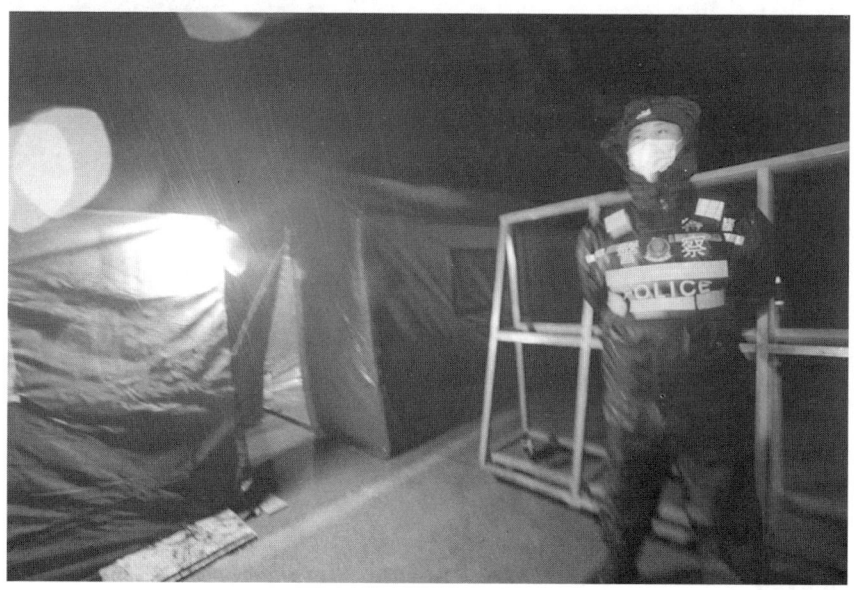

4.11 月 7 日,驰援铅山的警察在雨夜中坚守卡点。

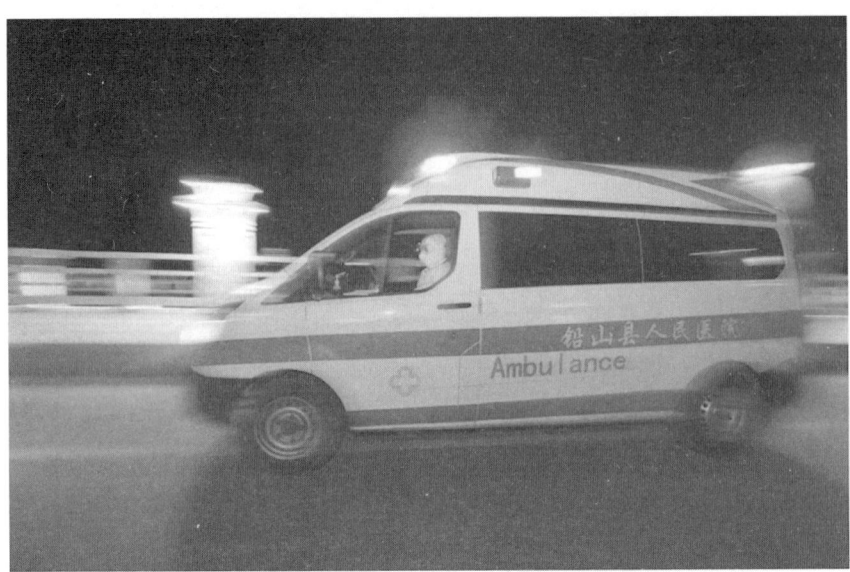

5. 11 月 12 日,铅山县人民医院 120 负压救护车转运出院的治愈者。

6. 11 月 23 日,广信区进行最后一轮全员核酸检测筛查。广信区妇幼保健院医护人员打出必胜的手势。

7.11 月 24 日,上饶市在广信大道举行简短而隆重的仪式,欢送 1100 多名援饶抗疫人员起程休养。

11 月 27 日,冬日的暖阳穿过树叶的间隙,照得大地暖洋洋的。车水马龙、人来人往,也如约而至。早起的人们兴奋地奔向附近熟悉的早餐店,"一碗米粉、一根油条!"……上饶中心城区熟悉的烟火气,回来了!

记者从 11 月 27 日召开的上饶市新冠肺炎疫情防控新闻发布会上了解到,上饶疫情防控阻击战、歼灭战取得重大战略成果,截至 11 月 27 日,上饶市社会面连续 15 天无新增阳性病例,实现了"围剿见底、全面清零"目标。11 月 27 日零时起,铅山县葛仙山镇和信州区铁三社区金凤花园小区疫情风险等级由中风险调整为低风险。调整后,上饶市全域转入常态化疫情防控。

自 10 月 30 日上饶市铅山县突发新冠肺炎疫情 28 天来,在省委省政府的高度重视下,全省各地 2000 余名医疗、院感、流调专家和核酸采样、检测人员紧急驰援,他们和上饶市医务人员一道,争分夺秒,连续作战,共同构筑起阻击病毒的钢铁长城;"社区吹哨、党员报到",疫情防控一线成立临时党组织 1178 个,组建党员突击队 1539 支,每天都有 1000 多名党员在社区服务,构筑起抗击疫情的"最强红色防线";广大群众自觉服从疫情防控大局需要,严格遵守各项防控措施,主动减少外出和聚集,积极接受核酸筛查,认真配合封控管理。"天使白""藏青蓝""志愿红"……许许多多平凡英雄心往一处想、劲往一处使,共同凝聚起战胜疫情的磅礴力量,交出了一份同心战"疫"的精彩答卷。上饶疫情处置实现了"六个未发生",即未发生一例外溢病例、未发生一例游客感染、未发生一个除上饶市以外的风险点,未发生一例院内感染、未发生一例校园感染、未发生一例重症病例,为全省、全国疫情防控大局作出了积极贡献。

阴霾散去,阳光匝地。这一天,上饶中心城区的市民纷纷走出家门,到公园呼吸新鲜空气,欣赏美景;到餐饮店享受美食,大快朵颐;到菜场、商场选购商品,感受久违的烟火气……城市、乡村逐渐恢复了往常的热闹,那个熟悉而温暖的城市又回来了!

(《江西日报》2021 年 11 月 28 日)

评析:10 月 30 日,上饶市铅山县突发新冠疫情。江西日报社视觉中心记者"逆行"出征,深入铅山县、广信区、信州区,进行了长达 29 天的采访报道。此版面聚焦疫情防控,全方位多角度呈现了医护人员转运患者、为封控区居民做核酸检测,党员志愿者坚守卡点,基层干部关怀留守老人、儿童,村民自发制作美食"犒劳"战"疫"勇士,以及首例患者出院、欢送医护人员等战"疫"典型画面。该报道在"围剿见底、全面清零"目标实现的特殊时点推出,特别记录了开放餐饮堂食的第一天,上饶市民吃粉的温暖瞬间,和重拾"烟火气"的城市夜景,有效烘托了"全面清零"的喜悦氛围。

这些"暖心"画面在疫情防控中发挥了强信心、暖人心、聚民心的作用,为疫情防控凝聚起强有力的精神力量。这些新闻摄影作品全面记录了疫情防控各阶段的生动影像,为上饶战"疫"留下了宝贵的图片素材。记者精准策划、精美呈现,体现了较高的专业水准。

(刘传红　江西师范大学新闻与传播学院原院长、教授)

新闻摄影

乡村医生身残志坚 守护乡亲健康 23 年

李桂东

（编辑：李娜）

他担任村医 20 余年

风雨无阻，随叫随到

只为守护周边百姓健康

当地村民们都亲切地称他

身边的"120"

在上栗县彭高镇东山村腹地，有一个村卫生室，这里承担着全村 420 户村民的基本医疗和公共卫生服务任务。在卫生室里，每天都能看到一位肢残人坐诊的身影，他就是村医胡世国。

10 月 27 日，记者来到东山村卫生室，用镜头记录了村医胡世国为民服务的点点滴滴。

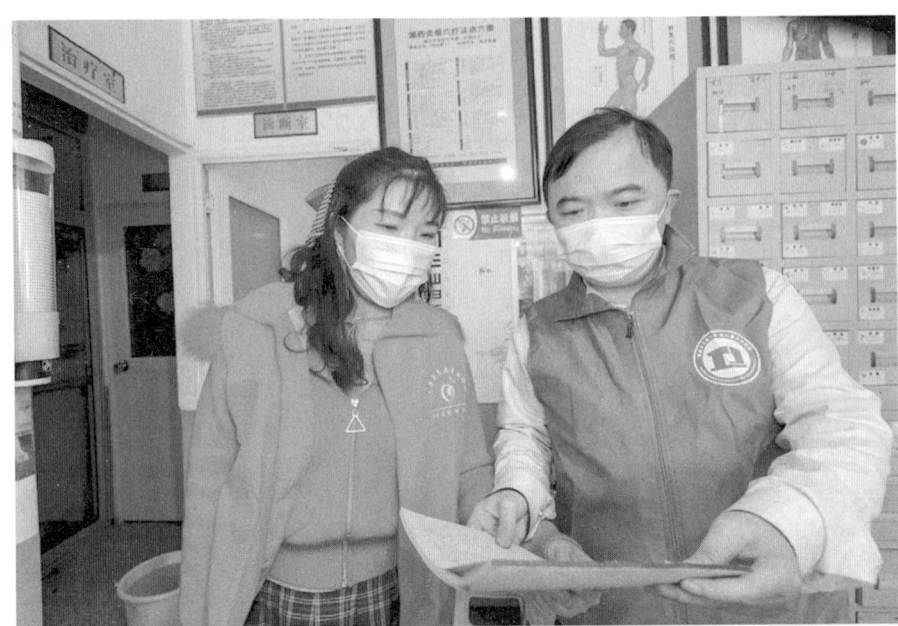

蓝芝云和胡世国准备出门开展家庭医生签约服务。

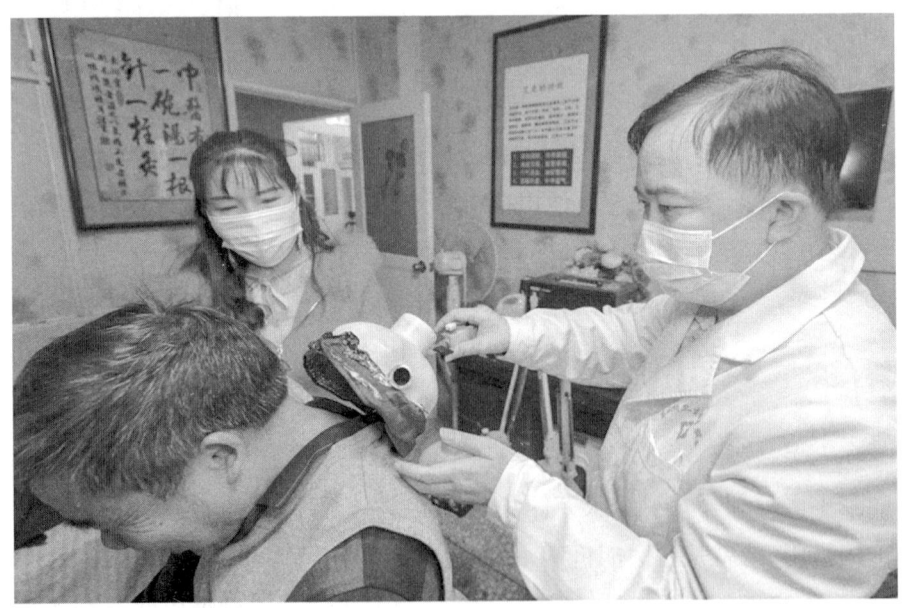

蓝芝云协助胡世国对一名患者施行艾灸治疗。

胡世国在为患者施艾灸,他的妻子蓝芝云在一旁帮忙。

14 岁那年,胡世国被查出患有进行型肌营养不良症。此后,胡世国双脚神经萎缩,要人搀扶才能行走。1998 年,21 岁的他从萍乡卫校毕业后回到东山村卫生室,担任乡村医生。20 多年来,胡世国积极为村民把脉问诊,精湛的医术得到乡亲们的认可。可他却说:"能得到大家的肯定是我最大的荣誉,我会和妻子一直守护好大家的健康。"

蓝芝云搀扶胡世国坐电动三轮车出诊。

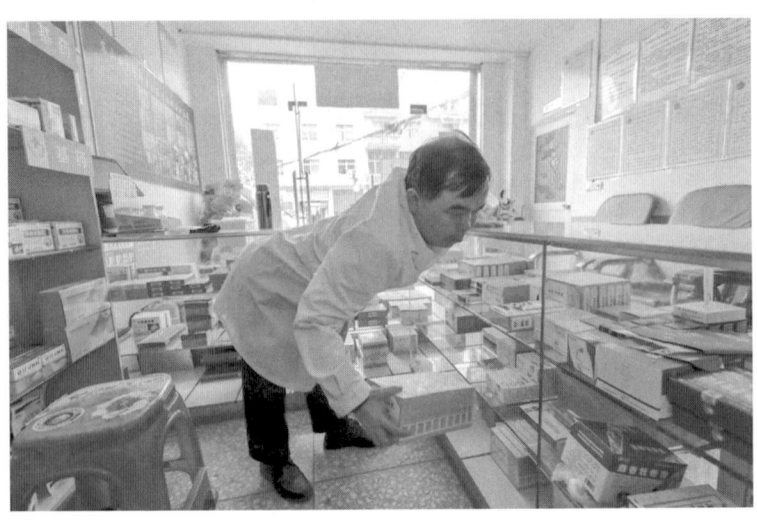

胡世国下肢神经萎缩,不仅行走不便,连弯腰取物件都比较困难。

　　自实行新农合制度以来,基层医疗卫生服务越来越完善,村医的工作也变得更加琐碎。除了给村民看病外,胡世国还在妻子蓝芝云的帮助下,开展了家庭医生签约服务、村民健康档案管理等工作。

胡世国和蓝芝云出门开展家庭医生签约服务。

夫妻俩将药送到村民手中。

（《今彩萍乡》客户端 2021 年 11 月 1 日）

评析：乡村医生是中国医疗卫生服务队伍的重要组成部分，是最贴近农村居民的健康"守护神"，作为农村三级卫生服务网络的"网底"，他们为农村医疗卫生事业的发展和保障农村居民健康贡献着重要力量。乡村医生默默无闻地坚守在基层，值得用镜头关注，却往往被忽视。照片中的乡村医生胡世国虽身体残疾，但他通过艰苦学习和超常付出，用扎根乡村 23 年的行医实践，赢得了患者和村民的信赖，展示了残疾人自强不息、奋发向上的精神风貌。这组新闻摄影作品主题鲜明，摄影技巧纯熟，镜头语言合理，具有强烈的视觉冲击力，是一组较为成功的抓拍作品。

（刘传红　江西师范大学新闻与传播学院原院长、教授）

新闻专栏类（1 件）

新闻专栏

新闻创 e 坊

胡武龙　童孝飞　温小强　万洋　包鹊宏　易原　胡紫恒

（编辑：何宝庆　毛宁　许蓓）

作品二维码

https://jiangxi.jxnews.com.cn/chart/index.shtml

评析：为顺应媒体融合发展，大江网融媒体专栏《新闻创 e 坊》应运而生。该栏目自 2019 年 5 月推出以来，不断创新传播手段，先后孵化了《初心连环画》《漫条思理》《红色故事绘》《E 眼数读》等一批网络新闻创意品牌，持续打造了一批有思想、有温度、有品质的作品，形成了大江独有特色传播话语体系。不少作品极富时代感、年轻态的创新表达，受到广大年轻网友的喜爱。专栏打造了一批"叫得响、立得住、传得开"的现象级作品，多次受到中宣部和江西省委的表扬和肯定，殊为难得。

（刘传红　江西师范大学新闻与传播学院原院长、教授）

广 播 类（26 件）

广播消息

江豚"组团"畅游赣江

陈超 吴雪帆 郭颖颖

（编辑：刘欣 陈超）

作品二维码

（南昌广播电视台 2021 年 8 月 28 日）

评析：近年来，特别是 2021 年，江豚频频现身赣江水域南昌段，人与自然和谐共生的生动画卷引来人们的围观。记者及时捕捉到这一新闻点，通过市民的声音展现了"微笑天使"江豚现身赣江的美丽生态画卷，通过专家的介绍生动阐释了江豚高频现身赣江的特点及意义。该作品篇幅短小，信息量大，现场感强。

（周俊杰 省政府文史馆馆员、江西广播电视台原副台长、高级编辑）

广播消息

徐诗晓夺冠！江西东京奥运会首枚金牌诞生！

汤云柯 吴小俊 胡美丹

（编辑：何灵 李先 占伟）

作品二维码

（江西广播电视台综合・新闻频率 2021 年 8 月 7 日）

评析：6 名江西健儿征战东京奥运会，只有徐诗晓获得了冠军，这是中国队在本届奥运会上获得的第 37 枚金牌，也是江西运动员获得的首枚金牌（也是唯一一块金牌），社会广受关注。记者及时多角度、立体式地呈现了徐诗晓夺冠以后相关人员的反应。一分多钟的报道既有徐诗晓夺冠的现场声音，又有多位相关人员的录音，较好地营造出了赛场内外喜气洋洋的氛围。

（周俊杰 省政府文史馆馆员、江西广播电视台原副台长、高级编辑）

广播消息

50 名"后进"村支书列席市委全会

黄天怡　胡斌

（编辑：胡伟　章卫华）

作品二维码

（新余广播电视台《新广新闻》2021 年 1 月 6 日）

评析：在全面建成小康社会、大力实施乡村振兴的背景下，新余市在全市建设"党建＋颐养之家"，以提高农村养老服务水平。但在实施过程中，少数村委未在思想认识上引起重视，导致出现实施效果两极分化的现象。为此，新余市委转变工作作风，邀请"后进"列席全委会的方式，给这些"后进"村支书敲响警钟，督促"后进"跟上步伐，跻身"先进"。该消息现场感强，语言犀利，展现了基层党员干部知耻后勇、干事创业的决心，宣传效果好。

（周俊杰　省政府文史馆馆员、江西广播电视台原副台长、高级编辑）

广播消息

鄱湖候鸟数量今年创新高，全球 98% 的白鹤都来了！

龚小娟　欧阳敏　王师娥

（编辑：李先）

作品二维码

（江西广播电视台综合·新闻频率 2021 年 12 月 29 日）

评析：作品选题意义深远，具有全国甚至国际影响力。由于少雨干旱，中国最大淡水湖鄱阳湖水位超低，在水生植物生长难等不利因素影响下，江西齐心协力用实际行动守护鄱湖生态，湖区候鸟数量再创历史新高，全球 98% 的白鹤都来了！作品及时报道这一新闻热点，深刻反映江西对生态文明保护的重视程度，内容生动，语言精练，音响丰富，充满广播特色，具有较强的说服力和感染力。

（周俊杰　省政府文史馆馆员、江西广播电视台原副台长、高级编辑）

广播消息

赣深高铁今天正式建成通车

陈月珍　　史筱娅

（编辑:陈立　　曾先林）

作品二维码

（江西广播电视台综合·新闻频率 2021 年 12 月 10 日）

评析:12 月 10 日,赣深高铁正式通车运营,江西从此结束了赣南地区没有直达广东高速铁路的历史,对江西融入粤港澳大湾区、提高江西在全国构建新发展格局中的位势意义重大。作品通过采访工程建设者、赣粤两地群众、经济发展战略研究专家等,从不同角度体现了通车给老区和湾区在经济、人才、人文等方面带来实实的发展机遇和福祉。作品既有广播特点,又以融媒体方式立体同步传播,效果显著。

（周俊杰 省政府文史馆馆员、江西广播电视台原副台长、高级编辑）

广播消息

"废秸秆"变成"黄金棒"

李程　袁芸　贺登毅　余孔辉

（编辑：何淑华　牛鑫）

作品二维码

（江西广播电视台科教·农村频率 2021 年 12 月 23 日）

评析：作品围绕"破解秸秆焚烧污染环境顽疾，构建肥料化、基料化、饲料化、燃料化、原料化综合利用模式"，提炼出"废秸秆"变成"黄金棒"的主题，报道了我省以"废秸秆"构建"大格局"、拉动"大产业"托起"大民生"、实现经济效益生态效益社会效益相统一的典型意义。

（周俊杰 省政府文史馆馆员、江西广播电视台原副台长、高级编辑）

广播消息

父子"光荣在党 50 年" 四代接力一心永向党

吴迪 曾先林

（编辑:高颖 刘剑）

作品二维码

（江西广播电视台综合·新闻频率 2021 年 6 月 29 日）

评析: 首次颁发"光荣在党 50 年"纪念章,是中国共产党成立 100 周年庆祝活动的重要组成部分。报道以张顺如、张红标父子获颁"光荣在党 50 年"纪念章切入,展现了张家四代一心向党,建设家乡的奋斗故事和家训家风。

报道以张家四代接力,一心向党的小故事,表现百年大党发展壮大、风华正茂的大主题。作品有历史、有传承、有未来,主题重大,立意深远,在中国共产党成立 100 周年前夕度势而出,温馨感人,鼓舞人心。

（周俊杰 省政府文史馆馆员、江西广播电视台原副台长、高级编辑）

广播消息

"免租"政策时隔一年未到位，哪里出了问题？

万义华　曹雷　谢超　傅萍

（编辑：刘悦　郭林海）

作品二维码

（南昌广播电视台 FM91.7 综合频率 2021 年 4 月 26 日）

评析：这是一篇有力度的舆论监督报道。记者通过暗访报道了"国营南昌市北郊林场"对 2020 年"承租国有房屋的服务业小微企业和个体工商户免除 3 个月租金"的相关政策竟没有兑现。

作品被作为 2021 南昌市优化营商环境的典型报道，报道后相应商户的租金补偿到位，也为南昌"政令"的畅通落实起到警示作用，为推动"转作风，优环境"的深入全面开展助力。

（周俊杰　省政府文史馆馆员、江西广播电视台原副台长、高级编辑）

广播消息

江西省首个水上超市落户鄱阳湖

（编辑:苑继宁　张力　张国华　潘薇）

作品二维码

（九江广播电视台《九江新闻联播》2021 年 11 月 13 日）

评析: 在开展党史学习教育中,记者深入采访报道了江西省首个水上超市、九江港口航运管理局在九江内河开设第一家"水上超市","水上超市"为过驳作业区的船民配送生活所需物资,解决了广大船民水上生活必需品的难题。这篇消息充分发挥广播特色,文字简洁、音响丰富,以小见大,也为开展党史学习教育,践行"我为群众办实事"活动提供了一个鲜活的典型。

（周俊杰　省政府文史馆馆员、江西广播电视台原副台长、高级编辑）

广播消息

孙滨生:"千锤百炼"铸就航空工匠人生

占之君　黄虹　余乐安　肖津

(编辑:占之君)

作品二维码

(景德镇广播电视台新闻综合广播频率 2021 年 11 月 19 日)

评析:这篇典型报道具有较强的典型性和新闻性,通过报道航空工匠孙滨生在平凡的钣金岗位上兢兢业业,乐于奉献,展示了孙滨生对质量敬畏、对技术精益求精,"千锤百炼"凝结成工匠精神和劳模精神。

(周俊杰 省政府文史馆馆员、江西广播电视台原副台长、高级编辑)

广播消息

萍乡:科技"赋能"社会治理　宜居宜业百姓点赞

柳锡波　谢文　李旭明

（编辑：文锦）

作品二维码

（江西广播电视台《江西新闻联播》2021 年 3 月 23 日）

评析:作品通过形象的细节描述、群众的生动反响,深刻揭示了萍乡市借助科技手段,从"汗水治理"转为"智慧管理",从被动响应变成主动服务,"绣花式"的精细化社会服务让群众感觉更宜居宜业的社会治理创新实践。

作品从科技"赋能"社会治理的视角切入,点题群众幸福感、安全感满满。点面结合,角度新颖,具有较强的典型性和可听性。

（周俊杰　省政府文史馆馆员、江西广播电视台原副台长、高级编辑）

广播消息

鹰潭:"双千兆"信息"高铁",提升智慧化公共服务

张华山　欧舟　陈志文　吴兰兰

(编辑:洪湘江　褚诗远)

作品二维码

(鹰潭广播电视台《鹰广新闻》2021 年 10 月 12 日)

评析:作品立足鹰潭,抓住鹰潭推动千兆光网和 5G 互补互促这一亮点,从如何运营好"双千兆"这座信息"高铁"、引领信息消费升级这一视度,灵活把握专业细节,合理运用现场素材,体现出高科技创新领域,谁掌握了先进技术,谁就将领先广大市场这一主题;报道简洁生动,条理清晰,具有张力,兼具了重要性、显著性、独特性。

(周俊杰 省政府文史馆馆员、江西广播电视台原副台长、高级编辑)

广播消息

丰城:"踢皮球奖""蜗牛奖"
"奖"出 700 亿元招商大单

聂俊峰　陈玉清　张伟　聂蔚婷

(编辑:陈玉清　王桂兰　甘莺)

作品二维码

(丰城市融媒体中心《丰城新闻联播》2021 年 10 月 2 日)

评析:丰城市以壮士断腕的决心和刀刃向内的勇气,坚决打造一流营商环境,决定常态化评选"踢皮球奖""蜗牛奖"负面奖项,拿懒政怠政"开刀",治理不作为、慢作为,扯皮推诿现象,推进营商环境优化。记者及时跟进报道,展示了"设奖"的成效:短短 9 个月,营商环境大大改变,"负面奖""奖"出了近 700 亿元的招商大单。

作品角度新颖,新闻性强,用了鲜活的事例和录音来展示主题,感染力强。

(周俊杰　省政府文史馆馆员、江西广播电视台原副台长、高级编辑)

广播系列报道

我们的村支书

何淑华　王文彦　戴晨柏　蒋彩虹　胡娜　李程　牛鑫

（编辑：何淑华　李泽玮）

作品二维码

（江西广播电视台科教·农村频率 2021 年 7 月 1 日、7 月 14 日、8 月 24 日）

评析： 中国共产党成立 100 周年之际，江西农村广播推出建党百年系列报道：《我们的村支书》，聚焦农村最基层党支部书记，感受推动脱贫攻坚、乡村振兴背后的初心使命。展现了一群有思路、有格局、担当实干的新时代村支书群像，通过他们，让我们看到中国共产党为什么能打赢脱贫攻坚战，进而对全面乡村振兴充满信心。

（周俊杰　省政府文史馆馆员、江西广播电视台原副台长、高级编辑）

广播评论

做强粮食"芯片" 守牢大国粮仓

周密 易义华 钟文峰 赵耀

（编辑：吴立芳 刘在胜 辛旺）

作品二维码

（江西广播电视台综合·新闻频率 2021 年 12 月 30 日）

评析：江西是新中国成立后，连续不间断向国家调出粮食的省份，江西"藏粮于技"举措在全国有典型意义，在南繁基地的制种面积和数量在全国占比超过 80%。同时江西在水稻种源保护、育种创新等方面，也为种业发展贡献了江西智慧。

记者先后深入海南南繁基地，南昌、宜春等多个粮食主产县市，采访了农民、院士、行业专家等，对如何做强粮食"芯片"——种子，进行了深度探讨和关注，深入剖析了种源攻关等焦点问题，作品有较强的启示意义。

（周俊杰 省政府文史馆馆员、江西广播电视台原副台长、高级编辑）

广播评论

从"蜗牛"获"奖"到"码"上"服务"

（作品入选第 32 届中国新闻奖二等奖，详见 P014）

广播专题

让预付卡消费少点套路 多点诚信

汪霞

（编辑：王玲）

作品二维码

（江西广播电视台都市频率 2021 年 12 月 31 日）

评析： 在消费方式日渐多元化的今天,名目繁多的预付式消费颇为流行,它给消费者带来优惠便利的同时,也暴露出不少弊端——商户老板恶意卷钱跑路、商家频繁易主、服务不满意却无法退款等问题屡屡发生。围绕这一现象,记者通过深入的调查,揭示了预付式消费中存在的问题,深入分析其中的原因,在深层思考的基础上提出了建设性建议。该报道从问题入手,以调查为线索,层层递进,揭示问题本质,对于促进预付式消费科学健康发展有着现实意义。

（周俊杰 省政府文史馆馆员、江西广播电视台原副台长、高级编辑）

广播专题

铁心向党的红色传人——"红一连"

李程　何淑华　王文彦　袁芸

（编辑:何淑华）

作品二维码

（江西广播电视台科教·农村频率 2021 年 8 月 1 日）

评析:八一建军节,播出《铁心向党的红色传人——"红一连"》彰显了媒体的责任和节目的价值。中国共产党筚路蓝缕走过百年,创造了无数丰功伟绩。其中一个个基层党支部就是党的事业的坚强堡垒。94 年前,在"三湾改编"中由毛泽东亲自创建的第一个连队党支部,被誉为"军魂发源的地方"。"八一"前夕,适逢中宣部授予该连"时代楷模"称号,褒扬他们是"铁心向党的红色传人",号召全社会向他们学习,更为报道平添了新闻价值。

（周俊杰　省政府文史馆馆员、江西广播电视台原副台长、高级编辑）

广播专题

英雄城·新家乡

王珺 滕佳奇 刘鹏 李洋 邹必华 周嘉钰

（编辑：王珺）

作品二维码

（南昌广播电视台 2021 年 12 月 26 日）

评析：作品民生视角、主题鲜明、内容丰富、贴近性强。从几个不同领域、具有代表性的外地人在南昌的工作生活，来展现南昌崭新的城市形象和大气格局。以小人物大主题、新南昌正能量的视角作为切入点，通过丰富的声音元素，深入挖掘主题主线。充分展现南昌城市建设发展好、绿色生态环境好、经济建设政策好、强化人才保障好、文化基因传承好的首位担当精神。反映新南昌时代精神、把握时代脉动、弘扬南昌宜居宜业的时代风貌。

（周俊杰 省政府文史馆馆员、江西广播电视台原副台长、高级编辑）

广播专题

江西中欧班列:跨越千万里,跑出"加速度"

杨燕　徐迎华　胡昀

(编辑:杨燕)

作品二维码

(江西广播电视台信息·交通频率 12 月 31 日)

评析:江西作为国家批复的内陆开放型经济试验区,支持中欧班列发展,主动融入共建"一带一路",构建了更广阔的对外开放新格局。录音专题:《江西中欧班列:跨越千万里,跑出"加速度"》,带领受众走进赣州、南昌两大铁路港站、产业园区,对江西中欧班列助力"一带一路"高质量发展进行了全景式关注和深入解读。作品主题鲜明,材料丰满,可听性强。

(周俊杰 省政府文史馆馆员、江西广播电视台原副台长、高级编辑)

广播专题

乡村医生王宣科：一名共产党员就是一面旗帜

毕如玉　夏玲玲　徐凌　纪樊　周建峰
（编辑：周青松　陈永根）

作品二维码

（上饶广播电视台 2021 年 7 月 1 日）

评析：作为"庆祝中国共产党建党百年"特别节目，作品大主题小切口，"不忘初心、牢记使命"的重大主题，通过用声音构建场景来讲述故事，数十年的平凡过往，浓缩于细细话语中。

作者以平视的视角，选取日常主人公所做的经常事，认为不足以为道的事，让主人公的形象跃然而出，真实、可信、可感。音响丰富生动，现场感、可听性强。

（周俊杰　省政府文史馆馆员、江西广播电视台原副台长、高级编辑）

广播专题

广昌：拓宽"两山"转化新通道
激发绿色发展新动能

危志娟　李阳　张志珍　丁健

（编辑：谢慧星　付逸聪　章可欣）

作品二维码

（抚州广播电视台《抚州新闻》2021 年 12 月 30 日）

评析：广昌县深入践行"两山"理论，积极探索生态产品价值实现与城市建设、乡村振兴共建共兴的新模式、新路径，通过"资源变资产、资产变资本、资本变资金"，有效实现了经济社会绿色转型发展。

报道聚焦广昌县绿色转型发展实践，主题突出，内容丰富，是一篇具有启示意义的作品。

（周俊杰　省政府文史馆馆员、江西广播电视台原副台长、高级编辑）

新闻现场直播

多彩赣深高铁　"醉"美赣粤交融

——赣深高铁开通直播特别节目

袁娟　何华英　谢群　白小龙　沈汉华

李兴满　阙丽莎　汤荔　傅心明

（编辑：袁娟　曹梅青）

作品二维码

（赣州广播电视台新闻综合广播 2021 年 12 月 10 日）

评析：备受关注的赣深高铁 2021 年 12 月 10 日正式通车，从铁路时代到高铁时代，赣州融入湾区步伐进一步加快。《多彩赣深高铁"醉"美赣粤交融——赣深高铁开通全媒体直播节目》同步播出，作品聚焦"赣州融入湾区、加快发展"，主题鲜明，同时用融媒体视角展开沉浸式体验，传播效果好。

（周俊杰　省政府文史馆馆员、江西广播电视台原副台长、高级编辑）

广播新闻访谈

《党风政风热线》走进九江市户外直播

闫本华　刘剑

（编辑：卢洁华　罗春瑜）

作品二维码

（江西广播电视台综合·新闻频率《党风政风热线》2021 年 7 月 5 日）

评析：本期《党风政风热线》访谈节目，充分发挥桥梁作用和监督功能，聚焦"干部作风建设""营商环境优化""为群众办实事"等中心工作，通过市委书记等党政领导与听众、网友在线互动，解决了群众"急难愁盼"问题，推动了工作、化解了矛盾，成为百姓说话窗口、政府理政平台和党群连心桥梁。本期节目主题鲜明、内容充实、形式丰富，广受关注。

（周俊杰 省政府文史馆馆员、江西广播电视台原副台长、高级编辑）

广播新闻访谈

对话"提灯天使"胡敏华

陈超 林欣

（编辑：刘欣 陈超 林欣）

作品二维码

（南昌广播电视台 2021 年 5 月 25 日）

评析：这是一期有温度又有一定深度的人物访谈。通过对南丁格尔奖获得者胡敏华访谈，关注社会热点，直面社会应该如何接纳艾滋病患者和艾滋病患者应该怎样主动融入社会的话题。

这篇访谈主题鲜明，语言鲜活，故事化呈现，可听性强。

（周俊杰 省政府文史馆馆员、江西广播电视台原副台长、高级编辑）

新闻节目编排

交通安全这十年

集体(李磊　丁佩芳　董晗　杨燕　严田　雷文龙　黄志兴　潘瑜)

（编辑:李磊　蓝蔚　徐迎华）

作品二维码

（江西广播电视台信息·交通频率 12 月 2 日）

评析:《交通安全这十年》是"122 交通安全日"当天直播的一期特别节目。这期特别节目的编排主要体现在内容的优化组合上,节目围绕"不断提升人民群众出行的获得感、幸福感和安全感"这一主题,多方面梳理出交通管理十年来的发展变迁,多层次揭示了新时代交通治理的目的和意义。

（周俊杰 省政府文史馆馆员、江西广播电视台原副台长、高级编辑）

电视类（26 件）

电视消息

直 8A 型直升机加装"ICU"　护航北京冬奥会

熊梦龙　朱年德　朱星

（编辑：熊梦龙　朱星）

作品二维码

（景德镇市广播电视台 2021 年 12 月 1 日）

评析：该消息紧扣北京冬奥会这一重大历史事件，内容短小精悍，讲述了直 8A 型直升机加改装医疗方舱，服务北京冬奥会的事例。该型机由航空工业昌飞公司在江西景德镇设计生产，通过这次改装，使该型直升机在森林防火灭火、应急综合救援能力基础上再一次拓展和提升，创新打造了"直升机＋医护队员"的应急救援新模式。

消息突出报道该型直升机在北京冬奥会这一国际舞台上精彩亮相，向世人展示了我国航空应急救援装备的新进展和科技创新的新成果。

（杨松　原江西省新闻出版广电局巡视员、高级编辑）

电视消息

赣深高铁今天开通　赣州加速"融湾"

邓海明　傅心明　李帆　江东海　袁源

（编辑:罗燕　董家吉　肖晶星）

作品二维码

（赣州广播电视台新闻综合频道《赣州新闻联播》2021 年 12 月 11 日）

评析:消息采取现场报道的形式,以精练的语言、精彩的画面、生动的采访,记录了赣深高铁开通的历史性时刻,充分展现了老区人民欢欣鼓舞的喜人场景。以小切口反映大事件,通过细节处理,充分强化作品张力,新闻事件的重要性得到了充分体现。

（杨松　原江西省新闻出版广电局巡视员、高级编辑）

电视消息

新钢攻克"卡脖子"难题　稀土钢实现量产

张敏　陈影　朱瑛　张名海　胡建

（编辑：付珊　丁锐　于渺）

作品二维码

（新余广播电视台《新余新闻》2021 年 12 月 29 日）

评析：报道用叙述的手法，以简洁明了的文字、视频报道了新钢稀土钢的特点以及研发成功并实现量产的重要性。消息采访扎实，同期声运用生动、得当，可听、可看性强，有较强的吸引力和感染力。

（杨松　原江西省新闻出版广电局巡视员、高级编辑）

电视消息

贵溪:农林废弃物　发电 1.4 亿度

余进开　祝卫明　谭艺

（编辑:吴丹　高佳妍）

作品二维码

（鹰潭广播电视台《鹰潭新闻》2021 年 12 月 27 日）

　　评析:贵溪市通过建立生物质发电项目,将广大城乡废弃不用的农林废弃物收集利用,不但做到了废物利用,产生了清洁能源,而且有效改善了城乡环境,保护了生态,同时又为广大农民增收增添了渠道,助力了乡村振兴。该作品语言简洁,画面流畅,同期声运用到位,有事件有人物,鲜活生动,把一个不易表现的题材写得有声有色。

（杨松　原江西省新闻出版广电局巡视员、高级编辑）

电视消息

井冈山神山村:幸福生活好"神气"

王洋　张云霄　黄燕　王小平

(编辑:刘在胜　刘守洪　章洁)

作品二维码

(江西广播电视台《江西新闻联播》2021 年 2 月 25 日)

评析:报道题材重大,立意深远。作者将目光聚焦在全国率先脱贫摘帽的井冈山,实地探访习近平总书记到访过的神山村,记录下神山村老百姓五年后的新生活、新变化、新面貌,力证中国在脱贫攻坚上所取得的巨大成就。报道落点巧妙,内容创新。以一种全新的视角,把宏阔的气象和细节的精彩结合起来,从多个侧面呈现出村民们的变化,展现出从贫困中走出来的百姓欢欣鼓舞和对党的感恩之情,为展现中国脱贫经验提供了有价值的启示。

(杨松　原江西省新闻出版广电局巡视员、高级编辑)

电视消息

贺页朵:用生命守护入党誓词   终身坚守"永不叛党"

周密

(编辑:乔樑   张燕)

作品二维码

(江西广播电视台《江西新闻联播》2021 年 4 月 5 日)

评析:90 年前,书写人贺页朵怀着无限赤忱,开展革命工作,为百姓谋幸福;90 年后,他的后人继承先辈遗志,秉承家风,造福乡梓。作品通过大量一手、独家的新闻素材,呈现了中国共产党最早的入党誓词背后的故事。报道从一位普通农民手写的入党申请书入手,通过贺页朵后人的讲述,采用历史回顾和现实展望的方式,还原了这位吉安普通农民冒着生命危险开展革命的感人故事,以及他对革命的坚定信念,是一部为建党百年献礼的重要主题报道。

(杨松 原江西省新闻出版广电局巡视员、高级编辑)

电视消息

景德镇:因瓷而生　因瓷而潮

高笑　张云霄　钟文锋　徐子玄　杨汉青

(编辑:易义华　黄燕　章洁)

作品二维码

(江西广播电视台《江西新闻联播》2021 年 5 月 29 日)

评析:作品视野宽广、逻辑流畅,以记者个性化的视角,创新表达语态,语言极具网感化,尤其是运用了 VR 全景相机、记者自拍 vlog(视频网络日志)的形式拍摄,采取了短、平、快的新媒体制作剪辑方式,充分展现了景德镇数以万计陶瓷人才的"潮流"和"活力",具有较强的观赏性、传播性。在新媒体传播转载出后,引发广泛关注。

(杨松　原江西省新闻出版广电局巡视员、高级编辑)

电视消息

为烈士画像　让后人铭记

万萍　揭凯凯

（编辑：熊辉　朱林　黄燕）

作品二维码

（江西广播电视台《江西新闻联播》2021 年 8 月 1 日）

评析：因战争年代条件所限，一些革命烈士牺牲前没能留下一张照片，成为烈士后人的遗憾。2021 年"八一"前夕，安义县退役军人事务局聘请画师辗转全县 11 个乡镇查阅资料，访问烈属以及和烈士接触过的战友、童年伙伴。画师们用手中的画笔，让烈士英容再现，为他们的亲人实现跨越时空的"团圆"，也让这份记忆，深深烙印在新一代青年人的心间。不忘初心，在接续奋斗中，汲取烈士的精神，升华为前进的动力。作品在挖掘题材方面独具慧眼。

（杨松　原江西省新闻出版广电局巡视员、高级编辑）

电视消息

守望——红色档案守护人洪东亮

时新苗 沈天红 肖津

（编辑：詹奎 刘军霞）

作品二维码

（景德镇广播电视台 2021 年 10 月 21 日）

评析：红色档案是镌刻中国共产党人初心使命最直接、最形象、最震撼的历史凭证。该消息紧扣红色主题，充分挖掘党史学习教育中的典型人物，通过实地采访红色档案守护人洪东亮，在琳琅满目的档案资料中穿越时光隧道，探寻红色档案背后那些不为人知的故事。该报道注重细节，娓娓道来，以物见情，通过一件件档案展示宏大的历史画卷，兼具思想性、政治性，新闻性、故事性。

（杨松 原江西省新闻出版广电局巡视员、高级编辑）

电视消息

菜农赖昌清卖菜的"新"变化

傅心明　刘健　王欢　刘阳　曾铃

（编辑：邓海明　赵亚海　张栋）

作品二维码

（赣州广播电视台新闻综合频道《赣州新闻联播》2021 年 5 月 2 日）

评析：作品关注赣州"粤港澳"大湾区"菜篮子"工程建设中蔬菜产业发生的三大新变化，通过菜农自身的体会，体现蔬菜采摘、销售从包装、质量、时效及技术标准等方面的具体变化，反映出"苏区"与"湾区"对接后，"苏区"的蔬菜种植正由传统种植向精细化管理转变，由粗放式销售向卖精品菜转变。作品写出了当地农民致富增收的勃勃生机和向着农业现代化道路上迅跑的精神面貌。

（杨松　原江西省新闻出版广电局巡视员、高级编辑）

电视消息

"蛤蟆夫妻"返乡创业　带领百姓致富有方

龚雨竹　丁文　聂蔚婷　黄丹

(编辑:丁文　欧阳扬)

作品二维码

(丰城市融媒体中心 2021 年 9 月 19 日)

评析:该专题讲述了丰城市白土镇栗树村,一对远近闻名的"蛤蟆夫妻",回乡创业的故事,他们让"沉睡的土地",变成炙手可热的"香饽饽"。他们成立种养合作社,吸纳周边村民入社,带动村民致富,书写了"新农人"敢想敢干、拼搏奋斗的精神。

专题内容丰富、主题鲜明,报道接地气、有温度,展示了中国乡村振兴的勃勃生机和走进新时代的中国农民的新形象,意义深远。

(杨松　原江西省新闻出版广电局巡视员、高级编辑)

电视消息

农民也能评职称:江西 49 位职业农民取得职称

赵耀　彭侃　张敏　李戈

(编辑:刘在胜　熊辉　周密)

作品二维码

(江西广播电视台《江西新闻联播》2021 年 1 月 10 日)

评析: 为了激发人才创新活力,江西深化职称制度改革,首次给职业农民评职称。农民也能评职称,这是件新鲜事,谁可以评?怎么评?评到之后有什么作用?记者抓住这个新闻点,从首批获得职称的"土专家""田秀才"们切入,逐一解答观众关心的问题,反映职称给他们带来的帮助。全片逻辑清晰、层层递进,具有较强的新闻性。

(杨松　原江西省新闻出版广电局巡视员、高级编辑)

电视消息

"国宝"东方白鹳安家铁塔 电力工人倾心护巢

周国胜 徐雅文 严小铖 彭成

（编辑：刘婷）

作品二维码

（南昌广播电视台 2021 年 3 月 5 日）

评析：国家一级保护动物东方白鹳时隔一年后再次回到南昌市进贤县青岚湖水域旧巢孵雏，记者敏锐地捕捉到这一新闻点，深入挖掘出新闻背后电力工人倾心"护巢"的动人故事。作品通过对东方白鹳的蹲守拍摄，生动展现出南昌的自然生态之美，同时也通过电力工人平实的讲述体现了人们对生态文明的自觉追求，深化题材意义，凸显出人与自然和谐共处的人文情怀。

（杨松 原江西省新闻出版广电局巡视员、高级编辑）

电视消息

寒夜里的铁路检修工

桂训炜　汤雅芬　钟张莉

（编辑：钟张莉）

作品二维码

（九江广播电视台《九江新闻》2021 年 2 月 5 日）

评析： 作品以铁路检修工小年夜检修铁路为切入口，通过凌晨、检修、归家等元素，精准选取新闻素材，大量呈现检修现场，反映青年一代的家国情怀。新闻是在媒体"新春走基层"的大背景下采写的，稿件在"新春""走""基层"三个基本要素上都下足了功夫，真实真切，精当精彩。消息播出后，社会反响很好，得到新华社等媒体的转载转播。

（杨松　原江西省新闻出版广电局巡视员、高级编辑）

电视消息

90 后教师教学生做笛吹笛　山区校园笛声悠扬

康序今　李若鹏　陈瑾　欧阳丽莎

（编辑：方旭）

作品二维码

（泰和县融媒体中心 2021 年 7 月 9 日）

评析： 该报道讲述了泰和山区水槎中心小学一位 90 后音乐教师在学校普及吹奏竹笛丰富学生的音乐知识，让农村孩子享受中国民乐的熏陶的故事。报道风格清新灵动，细节丰富，充满活力。同期声的运用生动活泼，朴实无华，让人物形象更为立体。在拍摄方面也很有特色，画面精致，构图讲究，风景优美，音画结合，给人以美感。

（杨松　原江西省新闻出版广电局巡视员、高级编辑）

电视消息

"碳币"引领低碳生活

饶敏杰 饶东奇 李敏 陈亮 黄树山
（编辑：袁志鸿 桂勇）

作品二维码

（抚州广播电视台《今日关注》栏目 2021 年 9 月 25 日）

评析： 近年来，抚州市积极开展碳普惠制的研究和探索，具有可操作性和指导性的碳普惠平台建设及运营管理经验，被国家发改委列入国家生态文明试验区改革举措及经验做法第一批推广清单。新闻抓住低碳生活的时代趋势这一选题，以点带面，通过记者亲身体验和对商家、市民的采访，对这一举措进行解读，数据翔实，内容精练，新闻性强。

（杨松　原江西省新闻出版广电局巡视员、高级编辑）

系列报道

遇见"小精灵"

胡瑾琼　易义华　高笑　吴萍　石敏灵　郝士芳　钟文峰　谢凡

（编辑：王杰　喻雅琪　蔡梦思）

《遇见小精灵——"微笑天使"笑闹江湖》　　《遇见小精灵——鹿儿们的"撒欢"日常》

《遇见小精灵——鸟儿们的"华山论剑"》

（江西广播电视台《江西新闻联播》2021 年 10 月 1 日、4 日、8 日）

评析：《遇见"小精灵"》系列报道，用纪录片手法拍摄。语言活泼生动，活用拟人手法，聚焦偶遇动物生存的悠然自得，记者、游客与动物们的互动互融，讲述感强。画面大气优美，动用多种特种设备拍摄，用全新角度展示鱼翔浅底、百鸟齐鸣、诗意栖居等江西最美的生态画卷。在电视、PC 端、移动端进行同步传播，大屏、小屏之间即时互动，反响强烈。

（杨松　原江西省新闻出版广电局巡视员、高级编辑）

系列报道

红光楼小区改造记

李秀鹏　　万光逸　　熊辉

（编辑：肖麟　黄燕　沈琪）

红光楼小区改造记(一)　　红光楼小区改造记(二)

红光楼小区改造记(三)

（江西广播电视台《江西新闻联播》2021 年 10 月 6 日、7 日、8 日）

评析： 系列报道聚焦党史学习教育"我为群众办实事"实践活动中老旧小区改造这个公共性难题，报道时间跨度半年，用四集篇幅记录南昌市西湖区红光楼小区改造过程中拆违动员、确定改造方案、顺利改造的过程。通过生动的现场、群众的视角来表达，翔实而不觉冗长，让主题新闻具有鲜活度和可看性。节目播出后，省内外纷纷组织党员干部前往红光楼小区学习取经，当地基层党员干部用心为民办实事的做法获得广泛赞扬。

（杨松　原江西省新闻出版广电局巡视员、高级编辑）

电视纪录片

百年辉煌红土地　感恩奋进谱新篇

王笑鹏　王子荣　黄培　张涛伟　巫宜淞　王建国　朱彤彤

（编辑:傅宇翔　朱刚　徐丽英）

作品二维码

（江西广播电视台卫视频道 2021 年 7 月 1 日）

评析: 该片在江西省庆祝中国共产党成立 100 周年纪念大会上播出,上千万人通过江西卫视及网络各平台观看直播。本片立意高远,以时间为轴线,以"江西红"为经纬,选取最具特色的红色故事和成就,立足全国视野,展现一百年来,江西波澜壮阔的奋进脚步和发展变迁。节目组把握大主题、小切口原则,从一把手枪、一面红旗等细节切入,用灵动的叙事风格,串联起厚重的主题故事,真实描绘出江西儿女感恩奋进的红色情怀。

（杨松　原江西省新闻出版广电局巡视员、高级编辑）

电视纪录片

"交邮融合"助力乡村振兴

吕小明　丁锐

（编辑：张敏　兰韶强　郭祎）

作品二维码

（分宜县融媒体中心《今日分宜》2021 年 3 月 31 日）

评析：分宜县的"交邮融合"模式，是在助力乡村振兴总要求下，一件实实在在的为民举措，为巩固脱贫攻坚成果，实现乡村振兴有效衔接探索了新的路径。新闻紧扣主题，挖掘"交邮融合"项目中整合邮政快递、公交物流等各界资源的新闻点，从让快递下乡更快捷、农产品出村更方便，一进一出两个不同方向，讲述"交邮融合"模式给群众带来实实在在的实惠，给人以启迪。

（杨松　原江西省新闻出版广电局巡视员、高级编辑）

电视专题

一位百岁老人的入党初心

曾蓉　龚宏亮　陈财华　阎青
（编辑：余进开　曾蓉）

作品二维码

（鹰潭市广播电视台新闻综合频道 2021 年 12 月 18 日）

评析：在纪念建党 100 周年的大背景下,报道讲述了一位 103 岁的老红军一世坚守,不忘初心的故事,有很强的冲击力。冯品荣老人从十几岁参加革命开始,就认准了共产党,内心从未动摇。皖南事变,冯品荣的党组织关系丢失,2018 年,100 岁的冯品荣抱着一颗初心重新写了一份入党申请书,2020 年 6 月组织上同意接受他为中共预备党员,在 84 年的坚守等待后,他终于重新回到了党组织的怀抱。冯品荣一生以忠诚和行动践行着共产党人的宗旨,阐释着"信仰"最本真的"纯粹"。作品语言朴实亲切,人物形象生动,画面细腻丰富。

（杨松　原江西省新闻出版广电局巡视员、高级编辑）

电视纪录片

井冈山：青春的回响

谢慧瑜　彭小安　郭远辉　李玉城　王娟　肖双喜　梁泉茂
（编辑：刘小丽　聂海）

作品二维码

（吉安广播电视台 2021 年 12 月 28 日）

评析：纪录片通过三代人初心向党、接续奋斗的故事，铺展开井冈山精神薪火永相传、青春有回响的壮美画卷。

作品在选题和表述方面都很有特色。首先，尽管题材重大，契合建党 100 周年的历史背景，但该片并没有拘泥于宏大叙事，而是突出了"年轻人"这一鲜活概念，故事青春洋溢，生动感人；其次，独具匠心，构思巧妙，三代人的青春故事详略得当，既突出当代年轻人的故事，又巧妙引导出革命先烈的故事，把历史与现实有机衔接，塑造了鲜明的青春群体形象。作品播出后反响热烈，广获好评，成为当地建党百年主题宣传的一大亮点。

（杨松　原江西省新闻出版广电局巡视员、高级编辑）

电视纪录片

老表们的新生活——鸟哥"打鸟"

（作品入选第 32 届中国新闻奖一等奖，详见 P012）

电视专题

冠军背后的人——江西小伙徐冬林

魏翔　范弘　查鹏飞　赵文佳　孙路路　陈弦

（编辑：傅岭　胡君　王欢）

作品二维码

（南昌广播电视台 2021 年 12 月 11 日）

　　评析：节目通过清晰的"明暗线"对两位主人公的逐梦故事娓娓道来，在电视语言的表现上，以小见大，细节引入，有小物件的传递情感：如赛场内的"牵引绳"，赢得比赛后徐冬林将刘翠青高高举起胜利的双手；赛场外的细微关怀，徐冬林为刘翠青放在餐桌右侧的碗筷等等，也有好的"矛盾点"为本片增添色彩：一方心疼队友受伤想放弃比赛，一方为了让队友再一次站在世界的聚光灯下，而坚持比赛。同时，本片的"时间轴"较为明朗：8 年，54 场比赛，深情讲述，形象生动，亲切感人。

（杨松　原江西省新闻出版广电局巡视员、高级编辑）

新闻访谈

长江大保护的鄱阳湖智慧

易义华　卢美联　杨茜　蔡梦思　吕智晶　肖麟　付忆静　周伟

（编辑：刘在胜　吴科健　张丹）

作品二维码

（江西广播电视台新闻频道 2021 年 12 月 31 日）

评析: 2016 年 1 月 5 日,习近平总书记提出"共抓大保护、不搞大开发"生态文明理念。近六年来,江西交出了一份优美答卷:鄱阳湖候鸟总数创有记录以来最高纪录;大型江豚种群频繁出没;刀鱼、鳤鱼等珍稀鱼类多次出现。节目组邀请有关专家、学者和行政管理人员参与访谈,从候鸟、江豚、鱼类入手,一一呈现"点鸟奖湖""五级河湖长制""两山银行"等系列创新举措,不仅表现了江西在"共抓大保护、不搞大开发"上所做的积极探索,也展示了江西为全国乃至全世界的生态保护做出的贡献。

（杨松　原江西省新闻出版广电局巡视员、高级编辑）

新闻节目编排

江西新闻联播（2021.2.25）

肖麟　易义华　黄燕

（编辑：郝士芳　张丹　蔡梦思）

作品二维码

（江西广播电视台《江西新闻联播》2021 年 2 月 25 日）

评析：2021 年 2 月 25 日，习近平总书记在全国脱贫攻坚总结表彰大会上庄严宣告：我国脱贫攻坚战取得了全面胜利！当天，《江西新闻联播》把握"时度效"，推出组合报道，板块主线清晰、辅线得当，编排精巧、一气贯通，时政消息、新闻特写、口播新闻抢占第一落点，及时报道大会盛况、受表彰代表心声、赣鄱儿女反响；主题报道、人物报道、综述报道、航拍报道对动态板块深度挖掘和温度延伸，点面结合、有故事有数据。整期节目体现出"速度、高度、广度、深度、温度"。

（杨松　原江西省新闻出版广电局巡视员、高级编辑）

央媒（17 件）

报纸消息

全省设立 117 个妇女儿童维权法律服务站
江西妇女儿童维权法律服务站实现县级全覆盖

刘旭

（编辑：吴瑛 张明芳）

中国妇女报全媒体记者近日从江西省妇联权益部了解到，为构建妇女儿童维权专业化、实体化服务平台，目前江西全省共设立 117 个妇女儿童维权法律服务站，实现了县级全覆盖。

据了解，为扎实推进党史学习教育"我为群众办实事"实践活动走深走实，进一步加大维护妇女儿童合法权益的工作力度，拓宽妇女儿童维权工作渠道，提升妇女群众法治获得感满意度，构建司法保护与社会支持相结合的妇女儿童维权工作机制，今年 5 月初，江西省妇联、省司法厅联合在全省推动各级妇联与律师事务所合作建设妇女儿童维权法律服务站。要求各县（市、区）妇联与符合条件的律师事务所共同建立或完善至少一个妇女儿童维权法律服务站，全省 100 个县（市、区）均至少有一个定点律师事务所、一支律师团队，为有需求的妇女儿童提供法律咨询、个案维权、婚姻家庭矛盾调解、法治宣传等专业化维权服务。

此项工作启动后，得到各律师事务所的积极响应。江西省妇联、省司法厅联合指导推动，各设区市妇联、司法局密切协作，积极落实，经过妇联和司法部门的联合考察并挂牌，目前全省 11 个设区市共设立 117 个妇女儿童维权法律服务站，妇女儿童维权法律服务站实现县级全覆盖。此举也意味着律师广泛深入参与妇女儿童维权工作的全面开启,律所及广大律师在维护妇女儿童合法权益中的重要作用将得到进一步发挥。

据介绍,全省各地的妇女儿童维权法律服务站将履行提供法律咨询服务、个案维权服务以及开展法治宣传教育等职责。包括接待妇女群众的来信、来访、来电,提供法律建议及维权指导,引导和帮助妇女儿童依法维护自身权益。此外,还参与有关妇女儿童权益的重点、疑难信访件的调处;对符合条件的妇女儿童权益案件,提供法律援助;为妇女儿童代理案件,提供优质高效的法律服务。在参与信访、诉讼等工作中,妇女儿童维权法律服务站被要求严格保守知悉的涉及妇女儿童的案件、个人隐私等相关情况。

江西省妇联权益部负责人表示,妇联和司法部门将定期进行走访督导,通过指导各妇女儿童维权法律服务站开展工作,总结经验,发现和宣传先进典型,进一步推动形成促进男女平等、维护妇女儿童合法权益的良好社会氛围。

(《中国妇女报》2021 年 8 月 4 日)

评析: 在保护妇女儿童权益的话题是当下社会关注的热点之一,消息敏锐关注到江西省实现妇女儿童维权法律服务站县级全覆盖。作为一项开创性的举措,为推动形成促进男女平等、维护妇女儿童合法权益的良好社会氛围提供了"江西经验"。

消息篇幅虽短,但语言平实、文字精练、叙述清楚,既凸显了事实的亮点,又有关联资讯的延展,具有较强的新闻价值。

(吴辉 江西财经大学新闻与传播系教授)

文字消息

迟来的婚纱照

胡锦武　闵尊涛

（编辑：江国成）

在地处三县交界处的江西省万安县夏造镇横江村，脱贫户最近纷纷选择补拍婚纱照。

"可以把头靠近一点，再靠近一点。"摄影师指导夫妻俩调整好拍照姿势后，迅速按下快门，一张幸福的合照就此定格。

这是一张迟来的婚纱照。刘仁香说，自结婚那天起，这个愿望在心底已经藏了 35 年。

直到 2016 年脱贫后，刘仁香补拍婚纱照的心愿被细心的扶贫干部发现。

"我们走访时，看到很多贫困户家里都挂着一张通过'流动照相馆'拍摄的合影，衣服一模一样。仔细一看才发现，这是将自己的大头照 P 上去的'合影'。"横江村驻村第一书记肖力光说，拍一张真正的合影或婚纱照是不少村民的愿望。

为了满足脱贫户们"朴素"的心愿，2020 年 12 月开始，当地政府就开始联系摄影师上门拍摄婚纱照，为他们送上一份别样的脱贫礼物。

脱贫又脱单的戴跃武夫妇和 80 多岁高龄的父母拍了两代人的婚纱照；脱贫后的王斯财夫妻也赶了一把时髦，穿上传统服装拍了一张幸福的婚纱照……

在秀美乡村背景映衬下，在摄影师的镜头里，一张张迟来的婚纱照，定格了贫困群众脱贫后的新面貌。

"随着物质生活条件改善，村民精神文化需求随之增加，这对我们工作提出了更高要求。"夏造镇党委书记张浩峰说,镇里已计划为全村 20 多对脱贫夫妇拍摄婚纱照。

在拍摄了迟来的婚纱照的家庭中,戴跃武脱单又脱贫的故事尤为感人。

5 年前,戴跃武还和父母三人挤在一间破旧的土坯房里,少有人来串门。"介绍的好几门婚事都告吹了,有的相亲对象还没进门,瞅一眼破旧的房子,扭头就走。"戴跃武说。

独自在外打工多年的戴跃武一年到头存不下多少钱,建新房、娶媳妇成了他挥之不去的心结。

2015 年,戴跃武家被纳入建档立卡贫困户。为了照顾年迈的父母,他开始就近务工,同时通过种植油茶、入股村内扶贫产业基地等,收入明显增长。

第二年,在危房改造项目支持下,加上多年攒下的十几万元存款,他拆掉了土坯房,建起了小洋楼。盖了新房后,又有人上门说亲。2017 年,46 岁的戴跃武娶上了媳妇。

横江村曾为国家级贫困县的贫困村,贫困发生率一度超过 17% 。2020 年,村里最后 2 户贫困户顺利脱贫。

(《新华每日电讯》2021 年 2 月 4 日)

评析:这是一篇来自基层的小切口新闻作品,从新年到来之际大山深处脱贫户补拍婚纱照的事情切入,通过讲述典型人物故事,定格群众脱贫后的新生活和新面貌,将脱贫攻坚的宏大叙事与脱贫群众的个体命运变迁结合起来,把脱贫攻坚的故事讲新讲活讲深。本文语言简练生动,注重典型场景、细节描写,画面感、现场感突出,让读者隔着文字都能感受到脱贫户的喜悦和幸福。

(吴辉 江西财经大学新闻与传播系教授)

文字消息

江西红色旅游景区成新年打卡"热地"

李韵涵

（编辑：刘占昆）

中新社南昌 1 月 2 日电 "新年第一天来这里重温革命历史,看看原来的革命老物件可以让孩子对曾经的历史有更深的了解。"元旦假期期间,南昌市民胡思丽带着她的两个孩子前来南昌八一起义纪念馆"打卡"。

江西是中国著名革命老区,人民军队在此诞生,共和国也从这里走来,红色旅游资源丰富,拥有井冈山、瑞金等一大批国家 5A 级优质红色旅游景区。今年是中国共产党成立 100 周年,元旦假期,越来越多的游客走进红色故地,重温革命历史。

新年首日,与胡思丽一样前来南昌八一起义纪念馆参观的有 3600 余人次,游客人数已接近馆内规定的 3750 人次的上限。中新社记者在现场看到,在排队安检处,戴着口罩的游客已排起数十米的队伍长龙。

"现在越来越多的人愿意在节假日走进红色旅游目的地,红色旅游事业正迎来发展黄金期,这也要求我们不断增强红色旅游的吸引力。"南昌八一起义纪念馆馆长王小玲表示,纪念馆年均接待量达 180 万人次左右,为提高红色旅游的互动性和体验感,展览会采用多媒体场景、360 度全息投影、多点触摸屏技术等现代化先进陈列手段,增强展览的表现力。

中新社记者注意到,今年元旦假期期间,除南昌八一起义纪念馆、八一广场等红色景点,井冈山、瑞金共和国摇篮红色旅游区等江西境内知名红色旅游目的地游人如织。据统计,1 月 1 日当天,井冈山接待 1.25 万人次,同比增长 2.12%,实现旅游收入 1125 万元(人民币,下同),同比增长 3.52%。

"来到这里之后,我了解到了红军曾经的生活场景,原来的条件那么艰苦,我们更要珍惜当下的生活。"在参观完井冈山红军医院、井冈山黄洋界保卫战旧址等景点后,游客蔡南英颇有感触,"以后有机会要多来这样的地方看看"。

此外,"红色故都"瑞金也吸引了众多游客前来参观。1 月 1 日,江西瑞金接待游客 1.6 万人次,旅游收入 824.9 万元,其中共和国摇篮景区接待 0.9 万人次,门票收入 34.7 万元。

"新冠肺炎疫情初期对旅游业打击较大,随着疫情得到控制并逐步开放了省内游、跨省游,旅游业也开始有序复苏。"春秋航空江西公司总经理田义超表示,随着疫情得到进一步控制,今年建党百年红色旅游料会成为热门。

（中国新闻网 2021 年 1 月 2 日）

评析:江西是一片充满了红色记忆的革命圣地,人民军队在此诞生,共和国也从这里走来,红色旅游资源丰富。2021 年是中国共产党建党 100 周年,该篇稿件以江西著名红色景点八一起义纪念馆为切入点,辐射瑞金、井冈山等多个红色景点,囊括景点现场旅游情况、旅游人次、旅游收入、旅游业相关人员采访等多个要素,描述江西新年红色旅游情况。作品较好地突出了江西丰富的红色旅游资源,展现了著名革命老区的别样风采,在中国共产党 100 周年的新年之际,营造了良好的宣传氛围。

（吴辉　江西财经大学新闻与传播系教授）

报纸通讯

奋力描绘新时代江西改革发展新画卷
在中部崛起中勇争先

郑少忠 朱 磊

(编辑:施娟 张忠)

中国革命的摇篮、人民共和国的摇篮、人民军队的摇篮、中国工人运动的策源地……江西是一片充满红色记忆的红土地。

2019 年 5 月,习近平总书记在江西考察时要求江西"努力在加快革命老区高质量发展上作示范、在推动中部地区崛起上勇争先"。4500 多万赣鄱儿女牢记总书记殷殷嘱托,勠力同心,接续奋斗,奋力描绘新时代江西改革发展新画卷。

如今的江西,主要经济指标增速连年位居全国"第一方阵",综合科技创新水平指数排位连续 7 年实现进位,区域性整体贫困问题得到历史性解决,城乡面貌发生深刻变化,老区人民的获得感幸福感安全感明显提升。

创新引领:高新技术产业、战略性新兴产业比重大幅提升

"全球每 7 台空调里面,就有一台使用海立的压缩机。"南昌海立电器有限公司总经理办公室主任朱泉泉说,近年来,南昌海立着力开展节能环保高效舒适的空调压缩机产品技术研究,截至 2020 年底,已获 1 项发明专利、44 项实用新型专利。今年一季度,海立电器生产气体压缩机 398 万套,同比增长 94.16%。

加快科技自立自强步伐,在增强创新引领发展能力上下功夫,已成为南昌全市上下的自觉行动。南昌市发改委主任贾彧超说,从 2012 年到 2020 年,南昌全社会研发经费投入从 46.81 亿元增加到 114 亿元,高新技术企业从 134

家增加到 2052 家,汽车和新能源汽车、电子信息、绿色食品、新型材料已发展成为四大千亿产业。

南昌创新发展的实践,是江西把科技创新作为全省高质量跨越式发展的战略支撑的缩影。

自 2015 年以来,江西连续 7 年大幅增加省级科技专项资金,并重点投向基础领域薄弱环节,创新资源重点聚集突破 20 个左右核心基础零部件(元器件)、关键基础材料等。

"十三五"期间,《江西省创新驱动发展纲要》《江西省推进创新型省份建设行动方案(2018—2020 年)》《关于深化科技体制机制改革加快高质量发展的实施意见》《江西省鼓励科技人员创新创业的若干规定》等一系列政策措施相继出台,进一步激发科研机构和科技人员创新创业的积极性与活力。

支持加快科技自立自强,有效激活赣鄱大地科技创新"一池春水",鄱阳湖国家自主创新示范区、中国科学院赣江创新研究院等重大创新平台启动建设,创新型省份建设迈出坚实步伐。2020 年,江西综合科技创新水平指数升至 56.68%,13 项专利获第二十一届中国专利奖,全省高新技术产业、战略性新兴产业增加值占规模以上工业的比重分别为 38.2%、22.1%。

绿色崛起:生态环境质量保持全国领先

站在江西铜业集团德兴铜矿杨桃坞的山坡上俯瞰,满眼的绿。这里曾经废石成堆,历经近 20 年的生态修复,如今变成了"花果山"、生态园,成为人们旅游休闲的新去处。

"十一五"以来,江西铜业集团各类生态修复、环保投入累计超 46 亿元,所属矿山可复垦废弃地 80% 以上完成生态恢复。同时,形成了"三废"循环利用可持续发展产业链,通过发展循环经济,每年新增销售收入超过 60 亿元。

江西生态秀美,全省上下坚持生态立省、绿色发展战略不动摇,积极做好治山理水、显山露水的文章,深入推进国家生态文明试验区建设,奋力打造美丽中国"江西样板",不断巩固提升绿色生态优势。

日前,一条鄱阳湖中的鱼吸引无数关注的目光。江西省水产科学研究所在鄱阳湖都昌松门山水域开展水生生物资源监测时,发现了 10 年未见的一尾鳤,这意味着该物种种群数量有望逐渐恢复。深入推进长江经济带"共抓大保护"攻坚行动,全面落实长江和鄱阳湖重点水域禁捕退捕,鄱阳湖生态正加快恢复。

从实施覆盖全境流域生态补偿到大力推行环境资源审判、生态检察、生态综合执法模式,从建立生态文明建设评价指标体系到出台党政领导干部生态环境损害责任追究实施细则,江西坚持用最严格制度为美丽江西建设保驾护航,探索出一批可复制可推广的生态文明建设经验。

如今江西森林覆盖率稳定在 63.1%,自然保护地占全省国土面积 11.46%,生态环境质量保持全国领先。人不负青山,青山定不负人。2020 年,江西旅游接待总人次、总收入分别达到 5.5 亿人次、5400 亿元。

全面脱贫:老区人民日子越过越红火

11 年前的 10 月,张玉荣从安徽嫁到井冈山市上古田村,一进村,心就凉了半截:全村只有一条不足 2 米宽的土路,村民人均纯收入不足千元,青壮年普遍外出务工。

如今,张玉荣站在村口,向到访者介绍自己的村子,满面春风。身后,村民大多住上了两层小楼。全村改造出 71 栋民宿,村民年人均纯收入达 3 万元。

上古田村的变化,是江西革命老区面貌变化的一个缩影。2020 年 4 月,江西最后 7 个贫困县脱贫摘帽。至此,全省所有贫困县全部退出,3058 个贫困村全部出列,281.6 万建档立卡贫困人口全部脱贫,历史性解决了区域性整体贫困问题。

革命战争年代,江西人民付出了巨大牺牲、作出了巨大贡献。饮水思源,不能忘记革命先辈、革命先烈,不能忘记革命老区的父老乡亲。2012 年 6 月 28 日,《国务院关于支持赣南等原中央苏区振兴发展的若干意见》(以下简称《意见》)正式出台,老区发展翻开新篇章。

走进依山傍水的赣州市上犹县水岩乡龙门移民新村,一幢幢崭新的客家民居镶嵌于青山绿水间。

龙门村是库区村,山道九曲十八弯,曾是省定贫困村,村民们以船为家、捕鱼为生。《意见》出台后,上犹县积极引导库区农户上岸,在龙门村建起了扶贫车间、光伏发电站、茶叶扶贫基地。2019 年,龙门村贫困户全部脱贫摘帽。村级集体经济从零起步,提升到 2020 年的 12 万元。

"小木棚春天潮湿,夏天闷热,冬天寒冷,孩子上学要靠渔船摆渡接送。"居民黄海才曾经"水上漂",如今住进移民新村,妻子应聘公益岗位,成为环卫工。空闲之余,夫妻两人还在附近产业基地做零工,日子越过越红火。

眼下,江西正着力推动巩固拓展脱贫攻坚成果同乡村振兴有效衔接,提升民生改善和社会治理水平,努力在全面增进老区人民福祉上走在前列。

(《人民日报》2021 年 5 月 19 日)

评析:主题重大,视野宏阔。该文全景式描写了江西近十年的重大变化,特别是展现了 2019 年习近平总书记视察江西后,江西按照总书记重要指示精神,用时不我待的态度,在中部崛起中勇争先,所取得的突出成绩。全文跳出江西看江西,展现了老区新貌的同时,也对江西下一步在中部崛起中有更大作为鼓劲。采访与调研功夫扎实,数据准确。

(吴辉 江西财经大学新闻与传播系教授)

报纸通讯

"土"专业建成"火"专业

——南昌大学水产养殖专业屡出优秀团队的背后

甘甜

（编辑：王强）

同农民打了 30 多年交道,南昌大学生命科学学院副院长洪一江没想到自己成了"网红教授"。

2020 年,洪一江带领"稻渔工程"团队获得第 24 届"中国青年五四奖章";最近,他又带领"珍蚌珍美"团队,在第七届大学生"双创"大赛"青年红色筑梦之旅"赛道获得金奖。

"都是一直在做的工作。不管是鱼还是河蚌,我们都培育了 20 多年,这几年突然就火了。"洪一江坦言。

这些团队都来自南昌大学水产养殖专业,这是学校唯一的农口专业,学生大多踩线调剂而来,如何把这样"土"的专业建设好?

"学校花费了很多心血。2013 年,水产养殖专业获选江西省卓越计划,2014 年又争取到国家'首批卓越农林人才教育培养计划改革试点项目'。"洪一江介绍。

光有"卓越班"的头衔显然不够,学院为这些学生定制了专门的培养方案。

水产养殖不光是"养鱼",重在培养创新能力。

怎样获得和提升这种能力? 不停地实践,不论在实验室,还是在生产现场。团队的很多突破都需要在实验室里研究完成,学院便鼓励本科生都到实验室来,团队的实验室成了学校本科生最多的实验室。

学院年轻教师多,除了在基础理论上形成"传帮带"外,师生们还把田间地头当成大课堂,在广袤的大地上提升教师与研究人员的素质和技能。

"稻田里也有顶天的科学问题,教师不能在黑板上告诉学生'农民需要什么',关起门来搞研究不是团队的初衷。"洪一江带着师生们构建起"新青年讲习所"模式,跟随江西省特种水产产业技术体系、江西科技特派团的专家深入田间地头考察调研,对当地土壤、气候、水质等方面进行分析,因地制宜为不同地方推选最适宜的种养产品。

以前,有农户自发在水稻田里养鱼,种养面积不大,效益也不高。洪一江觉得这种模式很好,生态、优质,也符合人们对现代农业的新期待,可以试试看,于是就组织相关专业师生一起开展研究。

"稻渔工程"团队应运而生。

团队起步期,大大小小的技术环节多达上百项,每一项都需要因地制宜,几乎没有可借鉴的经验。

在不停歇的实践当中,这支平均年龄仅 28 岁的师生团队用了 6 年,足迹遍布江西 30 多个县(区),团队师生与养殖基地的工人同吃同住,每年有超过180 天围着稻田和农民打转,终于集成、创新、示范和推广了 6 类稻渔综合种养新模式,帮助农民增收、企业增效。

"这些年,我们水产养殖专业成立了很多团队,师生共同参与,以团进团出的方式,就某一具体的研究项目开展工作。"教师胡蓓娟说。

学生邱惠敏清楚地记得,2019 年暑假,她跟随老师来到江西抚州市东乡区调研,当地没有河流,生活和农业用水均来自水库。然而,受畜禽养殖污水影响,东乡区多处水库富营养化,造成鱼类死亡,百姓赖以生存的农畜业受到重创,许多青壮年离开家乡谋求生计。

一系列的调研、分析后,"珍蚌珍美"团队逐渐走向成熟,创造"鱼—蚌+"生态治水模式——以珍珠蚌的滤食作用为核心,混养多种鱼类,对富营养化水体进行净化,一改当地旧貌。

起先,很多学生都是第一次接触该项工作,即使在理论课上已经学过蚌的生物学测量方法和水质的检测及浮游生物采集方法等,在实际工作时还是无从下手。通过多次跟踪水质和蚌、鱼的生长情况,学生都掌握了这些方法,成为"熟练工"。

"蝶蚌原产日本,经过 20 年技术攻关,采用家系选育和传统选育相结合培育出了我国水产新品种'鄱珠 1 号'。"胡蓓娟是该项目的指导教师,"由于其先天净水、洁水的生物学特性和滤食作用,可达到绿色净水的目的,能实现生态效益和经济效益的双丰收。"

如今,优质蚌苗在全国已累计推广 30 万亩,覆盖 7 个省份,项目治理水面总面积超过 1 万亩,涵盖 30 余个村庄,建立了 5 个项目示范基地。

邱惠敏出生在海南省三亚市,不了解农村,来到老区学习后才开始跟着老师学习并加入"珍蚌珍美"团队,在田间地头了解新农村。现在,邱惠敏发现了农学的无限乐趣,并被保送本专业的研究生。对于未来,她说:"希望能在基层作出一些贡献,无愧于青春、无愧于时代。"

（《中国教育报》2021 年 11 月 16 日）

评析:本文巧寻角度,活用素材,从人才培养角度出发,解读南昌大学水产养殖专业屡出优秀团队背后的原因。行文流畅、故事精简、现场感强,展现了洪一江教授带领的"稻渔工程"团队把科研论文写在大地上的精神风貌,以翔实的事例发掘科研团队成员身上迸发出的时代之光。文章注重细节,用笔简练,具有较强的感染力;标题新颖而有冲击力,能够点燃读者的阅读兴趣。

（吴辉 江西财经大学新闻与传播系教授）

江西铅山疫情十二日:那些闪亮的身影

赖星　胡昕怡

江西铅山,辛弃疾仗剑持书的高大雕塑屹立河畔,北望江山。

这座因新冠疫情而按下暂停键的小县城,正是这位伟大词人的人生归处。

千百年过去,曾经的铁血传奇和千古风流早已化作诗词浅唱低吟,只有脚下的河水依旧湍流不息。疫情之下,虽然沿江来往的行人稀少,但他们都会不经意远眺对岸,似乎那豪迈英武的背影能给人精神的慰藉。

今天是铅山疫情第 12 天,人们的情绪已从担忧、害怕过渡到现在的平稳、踏实。在这段共患难的日子里,总有些瞬间温暖人心,总有些身影值得被记住。

当疫情结束之时,"且饮瓢泉,弄秋水,看停云"。

(一)

10 月 30 日晚,铅山疫情第一天。

家住上饶市区的张隽翾,连夜采购了 30 箱面包,给 40 公里外的铅山县防疫工作人员送去。

回到家时,已是凌晨 2 点多。

躺在床上,想到防疫人员可能没有早饭吃,他旋即又起床出门找包子店,但找了好几家都没有开门。

他没有放弃,而是跑遍了附近所有能找到的店,终于敲开了其中一家的店门。这家店的老板了解情况后,立即和妻子召集员工加急赶制了 1000 个包子。

凌晨 5 点多,包子全部做好。

张隽翾再次赶赴铅山县,在早上 7 点前将这份暖心的礼物送到了防疫工作者手上，让他们吃上了热乎的早餐。

面对谢意，他和那位好心的老板都说，"这是我应该做的"。

其实，生活中所有的"应该"，都是善良结出的果。

（二）

11 月 3 日，永平镇乡间搭起了一处"抗疫厨房"，任务是向封控区内提供 2000 余份盒饭。

缺人手，镇政府便广发"英雄帖"，仅一晚便召集了十里八乡有名的乡厨，拉起了一支三十余人的厨师团队。

邱玉宁是这些厨师中唯一的女性，被大家称为"女中豪杰"，她常年带着一支"娘子军"走街串户，操持着一桌桌宴席。

为了找齐人手，她挨个给姐妹们打电话。

"参加抗疫，即使没工钱我们也愿意来。"

十几通简短的电话下来，邱玉宁便招募了十多人加入队伍。

众人从每天凌晨 5 点忙碌到下午 5 点，有的在冷水里洗上 10 多个小时的菜，手背冻得通红；有的一刻不歇连蒸八桶米饭，直到出现低血糖才"被迫"休息。

她们是最普通的农村女性，其中有不少人已年过花甲，虽然自己过得不易，但也懂得帮助他人。这不是傻，更不是不自量力。

只是，很少有人意识到，那些默默帮助我们的常常就是这群最普通平凡的人。

（三）

11 月 5 日 9 时许，一辆小货车驶入"抗疫厨房"，车上满载着莴笋、白菜、萝卜等各类蔬菜 3000 余斤。

"这是最新采购的新鲜食材。"下车的男子名叫吴其鹏，是做蔬菜批发生意的个体户，为了备齐这些用于捐赠的蔬菜，他连夜到数十公里外的市场采购。

还有许多和吴其鹏一样的平凡个体在关键时刻，挺身而出。

44 岁的建筑工人李天雷听说需要车辆给景区滞留游客送饭,二话不说就开车来了,每天凌晨四五点到岗。他说:"就想为家乡做点事,给孩子当个好榜样。"

"热饭、热菜、热心肠,开心、开怀、又开胃。"

"谢谢永平的老百姓,你们辛苦了。"

饭点时刻,葛仙村度假区滞留游客组建的微信群中,众人纷纷点赞乡厨们精心烹制的菜肴。

从"抗疫厨房"里流淌而出的不仅有人间烟火气,还有一泓含着菜香的温情。

(四)

11 月 2 日夜晚,铅山县一处隔离酒店外。

一名高高瘦瘦的男孩儿,正朝酒店的方向隔空比心。

望着对面马路上的儿子,连续加班熬夜的李菊瞬间"破防"。

她是铅山县人民医院内三科护士长,10 月 30 日进入葛仙山进行核酸采样。11 月 2 日下午,李菊住进酒店隔离休整。

得知消息后,儿子特意骑车来到酒店对面,远远地看望妈妈……

家人的温柔,是最坚强的铠甲,让我们变得强大无畏。

(五)

大学毕业生吴晨,因疫情滞留铅山紫溪乡的小姨家。

小姑娘不把自己当"外乡人",主动请缨加入志愿者行列,她甚至主动走访村民,发展了十余名当地的年轻人加入其中。

采买抗疫物资、帮助老人接受核酸采样、宣传防疫政策……在抗疫一线,她度过了自己 22 岁的生日。11 月 6 日 22 时许,乡亲们为她端上了一碗长寿面,为她送上生日祝福。

"和干部、医生、志愿者小姐姐奋斗在一线是今年生日最快乐的事!"她说。

而在山的另一边,吴晨的另一群同龄人则完成了驰援铅山的工作,准备返校。

疫情发生后,江西医学高等专科学校共派出 200 余名具备护士资格证的师生赶赴铅山县支援防疫工作,其中大多数是"00 后"。

昨天父母眼中的孩子,今天已然成了抗疫一线最可爱的人。

(六)

疫情之下,许多小商铺都暂时歇业。

35 岁的水果店老板娘张秀明,把来不及卖的货物都捐了。

听说抗疫一线人手紧张,她又申请加入了志愿者队伍。

做事干练的张秀明,虽然是第一次当志愿者,但无论是组织协调、登表记账,还是做扛货搬箱的体力活,都是得心应手。

家里的孩子谁照顾呢?

"我家是男主内、女主外,他带孩子我放心。"张秀明笑着说,为了减少后顾之忧,她和丈夫合计一番后,由丈夫送 3 个孩子到乡下爷爷奶奶家暂住。

"我只是去搭把手,能做一点是一点。"她说。

没有豪言壮语,只是主动散发光亮。

当所有光亮聚在一起,就成为照亮一座城的光辉。

(七)

在人生最失意之时,辛弃疾来到铅山,得以化解心中的忧愤。

他将一腔豪迈与刻骨柔情,融入铅山的山水草木之间,写下了多首如《清平乐·村居》一般温暖的词。

这座承载了辛弃疾余生的小城,不仅治愈了他漂泊的心,也治愈着今天的人们。

在与疫情的搏斗中,人们将更加懂得,谁在为他们彻夜难眠,谁在为他们逆向而行。

那一个个熟悉或陌生的身影,正变得清晰而闪亮。

(新华社客户端 2021 年 11 月 10 日)

评析：这篇通讯语言平实，故事生动，情感真挚，聚焦凡人微光，讲述了2021 年江西铅山疫情期间，党员干部、医护群众等各界人士齐心协力抗击疫情，点亮自己温暖他人的故事。稿件善于捕捉人性的闪光点，定格一个个看似平常的瞬间，流露出直叩人心的力量，给人以温暖和思考，让读者真切地感受到了平凡人的坚强与可贵。

（吴辉 江西财经大学新闻与传播系教授）

深度报道

晶能,为什么能

郑波 赖永峰 刘志奇 刘兴

(编辑:刘志奇)

习近平总书记指出,创新是企业经营最重要的品质,也是今后我们爬坡过坎必须要做到的。关键核心技术必须牢牢掌握在我们自己手中,制造业也一定要抓在我们自己手里。

科创企业有很多,手握核心技术的科创企业也不在少数。但在科技成果转化为现实生产力的道路上,并不是每一家企业都顺风顺水。资金、技术、人才、产业配套、市场政策环境,无一不是自主创新路上的"拦路虎",克服这些困难,需要企业家精神,需要工匠精神,需要创新主体的不懈坚持,还需要全社会的包容与呵护。

迈过 2020 年,晶能光电(江西)有限公司 CEO 王敏再一次迎来"荣耀时刻",疫情影响下,企业主营业务收入仍实现增长近七成。这是晶能光电投身硅衬底 LED 照明产业 15 年来,第一次实现如此大幅的增长。

值得晶能上下"大书特书"的事情还有很多:

在高端照明领域,现在全球每 4 部手机就有一部用的是晶能硅衬底 LED 闪光灯;在移动照明领域,全球每 3 个手电筒就有一个用的是晶能硅衬底 LED 芯片;汽车前大灯大功率 LED 光源方面,晶能在国内率先通过 IATF16949 体系认证并通过 AECQ – 102 产品认证,拿到进入汽车电子的两张"门票"。更为关键的是,随着硅衬底技术路线的奋起直追,LED 赛道上美国巨头垄断的碳化硅衬底技术已然逐步退出 LED 行业。

王敏说,自己上一次感受如此"荣耀",还是 2016 年的事。那一年,晶能光电和南昌大学、晶和照明联合申报的"硅衬底高光效 GaN 基蓝色发光二极管"项目，获得 2015 年度国家技术发明奖唯一的一等奖。

5 年过去，王敏觉得很多事情都在改变。比如，现在国家大的营商环境好了很多，和前些年的"磕磕绊绊"相比，企业已经步入正轨，不再差那些"小钱"。不过王敏也不敢松懈，行业竞争更加激烈，资金、技术、人才、上下游产业配套、市场政策环境等，依旧是前进道路上必须应对的挑战。王敏说，虽然手握尖端科技，但他们用了 10 多年的时间也才刚刚"入门"。这是王敏的感慨，也是很多手握核心科技的企业共同的感慨。

让"中国芯"点亮世界

"给我一个支点，我就能撬起整个地球。"

这个"支点"，是很多企业的梦想。

王敏找到"支点"的时间很早，早到中国科学院院士江风益教授领衔的研发团队刚刚在硅基氮化镓 LED 材料上取得突破，王敏便一个猛子扎到了科技成果的产业化转换中。

2004 年，当时还是南昌大学一名普通教授的江风益，在国际上率先攻克了硅衬底上生长氮化镓基 LED 材料的难题。王敏毫不犹豫地认为，他找到了梦想的"支点"。也是从那时起，王敏和他的师兄江风益商量着搭起了晶能光电的最初"骨架"——与南昌大学成立昌大光电。为此，王敏向弟弟借了 10 万元人民币入股。

"我们的梦想是让'中国芯'点亮整个世界。"时至今日，回想起当年喊出的豪言壮语，王敏仍然掩饰不住脸上的自信。

这份自信，源自硅衬底氮化镓基 LED 技术的独一无二。

这个技术有多了不起呢？

在 LED 的制备上，上游材料生长是决定 LED 颜色、亮度、寿命等性能指标的主要因素，也是公认的半导体照明产业技术发展的基石。

在硅衬底技术问世之前，LED 制备已有两条技术路线实现产业化，一个是日本公司的蓝宝石衬底技术，另一个是美国公司发明的碳化硅衬底技术。

在业界看来,这两条技术路线的优缺点都很明显。蓝宝石衬底强度高、耐冲刷,高温下化学性质稳定。不过,蓝宝石是绝缘体,无法制成垂直结构的器件。此外,蓝宝石硬度高,散热差,难以薄化和切割。所以,用蓝宝石衬底制作大功率 LED,局限性很大。碳化硅倒是克服了蓝宝石的这些"毛病",材料属性上是导电的半导体,可以做垂直结构,导热性能也要比蓝宝石高 10 倍以上。不过,碳化硅技术门槛很高,成本同样很高。

而硅衬底技术出现,恰好集中了两者优势,容易获得低成本、大尺寸、高质量的衬底,大幅降低 LED 造价。

国家 863 专家组当时这样评价江风益团队的发明:这一技术改变了日本公司垄断蓝宝石衬底和美国公司垄断碳化硅衬底半导体照明技术的局面,形成了蓝宝石、碳化硅、硅基半导体照明技术方案"三足鼎立"的局面。

硅作为衬底材料的优点很突出,但要在硅衬底上制备高光效 LED 芯片却一直是个世界级难题。难在哪? 王敏说,难在制备 LED 芯片先要在衬底上长出氮化镓发光薄膜,因为硅和氮化镓材料存在严重的热失配和晶格失配,各国研究者穷尽 40 余年钻研,迟迟没有找到攻克关键技术难点的理想方法,硅衬底这一技术路线也因此一度被业界宣判"死刑"。

2003 年,江风益团队在尝试过多种新材料后,再次瞄准用硅衬底生长 LED 材料,决心奋力一搏。

"我国是名副其实的 LED 产品制造大国,国内 LED 企业采用的蓝宝石技术路线,布满了国外 LED 巨头精心埋下的专利'地雷'。过去许多企业为此吞下苦果,很大程度上阻碍了我国 LED 企业进入国际市场。"谈起初衷,王敏的话语里是沉甸甸的责任感,而在江风益看来,"硅衬底技术路线是中国有可能全面冲破国外专利封锁的绝好机遇"。

科学探索有着自身规律,内含必然,又充满偶然。后来成为晶能光电投资人的潘晓峰曾这样比喻,"就像一副扑克牌里面一定有大王,但不会那么巧一翻牌就翻到。运气好可能第三张就翻到了,但也可能 54 张牌要翻到 50 张才能亮相"。

　　也就是从江风益下定决心的那天起,南昌大学的半导体发光材料实验室里多出了一张床。江风益吃住在这里,每天十几个小时,"大学 + 企业"一起,产学研轮轴转。前前后后历经 3000 多次科学实验,江风益团队终于翻到这张"大王":在硅上成功生长出氮化镓发光薄膜,性能达到实用水平。

　　"下一步,必须要产业化。我们没有理由再点洋半导体灯。"初尝喜悦成果的江风益憧憬着未来。

　　2005 年实验室出样品,2006 年创办晶能光电,2007 年建工厂,2008 年小批量试生产,2009 年显示用小功率 LED 芯片量产,2012 年大功率 LED 芯片量产……多年艰苦卓绝的攻关研发,晶能光电的硅衬底 LED 技术日臻成熟。

　　更重要的是,以此技术为核心,晶能光电已申请和获得国际国内专利 420 多项,在 LED 外延生长、芯片制造、封装及应用等领域均有布局。

　　2011 年,美国麻省理工《科技创业》杂志评选的"全球最具创新力企业 50 强"中,晶能光电凭此与 Apple、IBM 等公司一同上榜;2012 年,晶能硅衬底大功率 LED 芯片量产,被国际半导体照明联盟 ISA 评为"2012 年度新闻事件";2014 年 8 月,美国能源部《固态照明研究与发展制造蓝图报告》中称,"晶能光电是硅衬底 LED 技术的最早实践者,并在 2012 年 6 月开始量产硅衬底 GaN 基 LED 芯片";2016 年,"硅衬底高光效 GaN 基蓝色发光二极管"项目获得国家技术发明奖一等奖……

　　晶能硅衬底 LED 光源在移动照明领域高歌猛进,也触动了国外同行巨头的奶酪。2016 年,国外某知名公司高管带着律师函来到晶能,声称晶能侵犯其专利。经过详细的技术探讨,这场来不及诉诸公堂的纠纷在办公室里被瓦解,对方高管临走只好礼貌地表示欢迎良性竞争。"硅衬底 LED 寿命超过 10 万小时,性能媲美国际巨头企业,且成本较其他技术路线具有较大优势。晶能光电自有的专利体系很好地保护了自己。"王敏说。

逼出来的产业链

　　硅衬底技术对整个 LED 产业的影响无疑是深刻的。

　　举个简单的例子,10 多年前,高端智能手机闪光灯 LED 灯珠配件的价格曾高达每粒 3 美元,而随着硅衬底技术的出现,同样性能的闪光灯灯珠价格,已降至每粒 0.5 元以内。

今天的晶能是资本市场的香饽饽,更是无数正处于成长阶段科创企业羡慕的对象。

然而,所有伟大的背后,其实都是苦难。

2006 年,晶能光电(江西)有限公司正式成立。江风益和王敏让中国芯点亮世界的梦想呱呱坠地。硅衬底氮化镓基 LED 技术迈出了产业化的第一步。

一位是执着于科研,满怀着科学报国情怀的科学家;一位是学机械出身,一心想着实业报国的企业家。和所有胸怀梦想的创业者一样,江风益和王敏一度以为,他们之间一定会碰撞出璀璨的火花。然而没有想到的是,等待他们的却是艰苦而漫长的产业化之路。

在江风益的朴素理解中,科技成果的产业化,需要完成"0 到 1""1 到 N"和"N 到 0"三个步骤,也就是先要解决科技成果有没有的问题,然后再把成果转化为 N 个合格产品,最后把 N 个产品归 0,全部卖出去。

从"1 到 N"这一步,晶能走得异常艰难。

"研发成功和实现量产是两个完全不同的阶段,在研发阶段,100 个样品中有一个合格就算成功了,但实现产业化,你要保证很高的合格率,况且制作硅衬底 LED 芯片有十几道工序,每一道工序都会遇到形形色色的问题。"江风益说。

以硅衬底加工为例,实验室阶段,由于产品数量少,用于硅衬底加工的液体浓度与时间都很容易掌控,而到了生产阶段,一方面浸泡的硅衬底数量多,环境的温度湿度变化很大;另一方面市场上缺少与硅衬底相匹配的设备,这就导致产品良率大幅下降。一开始,晶能的良率甚至只有 5%,比在实验室的时候糟糕太多。看到结果的那一刻,王敏整个人都懵了。

开弓没有回头箭。王敏只能从市场上买回相近设备,摸索着一点点改造完善。没有可供参考的相关文献,没有可资借鉴的经验,每走一步都要摸着石头过河,解决了一个问题,又冒出了新的问题。"如果再来一次,真不知道能否坚持下来。好在见到了回报。"王敏说。

从试制硅衬底小功率 LED 芯片到实现量产,晶能用了 3 年,然后又用了 3 年直到 2012 年,才实现大功率 LED 芯片规模化量产。经过 10 多年的工序改善和技术迭代,晶能产线如今的良率高而稳定。比如晶能的手机闪光灯良率达到了 4ppm(百万分之一)的水平,即每百万颗只允许 4 颗失效,甚至很多批次做到了 0ppm,远好于行业要求的 20ppm。

拿下一场场技术攻坚战,难。比这更难的是"N 到 0"这最后一步。

尽管深知产品质量过硬,但王敏仍然低估了市场对新鲜事物的排斥。

按照王敏和江风益的规划,晶能在 LED 产业的长链中专注于上游 LED 芯片的生产,至于中下游的芯片封装以及照明应用,虽然市场很大,但应当由中下游厂商来进行,这样才能形成良性的产业链闭环。

现实情况却是,中下游企业对晶能的好东西并不"感冒"。彼时,中游封装企业基本采用的是主流蓝宝石衬底芯片,设备也是根据蓝宝石衬底芯片特点设计。好不容易说服一些封装企业试水,受工艺条件不同带来的限制,很难将硅衬底芯片的优势发挥出来。而下游照明应用企业,也早已习惯了使用成熟的蓝宝石衬底 LED 灯珠,担心晶能的硅衬底芯片一旦供应不上,自己跟着"完蛋"。

通过南昌市政府支持,晶能倒是拿下了几个市政照明改造项目。产品使用后,各项工况指标、节能效果反馈都很不错。南昌八一大桥、紫阳大道上的路灯好多年都没有坏,大家都说好。但等晶能满怀信心开拓更大市场时,王敏发现,市场上愿意吃螃蟹的人还是太少,客户指定要用成熟的蓝宝石衬底产品居多,不少还指定要用国外品牌,晶能有时连投标资格都轮不到。"在国家鼓励进口替代的大环境下,有不少地方招标书上依然指定国外品牌产品,即便国产 LED 产品性能比国外产品还好。"王敏说。

晶能只能自己想办法突围。10 年时间,愣是被逼出来一条完整的产业链:上游的晶能光电是全球排名前列的大功率 LED 光源提供商;中游封装的晶能半导体是中国最大的大功率 LED 陶瓷封装企业;下游的中节能晶和科技是全国最大的道路照明合同能源管理运营厂商,其 LED 隧道灯 2020 年出货量全国最大;绿野汽车照明是国内领先的汽车照明灯具厂家……

"我们新研制的产品跟别人不一样,要说服客户采用,而客户要等市场验证,谁都不愿意做'小白鼠',所以我们做起来就特别难。如果当初不果断建立这些示范企业,我们可能会更加困难。"王敏说,正是在这些企业的示范下,晶能现在才逐步有了 340 多家硅衬底 LED 客户。

"科研技术产业化需要长期持续的投入和坚持,需要有'坐冷板凳'的精神,耐得住长时间寂寞和孤独。"在江风益看来,核心器件和硬核科技是目前国家最需要也是最薄弱的环节,需要全社会持续关注,营造出更好的创新驱动发展生态。这也是他为什么认为晶能走到今天殊为不易的原因。"市场环境决定规模大的企业往往容易获得更多的资源和支持,像晶能这样规模还不够大的高科技企业,必须付出更多的心血才可能成功。"江风益说。

资本联姻之路

事非经过不知难。

回顾这些年的创业经历,王敏时常觉得自己站到了风口上。但事实上,风并没有来。和许多科创企业一样,除了要面对市场对新生事物的排斥,竞争对手有意无意地打压,缺钱是困扰晶能的又一大难题。

王敏说,自始至终,晶能都卡在钱上。巨额的科研成本、高端人才的引进、公司的运营、市场的营销,还有打造的全产业链,都需要靠巨额资金支撑,"当时,我们心里想着,'靓女'不愁嫁,钱应当主动来找我们才对,没想到根本不是这么回事"。

钱从哪里来?

王敏首先想到了银行。银行的回答是,新技术能不能产业化,大家心里都没有底,没有抵押物,万一贷款打了水漂,谁也承担不起责任。

王敏于是想到了国内的一些投资基金。彼时国内投资基金刚刚兴起,但谈了一圈下来,王敏发现,这些基金除了考虑产业化的可行性,计算更多的还有回收周期、资本回报率,根本等不了晶能慢慢研发产品,恨不得第二年就收回投资。

王敏还想到找政府,"省、市政府给的支持很多,给政策、给优惠,评定高新技术企业,还有各种补贴"。但这些支持并不"解渴",因为与同处 LED 赛道上的蓝宝石技术路线企业相比,这些企业依靠先发优势进一步取得规模优势,并因此获得了海量的资金投入。晶能既要保持技术上的领先,又要在残酷的市场竞争中赢得一席之地,需要巨额的产业化投入,即便有政府资助往往也是杯水车薪。

王敏是个执着的人。缺钱的困难并没有影响王敏逢人便介绍硅衬底LED 的耐心。

一个人锲而不舍地专注于一件事,终究是会打动人的。王敏一次偶然的蹭饭,成就了晶能与风投的联姻。其中最关键的风投来自王敏的浙大校友——潘晓峰和几位实业家联合成立的金沙江创投。

那时,潘晓峰刚从国际知名的高科技实业公司抽身转做风投,愿景很宏大,目标是在中国成就世界级的科技企业。当然,潘晓峰也很谨慎,一年里,他带着不同专家前前后后跑到南昌大学实验室不下 50 趟。这种"拉锯"与金沙江日后投资"滴滴""饿了么"等项目的当即拍板,完全不是一种风格。

金沙江最后决定一笔投出 1000 万美元,占了当时基金规模的十分之一。潘晓峰说,"技术本身的创新很重要,但当时我们更多想到的,是这个创新特别是原创技术的溢出效应。它能带动后面一群产业,这才是我们投这个项目的意义"。

签下合同那天是 2005 年的平安夜,在北京。支票入账那天则是 2006 年的情人节,在南昌。

时隔多年,潘晓峰依然记得,自己签支票的时候手有点颤抖:"一辈子都没有从自己手上花出去过那么多钱,而且是投一个实质上没有完整团队的项目。当时晶能只有一个研发团队,产业化一切要从头做起,不确定因素很大。"

资本的力量是巨大的。"战车"上的金沙江除了"钱",还给晶能带来了很多其他资源。

比如说,有了金沙江领投,其他风投也开始关注晶能并且跟投,晶能因此在资本市场有了更多的想象空间;又比如说,得益于金沙江全球化的资源,越来越多行业优秀的技术人才加入到了晶能团队。

这也是为什么很多年过去了,王敏依旧感慨,"国家应该多鼓励支持这一类创投基金的设立。因为技术创新型的初创企业太需要有专业的、包容的风投了"。

以金沙江为起点,晶能光电先后吸引了新加坡淡马锡基金、美国梅菲尔德基金、国际金融公司(IFC)等风投,陆陆续续获得风险投资 1.95 亿美元。王敏说,这时晶能才第一次真正看到了产业化成功的曙光。

借梯登高创头部

"有了风投的加持,硅衬底 LED 技术的产业化之路才能顺利走下去,不至于躺在历史的博物馆。"王敏坦言,晶能是幸运的,创业那么多年,除了风投给力,地方各级政府对晶能的 LED 事业多年来也是"一往情深"。

"一往情深"的例子很多。

——2011 年,中国节能环保集团落子江西,寻求合作伙伴。南昌高新区主动当起了"红娘"。起源于晶能光电应用事业部的江西省晶和照明因此并入中国节能环保集团,更名为中节能晶和照明有限公司。这次被王敏称作反向混改的联姻,带来了意想不到的结果。背后有了央企依托,市场随即迅速打开。硅衬底 LED 跟着中节能的脚步,不仅点亮了越来越多的国内城市,在国际市场也谋得一席之地。晶和照明总经理陈昕现在最爱做的一件事,就是在公司远程监控屏里观看自家产品点亮的城市地图,"只用了短短几年,晶和照明就做到了全国市政照明合同能源管理领域第一名。截至 2020 年底,我们已改造更换 54.2 万盏路灯,实现节约电量 33254 万千瓦时"。

——2016 年,借着"硅衬底高光效 GaN 基蓝色发光二极管"获奖东风,江西省正式谋划筹建南昌光谷。这一次,江西省和南昌市两级政府是以硅衬底 GaN 基技术为技术支撑,锻造江西 LED 产业核心竞争力。南昌市政府组建了洪城资本基金,规模 5 亿元,主要投资方向之一就是光电类企业,以便打造更大规模的南昌 LED 产业;2017 年,南昌市政府又组建了洪城资本二期,规模同样是 5 亿元。2019 年,由江西省财投、江西省工信投、南昌工业控股、临空组团共同组建的 10 亿元规模光谷基金成立,致力硅衬底 LED 技术应用优势放大。

　　……

有了面向不同阶段的保障,晶能光电孵化出晶和科技、绿野汽车照明、晶能半导体等一批行业优势企业,还并购了长方集团这一深圳创业板上市公司,实现与当地企业协同发展。

事情正在持续向好发展。晶能带动的硅衬底 LED 整条产业链也在不断长"长"变"粗"。迈入 2021 年,王敏更有一种"忽如一夜春风来,千树万树梨花开"的感觉。新鲜出炉的众多企业年报显示,追随晶能潜心耕耘硅衬底 LED 的产业链主力企业,在 2020 年普遍实现了 10% 至 30% 的增长,晶能带动的产业链产值超过 200 亿元。

看得见的未来

"国家要给予上游硬核科技更多的支持。创新驱动发展,上游芯片要做成很大规模很难,但它是这条产业链的核心基础,其可带动中游和下游大规模发展。"让王敏和江风益尤其振奋的是,在硅衬底 LED 技术迈步前进之时,全球 LED 产业格局正发生翻天覆地的变化,随着世界主流 LED 厂商如美国 Lumileds(亮锐)从 Philips(飞利浦)集团剥离、德国 Osram(欧司朗)照明业务 Ledvance(朗德万斯)改嫁中国、LG(乐金)出售 LED 业务,中国 LED 逐渐成为全球 LED 制造担当。

在国家硅基 LED 工程研究中心,一盏盏金黄光 LED 灯随着外部光线的变化,懂得自适应调节亮度。江风益介绍,这是硅衬底 LED 技术的新产品——采用硅衬底黄光 LED 芯片做成的健康光源。目前硅衬底黄光 LED (565nm@20A/cm2)电光转换效率达到 27.9%,中国又一次处于世界领先水平。"硅衬底 GaN 技术是一项根技术,它可以延伸出多条产业链分支,LED 领域虽然较为成熟,但根据美国能源部发布的 LED 照明研发路线图,蓝光、绿光、黄光、红光等 LED 依然还有很大的提升空间,还有更多更难的技术要突破;同时微显示(MicroLED)和 GaN HEMT 两个前沿技术,硅衬底也有优势和基础。"江风益说。

而王敏的兴奋则在于,"GaN 作为第三代半导体材料,不仅是 LED 发光的重要材料,也是 5G 传输、新基建、手机和新能源汽车快充、雷达航空等产业必不可少的核心器件——GaNHEMT 器件的基础材料。"王敏说,早在 2013 年,晶能就开始在国家"863"计划的支持下开展硅衬底 GaNHEMT 器件材料研究。目前,晶能可以在 8 英寸硅衬底上生长 HEMT 器件用的 GaN 材料,同样跑在了行业前列。

"多发光,少发热",这是江风益和王敏对硅衬底 LED 研发团队提出的极致要求。其中蕴含了电光转换的能量守恒定律,因为 LED 发光二极管的发光和发热是成反比的,要想多发光就必须少发热;更蕴含着研发团队做人做事的哲学,潜心科研,多做实事,少些头脑发热。

在晶能光电产品展厅,王敏经常会拿起一块小屏向参观者展示他心中的"未来之光"。这块样品屏,用的是晶能最新技术产品——硅衬底 mini LED 芯片。"我们硅衬底 LED 的结构,从物理本质上解决了离子迁移等困扰业界的问题,但这不是终点,我们还在做硅衬底 Micro LED,这是终极显示技术,可以发挥硅衬底垂直结构的优势,目前江风益团队在 Micro LED 红光材料方面已有突破性进展。"

年轻时在浙大求学的王敏,一直对浙江醉蟹情有独钟。南昌和浙江距离不近,有时家人买不到浙江醉蟹,就拿着鄱阳湖的螃蟹充数。这几年王敏越来越发现,用鄱阳湖螃蟹做出来的醉蟹,味道其实也很好。

每每这个时候,王敏就会忍不住说,"希望吃螃蟹的人再多一些"。

(《经济日报》2021 年 3 月 17 日)

评析：习近平总书记指出，关键核心技术必须牢牢掌握在我们自己手中，制造业也一定要抓在我们自己手里。该作品选择了一个典型的报道对象——晶能光电，为科创企业推动科技成果转化发展提供了鲜活样板，立意高远。整篇文章标题简洁、耐人寻味，结构清晰、逻辑缜密，语言精致、表达生动，从资金、技术、人才、产业配套、市场政策环境等方面，抽丝剥茧进行深度挖掘，是一篇难得的"教科书级"的企业报道。

（吴辉 江西财经大学新闻与传播系教授）

报纸通讯

推动新时代文明实践站聚民心振精神

——一位基层党建宣传员的履职故事

刘旭 郭敏

（编辑：赵梓涵 韩亚聪）

"道道朝霞染红了绿色树林,文化驿站传颂着党的声音,大棚蔬菜水产养殖结硕果,光伏发电送来时代的佳音……"这是一首由村民自创的村歌,它描述的是江西省余干县瑞洪镇前山村经济发展、村庄文明的美丽画卷。

前山村坐落在鄱阳湖畔,风景如画的村庄吸引了不少游客前来游玩。歌词里提到的"文化驿站"就是前山村新时代文明实践站。依托这个主阵地,前山村党建宣传员张晶晶开展了一系列活动。

如今,这里已然成为孩童们的成长乐园、妇女群众的解压港湾、老人们的幸福驿站。不仅如此,作为村里的人气聚集高地,新时代文明实践站还成为村民们的学习主阵地、文化大舞台,村里的宣讲大讲堂、文明新载体。

用喜闻乐见的活动聚人气

前山村新时代文明实践站并不是一开始就有这样的高人气,如何聚人气? 只有一个秘诀,就是"开展群众喜闻乐见的活动"。

2019 年 7 月,张晶晶被选派到前山村新时代文明实践站。原本在幼儿园当老师的她,一下子要服务村里近 1300 名乡亲,她说当时的自己"感觉无从下手"。但性格要强的张晶晶没想过认输,她干中学、学中做。

很快,张晶晶迎来了第一个挑战,在村民中组建参演情景剧《我要当新时代文明实践员》的演员队伍。当时正赶上双抢农忙,演员不好找,张晶晶先是自己上,后又拉上丈夫。几经周折,总算把七人情景剧演员队伍凑齐。

平时只会下地耕作的农民都是第一次尝试声情并茂地表演,没经验、放不开,演员们就约定每天晚上在实践站的竹屋内排练。劳作了一天的村民们也循着竹屋的亮光围过来看排练,并一起品头论足、出谋划策。

渐渐地,人越聚越多,一间竹屋已满足不了大家的需求,广场便安装上了路灯。除了情景剧表演,一时间,文化广场上跳舞的妇女,嬉戏玩耍的孩子,围坐聊天的老人也越聚越多。每到夜晚大家都默契地来到实践站,在轻松欢快的氛围中消去一天的疲惫。

实践站热闹起来,张晶晶又开始琢磨,有了人气要怎样留住人气。以情景剧演员队伍为基础,张晶晶又先后发起组建了 24 人的村民志愿者服务队,18 人的广场舞演艺队,20 余人的童趣声合唱队、手舞队以及抖音拍摄达人等文化队伍。

张晶晶还利用节假日组织村民开展形式多样、寓教于乐的文体活动。五月举行劳动节拍美照活动、六月举办儿童节个人才艺秀通关拔河比赛、七月庆祝建党举行载歌载舞大合唱、八月建军节组织合唱《人民军队忠于党》、元旦重阳国庆举行文艺汇演联谊……喜闻乐见的活动让越来越多的村民参与进来、乐在其中。

以细致入微的服务暖人心

"各位村民朋友们,凡年龄满 18 周岁,无重大疾病,都可免费接种新冠疫苗,身在外地有条件按时回来的也可以,请在群里报名或私发村干部……"5 月 12 日,中国妇女报全媒体记者采访的当天中午,正是村民们聚在家中吃午饭的时间,张晶晶通过实践站的广播通知村民积极报名接种新冠疫苗。

在前山村新时代文明实践站,广播是张晶晶服务村民的一个好工具。除了播送各种通知,每天早上七点,张晶晶都会准时推送时事新闻、音乐或戏曲,这是村民每天必备的文化大餐。不仅如此,广播还在脱贫攻坚、基层党建、好人好事等方面发挥着重要的宣传作用,架起了党和政府与村民沟通的桥梁,密切了干群关系。

作为一名党建宣传员,张晶晶肩负着组织交给自己的职责。但如何履职尽责,做好一名合格乃至优秀的党建宣传员,张晶晶的理解是"为村民做好服务"。

张晶晶对村里的老人儿童格外关心,教给老人健康养生好方法、组织志愿者为老人上门做好事;为孩子开展丰富有趣的手工、画画、体育、阅读等活动。

当天晌午过后,陆续有村民来到实践站。涂老女平时在家带孙子,只要有时间,实践站里的活动她都参与其中。"晶晶是个热心肠,跟着她一起每天都很开心。"说完,涂老女拿起手机就开始拍视频记录生活点滴。

在新时代文明实践站的两年时间,张晶晶总结出了做事情要坚守的准则。她说要常存"五心"——也就是爱心、热心、耐心、责任心和强大内心。"文明实践是与人相处的过程,主动了解群众需求,力所能及地帮助他们解决大事小情,看到乡亲们脸上洋溢的笑容,我知道自己的付出都是值得的。"张晶晶说。

靠党的基层阵地提振精神

香樟如盖,青石铺地,文化广场上还有一间精巧的竹屋,坐落在村头的前山村新时代文明实践站是一个好去处。但很难想到这里曾经是杂草丛生,有村民甚至将这里当作拴牛养鸡鸭的地方。是新时代文明实践站的建设让这里成为群众家门口的精神家园。

张晶晶说,在没有实践站、没有开展各类文化活动之前,村民平时的业余生活主要就是打麻将,孩子们从小的玩具也就是那四四方方的麻将牌。现在村民被丰富有趣的文化活动吸引,孩子们也跟着一起参与。

"小小孩不识字看不懂书,也要翻弄捣鼓地模仿着读书的可爱模样,让人不觉嘴角上扬,心有安慰。"语速很快的张晶晶,说起这段话来,却颇有一些诗意。她还说,因为阳光的种子已种下,在文化的浇灌下就一定能慢慢生根发芽。

张晶晶口中的变化也正是新时代文明实践站设立的初衷之一。学习实践科学理论、宣传宣讲党的政策、培育践行主流价值、丰富活跃文化生活、持续深入移风易俗,张晶晶和她坚守的实践站一直在努力践行着这样的目标。

古樟树下,喝茶下棋唠家常;农家书屋内,阅读写字话新风;文化广场上,运动跳舞强身体,这是前山村村民正在享有的诗意生活。

如今随着江西推动全省党的基层阵地资源整合工作的进行,张晶晶的肩头又增加了新的担子,她的身份也变为前山村党建文化法制宣传员。这也意味着在推进乡村振兴,加强和改进乡村治理,推进新时代文明实践建设中,张晶晶们需要更有为更作为。

(《中国妇女报》2021 年 5 月 17 日)

评析:通讯从主人公的日常工作入手,生动展现了作为最基层的新时代文明实践站,如何承担着凝聚群众、引导群众,以文化人、成风化俗的职责。在写法上,注重将属于"小切口"的故事串珠成链,并使之升华成需要呈现的"大主题",这也是让正面宣传产生积极效果的可行之路。

通讯主题突出,导向正确,结构精巧,细节生动,感染力较强。

(吴辉 江西财经大学新闻与传播系教授)

消息

"汉海昏侯"牵手"秦兵马俑"再现秦汉文明

李韵涵

（编辑：刘占昆）

中新网南昌 9 月 29 日电 "大秦雄风——秦始皇兵马俑展"29 日在南昌汉代海昏侯国遗址考古公园开展,69 件/套来自秦始皇帝陵遗址的精品文物展出,牵手"海昏侯",再现秦汉文明。

为进一步展示海昏侯国遗址优秀历史文化,提升遗址公园知名度和影响力,自 9 月 29 日起,江西南昌在汉代海昏侯国遗址公园举办为期 1 个月的"汉韵海昏——2021 海昏汉文化旅游月"以及为期 3 个月的"大秦雄风——秦始皇兵马俑展"。

"遗址见证历史发展,文物承载灿烂文明。"南昌汉代海昏侯国遗址管理局党工委书记叶明和表示,秦汉两朝历经四个半世纪,创造出了博大精深的历史文化,是中华民族传统文化的重要组成部分。

秦始皇帝陵博物院副院长郭向东称,秦代有许多优秀传统文化在汉代得到了继承和弘扬,此次展览在南昌汉代海昏侯国遗址展出,实际上是秦汉文明对比的一个展出。

据了解,"大秦雄风——秦始皇兵马俑展"分为"秦始皇帝""秦始皇陵""神秘军团"三个单元,展出来自秦始皇帝陵博物院的铠甲军吏俑、铠甲武士俑、立射武士俑、跪射武士俑、秦陵彩绘铜车马(复制品)、两诏文青铜权、"半两"青铜钱、兵器、金器、玉器等 69 件/套精品文物,对秦始皇、秦王朝、秦始皇陵与兵马俑进行全面展示,再现 2200 多年前大秦帝国的灿烂文明。

"在这里能看到兵马俑是一种很奇特的体验,此次展览也让我能在家门口'打卡'兵马俑。"当天,穿着汉服来参观展览的唐微告诉记者,看过展览后,去秦始皇帝陵博物院的愿望愈加强烈了。

此外,南昌汉代海昏侯国考古遗址公园进一步丰富旅游产品供给,在汉文化旅游月期间组织开展"健步海昏""美味海昏""戏说海昏""达人秀海昏""主播带你游海昏"等系列专题活动,为广大游客提供一场汉代历史文化的饕餮盛宴。同时,遗址公园还将邀请国内专家学者举办遗址博物馆高峰论坛,围绕遗址保护、研究、利用、管理、可持续发展等课题展开深度对话与交流。

南昌汉代海昏侯国遗址是中国目前发现的面积最大、保存最好、内涵最丰富的典型汉代侯国都城聚落遗址,出土各类珍贵文物 1 万余件(套)。秦始皇陵是中国古代帝王陵墓中规模最大、埋藏最丰富的大型陵园,是第一批中国世界文化遗产。

(中国新闻网 2021 年 9 月 29 日)

评析:江西历史底蕴厚重,该篇稿件以在南昌汉代海昏侯国遗址考古公园展出的"大秦雄风——秦始皇兵马俑展"为切入点,通过陈列的展品、游客的感受、专家的采访,来展现中国古代历史上辉煌灿烂的秦汉文明。海昏侯国遗址自发现以来,已有大量报道,该篇稿件借"大秦雄风——秦始皇兵马俑展"在海昏侯国遗址考古公园展出的契机,将海昏侯国遗址所体现的汉文明,放到历史长河中与秦文明比较,更能凸显江西历史文化的厚重。

(吴辉 江西财经大学新闻与传播系教授)

电视专访

都市金领"慧"种地 拒绝"躺平"
带老乡转型新农人

王一凡　　胡斐

（编辑：邓玉玲）

作品二维码

（央广网 2021 年 12 月 18 日）

评析：故事新鲜生动且有共情，该作品讲述的是从大城市返乡创业的"成功金领"放弃原有舒适圈，毅然回到农村，选择"智慧"种地的故事，充分展现"新农人"用新思路为乡村振兴带来的改变。

作品贴近生活、文字细腻、文风朴实亲切，配有人物微视频，通过深入挖掘先进典型和感人事迹，反映亿万群众平凡生活的温度与感动，接地气、聚人气、鼓士气。

（吴辉　江西财经大学新闻与传播系教授）

电视消息

探索数字乡村的井冈山路径：
治理、兴业、惠农

王一凡

（编辑：邓玉玲）

作品二维码

（央广网 2021 年 11 月 30 日）

评析：该作品巧寻角度，努力实现硬新闻软着陆，并没有僵化地照搬政策条文和空洞说教，而是从与百姓生活密切相关的角度切入，用事例和数据，言简意赅，逻辑清楚地阐述主题。

（吴辉　江西财经大学新闻与传播系教授）

视频

习近平讲述的故事｜这,就是"共和国摇篮"

刘彬　余刚

（编辑：彭卓）

作品二维码

（新华社客户端 2021 年 10 月 1 日）

评析：《习近平讲述的故事》为新华社重点视频栏目,该报道在 2021 年国庆节期间推出,以微视频的形式讲述了中华苏维埃临时中央政府诞生的故事。报道挖掘的内容历史厚重感强,有较好的时空穿透力;视频画面精美,剪辑精巧,节奏得当;记者现场出镜娓娓道来,用鲜为人知的细节讲历史故事,具有良好的视听效果。

（吴辉　江西财经大学新闻与传播系教授）

短视频

今日中国·24 小时的江西

胡啸 石坤

编辑:集体(熊辉 汪小英 吴新胜 陈仁文 周智松)

作品二维码

(中央广播电视总台新闻频道新闻直播间 2021 年 7 月 18 日)

评析:该篇全景式报道了江西最具特色的亮点与活力。作为庆祝中国共产党成立 100 周年央视大型直播特别节目《今日中国·江西篇》头篇节目,运用 24 小时的概念,将江西各方面的成就与发展浓缩在一个节目之中,示范性强,表述精准,亮点突出。

(吴辉 江西财经大学新闻与传播系教授)

移动直播

一张纸的考验:看他将书画绣在宣纸上

李韵涵　袁汝晶

(编辑:柳俊武　华山　刘占昆)

作品二维码

(中国新闻网 2021 年 8 月 25 日)

评析:该作品经由中国新闻网新闻客户端首发,并同步新浪微博、抖音等平台进行同步直播。其中,新浪微博获得 57.6 万次阅读量,25.2 万次观看量,并被众多网友转发、评论、点赞,取得了较好的传播效果。

(吴辉 江西财经大学新闻与传播系教授)

融媒体

百年荣光　百个故事

王一凡　邓玉玲

（编辑：胡斐）

作品二维码

（央广网 2021 年 12 月）

评析： 主题重大，样态新颖，风格庄重，故事动人。在"百年荣光——建党 100 周年百个故事"专题基础上，重新设计适合移动端播放的融媒体作品。整个 H5 共呈现出 40 个反映建党精神的故事。该 H5 没有依赖复杂的技术，而是凭借熟悉的旋律和大量史实图片直抒胸臆，将建党百年来发生在江西的大事记和重要人物的故事娓娓道来，点开每一段文字和图片都是独立的故事篇章，每一个动画效果都别有深意。

（吴辉　江西财经大学新闻与传播系教授）

短视频

80 后医学女博士 她用一只手指"敲"出精彩人生

张志斌　李途遥　吴聪文　陈逸飞　黄睿靖

（编辑：张志斌）

作品二维码

（人民网江西微信公众号 2021 年 8 月 19 日）

评析:短视频专题报道选题独特,立意深远,以瘫痪女医生免费为网友答疑超 8000 小时的小切口,展现了医者仁心的大主题,生动讲述了一名医生的责任与初心、使命与担当,以真情实感打动人心。

该报道内容鲜活,形式丰富,采用视频、图片、文字等融媒体传播形式,增强了新闻的感染力。思想性、新闻性、独特性较强。

（吴辉 江西财经大学新闻与传播系教授）

系列报道

走进乡村看小康

王舒畅　刘昀彤　石坤　李科

（编辑：曾铃　刘阳　古清泉）

作品二维码

（中央广播电视总台新闻频道新闻直播间 2021 年 5 月 27 日）

评析：选题重大，现场感强。直播报道从当地建设智运快线实现城乡一体化配送、科学发展脐橙产业、电商产业结合等多个角度展现安远县农业产业发展、实体经济数字化转型升级等乡村振兴成果，其中组合报道中《江西安远：网红村播成长记》通过跟踪拍摄的方式记录了鹤子镇村民培训学习视频制作、电商平台运营基础和直播带货的过程。报道全程记录了这些面色黝黑、普通话不准的村民，如何认真勤奋苦练基本功、学习当"网红"的经过，有趣、生动。《江西赣州 红薯采摘正当时 坐上"缆车"更及时》通过大量航拍长焦跟拍、GoPro 主观镜头以及运动长镜头，展现出"智运快线"缆车的科技感、实用性以及村民的参与感。

（吴辉　江西财经大学新闻与传播系教授）

第 32 届中国新闻奖江西获奖作品目录

编号	作品标题	参评项目	作者	编辑	刊播单位
一等奖(3 件)					
1	突发！2 岁女孩碎玻璃入眼 交警媒体紧急护送	视频直播	郑祎、熊芳荣、李雪锋、谢莉芳、陶国平、秦志成、翁文荣、黄恬恬	熊亚芝、金石明、李彬	江西广播电视台
2	风卷红旗再出发	报告文学	集体(李旭、龚莉芹、曹诚平、赵影)	李滇敏、罗翠兰	江西日报
3	老表们的新生活——鸟哥"打鸟"	电视专题	王子荣、何梁、王建国、张涛伟、巫宜凇、何威、黄文锋	袁学林、陈美华、朱嘉丽	江西广播电视台
二等奖(3 件)					
4	开往春天的高铁	纪录片	袁进涛、周东、许文兵、余超、陈红光、谭悟、万显祥	敖俊翔、刘志刚、金石明	江西广播电视台
5	从"蜗牛"获"奖"到"码"上"服务"	广播评论	程俊、刘梦冉、曲洁、江波	张敏、张玲、袁刚生	宜春广播电视台
6	找到家乡第一个党支部	重大主题报道	何灵、万芳、吴小俊、陈月珍、康美权、何华英、刘兆春	何灵、王霖、李维	江西广播电视台
三等奖(5 件)					
7	零的突破！中国双季早粳稻在江西诞生	广播消息	李先、汤云柯	何灵、黄茹、刘佳	江西广播电视台
8	十年禁渔让九江再现江湖美景	文字通讯	程静	刘维阳、巢宏伟、王红旗	九江日报
9	从"天净沙"到"维多利亚"——爱德华一家在婺源	国际传播	朱彦、齐美煜	朱力、杨学文、黄孝昱	江西日报

编号	作品标题	参评项目	作者	编辑	刊播单位
10	上饶信州区沙溪镇白石村数百亩田撂荒——高标准农田竟种不了田	舆论监督	余红举	李新科、兰春玉	江西日报
11	阿卜杜拉文明志愿服务队英雄城里浇灌民族团结之花 守望相助紧紧相拥 构筑共有精神家园 6 名少数民族同胞昨同时递交入党申请书	典型报道	宋思嘉	集体（殷勇、郭辉民、袁华 沈秋平 舒艳秋）	江西日报

第29届江西新闻奖获奖作品目录

获奖等次	编号	作品标题	体裁	作者	编辑	单位
报刊消息、评论类一等奖	1	坚定不移沿着习近平总书记指引的道路奋勇前进	评论	魏星、张武明	余霞、张玉珍	江西日报
	2	现存最早入党誓词守护者后人再续"守密"故事 贺页朵孙辈行善24载却"守口如瓶"	消息	杨建智	蒋少征、沈秋平	江西日报
	3	阿卜杜拉文明志愿服务队英雄城里浇灌民族团结之花 守望相助紧紧相拥 构筑共有精神家园　6名少数民族同胞昨同时递交入党申请书	消息	宋思嘉	集体（殷勇、郭辉民、袁华、沈秋平、舒艳秋）	江西日报
	4	1066个名字，一场跨越94年的追寻	消息	徐蕾	符洁蓓、蔡洪武	南昌日报
	5	红色基因传承有我 赓续血脉初心如你 井冈儿女十年"续写"近千红能量暖故事	消息	张建华	曾小妹、贺晓梅、陈莹	井冈山报
报刊消息、评论类二等奖	6	纯电动汽车被收尾气检验费 九江一车主质疑车辆检测机构乱收费 已向当地12315平台反映	消息	郭俊、戴平华	夏剑阳、刘平、罗强	新法制报
	7	记住他们，是不能忘却的责任	评论	余霞	袁淑英、陈盛香	江西日报
	8	白鹤翩跹起舞 江豚迎风逐浪 两类国家一级保护动物"安家"省会南昌	消息	刘勇、万仁辉	张武明、张玉珍	江西日报
	9	抗美援朝战场上有八位赣籍军长	消息	章娜	张晶、郭宁、周艳华	江南都市报

获奖等次	编号	作品标题	体裁	作者	编辑	单位
报刊消息、评论类二等奖	10	商业竞争对手成"背靠背"抗疫伙伴 赣鄂三家企业以义取利显情怀	消息	张武明	刘勇	江西日报
	11	以新时代"六个第一等"要求推进高质量发展系列评论	评论	张宗兴	钟义勇	赣南日报
	12	换届不换"跑道"一张蓝图绘到底 靖安新官理旧事理顺民心理出新气象	消息	曹小武、罗云羽	梁瑞颖、杨学文、张海光	江西日报
	13	为受诬告干部澄清正名 对诬告者严肃惩处 江西一诬告者被党内严重警告、行政撤职	消息	徐立鸣	王剑华、危春勇、黄祥晟	信息日报
	14	华腾地毯倾情打造和谐劳资关系	消息	平国旺、何勇兵、杜瑜鑫	彭勃	新余日报
	15	板车宣讲团团长吴光明化身网络主播开展基层理论宣讲	消息	夏东华、张维民、余德智	汪园、陈晓莲、陈剑	鹰潭日报
报刊消息、评论类三等奖	16	首个社区文明交通治理办公室昨"上岗"	消息	汤依萌、饶军	袁云飞	江西晨报
	17	百年大党为何风华正茂	评论	郑颖、余霞、陈盛香、范嘉欣、邹沛	阮启祥、陈盛香	江西日报
	18	我市发行全省首单"碳中和"绿色债券	消息	李勇	熊妍华、熊海军	宜春日报
	19	谁来遏制新技术"作恶"	评论	李松云	王志远、周瑜	江西工人报
	20	存入"绿水青山" 取出"金山银山" 武宁县在全省率先成立生态储蓄银行	消息	谈思宏	张加友	九江日报
	21	正确认识和把握"强省会"战略	评论	阮启祥	龚莉芹、李滨	江西日报
	22	新上任要说实话听真话	评论	徐新林	李德伦、王磊	江西政协报
	23	永葆初心情怀 传唱红色文化 长征源合唱团献上第 500 场公益巡演	消息	黎军、蔡超然、唐燕	蒋少征、沈秋平	江西日报

续表

获奖等次	编号	作品标题	体裁	作者	编辑	单位
报刊消息、评论类三等奖	24	打破职工职业成长的"天花板"——江铜集团推行职工职位体系改革	消息	曹阳明	王志远、周瑜	江西工人报
	25	东山村"公德贷"贷出振兴路	消息	刘小荣、邱玥	杨学文、张海光	江西日报
	26	高安成功连片试种巨型稻并实现"一亩三收"首年亩均纯收入达1.5万余元	消息	程君平、童梦宁	祝芸生、朱彦、刘潇	江西日报
	27	每小时下线60台整车 江铃智造再加速	消息	钟珊珊	集体（祝芸生、余礼彬、杨学文、刘潇）	江西日报
	28	我市正式列入全国第一批慢特病门诊跨省直接结算试点城市　5种慢特病门诊费用可跨省直接结算	消息	刘武明	黎一君、陈琼、吴申良	萍乡日报
	29	全票通过 禁为未成年人文身 南昌市新建区人大常委会通过《加强未成年人文身治理工作的决议》系全省首次	消息	刘宇琦	罗强、李井红、全来龙	新法制报
	30	南昌全力打造"创新之城"	消息	林卓旎	邓景亮、许可	经济晚报
	31	真正把"我为群众办实事"办出实效 办到群众心坎里	消息	王方圆	王金平、张楠	抚州日报
	32	尊老爱老敬老蔚然成风　螺蛳坳村青年接力自费举办"敬老节"	消息	涂映红、徐素琴	姜迪飞	上饶日报
	33	日本动画片《哆啦A梦》再领风骚　"潘冬子""张嘎"们都去哪了	消息	段萍	何宝庆、石磊、钟敏	江南都市报
	34	主鱼儿如何"越过"峡江大坝洄游？原来开设了一条特殊通道！	消息	王琴红	王剑华、罗玮虹、刘建华	信息日报
	35	兴国专窗专办"难办事"	消息	胡中、邹忠辉、黄志勇	黄桥路、张河云、郭远	赣南日报

续表

获奖等次	编号	作品标题	体裁	作者	编辑	单位
报刊消息、评论类三等奖	36	南昌中欧班列开行　首趟"江西制造"专列	消息	江辉	涂华、刘凯	南昌日报
	37	江西首次考古发掘新时器时代晚期文化遗址	消息	黄萍萍、范文发	胡涛、李清	抚州日报
	38	昔日公平买卖不相欺 今朝无人售货不差钱　古田"公卖处"演绎当年红色互信佳话	消息	张晶、段江婷、徐瑞春	张建华、陈莹	井冈山报
	39	九江渔民"协巡员"获国际巡护员大奖	消息	洪永林	丁建伟、张加友	九江日报
	40	深化放管服 为民办实事新余设立"办不成事"反映窗口	消息	吴晓敏、胡成、廖志文	祝祎、黄璐、姜正义	新余日报
	41	点赞！贵溪 90 岁老党员与 90 后外孙女同台讲党史、唱红歌	消息	胡菊妹、乔若晨	熊良华、周信、陈剑	鹰潭日报
	42	南康发布家具行业首款自主智能芯片	消息	刘家喜、张宗兴	张明冠、李森	赣南日报
	43	市陶瓷考古研究所修复上百件明代"空白期"瓷枕填补明代官窑史研究空白	消息	王建、时新苗	徐茂德、王建	景德镇日报
	44	景德镇御窑厂窑址入选"百年百大考古发现"	消息	程万海	邵婧、查艳	景德镇日报
	45	一家 5 代 15 人同守"三尺讲台"	消息	李海燕	李延、张春勇、杨小勇	南昌晚报
	46	宜春海关精准服务为香港"带盐"	消息	胡志宏	曾岚	宜春日报

获奖等次	编号	作品标题	体裁	作者	编辑	单位
报刊通讯、系列报道类一等奖	1	上饶信州区沙溪镇白石村数百亩田撂荒——高标准农田竟种不了田	通讯	余红举	李新科、兰春玉	江西日报
	2	从"天净沙"到"维多利亚"——爱德华一家在婺源	通讯	朱彦、齐美煜	朱力、杨学文、黄孝昱	江西日报
	3	洗砂场公然蚕食青山绿水！多个相关部门只会"踢皮球"？	通讯	卢勇	杨进、何柳斌、龙翔	江南都市报
	4	景德镇:向世界讲述陶瓷文化的中国故事	通讯	冯亮、程万海、张怡	董军发、胡发根、邵婧	景德镇日报
	5	踏着先烈血迹前进——写在中央革命根据地创建暨中华苏维埃共和国成立90周年之际	通讯	钟义勇、胡怀军、张惠婷、胡中	杨小安、曾晓强、李森	赣南日报
报刊通讯、系列报道类二等奖	6	"大南昌都市圈调查与思考"系列报道	系列报道	黎军、殷勇、钟珊珊、宋思嘉	袁华、李滨、沈秋平	江西日报
	7	十年禁渔让九江再现江湖美景	通讯	程静	刘维阳、巢宏伟、王红旗	九江日报
	8	从一本书里走出来的百年信仰	通讯	胡洪水、张代艳	李露青、梅渊博	南昌日报
	9	"赣鲁情深 血脉相连"系列报道	系列报道	祝芸生、童梦宁	集体(范高农、邱玥、杨学文、黄孝昱)	江西日报
	10	"拼了命也要把他留下" 南昌"保姆奶奶"照顾雇主遗孤13年	通讯	田文娟、廖华蓉	周宇兰	东方女报
	11	传承红色基因 助力开局起步——省际沿线政协行系列报道	系列报道	王磊、李德伦、王欢、杜宁、涂颖	杜宁、王欢、涂颖	江西政协报

续表

获奖等次	编号	作品标题	体裁	作者	编辑	单位
报刊通讯、系列报道类二等奖	12	120 多部法律法令捍卫红色政权	系列报道	集体（戴平华、郭俊、康春华、方维芳、吴强、付强、李书贤、陈佳、黄志良、刘宇琦、万菁）	夏剑阳、毛小泉、李井红	新法制报
	13	寻赣记	系列报道	集体（李滇敏、龚艳平、杨数、罗翠兰、钟兴旺、毛江凡、杨淑玲、万芸芸、张衍）	集体（李滇敏、龚艳平、杨数、罗翠兰、钟兴旺、毛江凡、杨淑玲、万芸芸、张衍）	江西日报
	14	书写新答卷 奋进新征程	通讯	刘勇、魏星	张玉珍	江西日报
	15	书写全面建设社会主义现代化江西的精彩华章——中国共产党江西省第十五次代表大会报告诞生记	通讯	魏星、刘斐	熊亚光、张玉珍	江西日报
报刊通讯、系列报道类三等奖	16	东江向南流 寻乌争上游	通讯	郭晓东、李宝华、蔡慧洁	蔡慧洁	当代江西
	17	她 20 年让 200 多名听障儿童重获新"声"	通讯	杨婷	陈晓莲、汪园	鹰潭日报
	18	"福乐 14 号"的回家路	通讯	胡葳	李清	抚州日报
	19	"一路芬芳·红色江西"系列报道	系列报道	田文娟、熊飞、彭世民廖华蓉、聂超	田文娟、周宇兰	东方女报
	20	光荣在党 50 年——走近身边的共产党员	系列报道	危春勇、谢梦丽、王琴红、涂文华、卜玉莹、焦俊杰、徐立鸣	罗玮虹、孙娟、邓静葳	信息日报
	21	"百年征途"组合报道	系列报道	万依柳、熊伟	邹建宾、刘亮、周鹏	南昌晚报

续表

获奖等次	编号	作品标题	体裁	作者	编辑	单位
报刊通讯、系列报道类三等奖	22	生命如花	通讯	张武明	柳易江	江西日报
	23	"点单式"志愿服务情暖饶城	通讯	徐芸、范凯文	朱晓春、姜迪飞、邹萍艳	上饶日报
	24	协同立法破解武功山"一山三治"	通讯	万菁、黄婉琼	戴平华、曹毅、全来龙	新法制报
	25	从"倒数第一"到争创一流——丰城市设"踢皮球奖""蜗牛奖"的思考启示	通讯	杨碧玉	黄颖、刘潇	江西日报
	26	百岁老红军 终圆入党梦	通讯	张明金、陈万民	王晓昕、戚虹鸿	上饶晚报
	27	天涯沃土鉴初心——萍乡育种制种人追忆袁隆平院士	通讯	文怡	何耀萍、张建辉、吴申良	萍乡日报
	28	勇士肖汗尧 原是于都人	通讯	黄长生、钟瑜	钟义勇、张明冠	赣南日报
	29	一个不幸女孩的幸运之路	通讯	黄永东、周碧娇、胡志宏	文小英	赣西晚报
	30	基层民主添活力 为民解难更给力——章贡区在街道探索建立人大代表会议制度纪实	通讯	刘明、赖晓培、萧森	钟义勇、杨小安、郭远	赣南日报
	31	我为老家写对联	通讯	官龙样	程曦、吴绍斌	景德镇日报
	32	工业固废变"真金白银"	通讯	汤丹	朱良明、张建辉、杨彩玲	萍乡日报
	33	90后农民工炼成省级工匠——记2021年江西省"天工杯"劳动和技能竞赛砌筑工项目冠军胡美俊	通讯	齐菲斐	李松云、周瑜	江西工人报
	34	今日盛世 如您所愿	通讯	章娜	黄铭、涂永辉、杨莉	江南都市报
	35	从"试点"到"示范点" 我市为全国公立医院综合改革贡献"新余智慧"	通讯	吴晓敏、饶晓君	姜正义、黄璐、吴晓敏	新余日报
	36	特斯拉车刚买5天充电后"趴窝"	通讯	王琴红	林朝晖、王铀、吕甜甜	信息日报

获奖等次	编号	作品标题	体裁	作者	编辑	单位
报刊通讯、系列报道类三等奖	37	是好事也是难题	通讯	黎姿	王彪、丁文毅	南昌日报
	38	"城市伤疤"华丽变身生态公园	通讯	徐文颖	林河水、涂远旻	江西晨报
	39	新突破·新路径——高安村投助推乡村振兴解码	通讯	彭晓英、黄龙	曾岚	宜春日报
	40	百余亩良田荒废多年未耕种	通讯	胡琴	傅爱华、吕刚、龙翔	江南都市报
	41	城市，让生活更美好	通讯	傅五七、姚星宇	石仁发	九江日报
	42	农民也有职称了	通讯	邬靓	符洁蓓、梅渊博	南昌日报
	43	平价商店 9 年惠民金额累计达 2.2 亿元 有效缓解"卖菜难、买菜贵"难题	通讯	郭静(郭俊)、戴平华	曹毅、全来龙、吴旭	新法制报
	44	长途便宜短途亏、村民盼"分段收费" "10 元一票制"改为"5 元一票制"	通讯	沈冠楠	叶涛、孙娟、陈志燕	信息日报
	45	把火烧旺来——"十四五"首位产业开局述评	通讯	龙玉然	杨中亮、张建华、周幸	井冈山报
网络作品类一等奖	1	白鹤少年回家路	新闻编排	高宇程、程皓然、雷丹丹、周婷丽	刘崇智、蒋建敏、胡筱娟	江西网络广播电视台
	2	江西玉山大葛村水库移民"疑云"：107 名移民只有一人是真？	消息	沈冠楠、黄祥晟、李亚男	何宝庆、王剑华、谢凌瑾	大江网
	3	【专题】人民江山	专题	胡武龙、童孝飞、温小强、包鹊宏、胡紫恒、魏思思、张莎莎	何宝庆、毛宁、许蓓	中国江西网

续表

获奖等次	编号	作品标题	体裁	作者	编辑	单位
网络作品类二等奖	4	信仰之火	专题	徐婷、蒋建敏、高宇程、杨汉青、商杰、徐子萌、雷丹丹	史筱娅、刘崇智	江西网络广播电视台
	5	全面小康江西答卷	专题	胡武龙、徐杰、温小强、孙娟、黎萍、付丹	何宝庆、危春勇、万萍	中国江西网
	6	足迹	专题	胡武龙、温小强、许蓓、江拓华、易原、孙娟	王宣海、叶涛、付丹	大江网
	7	情牵红土地	专题	王宣海、叶涛、王剑华、罗玮虹、吴新灵、万萍、徐杰	练蒙蒙、胡武龙、许蓓	大江网
	8	生死时速！江西"95后"怀孕护士跪地半小时抢救溺水儿童	消息	周宇兰、廖华蓉	彭世民	东方女报
网络作品类三等奖	9	沿着高速看江西|最美的风光在路上！		汪婷、雷丹丹、陈丽琴	刘崇智、高宇程、蒋建敏	江西网络广播电视台
	10	家书载梦——给袁隆平的一封太空信	专题	欧阳兴、孙娟、朱芳菲、万思、黎萍	叶涛、李梅、王琴红	中国江西网
	11	铅山战疫	专题	胡武龙、方雪、万萍、张莎莎、占方羽、付丹	何宝庆、叶涛、周珺	中国江西网
	12	神奇物种在江西	专题	何宝庆、李薇、赖敏、毛萍、陈婷	张绪鸿、付婷、易原	大江网

续表

获奖等次	编号	作品标题	体裁	作者	编辑	单位
网络作品类三等奖	13	千年王安石	专题	何建江、杨洁、王晨蕾、伍政华、郑超、简守勤、揭利贞	曾璐、李帅	抚州日报
	14	晒晒我家的萌宠	专题	朱梦瑶、徐子萌、谢淑荣、程皓然	徐婷	江西网络广播电视台
	15	奋斗百年路 启航新征程	专题	龙宏彬、钟龙、吕时坚	傅志群、刘君、廖锐	赣南日报
	16	聚焦重大革命题材电影《邓小平小道》专题	专题	侯灵杰	张宇、胡澜琴	江西晨报
	17	江西这对创办爱心厨房的夫妻感动中国	消息	陶望平	陈大圣	江西网络广播电视台
融媒体作品类一等奖	1	瓷器中特殊的"70 后"	专题	袁进涛、周东、余超、许文兵、黄恬恬、郑立波、李彬	敖俊翔、刘志刚、金石明	江西广播电视台
	2	党史 30 秒	专题	胡麟兰、冯星星、郭哲君、赵一越、罗彩华、曾宪文、高达	吴志刚、邵平、邱虎	江西日报社
	3	70 米高空走线　看空中飞人如何把脉特高压电网	专题	张敏、张玲、柳永军、张璠、简胜萍、黄程伟、陈鑫、张定辉	钟晴、黄宙、王静妍	宜春市广播电视台

获奖等次	编号	作品标题	体裁	作者	编辑	单位
融媒体作品类一等奖	4	江西分宜:小"新平"们的心平	融合创新	袁翠、万家喻、袁凑	黄聪、严伟、王志昊	分宜县融媒体中心
	5	毛浩夫:讲好中国故事	融合创新	张洋、蔡联通、黄旭斌、肖青胜、吕慧慧、王子雄	谢红、陈素芬、朱文婵	井冈山市融媒体中心
融媒体作品类二等奖	6	红光楼改造记	专题	胡瑾琼、王杰、管弦、李秀鹏、万光逸、肖麟	周丹、喻雅琪	江西广播电视台
	7	跨越86年的对话,感受方志敏眼中《可爱的中国》	专题	杨汉青、肖檬、范军、王少芹	刘崇智、蒋建敏	江西网络广播电视台
	8	苏区精神,点亮新征程	专题	罗春瑜、李先、刘辉、李航、沈汉华、李志海、杨北江	刘乐明、刘辉、饶力	瑞金市融媒体中心
	9	江西这百年	专题	蒋建敏、张梦露、杨汉青、胡筱娟、王廉博、高宇程	尹晓伟、刘崇智	江西网络广播电视台
	10	江西新余渝水区:西丘落户记	专题	陈辉	兰鹏	渝水区融媒体中心
	11	景德瓷 世界品(系列)	专题	冯亮、陈俊绮	刘丹、余珺、江超	景德镇日报社
	12	江西最新简历,请速扩散!	融合创新	胡武龙、温小强、涂文华、张良、梁武健、周霓、汪双中	何宝庆、王剑华、罗玮虹	大江网
	13	今天,刷屏!这位航天英雄,来自赣州!	融合创新	杨帆、刘宏	谢运胜、李忠生、明心武	赣南日报社

续表

获奖等次	编号	作品标题	体裁	作者	编辑	单位
融媒体作品类二等奖	14	跨越时空的回信——寻找况重晚	融合创新	张晶、叶海波、李伟、陈凯、杨莉、江语	游静、金路遥、范俊杰	江南都市报
	15	突发！2 岁女孩碎玻璃入眼交警媒体紧急护送	音视频直播	郑祎、熊芳荣、李雪锋、谢莉芳、陶国平、秦志成、翁文荣、黄恬恬	熊亚芝、金石明、李彬	江西广播电视台
融媒体作品类三等奖	16	袁清山:守在起跑线 照亮成长路	专题	王建杰、潘成、杨丽	王建杰	共青城市融媒体中心
	17	江西抗疫日记丨铅山这 9 天	融合创新	吴志刚、邵平、邱虎、陈双双、曾宪文、吴文兵、吴福清、胡麟兰	集体（方曦、赵一越、刘婧媛、周莉、郭媛媛、孔宣尹、焦亮辉）	江西日报社
	18	一个都不能少！革命老区共绘战贫长卷！	融合创新	胡武龙、童孝飞、许蓓、温小强、胡紫恒、包鹊宏、万洋	王宣海、王剑华、毛宁	大江网
	19	外联内畅！赣州按下快进键	融合创新	邓海明、傅心明、袁源、胡瑾、王丹	孙平、宋怡云、牟丽娜	赣州广播电视台
	20	"一元抗癌厨房"春节不打烊照亮回家路	音视频直播	毛宁、吴新灵、叶新阉、魏娅璐、蒋泽宇、蔡宸昆、乐伟聪	王剑华、罗玮虹	信息日报
	21	千年鸟道系列直播:1. 为候鸟办身份证2.环志捕鸟	音视频直播	梁振堂、邵平、胡麟兰、田野、李劼、史港泽、吴福清	吴志刚、邱虎、冯星星	江西日报社

获奖等次	编号	作品标题	体裁	作者	编辑	单位
融媒体作品类三等奖	22	江西武宁:局长走流程 换位把脉群众痛点	消息	余慧琳	聂媛媛、周颖	武宁县融媒体中心
	23	龙南文明随手拍(H5)	融合创新	叶伟贤、凌虹、徐炘馨、林聪、郭玉玲	徐炘馨、曾钰、郭玉玲	龙南市融媒体中心
	24	这就是江西	融合创新	胡瑾琼、段祖庆、喻雅琪、张小辉	管弦、聂力	江西广播电视台
	25	H5丨收集物种能量·点亮美丽新江西	融合创新	张绪鸿、赖敏、陈婷、易原、张良	罗玮虹、李薇、许蓓	信息日报
	26	坐上"法治号"看江西!"犇"向新征程!	融合创新	全来龙、胡倬铭、喻亮	刘平、毛小泉、黄婉琼	新法制报社
	27	如果这天,你没有手机……	融合创新	金路遥、周章云、陈凯、黄鑫、陈杰、吴雅琴	黄铭、肖琳琪、李明泽	江南都市报
	28	沙画绘党史 童心永向党	融合创新	集体(曾宪瑛、曾维平、王锋旗、祝维宁、陈艳伟、廖肇银、邓钰、雷杰能、王进冬、周宇宁、万永勇)	集体(曾宪瑛、曾维平、王锋旗、廖肇银、邓钰、万永勇)	江西教育传媒集团
	29	从瑞金到北京	融合创新	刘勇、邱辉强、方曦	张玉珍	江西日报社
	30	十省区党网联动:老区笑脸幸福传递!	融合创新	胡武龙、温小强、易原、童孝飞、梁武健、万洋	王宣海、毛宁、周珺	中国江西网
	31	沿着江西地图学"四史"	融合创新	吴琼	吴琼	江西晨报

获奖等次	编号	作品标题	体裁	作者	编辑	单位
融媒体作品类三等奖	32	易炼红调研现场为农民工办实事	视频现场新闻	刘国华、黄海、肖麟	胡瑾琼、喻雅琪、王杰	江西广播电视台
	33	新婚第 3 天丈夫参加红军，妻子苦等 89 年，"我一直守着老公回来"	视频现场新闻	龚丹、李雪锋、陈思敏、肖菲、刘健	陈红光、欧阳俊、熊亚芝	江西广播电视台
	34	江西弋阳核酸检测现场，呼啦圈"出圈"了	视频现场新闻	苏婷	苏婷	弋阳县融媒体中心
	35	你好！大湾区！省委书记易炼红深情推介江西	视频现场新闻	毛宁、章瀚楠、吕剑、何珏	张愉、史玉琨	中国江西网
	36	看哭了！11 月 20 日，上饶一志愿者手拿肩扛 120 斤，往返数十趟挨家挨户送菜	视频现场新闻	邱崴、徐斌	聂晶、郑孟仙	上饶日报社
	37	赣南脐橙甜、香、美！湾区记者如是说！	视频现场新闻	刘航、余书福、邹忠辉、黄梓倩、袁惠祥	李忠生、明心武、刘海锋	赣南日报社
	38	江豚归来	专题	王庆、魏翔、李天雄、陈茜、余宏辉、丁志彬、赖颖江	谌叶建、盛夏、马明吉	南昌广播电视台
	39	短视频丨我的老师会"放电"	专题	徐彬、郑粤佳、万瑞波	刘崇智、蒋建敏	江西网络广播电视台
	40	美丽的鄱阳湖，我的家	专题	涂序理、徐铮	周霖、徐铮、胡嘉慧	江西日报社

获奖等次	编号	作品标题	作者	编辑	刊物名称	报送单位
论文类一等奖	1	用短视频讲好脱贫故事	桂榕、张雪	冷梅、王月	新闻战线	江西日报
	2	从注意力与受众接收方式看电视媒体的竞争优势	曾学远	姜雨杉	电视研究	江西广播电视台
	3	深耕红色文化 践行职责使命	钟义勇、谢瑞洪	包萨仁娜	新闻战线	赣南日报
论文类二等奖	4	新兴媒体吸收合并传统媒体——浅析大江网主导信息日报深度融合发展的组织变革路径	王宣海、罗玮虹	黄浩	新传播	江西日报
	5	纸屏共美,刷新副刊"存在感"——论新媒体时代下的江西日报副刊	李滇敏、万芸芸	王月	新闻战线	江西日报
	6	浅谈传统电视媒体的创新与坚守——以江西广播电视台都市频道为例	金石明、罗雪婷	周煜媛	中国广播影视	江西广播电视台
	7	以"短视频＋直播"助力乡村振兴	郑祎	陈利云	新闻战线	江西广播电视台
	8	全媒体时代如何迎来都市类媒体之春	陈明华、陈海云		青年记者	江南都市报
	9	省级广电媒体融合传播方式创新研究	王玲	任嫦勤	南昌工程学院学报	江西广播电视台
论文类三等奖	10	明确方向 凝聚力量——以井冈山报社红色文化宣传实践为例	张建华	武艳珍	新闻战线	井冈山报
	11	从全民悼"杂交水稻之父"看主流价值观的融合传播	黎庆琮、付静秋		声屏世界	赣州广播电视台
	12	网络社交时代建构江西国际形象策略分析	张国辉、龚穗娜	邵满春	声屏世界	江西网络广播电视台
	13	打造融媒体工作室 助推媒体深度融合	龙群		新闻战线	九江日报

续表

获奖等次	编号	作品标题	作者	编辑	刊物名称	报送单位
论文类三等奖	14	融媒体视域下省级电视台短视频运营路径分析	游浩	汪颖悟	传播力研究	江西广播电视台
	15	从"纸"出发 融创未来	胡中	胡杨	中国传媒科技	赣南日报
	16	融媒体建设的"宜春模式"解析	张敏、唐俊辉、周妍	刘园丁	中国广播电视学刊	宜春市广播电视台

获奖等次	编号	作品标题	体裁	作者	编辑	单位
报纸副刊类一等奖	1	风卷红旗再出发	报告文学	集体（李旭、龚莉芹、曹诚平、赵影）	李滇敏、罗翠兰	江西日报
	2	爱的呼唤	报告文学	祝芸生、张衍	罗翠兰	江西日报
报纸副刊类二等奖	3	千峰回首望庐山	报告文学	杨惠珍、龚艳平	陈米欧、杨学文、张晨	江西日报
	4	赣南底色	报告文学	刘润发	郭庆红、谢瑞洪、穆宇清	赣南日报
	5	致敬，叶坪！	报告文学	陈化先、齐美煜	柳易江	江西日报
报纸副刊类三等奖	6	新长征的时代强音——于都长征源合唱团《长征组歌》唱响神州大地	报告文学	黎军、蔡超然、唐燕	祝芸生、毛江凡	江西日报
	7	涓涓之水汇成河	报告文学	余燕	李滇敏、罗翠兰	江西日报
	8	人气再旺，责任莫忘	杂文	余霞	李滇敏、万芸芸	江西日报
	9	逆风飞翔的大雁	报告文学	蔡丽娟	大可、林静、宋崇来	九江日报

获奖等次	编号	报纸名称	日期	版次	责任编辑
报纸版面类一等奖	1	江西日报	2月26日	1-4版	集体(袁华、刘美春、兰春玉、刘济海)
	2	江西日报	7月2日	1-4版	集体(杨学文、刘美春、傅晓波、龙绪高、罗云羽、刘济海、钱鹰飚)
报纸版面类二等奖	3	鹰潭日报	2021.11.6	B1-B8版	夏东华、周信、桂军
	4	赣南日报	2021年2月26日	1-4通版	刘鹏、张河云、李善财
	5	宜春日报	7月30日	号外	黄卫明、熊妍华、黄鹏杰
报纸版面类三等奖	6	江南都市报	2021.11.17	A01	周艳华、胡波、吕刚
	7	萍乡日报	2021年7月2日	5.8合版	康霞萍、张建辉、杨彩玲

获奖等次	编号	作品标题	作者	单幅或组画	编辑	单位
漫画类一等奖	1	数据多跑路,群众少跑腿	朱慧卿	单幅	邹沛	江西日报社
漫画类二等奖	2	手绘I《春暖赣鄱图》美爆了！这是给14亿人的请柬！	魏鸣義、任宇博、周莉	组画	吴志刚、邵平、冯星星	江西日报社
漫画类三等奖	3	红色江山代代传——红色江西百年印记	胡武龙、温小强	组画	何宝庆、王剑华、毛宁	大江网

获奖等次	编号	作品标题	作者	编辑	单位
新闻摄影类一等奖	1	一线宣讲党的十九届六中全会精神(组照)	丁海波	张雪、周霖	江西日报社
	2	长江江豚赣江游(组照)	集体(梁振堂、洪子波、梁乔玥)	罗德斌、涂序理、杨林	江西日报社
新闻摄影类二等奖	3	全民全运 精彩瞬间(组照)	杨继红	涂序理、杨林	江西日报社
	4	美丽的鄱阳湖,我的家——野放麋鹿的"自述"(组照)	涂序理、徐铮	周霖、杨林	江西日报社
	5	同心战"疫"上饶无恙(组照)	吴文兵	张雪、杨林	江西日报社
	6	乡村医生身残志坚守护乡亲健康 23 年(组照)	李桂东	李娜	萍乡日报社
新闻摄影类三等奖	7	红井水润泽红土地(组照)	杨继红、吴文兵	罗德斌、杨林	江西日报社
	8	护农狩猎在行动(组照)	周霖、梁振堂	涂序理、杨林	江西日报社
	9	殷殷嘱托化作奋进动力(组照)	集体(李传材、肖章荣、史港泽、徐祯、刘珊伊)	郭智勇、李传材	赣南日报社
	10	父子共护千年鸟道(组照)	集体(梁振堂、李劼、田野、史港泽)	罗德斌、周霖、杨林	江西日报社
	11	通宵鏖战(组照)	洪子波	涂序理、杨林	江西日报社
	12	不一样的春运、一样的温暖(组照)	李劼	周霖、杨林	江西日报社
	13	南昌造"祈年殿"将亮相冬奥会(组照)	杨紫韬	余霞	南昌日报社
	14	"五彩"赣州 闪耀时尚深圳展(组照)	侯乐沛	郭智勇、李传材、邹忠辉	赣南日报社
	15	大山里的生态卫士(组照)	周亮	袁亦张	宜春日报社
	16	东湖湿地 候鸟乐园(组照)	杨青、宋小勇	张加友	九江日报社

获奖等次	编号	专栏名称	体裁	作者	编辑	单位
新闻专栏类一等奖	1	党报帮你办	报纸专栏	李新科、李颖、尹晓军、单丹、赵影	李新科、李颖、尹晓军、单丹、赵影	江西日报
新闻专栏类二等奖	2	新闻创e坊	网络专栏	胡武龙、童孝飞、温小强、万洋、包鹊宏、易原、胡紫恒	何宝庆、毛宁、许蓓	大江网
新闻专栏类三等奖	3	红色频道	新媒体专栏	吴志刚、邱虎、邵平、邹艳红、冯星星、查婧雨、胡麟兰	集体（郭媛媛、刘婧媛、周莉、万晴、高达、曾宪文、吴璠、孙沐雨、任宇博、罗彩华、陈双双、赵一越、方曦、孔宣尹、魏薇、龙楚良、熊祖颐、魏鸣義）	江西日报

获奖等次	编号	作品标题	体裁	主创人员	编辑	单位
广播类一等奖（13件）	1	零的突破！中国双季早粳稻在江西诞生	短消息	李先、汤云柯	何灵、黄茹、刘佳	江西广播电视台
	2	苏区"牵手"湾区，江西有了"金腰带"	短消息	杨燕、邓翔、董晗	杨燕、蓝蔚	江西广播电视台
	3	陈老汉的"致富账本"	长消息	集体（谢元森、邓海明、傅心明、何华英、李兴满）	集体（李先、张群、沈汉华、陈石红）	中央广播电视总台 江西总站 赣州市广播电视台
	4	江西为"两山"转化注入催化剂	长消息	龚小娟、刘剑、谢慧星、丁健	程敏、钟定娟、欧阳敏	江西广播电视台
	5	见证初心与民心的两副对联	长消息	李先、黄茹	罗春瑜	江西广播电视台
	6	家门口的"幸福圆桌"	长消息	张吉昌、熊楚婵、刘捷、康玉锋	集体（梁伟、万义华、郭林海、谌燕）	江西广播电视台 南昌市广播电视台
	7	多国驻华记者走进井冈山探寻百年政党的成功密码	长消息	郭龙、陈仁文、胡煜坤、王重锴	郭婷、刘小国、肖伊	吉安市广播电视台

续表

获奖等次	编号	作品标题	体裁	主创人员	编辑	单位
广播类一等奖（13件）	8	找到家乡第一个党支部	系列（连续）报道	何灵、万芳、吴小俊、陈月珍、康美权、何华英、刘兆春	何灵、王霖、李维	江西广播电视台
	9	守护一江碧水，江西绣出长江最美岸线	专题	彭世翔、李俊、程玉香	张吉昌、刘剑	江西广播电视台
	10	一根木材如何撬动千亿产业集群	专题	何华英、沈汉华、傅心明、李勤	陈济才、钟声、彭良清	赣州市广播电视台
	11	跟着白鹤去迁徙——与鹤舞	现场直播	戴晨柏、张艳、尹晓伟、黄君、黄娅婷、王凯、熊婕霓	胡皓铨、刘佳	江西广播电视台
	12	新闻1+2——用汗水书写扶贫担当	新闻访谈	杨玥、张吉昌、高哲斌	张吉昌、史筱娅	江西广播电视台
	13	新闻听天下	新闻专栏	罗文华、欧阳敏、黄肇	卢洁华、刘乐明	江西广播电视台
广播类二等奖（26件）	14	江豚"组团"畅游赣江	短消息	陈超、吴雪帆、郭颖颖	刘欣、陈超	南昌市广播电视台
	15	徐诗晓夺冠！江西东京奥运会首枚金牌诞生！	短消息	汤云柯、吴小俊、胡美丹	何灵、李先、占伟	江西广播电视台
	16	50名后进村支书列席市委全会	短消息	黄天怡、胡斌	胡伟、章卫华	新余市广播电视台
	17	鄱湖候鸟数量今年创新高，全球98％的白鹤都来了！	长消息	龚小娟、欧阳敏、王师娥	李先	江西广播电视台
	18	赣深高铁今天正式建成通车	长消息	陈月珍、史筱娅	陈立、曾先林	江西广播电视台
	19	"废秸秆"变成"黄金棒"	长消息	李程、袁芸、贺登毅、余孔辉	何淑华、牛鑫	江西广播电视台
	20	父子"光荣在党50年"　四代接力一心永向党	长消息	吴迪、曾先林	高颖、刘剑	江西广播电视台

续表

获奖等次	编号	作品标题	体裁	主创人员	编辑	单位
广播类二等奖（26件）	21	"免租"政策时隔一年未到位,哪里出了问题?	长消息	万义华、曹雷、谢超傅、萍	刘悦、郭林海	南昌市广播电视台
	22	江西省首个水上超市落户鄱阳湖	长消息	苑继宁、张力、张国华、潘薇	张力	九江市广播电视台
	23	孙滨生:"千锤百炼"铸就航空工匠人生	长消息	占之君、黄虹、余乐安、肖津	占之君	景德镇市广播电视台
	24	萍乡:科技"赋能"社会治理·宜居宜业百姓点赞	长消息	柳锡波、谢文、李旭明	文锦	萍乡市广播电视台
	25	鹰潭:"双千兆"信息"高铁"提升智慧化公共服务	长消息	张华山、欧舟、陈志文、吴兰兰	洪湘江、褚诗远	鹰潭市广播电视台
	26	丰城:"踢皮球奖""蜗牛奖""奖"出700亿元招商大单	长消息	聂俊峰、陈玉清、张伟、聂蔚婷	陈玉清、王桂兰、甘莺	丰城市融媒体中心
	27	我们的村支书	系列（连续）报道	何淑华、王文彦、戴晨柏、蒋彩虹、胡娜、李程、牛鑫	何淑华、李泽玮	江西广播电视台
	28	做强粮食"芯片"守牢大国粮仓	评论	周密、易义华、钟文峰、赵耀	吴立芳、刘在胜、辛旺	江西广播电视台　宜春市广播电视台
	29	从"蜗牛"获"奖"到"码"上"服务"	评论	程俊、刘梦冉、曲洁、江波	张敏、张玲、袁刚生	宜春市广播电视台
	30	让预付卡消费少点套路 多点诚信	专题	汪霞	王玲	江西广播电视台
	31	铁心向党的红色传人——"红一连"	专题	李程、何淑华、王文彦、袁芸	何淑华	江西广播电视台

续表

获奖等次	编号	作品标题	体裁	主创人员	编辑	单位
广播类二等奖（26件）	32	英雄城新家乡	专题	王珺、滕佳奇、刘鹏、李洋、邹必华、周嘉钰	王珺	南昌市广播电视台
	33	江西中欧班列：跨越千万里，跑出"加速度"	专题	杨燕、徐迎华、胡昀	杨燕	江西广播电视台
	34	乡村医生王宣科：一名共产党员就是一面旗帜	专题	毕如玉、夏玲玲、徐凌、纪樊、周建峰	周青松、陈永根	上饶市广播电视台
	35	广昌：拓宽"两山"转化新通道 激发绿色发展新动能	专题	危志娟、张志珍、丁健、李阳	谢慧星、付逸聪、章可欣	抚州市广播电视台
	36	多彩赣深高铁"醉"美赣粤交融——赣深高铁开通直播特别节目	现场直播	袁娟、何华英、谢群、白小龙、沈汉华、李兴满、阙丽莎、汤荔、傅心明	袁娟、曹梅青	赣州市广播电视台
	37	党风政风热线——走进九江户外直播	新闻访谈	闫本华、刘剑	卢洁华、罗春瑜	江西广播电视台
	38	对话"提灯天使"胡敏华	新闻访谈	陈超、林欣	刘欣、陈超、林欣	南昌市广播电视台
	39	交通安全这十年	新闻节目编排	集体（李磊、丁佩芳、董晗、杨燕、严田、雷文龙、黄志兴、潘瑜）	李磊、蓝蔚、徐迎华	江西广播电视台
广播类三等奖（21件）	40	赣深高铁一线牵 老区湾区心相连	短消息	李兴满、沈汉华、何华英、傅心明	邓海明、周琳、牟丽娜	赣州市广播电视台
	41	零的突破！我国成功培育双季早粳稻新品种"中科早粳1号"	短消息	王永忠、刘建锋		上高县广播电视台

续表

获奖等次	编号	作品标题	体裁	主创人员	编辑	单位
广播类三等奖（21件）	42	"两山"红色专列驶上振兴发展快车道	短消息	王重锴、莫春盛、胡煜坤、胡欣、	郭婷、聂运筹、刘蓉	吉安市广播电视台
	43	江西擦亮绿的底色，挺起长江经济带脊梁	长消息	李先、彭世翔、龚小娟	王小斌、欧阳敏、程敏	江西广播电视台
	44	绿色地铁点亮低碳环保新生活	长消息	严田、郑翔	邱乐群	江西广播电视台
	45	香港青年助农直播带货 助力乡村振兴	长消息	赖翠、赖志威、廖冬冬、贾钰杰	廖百菊、赖颖	龙南市融媒体中心
	46	盲艺人巡唱"上高道情"《十谢共产党》无限深情感党恩	长消息	王永忠、刘建锋	上高县广播电视台	
	47	选对路子，小毛豆也能富民兴村	长消息	徐霞艳、朱恬怡、郑晓恬	董新星	玉山县融媒体中心
	48	董团小姐妹：铅山河口有个温暖的"家"	长消息	汪进、占丽珍、徐向阳、刘婉萍	占丽珍	铅山县融媒体中心
	49	宜黄："水动能"加速乡村振兴	长消息	危志娟、张志珍、刘文建、李阳	谢慧星、付逸聪、章可欣	抚州市广播电视台
	50	新高铁上的老区加速跑	评论	刘剑、万芳、熊珺、李媛	万芳	江西广播电视台
	51	职业教育江西样板的探索之路	专题	胡佳琦、詹青、谢林丝、董晗	詹青、胡佳琦	江西广播电视台
	52	曹有红：世界在你耳边	专题	黄茹、李先	李先、汤云柯、刘剑	江西广播电视台
	53	一路向南，"和谐号"飞驰赣深	专题	杨燕、谢莹、袁斌	杨燕、徐迎华、蓝蔚	江西广播电视台
	54	"五万元书记"熊卫的第一桶金	专题	王文彦、李程、艾智	何淑华、戴晨柏、杜海燕	江西广播电视台
	55	如果历史会说话——红色江西的那些故事	专题	王珺、周嘉钰、刘鹏、滕佳奇	段蔚、王珺	南昌市广播电视台

续表

获奖等次	编号	作品标题	体裁	主创人员	编辑	单位
广播类三等奖（21件）	56	寻找萍乡骄傲——你们好样的	专题	潘小斌、吴香萍、邱珺、黄瑶、李田天、刘加福	邱珺	萍乡市广播电视台
	57	每个英雄的背后都有位坚强的妈	专题	康美权、何灵、童轩	曾昭醒、徐镇镇、李婷	遂川县融媒体中心
	58	双城记——安九高铁正式通车	现场直播	陶然、黄丹、崔凯、蒋飞、龚叶、雷奕、孙丽、欧阳梦瑶	黄丹	九江市广播电视台
	59	交通信息网	新闻节目编排	毕爱军、王燕	毕爱军、王燕	景德镇市广播电视台
	60	清流在线——萍乡市党风政风热线	栏目	贺丁丁、李田天、潘小斌、吴香萍、邱珺、贺其	贺丁丁	萍乡市广播电视台

获奖等次	编号	作品标题	体裁	主创人员	编辑	单位
电视类一等奖（12件）	1	金溪：传统村落的活化利用	长消息	高笑、熊辉、张云霄、吴萍	肖麟、黄燕、万颖	江西广播电视台
	2	新春海采：每个人都了不起	系列（连续）报道	集体（熊辉、胡刚、忻蔚、赵洪潭、石霜、杨茜、吴萍、钟智瑶、万萍、吕智晶、赵耀、张晓琪、徐子玄、李兆蕊、贾贞、张云霄、彭侃、涂亮、高磊、饶阳、黄海、付忆静、钟文峰、揭凯凯、谢祥震、万光逸、杨艺超）	集体（朱林、尹毅剑、黄燕、樊辉璐、谭佳、郭敏、黄倩砾）	江西广播电视台

续表

获奖等次	编号	作品标题	体裁	主创人员	编辑	单位
电视类一等奖（12件）	3	山村小学里的"二人世界"	系列（连续）报道	郭一淳、王小龙、杜曦晨、颜蔚然、王煜	卓阳、胡明、李刚	中央广播电视总台 江西总站 抚州市广播电视台
	4	上饶玉山：花200多万拿下加油站用地 投资商为何称有点寒心	评论	田凌凌、丁望兴、黎鹏、黄恬恬、万显祥	熊亚芝、朱洪宁、李丹	江西广播电视台
	5	闪耀东方——人民军队的光荣历史	专题纪录片	万沪金、王笑鹏、张翔宇、王文春、马骏、周博、平思	徐芃妮、王子荣、朱嘉丽	江西广播电视台
	6	89年的等待：红军哥哥 你在哪里？	专题纪录片	肖菲、熊亚芝、刘志刚、刘健、李彬、袁进涛、金石明	陈红光、欧阳俊、王定胜	江西广播电视台
	7	走出贫困	专题纪录片	集体（邓丽青、王清平、刘敏、唐可、袁权、吉潇、张帆、徐俊雄）	韦静、吴科健、饶力	江西广播电视台 宜春市广播电视台
	8	开往春天的高铁	专题纪录片	袁进涛、周东、许文兵、余超、陈红光、谭悟、万显祥	敖俊翔、刘志刚、金石明	江西广播电视台
	9	三宝的故事——我不是"景漂"	专题纪录片	万沪金、王笑鹏、周博、王昊、李豪、朱彤彤	徐芃妮、王英洁、林鑫	江西广播电视台
	10	百岁校友许渊冲	专题纪录片	魏翔、范弘、闵江、赵文佳、孙路路、陈弦	傅岭、胡君、王欢	南昌市广播电视台

续表

获奖等次	编号	作品标题	体裁	主创人员	编辑	单位
电视类一等奖（12 件）	11	今日中国（江西篇）	现场直播	集体（张小辉、易义华、熊辉、段祖庆、胡瑾琼、李航、蔡梦思、杨茜、钟智瑶、胡刚、刘守洪、赵耀、高笑、郑文娟、石敏灵、喻雅琪、王杰、唐可、张丹、刘敏、吴萍、王洋、周密、赵振东、辛旺、赵耀、邹辰馨、桂仁、秦晓莹、付忆静、李嘉杰、彭侃、陈吟影、张云霄、钟文峰、徐子玄、揭凯凯、张帆、杨艺超、高磊、肖瀚、陈在扬、周伟、徐俊雄、万光逸、谢凡、郭恺、张楚苗、书华、黄倩、刘熙、范存宝、舒畅）	集体（陈岩、董觐、聂力、饶力、万颖、周利民、邹新月）	江西广播电视台
	12	聚焦"放管服"改革 曝光"怕慢假庸散"	新闻专栏	田凌凌、张骁博、卢宇、袁进涛、张宗盛、丁望兴、张亚丽	金石明	江西广播电视台
电视类二等奖（26 件）	13	直 8A 型直升机加装"ICU"护航北京冬奥会	短消息	熊梦龙、朱年德	熊梦龙、朱星	景德镇市广播电视台
	14	赣深高铁今天开通 赣州加速"融湾"	短消息	邓海明、傅心明、李帆、江东海、袁源	罗燕、董家吉、肖晶星	赣州市广播电视台
	15	新钢攻克"卡脖子"难题 稀土钢实现量产	短消息	张敏、陈影、朱瑛、张名海、胡建	付珊、丁锐、于渺	新余市广播电视台
	16	贵溪:农林废弃物 发电 1.4 亿度	短消息	余进开、祝卫明、谭艺	吴丹、高佳妍	鹰潭市广播电视台
	17	井冈山神山村:幸福生活好"神"气	长消息	王洋、张云霄、黄燕、王小平	刘在胜、刘守洪、章洁	江西广播电视台

续表

获奖等次	编号	作品标题	体裁	主创人员	编辑	单位
电视类二等奖（26件）	18	贺页朵：用生命守护入党誓词 终身坚守"永不叛党"	长消息	周密	张燕、乔棵	江西广播电视台
	19	景德镇：因瓷而生 因瓷而潮	长消息	高笑、张云霄、钟文峰、徐子玄、杨汉青	易义华、黄燕、章洁	江西广播电视台
	20	为烈士画像 让后人铭记	长消息	万萍、揭凯凯	熊辉、朱林、黄燕	江西广播电视台
	21	守望——红色档案守护人洪东亮	长消息	时新苗、沈天红、肖津	詹奎、刘军霞	景德镇市广播电视台
	22	菜农赖昌清卖菜的"新"变化	长消息	傅心明、刘健、王欢、刘阳、曾铃	邓海明、赵亚海、张栋	赣州市广播电视台
	23	"蛤蟆夫妻"返乡创业带领百姓致富有方	长消息	龚雨竹、丁文、聂蔚婷、黄丹	丁文、欧阳扬	丰城市融媒体中心
	24	农民也能评职称：江西49位职业农民取得职称	长消息	赵耀、彭侃、张敏、李戈	刘在胜、熊辉、周密	江西广播电视台 宜春市广播电视台
	25	"国宝"东方白鹳安家铁塔 电力工人倾心护巢	长消息	周国胜、徐雅文、严小铖、彭成	刘婷	南昌市广播电视台
	26	寒夜里的铁路检修工	长消息	桂训炜、汤雅芬、钟张莉	钟张莉	九江市广播电视台
	27	90后教师教学生做笛吹笛 山区校园笛声悠扬	长消息	康序今、李若鹏、陈瑾、欧阳丽莎	方旭	泰和县融媒体中心
	28	"碳币"引领低碳生活	长消息	饶敏杰、饶东奇、李敏、陈亮、黄树山	袁志鸿、桂勇	抚州市广播电视台
	29	遇见"小精灵"	系列（连续）报道	胡瑾琼、易义华、高笑、吴萍、石敏灵、郝士芳、钟文峰、谢凡	王杰、喻雅琪、蔡梦思	江西广播电视台
	30	红光楼小区改造记	系列（连续）报道	李秀鹏、万光逸、熊辉	肖麟、黄燕、沈琪	江西广播电视台

续表

获奖等次	编号	作品标题	体裁	主创人员	编辑	单位
电视类二等奖（26件）	31	百年辉煌红土地 感恩奋进谱新篇	专题纪录片	王笑鹏、王子荣、黄培、张涛伟、巫宜凇、王建国、朱彤彤	傅宇翔、朱刚、徐丽英	江西广播电视台
	32	分宜："交邮融合"助力乡村振兴	专题纪录片	吕小明、丁锐	张敏、兰韶强、郭祎	分宜县融媒体中心
	33	一位百岁老人的入党初心	专题纪录片	曾蓉、龚宏亮、陈财华、阎青	余进开、曾蓉	鹰潭市广播电视台
	34	井冈山:青春的回响	专题纪录片	谢慧瑜、彭小安、郭远辉、李玉城、王娟、肖双喜、梁泉茂	刘小丽、聂海	吉安市广播电视台
	35	老表们的新生活——鸟哥"打鸟"	专题纪录片	王子荣、何梁、王建国、张涛伟、巫宜凇、何威、黄文锋	袁学林、陈美华、朱嘉丽	江西广播电视台
	36	冠军背后的人——江西小伙徐冬林	专题纪录片	魏翔、范弘、查鹏飞、赵文佳、孙路路、陈弦	傅岭、胡君、王欢	南昌市广播电视台
	37	长江大保护的鄱阳湖智慧	新闻访谈	易义华、卢美联、杨茜、蔡梦思、吕智晶、肖麟、付忆斯、周伟	刘在胜、吴科健、张丹	江西广播电视台
	38	江西新闻联播（2021.2.25）	新闻节目编排	肖麟、易义华、黄燕	郝士芳、张丹、蔡梦思	江西广播电视台
	39	江西潦河灌区入选世界灌溉工程遗产名录	短消息	张敏、张玲、程俊、涂小琴、胡凯韵	柳永军、龚仙梅、曲洁	宜春市广播电视台
	40	全国首例污染环境惩罚性赔偿案完成生态修复	长消息	温俊、刘华、林建、刘波、袁振飞	刘成昕	江西广播电视台
	41	农田里的"后浪"	长消息	李兆蕊、陈在扬	樊辉璐、尹毅剑	江西广播电视台
	42	幸有青山是金山	长消息	王洋、周伟	刘在胜、王小平、刘守洪	江西广播电视台
	43	四年艰难抉择 江缆浴火重生	长消息	卢美联、易义华、揭凯凯	肖麟、贾亚玲、郭敏	江西广播电视台

续表

获奖等次	编号	作品标题	体裁	主创人员	编辑	单位
电视类三等奖(31件)	44	"藕遇白鹤"从农垦老区到观鸟胜地	长消息	徐剑、杨超雯、谢莉芳、王超、曾贤华	王艳、李丹、郑祎	江西广播电视台
	45	一项政策为医药企业省出5200多万	长消息	袁坚、刘忠游、汪百吉	涂彦超	江西广播电视台
	46	大山深处"夫妻学校"的中秋假期	长消息	赵耀、谢凡、文锦、王进	肖晶金	萍乡市广播电视台
	47	生命如花 大爱永续	长消息	江波、黄程伟、陈政宏、周妍、冯文斌	张敏、钟晴、徐文静	宜春市广播电视台
	48	多方合力 彩虹桥展新颜	长消息	陈茜、邱敏、胡志骅	周智松、苏国祥	上饶市广播电视台
	49	景德镇:王文化的"微文化"	长消息	苏霓、徐剑、谢莉芳、李雪峰、徐庆元	王艳、李彬、付春萍	江西广播电视台
	50	海玥荟海鲜姿造自助餐厅乱象大揭秘	系列(连续)报道	傅晓明、熊璟、王亚龙、江南、陈亦楠、汪伟、彭贤文、吴冲	王亚龙、汪伟、吴冲	南昌市广播电视台
	51	加速融湾 一路向南	系列(连续)报道	邓海明、傅心明、李帆、袁源、胡瑾、王丹、尚婧、张鋆	牟丽娜、宋怡云、孙平	赣州市广播电视台
	52	"蜗牛"获"奖""羞"走懒政	评论	邓丽青、王清平、张帆	朱林、余佳	江西广播电视台 宜春市广播电视台
	53	文化的力量2021	专题纪录片	段祖庆、聂力、陈岩、胡瑾琼、张小辉、饶力、徐俊雄	高笑、张路遥、喻雅琪	江西广播电视台
	54	高标准农田为何变鱼塘?	专题纪录片	刘敏、邓丽青、谢祥震	朱林、韦静	江西广播电视台
	55	长桥乡"改水记"	专题纪录片	赵耀、谢凡、韦静、邓丽青	肖麟、熊辉、章洁	江西广播电视台
	56	景德镇乐平市:小小快递哥治理大作为	专题纪录片	古水林、廖怀富、杨志刚、付峰	殷震云、郭颖、付峰	江西广播电视台
	57	江豚归来	专题纪录片	王庆、范弘、李天雄、陈茜、谌叶建、余宏辉、丁志彬	魏翔、盛夏、马明吉	南昌市广播电视台

获奖等次	编号	作品标题	体裁	主创人员	编辑	单位
电视类三等奖（31 件）	58	老潘回乡"挂帅"记	专题纪录片	丁茂生、陈影、廖欢	集体（章卫华、肖微、马博、施萍）	新余市广播电视台
	59	"小"有作为	专题纪录片	肖雄彪、黄慧芳、王静、谢宝伟、杨姗姗、舒艳	肖明海、林英	大余县融媒体中心
	60	为了 660 户棚改户的"安居梦"	专题纪录片	黎庆琮、邓海明、傅心明、李帆、袁源、胡瑾、王丹	孙平、张鋆、尚婧	赣州市广播电视台
	61	市行政审批局局长：暗访审批服务窗口体验市民办事流程	专题纪录片	李戈、柳永军、程俊、李文志、陈政宏	张敏、张玲、龚仙梅	宜春市广播电视台
	62	永远的忠诚——我的爷爷贺页朵	专题纪录片	朱建华、王小燕、曾小文、李玉城、李家亮、郑云军	汪月亭、陈仁文、尹小林	吉安市广播电视台
	63	亲情盈心间 幸福一家人	专题纪录片	许祖平、毛龙辉、夏侯寅、曾茂榕、周绍腾、向佳	易乐	吉水县融媒体中心
	64	走近"禾下乘凉"梦 临川试种"巨型稻"	专题纪录片	刘耕屹、陈亮、黄树山、余华生、吕志琴	张存、桂勇、袁志鸿	抚州市广播电视台
	65	信仰	专题纪录片	冯林、邓建军、何良平	乐瑶	抚州市东乡区融媒体中心
	66	当妈妈瞬间变老，孩子会是什么反应？	专题纪录片	万珺珺、周晓辉、蒉运琪、裘傲静	程鹤、周晓辉	黎川县融媒体中心
	67	24 年的极限找寻	专题纪录片	郭王静子、黄亮、朱彤彤、金飞、吴学敏、罗明	宗松松、李丽、廖静	江西广播电视台

续表

获奖等次	编号	作品标题	体裁	作者	编辑	单位
央媒作品一等奖	1	跨越90余载：两副对联，一样的横批	消息	郭强、余贤红	王乃水	新华社江西分社
	2	10年，他给种粮农民发了3100万元"年终奖"	消息	范帆	储兴华	新华社江西分社
	3	13个重点行业营业收入快速增长——江西持续推进产业链现代化	消息	赖永峰、刘兴	张虎	经济日报江西记者站
	4	全国首起古村落保护民事公益诉讼案开审 江西金溪县检察院诉请两被告承担修复费等共计四十一万余元	消息	黄辉、元春华、艾小川	温远灏	法治日报江西记者站
	5	点绿成金 江西先行	通讯	沈锡权、李兴文、余贤红	张程程	新华社江西分社
	6	赣州示范——践行习近平经济思想调研记	组合报道	郑波、赖永峰、刘志奇、沈慧、祝伟、刘兴、朱双健	刘志奇	经济日报江西记者站
	7	清清东江水 润泽大湾区	通讯	郑少忠、朱磊	谢雨	人民日报江西分社
	8	"粮王"启示录	通讯	集体（陈春园、郭远明、范帆、熊家林）	冯明、卢刚	新华社江西分社
	9	从两条"小道"走上康庄大道	通讯	柳俊武、刘占昆、吴鹏泉	袁汝晶	中国新闻社江西分社
	10	小泡菜改良记	通讯	王丹	郑少忠	人民日报江西分社
	11	长江江豚频现江西赣江水域 专家："十年禁渔"初见成效	消息	李韵涵	刘占昆	中国新闻社江西分社

续表

获奖等次	编号	作品标题	体裁	作者	编辑	单位
央媒作品一等奖	12	"江西是个好地方"主题创意传播大赛	网络专题	帅筠、邱烨、秦海峰、毛思远、罗娜、时雨、陈逸飞	张志斌、黄睿靖	人民日报江西分社
	13	革命老区江西交八年"战贫"成绩单:281 万贫困人口全部脱贫	消息	刘占昆	袁汝晶	中国新闻社江西分社
	14	百年荣光——建党 100 周年百个故事	专题	王一凡、胡斐	邓玉玲	中央广播电视总台江西总站
	15	直播 70 米高空走线 看空中飞人 如何"把脉"特高压电网	移动直播	杜曦晨、满帅、陈丹阳、曹子啸、张璠	杜曦晨	中央广播电视总台江西总站
	16	首次公布!国字山墓葬是迄今江西地区考古发现规模庞大的东周时期墓葬	消息	熊传刚、熊方、石坤、韩天枢	熊方	中央广播电视总台江西总站
	17	好人好报的现实版:新疆大叔救人后 包子店成"网红店"	短视频现场新闻	张志斌、黄睿靖、陈逸飞	吴跃军、帅筠、张志斌	人民日报江西分社
	18	神州答卷|红色江西:信仰荣光指引高质量发展新征程	融媒体	范帆、王晓震、徐雅静	集体(邱黎、戴艳、唐子兰、吴亚芬)	新华社江西分社
	19	洋景漂说 CHINA 系列稿件	融媒体	王中庆、程迪、余刚	吴亚芬	新华社江西分社
	20	空中看江西	新媒体专栏	刘占昆、刘力鑫	刘占昆、李韵涵、刘力鑫	中国新闻社江西分社
	21	小巷炉火	专题	冯会玲、范存宝	武俊山	中央广播电视总台江西总站
	22	百件革命文物的声音档案	系列报道	胡啸、范存宝、李竟成、谢元森	集体(刘辉、康美权、尤佳倬、沈汉华)	中央广播电视总台江西总站

续表

获奖等次	编号	作品标题	体裁	作者	编辑	单位
央媒作品一等奖	23	今日正月十五 万家灯火闹元宵·江西景德镇"滚汤圆"包饺子"洋景漂"欢度元宵节	消息	胡啸、范存宝、杜曦晨、陈丹阳	龙闻、汪小英	中央广播电视总台江西总站
央媒作品二等奖	24	江西妇女儿童维权法律服务站实现县级全覆盖	消息	刘旭	吴瑛、张明芳	中国妇女报江西记者站
	25	迟来的婚纱照	消息	胡锦武、闵尊涛	江国成	新华社江西分社
	26	江西红色旅游景区成新年打卡"热地"	消息	李韵涵	刘占昆	中国新闻社江西分社
	27	江西:在中部崛起中勇争先	通讯	郑少忠、朱磊	施娟、张忠	人民日报江西分社
	28	"土"专业建成"火"专业	通讯	甘甜	王强	中国教育报江西记者站
	29	江西铅山疫情十二日:那些闪亮的身影	通讯	赖星、胡昕怡		新华社江西分社
	30	晶能,为什么能	深度报道	郑波、赖永峰、刘志奇、刘兴	刘志奇	经济日报江西记者站
	31	推动新时代文明实践站聚民心振精神——一位基层党建宣传员的履职故事	通讯	刘旭、郭敏	赵梓涵、韩亚聪	中国妇女报江西记者站
	32	"汉海昏侯"牵手"秦兵马俑"再现秦汉文明	消息	李韵涵	刘占昆	中国新闻社江西分社
	33	都市金领"慧"种地 拒绝"躺平"带老乡转型新农人	人物专访	王一凡、胡斐	邓玉玲	中央广播电视总台江西总站
	34	探索数字乡村的井冈山路径:治理、兴业、惠农	消息	王一凡、胡斐	邓玉玲	中央广播电视总台江西总站
	35	习近平讲述的故事|这,就是"共和国摇篮"	视频	刘彬,余刚	彭卓	新华社江西分社
	36	今日中国·24小时的江西	短视频	胡啸、石坤	集体(熊辉、汪小英、吴新胜、陈仁文、周智松)	中央广播电视总台江西总站

续表

获奖等次	编号	作品标题	体裁	作者	编辑	单位
央媒作品二等奖	37	东西问·传承	一张纸的考验:看他将书画绣在宣纸上	移动直播	李韵涵、袁汝晶	柳俊武、华山、刘占昆	中国新闻社江西分社
	38	百年荣光 百个故事	H5	王一凡、邓玉玲	胡斐	中央广播电视总台江西总站
	39	80 后医学女博士 她用一只手指"敲"出精彩人生	短视频专题报道	张志斌、李途遥、吴聪文、陈逸飞、黄睿靖	张志斌	人民日报江西分社
	40	走进乡村看小康	系列报道	王舒畅、刘昀彤、石坤、李科	曾铃、刘阳、古清泉	中央广播电视总台江西总站